胡铭 汪世荣 主编

"枫桥经验"史料整理与研究 第七卷

枫桥经验
青少年帮教史料与研究

褚宸舸 编著

商务印书馆
The Commercial Press

浙江省文化研究工程指导委员会

主 任
王　浩

副主任
彭佳学　邱启文　刘　非　赵　承
胡　伟　张振丰　任少波

成　员
高浩杰　朱卫江　梁　群　来颖杰　陈柳裕
杜旭亮　陈春雷　尹学群　吴伟斌　陈广胜
王四清　郭华巍　盛世豪　程为民　余旭红
蔡袁强　蒋云良　陈　浩　陈　伟　施惠芳
朱重烈　高　屹　何中伟　沈铭权　吴舜泽

浙江文化研究工程成果文库总序

有人将文化比作一条来自老祖宗而又流向未来的河,这是说文化的传统,通过纵向传承和横向传递,生生不息地影响和引领着人们的生存与发展;有人说文化是人类的思想、智慧、信仰、情感和生活的载体、方式和方法,这是将文化作为人们代代相传的生活方式的整体。我们说,文化为群体生活提供规范、方式与环境,文化通过传承为社会进步发挥基础作用,文化会促进或制约经济乃至整个社会的发展。文化的力量,已经深深熔铸在民族的生命力、创造力和凝聚力之中。

在人类文化演化的进程中,各种文化都在其内部生成众多的元素、层次与类型,由此决定了文化的多样性与复杂性。

中国文化的博大精深,来源于其内部生成的多姿多彩;中国文化的历久弥新,取决于其变迁过程中各种元素、层次、类型在内容和结构上通过碰撞、解构、融合而产生的革故鼎新的强大动力。

中国土地广袤、疆域辽阔,不同区域间因自然环境、经济环境、社会环境等诸多方面的差异,建构了不同的区域文化。区域文化如同百川归海,共同汇聚成中国文化的大传统,这种大传统如同春风化雨,渗透于各种区域文化之中。在这个过程中,区域文化如同清溪山泉潺潺不息,在中国文化的共同价值取向下,以自己的独特个性支撑着、引领着本地经济社会的发展。

从区域文化入手,对一地文化的历史与现状展开全面、系统、扎实、有序的研究,一方面可以藉此梳理和弘扬当地的历史传统和文化资源,繁荣和丰富当代的先进文化建设活动,规划和指导未来的文化发展蓝图,增强文化软实力,为全面建设小康社会、加快推进社会主义现代化提供思想保证、精神动力、智力支持和舆论力量;另一方面,这也是深入了解中国文化、研究中国文化、发展中国文化、创新中国文化的重要途径之一。如今,区域文化研究日益受到各地重视,成为我国文化研究走向深入的一个重要标志。我们今天实施浙江文化研究工程,其目的和意义也在于此。

千百年来,浙江人民积淀和传承了一个底蕴深厚的文化传统。这种文化传统的独特性,正在于它令人惊叹的富于创造力的智慧和力量。

浙江文化中富于创造力的基因,早早地出现在其历史的源头。在浙江新石器时代最为著名的跨湖桥、河姆渡、马家浜和良渚的考古文化中,浙江先民们都以不同凡响的作为,在中华民族的文明之源留下了创造和进步的印记。

浙江人民在与时俱进的历史轨迹上一路走来,秉承富于创造力的文化传统,这深深地融汇在一代代浙江人民的血液中,体现在浙江人民的行为上,也在浙江历史上众多杰出人物身上得到充分展示。从大禹的因势利导、敬业治水,到勾践的卧薪尝胆、励精图治;从钱氏的保境安民、纳土归宋,到胡则的为官一任、造福一方;从岳飞、于谦的精忠报国、清白一生,到方孝孺、张苍水的刚正不阿、以身殉国;从沈括的博学多识、精研深究,到竺可桢的科学救国、求是一生;无论是陈亮、叶适的经世致用,还是黄宗羲的工商皆本;无论是王充、王阳明的批判、自觉,还是龚自珍、蔡元培的开明、开放,等等,都展示了浙江深厚的文化底蕴,凝聚了浙江人民求真务实的创造精神。

代代相传的文化创造的作为和精神，从观念、态度、行为方式和价值取向上，孕育、形成和发展了渊源有自的浙江地域文化传统和与时俱进的浙江文化精神，她滋育着浙江的生命力、催生着浙江的凝聚力、激发着浙江的创造力、培植着浙江的竞争力，激励着浙江人民永不自满、永不停息，在各个不同的历史时期不断地超越自我、创业奋进。

悠久深厚、意韵丰富的浙江文化传统，是历史赐予我们的宝贵财富，也是我们开拓未来的丰富资源和不竭动力。党的十六大以来推进浙江新发展的实践，使我们越来越深刻地认识到，与国家实施改革开放大政方针相伴随的浙江经济社会持续快速健康发展的深层原因，就在于浙江深厚的文化底蕴和文化传统与当今时代精神的有机结合，就在于发展先进生产力与发展先进文化的有机结合。今后一个时期浙江能否在全面建设小康社会、加快社会主义现代化建设进程中继续走在前列，很大程度上取决于我们对文化力量的深刻认识、对发展先进文化的高度自觉和对加快建设文化大省的工作力度。我们应该看到，文化的力量最终可以转化为物质的力量，文化的软实力最终可以转化为经济的硬实力。文化要素是综合竞争力的核心要素，文化资源是经济社会发展的重要资源，文化素质是领导者和劳动者的首要素质。因此，研究浙江文化的历史与现状，增强文化软实力，为浙江的现代化建设服务，是浙江人民的共同事业，也是浙江各级党委、政府的重要使命和责任。

2005年7月召开的中共浙江省委十一届八次全会，作出《关于加快建设文化大省的决定》，提出要从增强先进文化凝聚力、解放和发展生产力、增强社会公共服务能力入手，大力实施文明素质工程、文化精品工程、文化研究工程、文化保护工程、文化产业促进工程、文化阵地工程、文化传播工程、文化人才工程等"八项工程"，实施科教兴国和人才强国战略，加快建设教育、科技、卫生、体育等"四个强省"。作为文化建设"八项工程"之一的文化研究工程，其任务就是系统研究浙江文化的历史成就和当代发展，深入挖掘浙江文化底蕴、研究浙江现象、总结浙江经验、指导浙江未来的发展。

浙江文化研究工程将重点研究"今、古、人、文"四个方面,即围绕浙江当代发展问题研究、浙江历史文化专题研究、浙江名人研究、浙江历史文献整理四大板块,开展系统研究,出版系列丛书。在研究内容上,深入挖掘浙江文化底蕴,系统梳理和分析浙江历史文化的内部结构、变化规律和地域特色,坚持和发展浙江精神;研究浙江文化与其他地域文化的异同,厘清浙江文化在中国文化中的地位和相互影响的关系;围绕浙江生动的当代实践,深入解读浙江现象,总结浙江经验,指导浙江发展。在研究力量上,通过课题组织、出版资助、重点研究基地建设、加强省内外大院名校合作、整合各地各部门力量等途径,形成上下联动、学界互动的整体合力。在成果运用上,注重研究成果的学术价值和应用价值,充分发挥其认识世界、传承文明、创新理论、咨政育人、服务社会的重要作用。

我们希望通过实施浙江文化研究工程,努力用浙江历史教育浙江人民、用浙江文化熏陶浙江人民、用浙江精神鼓舞浙江人民、用浙江经验引领浙江人民,进一步激发浙江人民的无穷智慧和伟大创造能力,推动浙江实现又快又好发展。

今天,我们踏着来自历史的河流,受着一方百姓的期许,理应负起使命,至诚奉献,让我们的文化绵延不绝,让我们的创造生生不息。

2006 年 5 月 30 日于杭州

目 录

导　论　/　**001**

第一章　改革开放前的帮教工作　/　**039**

1.1　帮教工作的经验总结　/　040

1.2　帮教工作的典型案例　/　076

第二章　改革开放以来的帮教工作　/　**103**

2.1　新时期综治中的帮教工作　/　104

2.2　新时期罪犯和刑释人员的帮教工作　/　184

2.3　新时代青少年的帮教工作　/　210

第三章　改革开放以来青少年帮教工作典型案例　/　**257**

3.1　新时期帮教工作典型案例　/　258

3.2　新时代检察机关帮教工作典型案例　/　272

3.3　杨光照帮教工作典型案例　/　293

第四章　有关青少年帮教的教育、关爱和维权工作　/　**335**

4.1　青少年教育　/　336

4.2　青少年关爱和维权　/　395

参考文献　/　410
编写说明　/　416

导 论

1. 帮教概念的渊源和帮教工作的产生

帮教是"帮助人教育人"的简称。我国首篇专门研究帮教的学术论文是中国政法大学姜文赞（笔名马结）撰写的《论帮教》。该文指出，帮教是在我国社会治安综合治理的实践中，由人民群众创造，对特定对象进行帮助教育的一种社会教育管理活动。帮教的性质属于非强制的社会教育管理措施。社会帮教体现了共产党人改造人、改造社会、改造世界的伟大思想，体现了革命的人道主义精神，体现了积极治安的思想和党的教育、感化、挽救的方针。根据20世纪80年代初中期的法律、条例、政策的有关规定，当时帮教的对象为三种人。[1] 帮教的原则是：帮教者与被帮教者之间相互平等；"帮"字当头，"教"在其中，解决实际问题与教育管理相结合；严格要求、科学管理、因人施教、实事求是、正面教育；宽严相济，打击犯罪和预防犯罪相结合等。帮教的方式具有多样性，主要有以下几种：家长或亲友负责帮教、具保帮教、帮教小组、合约帮教（或合同帮教）、承包帮教。[2] 该文后扩充为一本专著出版，是我国最早研究帮教

---

[1] 有违法或轻微犯罪行为，可能继续进行违法犯罪的人员，其中主要是青少年，帮教的目的是防患于未然，即预防犯罪；刑满释放、解除劳教或少年管教，以及经工读学校教育后仍表现不好，有可能继续违法犯罪的人员，帮教的目的是预防其重新犯罪；属于《国务院关于劳动教养问题的决定》第4条规定的人员，即附条件的提前解除劳教或取保解除劳教的人员。

[2] 马结：《论帮教》，《青年研究》1985年第2期，第43—49页。

的学术著作。[1]

我国另一本较早研究帮教的专著指出,关于帮教工作在我国的发端,有两种不同的看法:一种观点认为,我国的帮教工作应从1955年北京建立第一所工读学校算起,另一种观点认为,应从1981年党中央提出社会治安综合治理方针时算起。两种观点都认为帮教工作是为稳定社会治安而产生的,是具有中国特点的青少年教育工作的重要组成部分。[2]还有学者指出,帮助教育是"枫桥经验"首创的教育人、改造人、挽救人的好方法。早在1963年,枫桥人就在治安保卫委员会下设立帮助教育小组,对所谓"小错不断、大错不犯"的懒汉、"二流子"进行帮助教育。改革开放后青少年犯罪增多,帮教小组对违法青少年进行帮教,取得了较好的社会效果。随着时代的发展,帮助教育不断被赋予新的内涵,帮助教育对象向轻刑犯、刑满释放和劳教解除的归正人员以及流动人口中的高危人员发展。在新的形势下,推广"枫桥经验",加强对可能违法犯罪人员的帮教工作,对预防和控制犯罪、维护社会稳定有着十分重要的意义。[3]

笔者认为,帮教是中国共产党基层社会治理过程中独创的政法话语和法学概念。这一话语概念的产生,体现了"两个结合":一是和中国传统社会治理文化相结合;二是和中国近现代以来对基层社会的管理,特别是社会治安工作的具体实践相结合。

中国传统社会治理文化强调礼乐刑政,综合为治。"故礼以导其志,乐以和其声,政以壹其行,刑以防其奸。礼乐刑政,其极一也,所以同民心而出治道也。""礼节民心,乐和民声,政以行之,刑以防之。礼乐刑政四达而不悖,则王

---

[1] 马结、仲园:《帮教工作概论》,群众出版社1986年版。
[2] 叶志标、康惠农主编:《社会帮教学》,陕西人民教育出版社1991年版,第22—24页。
[3] 张应立:《试论"枫桥经验"与帮助教育》,《宁波经济》(三江论坛)2009年第4期。后收入朱志华、周长康等:《枫桥经验发展论——兼论中国特色整体预防犯罪模式的构建》,浙江人民出版社2011年版,第45—50页。

道备矣。"¹儒家强调"仁",重视"德",反对不教而诛。所以,《唐律疏议·名例》开篇就讲道:"德礼为政教之本,刑罚为政教之用,犹昏晓阳秋相须而成者也。"²

中国共产党作为一种使命型的政党,是"中国人民和中华民族的先锋队","代表中国先进生产力的发展要求,代表中国先进文化的前进方向,代表中国最广大人民的根本利益","自成立以来,始终把为中国人民谋幸福、为中华民族谋复兴作为自己的初心使命"。在党内文化中,中国共产党一直强调帮助教育党员和群众,化消极因素为积极因素,发挥模范榜样作用,以先进带动后进,并形成党内工作制度机制。例如,党员结对联系帮教制度。³所以,帮教是中国共产党思想政治工作的内容之一。⁴

中国共产党在政权建立过程中形成了党内文化和制度,并在基层社会管理特别是社会治安工作中不断实践。《中国共产党政法工作条例》第3条指出,政法工作是党领导政法单位依法履行专政职能、管理职能、服务职能的重要方式和途径。帮教工作就属于政法工作中管理、服务职能的重要制度载体。早在陕甘宁边区时期,中国共产党和边区政府就创造了改造"二流子"的经验。⁵在新中国成立初期,党和政府又通过禁毒禁娼中的帮教工作,扫清了社会面的毒品和卖淫嫖娼问题。20世纪50年代,帮助教育最初作为城市开展收

---

1 司马迁撰,韩兆琦等评注:《史记(评注本)》,岳麓书社2011年版,第314、315页。
2 刘俊文点校:《中华传世法典·唐律疏议》,法律出版社1999年版,第4页。
3 该制度是加强党的组织建设、壮大党员队伍、保证新党员质量的有效举措。结对联系帮教的主体是有条件的正式党员,帮教对象一般包括入党积极分子、业务骨干分子、专业技术人才等。对入党积极分子,主要是帮助其在思想上、政治上更加成熟,真正符合党员条件,帮助其实现入党的愿望;对其他的非党骨干分子,党员联系人要引导他们在政治上追求进步,增进对党的了解,积极向党组织靠拢。本书编写组编著:《保持共产党员先进性教育理论与实务百问》,人民出版社2005年版,第43页。
4 《财贸经营管理经验选编(1984)》,人民出版社1984年版,第11页。
5 其主要做法是:以生活来源为主要标准来区分"二流子""半二流子"与"非二流子";解决"二流子"生产生活中存在的实际困难,在经济上给予帮助;动员和组织"二流子"参加生产劳动,把其改造成自食其力的劳动者;政府领导教育与群众监督相结合。参见陕甘宁边区财政经济史编写组、陕西省档案馆:《抗日战争时期陕甘宁边区财政经济史料摘编(第二编 农业)》,陕西人民出版社1981年版,第687—701页。

容、遣送、安置游民工作的做法，后成为依靠群众管束教育农村好逸恶劳、不务正业的懒汉、"二流子"和"巫婆""神汉"等有不良行为的人的做法。1961年2月，中共浙江省委转发的省公安厅党组总结的《关于义乌县稠城公社杨村大队教育改造有小偷小摸行为的人的经验通报》获得公安部和刘少奇同志的肯定，这是帮教工作在中央层面得到重视的标志性事件。[1]

2. 帮教和"枫桥经验"的关系

帮教工作虽然并非"枫桥经验"首创，却因为"枫桥经验"的推广而得到长足发展并逐渐制度化，在理念、制度、实践层面，帮教都属于"枫桥经验"的重要内涵之一。

（1）帮教的理念和实践早于"枫桥经验"

两者针对的对象人群有所不同。众所周知，"枫桥经验"最初是作为监督改造"四类分子"[2]的经验得到重视并推广的，帮教主要是针对有不良行为的人。早在1959年10月，中共浙江省委批转省公安厅党组《关于社会改造工作中几个政策界限问题的解释意见的报告》时就指出："巫婆、神汉、懒汉、二流子的改造，是属于人民内部的教育改造问题，同监督改造四类分子有本质的区别，主要是发动群众，采取自我教育、自我约束的办法。如自我约束无效时，也可以给予行政上的强制性管束，使他们逐步养成劳动习惯，革除不良行为，成为一个自食其力的劳动者。"[3]很明显，在"枫桥经验"推广的初始阶段，其针对的对象人群有别于帮教。

（2）帮教与"枫桥经验"相互交融

"枫桥经验"产生初期，就被推广应用到帮教工作中，并获得成功。如同

---

[1] 浙江省公安志编纂委员会编：《浙江人民公安志》，中华书局2000年版，第260—267页。

[2] 1950年8月，政务院《关于划分农村阶级成分的决定》将地主、富农、反革命和坏分子列为革命的敌人和打击对象，后将这四类人合称为"四类分子"。

[3] 浙江省公安志编纂委员会编：《浙江人民公安志》，中华书局2000年版，第261页。

渭河之水汇进黄河,帮教和"枫桥经验"的关系是支脉与主流的关系。这有以下史实为证:1964年春至1965年春,枫桥区公安派出所和治保会把"枫桥经验"的基本精神应用到解决突出的治安问题上来,采取管"头"(思想教育)、管"脚"(预防外流)、管"肚皮"(安排好劳动和生活)的方法,依靠群众转化懒汉、"二流子"等有不良行为的人。1965年5月,枫桥区公安派出所采取依靠群众和指定专管员相结合的方法,将当地流窜外地作案的流窜犯就地安置并加以教育改造,经过省公安厅的总结得到公安部高度评价。[1] 1965年绍兴县城关镇将"枫桥经验"向综合治理社会治安方向发展,通过安置闲散无业人员就业,同时开展社会主义法纪和道德教育,使全镇案件和治安问题得到有效治理。1966年4月19日至5月9日,诸暨县枫桥区在新枫公社开展认定和教育改造小偷小摸、懒汉、"二流子"等"六种人"的试点。1975年,枫桥区舞凤公社上步溪大队党支部针对青少年违法犯罪增多的情况,创造了教育挽救违法青少年的经验。枫桥公社在摸清当地有一般违法行为的人的基础上,采取干部、家属和指定专人相结合的办法进行帮教工作。1977年11月,中共浙江省委决定全省重新推广"枫桥经验"时,提出将教育改造有一般违法犯罪行为的人成效显著,作为普及"枫桥经验"的标准之一。2003年11月25日,习近平同志在纪念毛泽东同志批示"枫桥经验"40周年暨创新"枫桥经验"大会的讲话中,专门提到"20世纪60年代中期和70年代初期,枫桥创造了依靠群众改造流窜犯、帮教失足青年的成功经验"[2]。

(3)帮教在"枫桥经验"发展史上具有重要意义

帮教工作的广泛开展对中央在新时期再次重视"枫桥经验",并将"枫桥经验"确认为社会治安综合治理的经验,发挥了重要的作用。

---

[1] 1965年9月1日,浙江省公安厅《公安工作简报》第28期介绍枫桥派出所依靠群众就地改造流窜犯的基本做法;同年11月,公安部《公安建设》第30期介绍了诸暨县枫桥区改造流窜犯的做法。
[2] 习近平:《干在实处 走在前列——推进浙江新发展的思考与实践》,中共中央党校出版社2006年版,第275页。

在社会治安综合治理方针的确立和实践过程中,对有违法或轻微犯罪的人进行帮助教育成为必要且重要的工作内容。1980年4月至5月,诸暨县公安局根据"枫桥经验"的精神在全县范围内开展调查摸底,并对排摸出来的258名违法犯罪人员逐一落实帮教措施;同年7月20日至25日,浙江省委召开全省整顿社会治安会议,要求继续推广"枫桥经验",做好对违法犯罪人员的帮教工作。1981年3月13日,浙江省公安厅印发《1981年全省公安工作意见》,要求继续推广"枫桥经验",落实对流窜犯的改造工作和对违法青少年的帮教工作。1978年至20世纪90年代中期,帮教工作主要针对三类人群:一是在"文革"中因执行政策不当、安置不落实、生活困难而进行违法活动的人,在对其进行思想教育的同时,安置其就业或者暂由街道适当救济,对于其中好逸恶劳、已偷扒成性的,依靠群众落实帮教。在改革开放条件下,枫桥区对一般违法人员的帮教,改变过去将其稳定在当地的做法,支持他们自谋合法职业,勤劳致富,在他们外出打工时,指定专人进行教育。二是"两劳"回籍人员(劳改释放和解除劳动教养回到原籍的人员),防止其重新犯罪。三是失足青少年,对其进行教育挽救。

在改革开放初期,根据农业生产责任制落实后出现的新情况,帮教工作的做法是:建立分级帮教责任制、允许帮教对象自谋职业、给犯罪分子以悔改机会、组织帮教对象参加健康有益的活动。针对一般违法、流窜人员,一是提出"三清一落实"(查清帮教对象违法犯罪行为产生的原因,查清违法犯罪行为的活动规律,查清帮助教育改造的有利条件和不利因素,并运用帮教小组因人而异落实帮教措施)的帮教经验。二是提出浇花要浇根、帮人要帮心:不只帮一把,还要帮致富。三是对归正人员的教育管理实行"三帮三延伸"(帮教进监狱,事先向监狱延伸;帮教重实效,事中向生产生活延伸;帮教讲长效,事后向巩固提高延伸)。1990年2月至4月,绍兴市公安局、诸暨市公安局通过调研,把"枫桥经验"新发展归纳为"五个依靠",其中就包括"依靠群众,做好违法人员的帮教工作"。

1990年11月24日,彭真同志致信乔石同志,信中提到整顿治安要双管齐下,治标与治本相结合,"从长远看,教育人改造人是更重要的和根本的方面"。他建议"可以考虑参考1963年中央指示推广的'枫桥(浙江诸暨县)经验',择其适合现状者推广之"[1]。1991年4月5日,时任公安部部长的王芳听取绍兴市公安局、诸暨市公安局工作汇报时,指出"枫桥经验"实质上是社会治安综合治理的典范,在新形势下仍有推广意义。1991年11月14日,时任浙江省委书记的李泽民考察诸暨市枫桥区工作时,强调"枫桥经验"的基本精神,就是尽可能化消极因素为积极因素,尽可能多做思想工作、多做化解工作。基层组织比较健全,也有利于帮教工作的落实。1992年4月1日至5日,浙江省第十八次公安会议要求大力推广"枫桥经验",充分依靠基层组织和广大群众,落实对轻微违法犯罪人员的帮教工作,做好劳改释放、解除劳教人员的改造教育,努力化消极因素为积极因素,有效减少犯罪。

(4)帮教工作发展了"枫桥经验"

帮教工作的制度化、法治化推动了"枫桥经验"的创新发展,实现了"枫桥经验"的制度化、法治化。例如,1995年浙江省公安厅部署全省公安机关实施"一二三四五平安工程",其中强调"加强对违法行为人员特别是青少年和尚未改好的劳动改造、劳动教养回籍人员的法制教育"。又如,2007年,枫桥司法所在开展浙江省农村社区矫正试点工作过程中,创新"5+1"社区矫正管理模式,从社区司法员、社区民警、驻村指导员、村责任人和矫正对象家长五个方面来确定、落实具体的监管人员,对矫正对象进行全方位、个性化的监督和管理,促使其尽快回归社会,成为守法公民。再如,2010年8月,中央政法委、中央综治委确定诸暨市为全国社会管理创新综合试点单位。枫桥镇的五大重点

---

[1] 政协诸暨市文史资料委员会、诸暨市公安局编:《枫桥经验实录》,中共党史出版社2000年版,第74页。

推进项目就包括加强农村社区矫正和安置帮教工作、加强对农村闲散青少年的教育帮助。

3. 帮教工作和预防青少年违法犯罪、社会治安综合治理的关系

"枫桥经验"运用在预防青少年违法犯罪工作中,形成了以"帮教"这一独特的话语体系为核心、适应中国国情、反映中华民族智慧的社会治理思想,构建了独特的治理模式、体制和机制,并发展出行之有效的群众工作方法。

(1) 预防青少年违法犯罪是社会治安综合治理的重要内容之一

我国学界对帮教的研究,主要集中在综治和预青领域,并伴随着相关实践而展开。关于青少年违法犯罪预防处置的研究属于法学门类下多学科关注的问题,需要有跨学科的视域。青少年违法犯罪是一个社会现象和社会问题,所以被社会学(特别是其中的青年学)首先关注。青少年违法犯罪率是世界评估青少年健康成长的重要指标之一。2017年4月,中共中央、国务院印发的《中长期青年发展规划(2016—2025年)》将维护合法权益、预防违法犯罪作为"青少年发展"的主要内容。青春期是人生的过渡期和风暴期,会萌生各种各样的问题,这无论对青少年个人、所在家庭,还是社会、国家,都是一种挑战。青少年违法犯罪带来的风险或安全隐患,需要党和政府高度重视并予以回应。青少年违法犯罪也是一个法律问题,我国应对青少年违法犯罪的实践催生出"帮教""社会治安综合治理""平安建设"等中国特色政法话语,这些话语成为中国特色社会治理和法治理论的重要内容之一。

社会治安综合治理是指在各级党委、政府的统一领导下,各有关部门充分发挥职能作用,协调一致、齐抓共管,依靠广大人民群众,运用政治、经济、行政、法律、文化和教育等多种手段,整治社会治安、打击和预防犯罪的治理模式。其指向是社会治安,包括社会治安状况、社会治安问题、社会治安工作。

其特点是综合治理,强调整合多方力量和资源、综合运用多种手段和方法。[1]

从地方层面看,我国最早的治安综合治理实践源于1978年底至1979年初的绍兴县城关镇。公安部1979年4月14日以"综合治理消除危害治安的因素——绍兴县城关镇整顿社会治安的好方法"为题将浙江省公安厅的简报转发,从而将地方经验推介到全国。从中央层面看,1979年8月,中共中央转发中宣部等八个单位《关于提请全党重视解决青少年违法犯罪问题的报告》,提出相关政策,并部署相关工作。1981年5月,中央政法委召开京、津、沪、穗、汉五大城市整顿治安座谈会,中共中央6月14日批转座谈会纪要,正式提出综合治理这个概念。

需要说明的是,关于社会治安综合治理的渊源,我国理论界、实务界过去存在两种不同的观点。通说认为,社会治安综合治理是改革开放后主要为应对青少年犯罪率迅速提升而提出的科学方法;新说认为,社会治安综合治理起源于"枫桥经验",是为解决违法犯罪等突出治安问题、维护社会稳定而提出的。

有学者提出,综合治理有实践和思想两个渊源。综合治理的实践源头有两个,一是枫桥群众治理社会治安的实践,二是绍兴县城关镇治理社会治安问题的经验。[2]实践源头之一的史实依据是:1963年,诸暨枫桥创建治安保卫委员会,下设四个小组(监督改造小组、帮助教育小组、调解矛盾小组和安全检查小组)。其中,帮助教育小组的任务就是针对小错不断、大错不犯的"二流子"、落后分子进行帮助教育,以帮助他们克服缺点、完善自身,成为对社会有用的人。治安保卫委员会综合运用政策、法律、文化、教育、道德等手段开展工作。笔者认为,枫桥治安保卫委员会的实践非常值得重视,但从当时的社会背景来看,其只能算作综合治理思想的萌芽。实践源头之二的史实依据是:1978年

---

[1] 中央社会治安综合治理委员会办公室编著:《社会治安综合治理工作读本》,中国长安出版社2009年版,第12页。

[2] 张应立:《论枫桥经验与社会治安综合治理》,《山东警察学院学报》2009年第2期;《"综合治理"起源于对青少年犯罪的治理吗》,《青少年犯罪问题》2010年第1期。

底,浙江省公安厅派出工作组会同绍兴县公安局,在当地党委、政府统一领导下,组织卫生、交通、民政、宣传、商业、公安等部门的90多名干部,对绍兴县城关镇的社会治安秩序进行四个多月的全面整顿。浙江省公安厅后以"公安工作简报"形式推广该经验。对此,有学者提出,浙江省公安机关将中央要求和"枫桥经验"结合起来,推动创造了绍兴县"综合治理"经验,并在全国率先提出"综合治理"概念。[1]也有学者认为,提出并推广综合治理概念的是1979年4月公安部转发浙江省公安厅绍兴县城关镇整顿社会治安秩序经验的简报,绍兴县城关镇治理社会治安的实践推动了中央正式提出综合治理的概念。[2]上述两个观点,既符合事实,也反映了实践论的基本原理。我国政法领域自创性的话语概念,通常是自下而上的实践提炼和自上而下的总结推广相结合而产生的。从实践中来,到实践中去,是中国共产党长期坚持的工作方法。

有学者认为,综合治理的思想源头除了我国古代"礼乐刑政,综合为治"的治国理念,还有1978年公安部召开的第三次全国治安工作会议。其《会议纪要》中提出"要统筹解决社会治安问题"。随后,1978年8月中央61号文件转发会议纪要,并加了编者按:"中央同意《第三次全国治安工作会议纪要》,搞好社会治安,是国家实现四个现代化必不可少的一个条件。各级党委必须加强对治安工作的领导,统筹解决危害社会治安的问题。"由此该学者认为,所谓"要统筹解决社会治安问题"就是"综合治理"。[3]一个思想形成的标志是概念化,该会议纪要并未提出"综合治理"这个概念,所以不能作为社会治安综合治理思想提出的标志。

1979年8月,中共中央58号文件批转了《关于提请全党重视解决青少年违法犯罪问题的报告》。文件指出:解决青少年违法犯罪问题,必须实行党委

---

[1] 华乃强:《社会治安综合治理概念源头考》,《浙江警察学院学报》2009年第3期。
[2] 张应立:《"综合治理"起源于对青少年犯罪的治理吗》,《青少年犯罪问题》2010年第1期。
[3] 张应立:《"综合治理"起源于对青少年犯罪的治理吗》,《青少年犯罪问题》2010年第1期。

领导,书记动手,全党动员,依靠学校、工厂、机关、部门、街道、农村社队等城乡基层组织和全社会的力量来加强对青少年的教育。要求在党委领导下,把宣传、教育、劳动、公安、文化等部门及工会、共青团、妇联等各方面的力量统一组织起来,通力合作,着眼于预防、教育、挽救和改造,积极解决青少年违法犯罪的问题。[1] 其中虽然没有出现"综合治理"这个概念,但是"力量统一组织起来,通力合作"这个表述,实际上表达了综合治理的内容。1979年11月22日至26日,彭真同志主持召开全国城市治安会议,并做重要讲话,他提出:"党委统一领导,统一认识,统一行动。要由主要领导同志亲自挂帅,党、政、军、民、学一起行动,并在工作过程中恢复和发扬军地、军民团结如一人的优良传统。""对罪行轻微的,特别是十八岁以下的青少年,要采取耐心教育改造和挽救的方针;给他们以教育改造的环境和条件。"[2] 1979年12月31日,中共中央转发了公安部上海工作组关于整顿城市治安的报告,报告指出,必须实行打击与教育相结合、治标与治本相结合的原则,要摸清有违法行为的青少年的底数,组织帮助教育青少年。[3]

"综合治理"一词正式出现在1980年5月中央书记处对北京工作提出的意见:"要从根本上解决治安问题,需要全党和社会各个方面的努力,综合治理,才能搞好。"1981年5月21日至22日,中央政法委召开京、津、沪、穗、汉五大城市整顿治安座谈会。彭真同志在会上提出:"对于违法情节轻微或年岁很小的,首先应该尽可能地责成他们的家庭和所在单位(包括街道居民组织)教育帮助他们改好,既不判罪劳改,也不送去劳教,而是依靠社会力量,加强工青

---

[1] 中央社会治安综合治理委员会办公室编:《平安之路——中国社会治安综合治理三十年纪实(1978—2008)》,中国长安出版社2009年版,第18页。
[2] 彭真:《关于整顿城市社会治安的几点意见》(一九七九年十一月二十二日),载《论新中国的政法工作》,中央文献出版社1992年版,第201、199页。
[3] 中央社会治安综合治理委员会办公室编:《平安之路——中国社会治安综合治理三十年纪实(1978—2008)》,中国长安出版社2009年版,第18页。

妇对青少年的工作，帮助教育他们改好。这样做，从各方面考虑都比较好，至少是利多害少。""工读学校，'文化大革命'以前就有，实验是成功的，有很好的经验。现在，要认真推广，普遍办，真正当作学校来办，要教育感化学员，使他们学政治、学文化、学技术。对经过工读和劳教改好的人，不要嫌弃、歧视，要安排他们就学、就业，在他们中间是会出一大批有用的公民和人才的。这也是把消极因素变为积极因素。"[1]同年6月14日，《中共中央批转中央政法委员会召开的〈京、津、沪、穗、汉五大城市治安座谈会纪要〉和彭真、彭冲同志在座谈会上的讲话》（中发〔1981〕21号）印发。在中央综治办编写的综治干部培训教材中，该文件被认为是中共中央文件第一次提出"综合治理"这个概念，正式把"综合治理"作为解决社会治安问题、实现长治久安的方针政策的标志性文件。[2]该纪要还强调："教育挽救有一般违法犯罪行为的青少年，要作为综合治理社会治安的重要内容，采取厂矿企业包职工、学校包学生、街道包社会青年、家长包子女等组织措施，逐人落实帮助教育工作，预防犯罪。"此后，综合治理的内涵和内容不断丰富和完善。

1982年1月13日，《中共中央关于加强政法工作的指示》提出"综合治理"的方针："为了争取治安情况根本好转，必须加强党的领导，全党动手，认真落实'综合治理'的方针。""在整顿治安中，各级党委要加强领导，把维护良好的社会秩序看成是建设社会主义精神文明的一个重要方面，把各条战线、各个部门、各个方面的力量组织起来，采取思想的、政治的、经济的、行政的、法律的各种措施和多种方式，推广适合各种情况的安全保卫责任制，把'综合治理'真正落实到各个方面。"[3] 1982年8月12日，中共中央在批转的《全国政法

---

[1] 彭真：《在五大城市治安座谈会上的讲话》（一九八一年五月二十一日、二十二日），载《论新中国的政法工作》，中央文献出版社1992年版，第249、251—252页。
[2] 中央社会治安综合治理委员会办公室编：《平安之路——中国社会治安综合治理三十年纪实（1978—2008）》，中国长安出版社2009年版，第19页。
[3] 中共中央文献研究室编：《十三大以来重要文献选编》（下），人民出版社1993年版，第393—394页。

工作会议纪要》中,提出严厉打击严重刑事犯罪是综合治理的首要环节,加强对青少年的教育是综合治理的重点,加强基层组织和基层工作是综合治理的基础,加强公安、司法队伍工作,并建立治安保卫责任制,是综合治理的关键。[1]

1984年10月31日,中共中央批转中央政法委《关于严厉打击严重刑事犯罪活动第一战役总结和第二战役部署的报告》,全面阐述了贯彻社会治安综合治理方针应当采取的措施和方法,标志着党和国家对综合治理方针的认识进一步深化。1986年2月,全国政法工作会议明确提出,社会治安综合治理,实质上就是一项教育人、挽救人、改造人的"系统工程"。要做好这项工作,根本的方法是走群众路线。不能只靠哪一个部门,而是要靠全党全社会;不能只用哪一种方法,而是要用千百种方法;不能只抓一阵子,而是要长期坚持。该次会议进一步明确了社会治安综合治理的工作机制,对改造教育、基层基础等工作提出了明确要求。[2]

1991年1月15日至21日,全国社会治安综合治理工作会议举行,这是我国首次召开全国性的社会治安综合治理工作会议。1991年2月19日,中共中央、国务院颁布《关于加强社会治安综合治理的决定》,提出从打击、防范、教育、管理、建设、改造六个方面着手进行综合治理。《决定》指出:"共青团、工会、妇联要与单位、街道(乡村)、学校、家庭密切结合,加强对青少年的政治思想教育,尤其是要做好后进青少年、轻微违法犯罪青少年的教育挽救工作。基层党政组织和公安派出所要落实对刑满释放、解除劳教人员的帮教安置工作。"[3]"公安机关、检察院、法院都要积极配合司法行政部门,大力加强劳改、劳教工作,提高改造质量,并做好对轻微违法犯罪人员和刑满释放、解除劳教人

---

[1] 中央社会治安综合治理委员会办公室编:《平安之路——中国社会治安综合治理三十年纪实(1978—2008)》,中国长安出版社2009年版,第19页。
[2] 中央社会治安综合治理委员会办公室编:《平安之路——中国社会治安综合治理三十年纪实(1978—2008)》,中国长安出版社2009年版,第20页。
[3] 中共中央文献研究室编:《十三大以来重要文献选编》(下),人民出版社1993年版,第1447页。

员的帮教工作。"[1]同年3月2日,全国人大常委会通过《关于加强社会治安综合治理的决定》。3月21日,中共中央、国务院决定成立中央社会治安综合治理委员会(简称中央综治委),由其协助党中央、国务院领导全国社会治安综合治理工作,在中央政法委机关设办公室(简称中央综治办)作为办事机构。1992年10月,党的十四大修订的《中国共产党章程》把"加强社会治安综合治理,保持社会长期稳定"写入总纲。

(2)帮教工作是社会治安综合治理的重要措施和方法

党和国家在提出并开展社会治安综合治理、预防处置青少年违法犯罪的过程中,也在不断完善有关帮教工作的制度。1982年5月28日,中共中央《关于转发〈深入持久地开展"五讲四美"活动争取社会主义精神文明建设的新胜利〉的通知》指出:"要继续依据法律和政策,打击各种刑事犯罪活动,做好违法、失足青少年的帮教、转化工作。"[2]1983年的全国两会上,最高人民法院在其工作报告中谈道:"对于大多数其他的刑事犯罪分子,分别罪行大小、情节轻重,依法适当判处;对可判刑可不判刑的,不予判刑,由公安部门收容劳动教养,或者交由工厂、街道、学校或家长进行帮教,促使他们向好的方面转化。对青少年失足犯罪的,立足于教育、感化、挽救,依法从宽处理。"[3]最高人民检察院也在其工作报告中谈道:"对不批捕、不起诉和免予起诉的人员,协助有关单位落实帮教措施,定期进行考察。"[4]为了体现"给出路"政策,1983年5月5日公安部等五部门发出《关于犯人刑满释放后落户和安置的联合通知》,对刑满释放人员和被清理遣返的留场就业人员的安置落户、口粮、就业以及其中青少

---

[1] 中共中央文献研究室编:《十三大以来重要文献选编》(下),人民出版社1993年版,第1453页。
[2] 中共中央文献研究室编:《三中全会以来重要文献选编》(下),人民出版社1982年版,第1295页。
[3] 全国人民代表大会常务委员会办公厅编:《中华人民共和国第六届全国人民代表大会第一次会议文件汇编》,人民出版社1983年版,第89页。
[4] 全国人民代表大会常务委员会办公厅编:《中华人民共和国第六届全国人民代表大会第一次会议文件汇编》,人民出版社1983年版,第101页。

年的就学等问题,做了明确规定。

1984年7月16日,国务院办公厅《关于做好犯人刑满释放后落户和安置工作的通知》(国发〔1984〕55号)指示将前述五部联合通知转发各级人民政府,并督促各部门、企事业单位、街道、社队,从社会治安综合治理的全局出发,做好刑满释放人员的落户安置和社会帮教工作。该通知指出:"在他们刑满释放后,各有关单位、街道、社队,都要继续做好帮教工作,给予参加学习、工作、劳动的机会,促使他们走上正路,这正是社会主义制度优越性的一种表现。近几年来,多数地区对帮教、安置刑满释放人员做了大量工作,取得了很大成绩,但也有一些地区和单位,不认真按党的政策办事,互相推诿,乱加限制,致使一些刑满释放人员生活无着落,四处上访,影响了政治安定和社会治安,这种现象必须切实纠正。"

曾担任最高人民检察院检察长的杨易辰回忆:"1984年底我到南方某省搞调查研究,发现在相当一部分地区社会治安综合治理工作还没有落到实处。许多地方的基层基础工作薄弱,在搞经济承包责任制后治保委员会、调解委员会、帮教组织很多都散了架,或者是名存实亡,不起作用。很多有违法犯罪行为的人,放在社会上没人管,在押罪犯的改造质量差,出来的'次品'多。'两劳'人员释放后,帮教工作跟不上,有的被原单位开除了,不能就业,生活无着落。"[1]

1985年10月4日,中共中央《关于进一步加强青少年教育预防青少年违法犯罪的通知》(中发〔1985〕20号)专门提出,要"认真做好有轻微违法犯罪行为的青少年的帮教工作,教育挽救失足者",并做了较为详细的部署:"对于有轻微违法犯罪行为的青少年,要热情耐心地帮助他们进步,把他们教育挽救过来,而不能歧视和嫌弃他们。学校、工矿企业、街道、乡村要和公安部门密切

---

[1] 杨易辰:《杨易辰回忆录》,中央文献出版社1996年版,第397页。

配合,建立和健全帮教小组,制订帮教计划,落实帮教措施,认真做好思想转化工作。在城市要继续办好工读学校,并逐步创造条件办成具有中专水平的职业学校,对有轻微违法犯罪行为的青少年进行职业训练,使他们掌握就业本领。教育部门要加强对工读学校的领导,选派优秀教师、干部去担负学校的领导和班主任工作。对于刑满释放和解除劳教的青少年,有关方面要切实做好安置工作,帮助他们升学或就业,鼓励他们弃旧图新。社会科学研究部门和政法工作部门,要加强对青少年违法犯罪问题的研究,探求青少年违法犯罪的规律,更好地指导预防违法犯罪的工作。""关心和教育青少年,预防和减少青少年违法犯罪,是一项综合治理的'系统工程',必须依靠全党,组织各条战线、各个部门的力量,从各个方面做大量的工作,作长期不懈的努力。中央要求各级党组织就如何加强对青少年教育的工作认真进行研究,作出通盘考虑和全面规划,并提出具体贯彻落实的措施,扎扎实实地做好这项工作。"[1]

1987年的全国两会上,最高人民检察院的工作报告把"做好免诉人员的帮教工作,建立回访考察制度,促使他们悔过自新,做遵纪守法的公民"[2]作为各级检察机关参加综合治理工作的内容之一。1987年6月15日,国务院批转民政部《关于加强城市街道居民委员会工作报告的通知》(国发〔1987〕56号)要求居民委员会积极参加社会治安的综合治理:"协助公安、司法机关严厉打击各种犯罪活动,维护社会治安和社会秩序,做好帮教失足青少年及劳改释放、解除劳教人员的工作,防止和减少犯罪。"

国务院办公厅转发国家教委等部门《关于创造良好的社会教育环境保护中小学生健康成长的若干意见的通知》(国办发〔1991〕64号)于1991年10月8日施行,提出:"学校要对中小学生进行法制教育,做好违法青少年的帮教

---

[1] 中共中央文献研究室编:《十二大以来重要文献选编》(中),人民出版社1986年版,第864—865页。
[2] 全国人民代表大会常务委员会办公厅编:《中华人民共和国第六届全国人民代表大会第五次会议文件汇编》,人民出版社1987年版,第164页。

工作。"

帮教工作对于维护社会稳定与安全、完善社会治理体系、创新社会治理方式有重要意义。第一,对刑满释放人员开展安置帮教,在物质、精神方面给予帮助,助力其完成就业、就学和回归社会,重建或改善本已破裂的社会关系,从而消灭或降低其再犯的可能性,强化其对社会规范、社会秩序的尊重。第二,帮教工作中社会力量的培育和锻炼,在一定程度上推动社会治理领域的改革创新。社会力量对预防青少年违法犯罪、社会治安综合治理的参与,倒逼社会治理方式在内容、形式方面创新。

4. 帮教工作的制度化和法治化

我国现有的帮教工作形式多样、对象各异、内容不同。有些帮教工作的理念、制度、机制写入党和国家领导人的讲话、政策文件,有些写入国家法律规范,形成法律制度,有些成为司法机关的工作制度和机制。

（1）帮教工作的政策发展历程

2001年9月5日,中共中央、国务院下发《关于进一步加强社会治安综合治理的意见》（中发〔2001〕14号）,文件指出:"进一步加强对刑满释放、解除劳教人员的安置、帮教工作。……要加快信息管理系统建设,做好服刑、在教人员刑满释放、解除劳动教养时的衔接工作,做到不漏管、不失控,特别要重点做好有可能重新违法犯罪人员的防范管理工作;要广开刑满释放、解除劳教人员的就业渠道,动员社会各方面力量做好帮教工作,尽可能地减少重新违法犯罪。……要把家庭教育、学校教育与社会教育紧密结合起来,建立健全相互协作配合的工作机制,重点做好社会闲散青少年的管理和教育工作。"[1]

2003年9月24日,时任中共中央常委、政法委书记、综治委主任的罗干在

---

[1] 中共中央文献研究室编:《十五大以来重要文献选编》（下）,人民出版社2003年版,第1968—1969页。

全国社会治安综合治理工作会议上指出:"认真落实预防青少年违法犯罪、流动人口管理服务、刑满释放解除劳教人员安置帮教等工作措施,组织协调有关部门做好吸毒人员的帮教工作,努力减少影响社会治安的因素,提高治安防控能力。"[1] 该讲话专门提到两类不同的帮教:针对刑释解教人员的安置帮教和针对吸毒人员的帮教。2005年5月23日,罗干同志在全国社会治安综合治理先进集体先进工作者表彰大会上发表讲话,其中谈到"进一步加强工读学校建设,强化对轻微违法犯罪青少年的帮教工作;组建专门社工队伍,加强对社区闲散青少年的教育和管理"。[2]

2006年10月11日,党的十六届六中全会通过的中共中央《关于构建社会主义和谐社会若干重大问题的决定》指出:"加强对流浪儿童、服刑人员子女的关心教育,强化吸毒人员感化和管理,改进刑释解教人员帮教安置工作。"2011年3月,《中华人民共和国国民经济和社会发展第十二个五年规划纲要》提出:"加强特殊人群安置、救助、帮教、管理和医疗工作。"[3] 2014年10月23日,党的十八届四中全会通过的中共中央《关于全面推进依法治国若干重大问题的决定》规定:"建立健全社会组织参与社会事务、维护公共利益、救助困难群众、帮教特殊人群、预防违法犯罪的机制和制度化渠道。"[4]

上述讲话和文件中提到的"特殊人群",是我国综治领域的一个专有概念。

狭义的"特殊人群"是指中央综治委及地方各级综治委下属的特殊人群专项组(2018年机构改革后,很多地方将其职能归属为平安建设协调小组特殊人群专项组)管理和服务的工作对象,具体而言就是国家质量监督检验检疫总局、中国国家标准化管理委员会2015年12月31日制定、2016年3月1日

---

[1] 罗干:《充分发挥社会治安综合治理优势,大力推进治安防控体系建设》,载中共中央文献研究室编:《十六大以来重要文献选编》(上),中央文献出版社2005年版,第462页。
[2] 中共中央文献研究室编:《十六大以来重要文献选编》(中),中央文献出版社2006年版,第879页。
[3] 《中华人民共和国国民经济和社会发展第十二个五年规划纲要》,人民出版社2011年版,第113页。
[4] 《中国共产党第十八届中央委员会第四次全体会议文件汇编》,人民出版社2014年版,第51页。

实施的《社会治安综合治理基础数据规范》(GB/T 31000—2015)中"特殊人群"模块下的五类人群:刑满释放人员、社区矫正人员、肇事肇祸等严重精神障碍患者、吸毒人员、艾滋病危险人员。[1]

广义的"特殊人群"是指综治系统关注的人群,除了包括上述狭义的特殊人群之外,还包括《社会治安综合治理基础数据规范》中"实用人口""重点青少年"两个模块下列的人员,前者如流动人口、留守人员、境外人员,后者如闲散青少年、有不良行为或严重不良行为的青少年、流浪乞讨青少年、服刑在教人员未成年子女、农村留守儿童等五类群体。[2]在有些地方的政法综治干部培训教材中,把扬言报复社会人员、涉邪教人员、流浪乞讨人员和社会闲散人员也列入"特殊人群"范畴。[3]

2011年2月19日,时任中共中央总书记、国家主席的胡锦涛同志在省部级主要领导干部社会管理及其创新专题研讨班上的讲话提到"特殊人群"有九种,分别是"老龄人口""孤残流浪儿童""有不良行为的青少年""闲散青少年""刑释解教人员""精神病人""艾滋病病人""吸毒人员""境外来华人员"。[4]这是在社会管理层面对特殊人群最广义的理解。

特殊人群"既是影响公共安全的高危群体,也是需要给予特殊关爱的对象"[5]。因为对作为帮教对象的特殊人群的外延理解不同,所以在帮教领域,根

---

[1] 需要说明的是,"特殊人群"在我国官方话语中,往往因不同时期、不同场合和语境,有不同的表述。在劳教制度废止之前,"特殊人群"也包括在教人员和解除劳教人员。在有些文件和讲话里,艾滋病危险人员也被称为艾滋病患者或易感染艾滋病毒的危险行为人群,肇事肇祸等严重精神障碍患者也被称为容易肇事肇祸的精神病人,社区矫正人员也称为社区服刑人员。

[2] 此五类重点青少年群体,也是原综治委预防青少年违法犯罪领导小组和共青团维护青少年权益工作的对象。党的十八大以来,共青团提出构建"大权益"工作格局,把工作对象从未成年人、重点青少年扩大到全体青少年,把工作领域从事后救济式的权益保障扩大到促进青少年普遍性发展权益。

[3] 参见中共重庆市委政法委员会、重庆市社会治安综合治理委员会办公室编:《基层政法综治干部培训教材》,中国法制出版社2017年版,第150页。

[4] 参见胡锦涛:《论加强和创新社会管理》,载《胡锦涛文选》(第三卷),人民出版社2016年版,第491—492页。

[5] 全国干部培训教材编审指导委员会组织编写:《社会主义和谐社会建设》,人民出版社、党建读物出版社2015年版,第158页。

据具体工作对象和内容,又分为以下两类制度体系。

第一,针对未成年人的帮教工作体系。首先,关于顶层设计。2000年9月,中央综治委会同教育部、团中央召开"全国预防青少年违法犯罪工作经验交流会"。会后,2000年12月,中央办公厅、国务院办公厅转发《中央社会治安综合治理委员会关于进一步加强预防青少年违法犯罪工作的意见》(综治委〔2000〕31号)。该文件要求有关部门积极挽救违法犯罪青少年,开展帮教和矫治工作:教育行政部门要会同有关部门完善工读教育的有关政策,改革未成年人接受工读教育的决定主体和有关程序,加强对工读学校的领导和投入,实施"大中城市工读学校建设工程",在每个大中城市建设一所工读学校,努力把工读学校办成教育、矫治、挽救有严重不良行为的未成年人、预防青少年违法犯罪的中心。对有不良行为和严重不良行为的中小学生,教育行政部门要加强对他们的教育、转化工作,将这项工作作为考核学校和教师工作的重要指标。对于被人民法院判处缓刑、管制、免予刑事处罚的未成年犯,如果属于九年义务教育的在校学生,要留校试读帮教。法院、检察院和公安、司法行政部门要按照以"教育、感化、挽救"为主的方针,在侦查、起诉、审判、交付执行、社区矫正等环节积极探索有利于未成年人教育、矫治的工作制度,进一步完善青少年司法制度。严厉打击教唆青少年犯罪的违法犯罪活动,对于教唆不满18岁的未成年人犯的,要从重处罚。有关部门要着重做好青少年罪犯和劳教人员刑满释放、解除劳教时的衔接、就业指导和技能培训工作,落实其社会保障。[1]

2017年4月中共中央、国务院印发《中长期青年发展规划(2016—2025年)》。《规划》在完善未成年人司法保护制度方面,强调在涉及未成年人案件中落实"回访帮教"制度,并规定:"有条件的地区建立未成年人帮教基地。妥

---

[1] 《中央综治委出台关于深化预防青少年违法犯罪工作的意见》,《法制日报》2004年9月28日。

善安置附条件不起诉、适用非监禁刑、特赦的未成年人以及解除收容教养和其他刑满释放的青少年。"《规划》在做好重点青少年群体服务管理工作方面,强调加强专门学校建设和专门教育工作。充分发挥青少年事务社会工作专业人才和社会工作服务机构作用,对重点青少年群体提供困难帮扶、法治教育、法律援助、心理疏导、行为矫治等专业服务。

其次,关于工作机构的建立和变化。2001年3月29日,中央综治委成立预防青少年违法犯罪工作领导小组,并举行首次会议。之后地方各级综治委也陆续成立预防青少年违法犯罪工作领导小组。该领导小组的部分职能在2018年党和国家机构改革裁撤中央和地方综治委的背景下,由"中长期青年发展规划实施工作部际联席会议"和地方各级"中长期青年发展规划工作联席会议"所代替。[1]

再次,建立创建"青少年维权岗"的工作机制,并在创建的具体要求方面,在五个机关、部门工作中明确规定帮教内容。1998年11月25日,共青团中央、中央综治办下发《关于在全国开展创建优秀"青少年维权岗"活动的意见》。1999年3月18日,团中央、最高人民法院在福建省闽侯县人民法院举行首批优秀"青少年维权岗"授牌仪式,七个单位获得第一批全国优秀"青少年维权岗"称号,这标志着创建优秀"青少年维权岗"活动正式启动。全国各省市设立创建优秀"青少年维权岗"活动的组织领导机构,制订了相应的执行标准,以"维权岗"为依托,形成社会各界积极参与的维权服务网。

2010年10月11日,共青团中央、中央综治办、最高人民法院等14个部门联合下发《关于创建"青少年维权岗"活动指导意见》(中青联发〔2010〕34号),其"青少年维权岗"分类创建标准在五个机关、部门工作中提到了帮教,

---

[1] 《中长期青年发展规划(2016—2025年)》明确要求,"设立推动规划落实的部际联席会议机制""县级以上党委和政府建立青年工作联席会议机制"。2018年底,部际联席会议机制正式设立。2021年底,全国省、市、县级青年工作联席会议机制实现100%全覆盖。参见周围围:《助力青年发展 聚力青春担当——中长期青年发展规划实施成效纪实》,《中国青年报》2023年5月5日,第1版。

初步构建了帮教的体系:审判机关对判处缓刑、免予刑事处罚的未成年罪犯,协助有关部门共同制定落实帮教措施,定期进行走访;检察机关对不予起诉的未成年犯罪嫌疑人,采取妥善措施,定期做好回访帮教工作;教育部门做好对有不良行为学生的帮教转化工作,办好专门学校,对于被采取刑事强制措施的未成年学生,在人民法院的判决生效前,不得取消其学籍;公安部门协同有关部门做好被判处非监禁刑、刑满释放、解除劳教和有轻微违法行为青少年的帮教工作,定期回访;民政部门积极协调有关部门落实帮教力量,做好违法犯罪青少年的教育、挽救工作,积极协助基层政府做好青少年刑释解教人员的安置工作,使安置率达80%以上,帮教率达95%以上。

最后,建立和完善办理未成年人刑事案件的配套工作体系。2010年8月28日,中央综治委预防青少年违法犯罪工作领导小组、最高人民法院、最高人民检察院、公安部、司法部、共青团中央公布施行的《关于进一步建立和完善办理未成年人刑事案件配套工作体系的若干意见》(综治委预青领联字〔2010〕1号)规定:一方面,在未成年犯罪嫌疑人、被告人的社会调查方面。社会调查机关应当对未成年犯罪嫌疑人的性格特点、家庭情况、社会交往、成长经历、是否具备有效监护条件或者社会帮教措施,以及涉嫌犯罪前后表现等情况进行调查,并作出书面报告。另一方面,在未成年犯罪嫌疑人、被告人的教育、矫治方面。对于因犯罪情节轻微不立案、撤销案件、不起诉或判处非监禁刑、免予刑事处罚的未成年人,公安机关、人民检察院、人民法院应当视案件情况对未成年人予以训诫、责令具结悔过、赔礼道歉、责令赔偿等,并要求法定代理人或其他监护人加强监管。同时,公安机关、人民检察院、人民法院应当配合有关部门落实社会帮教、就学就业和生活保障等事宜,并适时进行回访考察。各级司法行政机关应当加大安置帮教工作力度,加强与社区、劳动和社会保障、教育、民政、共青团等部门、组织的联系与协作,切实做好刑满释放、解除劳动教养未成年人的教育、培训、就业、戒除恶习、适应社会生活及生活保障等工作。各级预防青少年违法犯罪工作领导小组应当协调有关部门和社会组织做好被帮教未成年人的就学、就业及生活保障等问题。

第二,关于对刑释解教人员的安置帮教体系。学界通常认为,安置帮教工作是监狱行刑的后续工程,对于巩固监狱改造效果、预防和减少重新违法犯罪、维护社会的和谐稳定,具有重要意义。[1]有学者认为,新中国成立后安置帮教制度的发展历程,以1994年《监狱法》出台为界,大致可以分为前后两个阶段:1994年之前以政策指导为主,1994年之后为政策指导和法律调整并重阶段。未来应当制定专门的安置帮教法,发动民间力量参与,丰富安置帮教的内容和形式。[2]

1991年2月,中共中央、国务院在《关于加强社会治安综合治理的决定》中明确指出:"劳动部门要按照国家介绍就业、自愿组织起来就业和自谋职业相结合的就业方针,积极妥善地安排刑满释放、解除劳教人员就业。"1991年8月,全国人大常委会通过的《关于加强社会治安综合治理的决定》明确规定:"妥善安置刑满释放和解除劳教的人员,减少重新违法犯罪。"1993年,中央综治委会同公安部、司法部、劳动部、民政部、国家工商行政管理局对刑满释放、解除劳教人员安置帮教工作中的问题进行调研,并于12月9日至11日联合召开座谈会。1994年2月14日,上述单位联合下发《关于进一步加强对刑满释放、解除劳教人员安置和帮教工作的意见》(综治委〔1994〕2号),对相关工作作出部署。该意见指出,刑释解教人员安置帮教工作,是在党委、政府的统一领导下,依靠各有关部门和社会力量对刑释解教人员进行的一种非强制性

---

[1] 据谢觉哉同志夫人、时任全国政协委员的王定国同志的日记记载,1986年12月8日,经过认真筹备,全国政协法制组、北京市政协法制组和中国青少年犯罪研究所作为主办单位,在北京召开了"两劳"人员重返社会安置帮教工作座谈会。与会者一致认为,安置帮教好重返社会的"两劳"人员,对于预防和减少重新犯罪、促进社会治安的好转有着重要意义。参见王定国:《定国文存·日记》,人民出版社2007年版,第190页。

[2] 冯卫国:《刑事执行与罪犯处遇新探索》,法律出版社2019年版,第168—173页。

的引导、扶助、教育、管理活动。

1995年7月,中央综治委成立了刑满释放、解除劳教人员安置帮教工作协调小组。1998年10月21日,中央综治委召开全国刑满释放安置帮教工作经验交流会。中央综治委刑释解教人员安置帮教工作协调小组下发《关于进一步做好服刑、在教人员刑满释放、解除劳教时衔接工作的意见》。2004年2月6日,中央综治委、司法部、公安部等8个部门联合下发《关于进一步做好刑满释放、解除劳教人员促进就业和社会保障工作的意见》(综治委〔2004〕4号)。2010年,中共中央办公厅、国务院办公厅转发《中央社会治安综合治理委员会关于进一步加强刑满释放解除劳教人员安置帮教工作的意见》(中办发〔2010〕5号),司法部制定《关于贯彻落实中央办公厅 国务院办公厅转发〈中央社会治安综合治理委员会关于进一步加强刑满释放解除劳教人员安置帮教工作的意见〉的通知的实施方案》(司发〔2010〕13号)。2015年,司法部、中央综治办等13个部门制定《关于加强刑满释放人员救助管理工作的意见》。2016年10月,司法部、中央综治办、民政部、财政部等4个部门联合制定下发《关于社会组织参与帮教刑满释放人员工作的意见》,鼓励、引导和支持社会组织参与帮教刑满释放人员的工作。

(2)帮教工作的法治化

随着《中华人民共和国预防未成年人犯罪法》(简称《预防未成年人犯罪法》)、《中华人民共和国治安管理处罚法》(简称《治安管理处罚法》)、《中华人民共和国反恐怖主义法》(简称《反恐怖主义法》)、《中华人民共和国反有组织犯罪法》(简称《反有组织犯罪法》)、《中华人民共和国禁毒法》(简称《禁毒法》)、《戒毒条例》以及大量地方性法规中预防性法律制度的相继建立和实施,帮教工作逐步法治化。

第一,针对未成年人的帮教。《预防未成年人犯罪法》对帮教制度的规定经历了一个转变。首先,1999年6月28日的《预防未成年人犯罪法》第47条的规定,相对于刑罚,把帮教向前和向外进行了延伸。向前延伸主要是针对未达到刑事责任年龄而不予刑事处罚的未成年人,这主要是立足于源头预防。向外延伸是针对免予刑事处罚、被判处非监禁刑罚、被判处刑罚宣告缓刑、被假释的未成年人,这主要是立足于预防重新犯罪。明确帮教措施系协助司法机关做教育、挽救工作。帮教主体限于上述未成年人的父母或者其他监护人、学校、居委会、村委会(并允许居委会、村委会聘请思想品德优秀、作风正派、热心未成年人教育工作的离退休人员或者其他人员协助)。

其次,2020年12月26日修订的现行《预防未成年人犯罪法》删除了上述规定,对未成年人帮教制度进行了重要修改。

一是用"专门矫治教育"替代帮教制度,以强调强制性。专门矫治教育针对未成年人实施刑法规定的但因不满法定刑事责任年龄不予刑事处罚的行为。[1]该制度给社会参与保留了一定的空间,第42条规定:"公安机关在对未成年人进行矫治教育时,可以根据需要邀请学校、居民委员会、村民委员会以及社会工作服务机构等社会组织参与。"

二是规定了对接受社区矫正、刑满释放的未成年人的安置帮教(55—57条)。第55条规定社区矫正机构的告知和配合义务:"应当告知未成年社区矫正对象安置帮教的有关规定,并配合安置帮教工作部门落实或者解决未成年社区矫正对象的就学、就业等问题。"第56条规定未成年犯管教所的通知、协助义务:"对刑满释放的未成年人,未成年犯管教所应当提前通知其父母或者其他监护人按时接回,并协助落实安置帮教措施。没有父母或者其他监护人、无法查明其父母或者其他监护人的,未成年犯管教所应当提前通知未成年人原户籍所在地或者居住地的司法行政部门安排人员按时接回,由民政部门或

---

[1]《预防未成年人犯罪法》第45条规定,经专门教育指导委员会评估同意,教育行政部门会同公安机关可以决定专门矫治教育。专门矫治教育在专门场所进行。专门场所实行闭环管理,公安机关、司法行政部门负责未成年人的矫治工作,教育行政部门承担未成年人的教育工作。

者居民委员会、村民委员会依法对其进行监护。"第 57 条规定未成年人的父母或者其他监护人和学校、居民委员会、村民委员会的协助义务:"对接受社区矫正、刑满释放的未成年人,应当采取有效的帮教措施,协助司法机关以及有关部门做好安置帮教工作。居民委员会、村民委员会可以聘请思想品德优秀、作风正派、热心未成年人工作的离退休人员、志愿者或其他人员协助做好前款规定的安置帮教工作。"

2005 年 8 月 28 日全国人大常委会通过的《治安管理处罚法》第 21 条规定,对已满十四周岁不满十六周岁、已满十六周岁不满十八周岁且初次违反治安管理的违反治安管理行为人,应当给予行政拘留处罚的,不执行行政拘留处罚。公安部《公安机关执行〈中华人民共和国治安管理处罚法〉有关问题的解释》(公通字〔2006〕12 号)规定了对上述情况的未成年人进行帮教:"可以依法作出行政拘留处罚决定,但不投送拘留所执行。被处罚人居住地公安派出所应当会同被处罚人所在单位、学校、家庭、居(村)民委员会、未成年人保护组织和有关社会团体进行帮教。"

第二,《反恐怖主义法》《反有组织犯罪法》中对特定违法犯罪人的帮教和安置帮教。首先,全国人大常委会制定的,于 2015 年 12 月 27 日公布、2016 年 1 月 1 日施行的《反恐怖主义法》第 29 条第 1 款规定:"对被教唆、胁迫、引诱参与恐怖活动、极端主义活动,或者参与恐怖活动、极端主义活动情节轻微,尚不构成犯罪的人员,公安机关应当组织有关部门、村民委员会、居民委员会、所在单位、就读学校、家庭和监护人对其进行帮教。"其次,全国人大常委会制定的,于 2021 年 12 月 24 日公布、2022 年 5 月 1 日施行的《反有组织犯罪法》第 18 条规定:"有组织犯罪的罪犯刑满释放后,司法行政机关应当会同有关部门落实安置帮教等必要措施,促进其顺利融入社会。"

第三,《禁毒法》《戒毒条例》中对戒毒康复人员的帮教。《禁毒法》《戒毒条例》中没有"帮教"这个词,但多处使用"帮助""教育"或类似概念来表达帮教的内涵。帮教贯穿于戒毒脱瘾、教育矫治、回归社会的全过程。帮教的功能是增强戒毒人员的戒毒意愿,修复其个性缺陷、情感和社会关系,帮助其应对高危情境、养成良好习惯,预防其复吸和危害社会。帮教的重点是建立政府、家庭和社会力量的联合工作体系。《禁毒法》第31条规定,国家采取各种措施帮助吸毒人员戒除毒瘾,教育和挽救吸毒人员。第34条规定,城市街道办事处、乡镇人民政府,以及县级人民政府劳动行政部门对无职业且缺乏就业能力的戒毒人员提供必要的职业技能培训、就业指导和就业援助。第35条规定,对违反社区戒毒协议的戒毒人员,参与社区戒毒的工作人员应当进行批评、教育。第39条规定,怀孕或者正在哺乳自己不满一周岁婴儿的妇女吸毒成瘾的,不适用强制隔离戒毒。不满十六周岁的未成年人吸毒成瘾的,可以不适用强制隔离戒毒。对依照前款规定不适用强制隔离戒毒的吸毒成瘾人员,依照本法规定进行社区戒毒,由负责社区戒毒工作的城市街道办事处、乡镇人民政府加强帮助、教育和监督,督促落实社区戒毒措施。第43条规定,根据戒毒的需要,强制隔离戒毒场所可以组织戒毒人员参加必要的生产劳动,对戒毒人员进行职业技能培训。第52条规定,有关部门、组织和人员应当在入学、就业、享受社会保障等方面对戒毒人员给予必要的指导和帮助。《戒毒条例》在强制隔离戒毒、社区戒毒、社区康复、自愿戒毒诸环节都对帮教作出了规定。例如,第11条规定,戒毒医疗机构应当对自愿戒毒人员开展艾滋病等传染病的预防、咨询教育。第18条规定,乡(镇)人民政府、城市街道办事处和社区戒毒工作小组应当采取下列措施管理、帮助社区戒毒人员:戒毒知识辅导;教育、劝诫;职业技能培训,职业指导,就学、就业、就医援助;帮助戒毒人员戒除毒瘾的其他措施。第29条规定,强制隔离戒毒场所应当配备设施设备及必要的管理人员,依法为强制隔离戒毒人员提供科学规范的戒毒治疗、心理治疗、身体康复训练和卫生、道德、法制教育,开展职业技能培训。第42条规定,戒毒康复场所应当建立戒毒康复人员自我管理、自我教育、自我服务的机制。

第四，地方性法规中规定的帮教。主要有未成年人保护、预防未成年人犯罪、平安建设、社会治理、社区治理、禁毒、反恐怖主义等领域的立法，其中也不乏一些创新的规定。例如，浙江省人民政府2002年8月23日公布、2015年12月28日修改的《浙江省归正人员安置帮教工作办法》是我国首部针对刑满释放人员帮教安置的地方政府规章。该办法第2条规定："本办法所称安置帮教工作是指由各级人民政府组织有关部门和社会力量，对刑满释放人员（以下称归正人员），在国家规定的期间内进行就业安置和教育帮助的活动。"这里用"归正人员"这一称谓有助于消除和减轻对刑满释放人员的歧视，并增强他们对社会的认同感和自信。《贵州省预防未成年人犯罪条例》第26条规定，公安机关、人民检察院、人民法院、司法行政部门应当建立健全流动涉罪未成年人异地帮教救助协作机制，以大数据、人工智能为依托，联合开展社会调查、心理干预等帮教救助工作。

近年来，我国有关禁毒、预防未成年人犯罪的地方性法规，明确了帮教的主体、对象和保障措施等。一是，社区戒毒、社区康复中的帮教是戒毒帮教体系的主体内容。首先，强调社区戒毒康复工作小组和社区戒毒（康复）工作人员的责任。例如，《贵阳市社区戒毒康复条例》第26条规定，根据社区戒毒康复人员情况，成立由禁毒专职工作人员、社区民警、村（居）委会委员、网格工作人员、社区医务人员、禁毒社会工作者、文体工作者、禁毒志愿者和社区戒毒康复人员家属或者其他监护人以及所在单位代表等组成的社区戒毒康复工作小组，对社区戒毒康复人员实施一对一管理、帮教。类似的规定还有《无锡市社区戒毒康复条例》第12条。值得注意的是，《云南省禁毒条例》第38条把帮教主体责任明确为社区戒毒（康复）工作人员。类似规定还有《河北省禁毒条例》第46条。其次，强调未成年人父母或监护人的责任。例如，《广西壮族自治区预防未成年人犯罪条例》第34条规定，对依法接受社区戒毒或者解除强制隔离戒毒措施的未成年人，由其户籍所在地或者居住地乡（镇）人民政府、街道办事处,与其父母或者其他监护人共同落实社区报到、定期尿检等社区戒毒措施或者家庭帮教等措施。最后,强调学校对未成年吸毒人员的帮教责任。例如,《云南省禁毒条例》第14条规定,在校学生有吸毒行为的,学校应当及时报告学校所在地公安机关和教育部门,通知学生家长,并配合有关部门进行帮教,督促戒毒。二是,针对场所内的戒毒人员,由有关禁毒的地方立法规定并由强制隔离戒毒所主导实施"所内帮教"。所内帮教通常强调家庭、社会力量与强制隔离戒毒所工作的协同配合。例如,《上海市禁毒条例》第40条规定,强制隔离戒毒场所应当与强制隔离戒毒人员现居住地或者户籍所在地的有关部门和组织加强合作,开展信息对接、所内帮教、戒毒效果回访评估等活动。类似的规定还有《宁夏回族自治区禁毒条例》第31条、《武汉市禁毒条例》第42条等。三是,针对解除强制隔离戒毒措施的人员,由有关预防未成年人犯罪的地方立法规定实施"跟踪帮教",并明确强制隔离戒毒场所的协助义务。例如,《广西壮族自治区预防未成年人犯罪条例》第33条规定,解除强制隔离戒毒措施的未成年人,强制隔离戒毒所应当协助其父母或者其他监护人、所在学校、住所地村(居)民委员会以及辖区派出所等有关单位,落实社区康复、跟踪帮教等措施巩固戒毒成效,防止其再次吸食、注射毒品。类似规定还有《江苏省预防未成年人犯罪条例》第48条。四是,对戒毒人员的安置帮教。安置帮教在我国通常是针对刑释人员(也包括劳教制度废止前的解除劳教人员)的,目前也适用于社区戒毒、社区康复人员。例如,《云南省澜沧拉祜族自治县禁毒条例》第7条规定,乡(镇)人民政府成立机构配备人员,为戒毒人员提供安置帮教等服务。五是,针对社区戒毒康复后的"后续帮教管理"。此仅见于《云南省大理白族自治州禁毒条例》第21条的规定,要求乡(镇)人民政府、街道办事处对社区戒毒康复后的吸毒人员进行后续帮教管理。六是,针对戒毒帮教工作中成绩突出的单位和个人给予表彰和奖励。例如,《贵州省禁毒条例》第38条、《海南经济特区禁毒条例》第10条、《云南省澜沧拉祜族自治县禁毒条例》第 23 条都对此有明确规定。总之,地方立法对《禁毒法》《戒毒条例》的规定进行了丰富完善,在不同戒毒措施中建立起针对不同对象的帮教制度。在法律规范基础上,戒毒帮教工作还需要通过政策文件和禁毒社会工作服务予以进一步落地。[1]

(3) 司法机关参与、保障帮教工作的制度和机制

我国审判机关、检察机关立足其自身职能,建立相关工作制度和机制,积极协助有关部门、基层组织做好对被判处缓刑、管制、免予刑事处罚人员和刑满释放人员的帮教工作,加强违法犯罪青少年教育挽救,积极参与社区矫正工作。

第一,审判机关参与、保障帮教工作的制度和机制。这方面相关的文件主要有:2000 年 11 月 15 日最高人民法院通过、2001 年 4 月 12 日起施行的《关于审理未成年人刑事案件的若干规定》(简称《规定》);2005 年 12 月 12 日最高人民法院《关于审理未成年人刑事案件具体应用法律若干问题的解释》(法释〔2006〕1 号,简称《解释》);2010 年 2 月 8 日最高人民法院《关于贯彻宽严相济刑事政策的若干意见》(法发〔2010〕9 号,简称《意见》);2010 年 12 月 31 日最高人民法院《关于充分发挥刑事审判职能作用深入推进社会矛盾化解的若干意见》(法发〔2010〕63 号,简称《刑事审判意见》);2012 年 12 月 20 日最高人民法院《关于适用〈中华人民共和国刑事诉讼法〉的解释》(简称《刑诉法解释》)。

上述文件在以下三个方面规定了帮教的制度、机制。

一是,对免予刑事处罚的做好帮教工作(《意见》)。

二是,把未成年被告人获得帮教作为从轻判处其管制、拘役宣告缓刑或者有期徒刑宣告缓刑、免予刑事处罚等的条件之一(《规定》第 29 条)。如果具

---

[1] 褚宸舸:《戒毒帮教的法律法规有哪些?》,《中国禁毒报》2023 年 9 月 8 日,第 6 版。

备监护、帮教条件的,对其适用缓刑确实不致再危害社会的,应当宣告缓刑(《解释》第16条)。控辩双方应当向法庭提供有关未成年被告人能够获得监护、帮教以及对所居住社区无重大不良影响的书面材料(《刑诉法解释》第483条)。

三是,判后跟踪帮教制度。重视法庭教育和判后跟踪帮教。协助未成年犯管教所或社区矫正部门做好帮教工作,确保改造效果,有效预防重新犯罪(《刑事审判意见》)。人民法院可以与未成年犯管教所等服刑场所建立联系,了解未成年罪犯的改造情况,协助做好帮教、改造工作,并可以对正在服刑的未成年罪犯进行回访考察(《刑诉法解释》第582条)。少年法庭可以通过多种形式与未成年犯管教所等未成年罪犯服刑场所建立联系,了解未成年罪犯的改造情况,协助做好帮教、改造工作;并可以对正在服刑的未成年罪犯进行回访考察(《规定》第39条)。对于判处管制、拘役宣告缓刑或者有期徒刑宣告缓刑、免予刑事处罚等的未成年罪犯,少年法庭可以协助公安机关同其所在学校、单位、街道、居民委员会、村民委员会、监护人等制定帮教措施(《规定》第41条)。配合做好社区矫正,加强教育、感化、帮教、挽救工作(《意见》)。

第二,检察机关参与、保障帮教工作的制度和机制。这方面相关的文件主要有:2006年12月28日通过、2007年1月15日印发实施的最高人民检察院《关于在检察工作中贯彻宽严相济刑事司法政策的若干意见》(简称《宽严相济意见》);2006年12月28日最高人民检察院《办理未成年人刑事案件的规定》(简称《刑事案件规定》);2012年10月29日最高人民检察院《关于进一步加强未成年人刑事检察工作的决定》(高检发诉字〔2012〕152号,简称《刑事检察决定》);2019年12月2日通过、2019年12月30日起施行的《人民检察院刑事诉讼规则》(高检发释字〔2019〕4号,简称《刑事诉讼规则》)。

上述文件在以下八个方面规定了帮教的制度、机制。

一是,明确"教育"是办案的重要原则之一。对未成年人犯罪案件依法从宽处理。办理未成年人犯罪案件,应当坚持"教育、感化、挽救"的方针和"教育为主、惩罚为辅"的原则(《宽严相济意见》)。要坚持在审查逮捕、审查起诉和出庭公诉等各个环节对涉罪未成年人进行教育、感化、挽救,寓教于审,并注重用科学的方式、方法提高帮教效果。坚持依法少捕、慎诉、少监禁。要综合犯罪事实、情节及帮教条件等因素,进一步细化审查逮捕、审查起诉和诉讼监督标准,最大限度地降低对涉罪未成年人的批捕率、起诉率和监禁率(《刑事检察决定》)。

二是,建立社会调查制度。在犯罪调查过程中,要了解有无帮教条件。要对未成年犯罪嫌疑人的情况进行调查,了解未成年人的性格特点、家庭情况、社会交往、成长经历以及有无帮教条件等情况(《宽严相济意见》)。要加强与涉罪未成年人家长、有关部门和社会力量的配合,认真分析涉罪未成年人犯罪原因、身心特点和帮教条件,制定帮教方案,落实帮教措施,有针对性地开展帮助教育和心理矫正(《刑事检察决定》)。

三是,建立健全逮捕必要性证明制度。把帮教条件作为考量逮捕、起诉的必要性的参考和依据(《刑事检察决定》)。把有无帮教、管教条件作为综合考虑是否"有逮捕必要"的因素之一(《宽严相济意见》)。对于罪行较轻,具备有效监护条件或者社会帮教措施,没有社会危险性或者社会危险性较小,不会妨害诉讼正常进行的未成年犯罪嫌疑人,一般不予批准逮捕。对于罪行比较严重,但主观恶性不大,有悔罪表现,具备有效监护条件或者社会帮教措施,不具有社会危险性,不会妨害诉讼正常进行,属于已满十四周岁不满十六周岁的未成年人或者在校学生的,也可以依法不予批准逮捕(《刑事案件规定》第13条)。在作出不批准逮捕决定前,应当审查其监护情况,参考其法定代理人、学校、居住地公安派出所及居民委员会、村民委员会的意见,并在《审查逮捕意见书》中对未成年犯罪嫌疑人是否具备有效监护条件或者社会帮教措施进行具体说明(《刑事案件规定》第14条)。对于罪行较轻,具备有效监护条件或者社会帮教措施,没有社会危险性或者社会危险性较小的,一律不捕;对于罪行较重,但主观恶性不大,真诚悔罪,具备有效监护条件或者社会帮教措施,并具有一定从轻、减轻情节的,一般也可不捕(《刑事检察决定》)。犯罪嫌疑人涉嫌的罪行较轻,且没有其他重大犯罪嫌疑,犯罪嫌疑人系已满十四周岁未满十八周岁的未成年人或者在校学生,本人有悔罪表现,其家庭、学校或者所在社区、居民委员会、村民委员会具备监护、帮教条件的,可以作出不批准逮捕或者不予逮捕的决定(《刑事诉讼规则》第140条)。人民检察院对未成年犯罪嫌疑人审查逮捕,应当根据未成年犯罪嫌疑人有无监护与社会帮教条件、认罪认罚等情况,综合衡量其社会危险性,严格限制适用逮捕措施。对于罪行较轻,具备有效监护条件或者社会帮教措施,没有社会危险性或者社会危险性较小的未成年犯罪嫌疑人,应当不批准逮捕。对于罪行比较严重,但主观恶性不大,有悔罪表现,具备有效监护条件或者社会帮教措施,属于已满十四周岁不满十六周岁的未成年人或者系在校学生的,不逮捕不致发生社会危险性的未成年犯罪嫌疑人,可以不批准逮捕(《刑事诉讼规则》第462、463条)。

四是,建立帮教材料移送法院制度。对未成年被告人适用缓刑建议的,应当将未成年被告人能够获得有效监护、帮教的书面材料一并于判决前移送人民法院(《刑事案件规定》第31条第2款)。

五是,落实附条件不起诉未成年人帮教措施。对于犯罪情节轻微而不被起诉的未成年人,要落实帮教措施(《宽严相济意见》)。未成年犯罪嫌疑人及其法定代理人对拟作出附条件不起诉决定提出异议的,人民检察院应当提起公诉。但是,其意见不利于对未成年犯罪嫌疑人帮教、人民检察院不采纳的,应当进行释法说理(《刑事诉讼规则》第470条)。在附条件不起诉的考验期内,由人民检察院对被附条件不起诉的未成年犯罪嫌疑人进行监督考察。人民检察院可以会同未成年犯罪嫌疑人的监护人、所在学校、单位、居住地的村民委员会、居民委员会、未成年人保护组织等的有关人员,定期对未成年犯罪嫌疑人进行考察、教育,实施跟踪帮教(《刑事诉讼规则》第474条)。

六是,建立未成年人犯罪案件专门机构或专人办理机制。对于专门办案组或者专人,必须保证其集中精力办理未成年人犯罪案件,研究未成年人犯罪规律,落实对涉罪未成年人的帮教措施(《刑事检察决定》)。

七是,促进未成年人权益保护和犯罪预防帮教社会化体系建设。在社会化帮教预防体系等方面,强化与有关部门、单位的沟通协调。有条件的地方要积极建议、促进建立健全社工制度、观护帮教制度等机制,引入社会力量参与对被不批捕、不起诉的未成年人进行帮教(《刑事检察决定》)。发现有关机关对判处管制、缓刑或者裁定、决定假释、暂予监外执行等在社会上执行的未成年罪犯脱管、漏管或者没有落实帮教措施的,应当依法提出纠正意见(《刑事案件规定》第41条第2款)。

八是,建立完善符合未成年人刑事检察工作特点的考评机制。抓紧构建以办案质量和帮教效果为核心,涵盖少捕慎诉、帮教挽救、落实特殊制度、开展犯罪预防等内容的考评机制。

5. 帮教工作的社会化

帮教工作的社会化和社会帮教既有联系,又有区别。所谓社会帮教,指社会力量(例如群团、社会组织、村[居]委会、企事业单位、人民群众等)作为帮教主体实施的帮教活动,其有别于专门机关(如政法机关、党委政府等)实施的帮教活动。社会帮教是帮教的重要组成部分。帮教工作的社会化强调的是专门机关将其帮教职责全部或部分委托给社会力量的过程。帮教工作社会化的目标是实现公私协力。帮教工作的社会化需要加强社会帮教,社会帮教的蓬勃发展是衡量帮教工作社会化程度的重要指标。

2002年9月,由中央综治委刑释解教人员安置帮教工作协调小组召开的全国刑释解教人员安置帮教工作经验交流会最早提出"帮教社会化、就业市场化、管理信息化、工作职责法制化"的措施和要求。2004年12月,罗干同志在全国政法工作会议上的讲话要求:"研究社会主义市场经济条件下发动群众、依靠群众做好社会治安工作的新思路、新办法,有效动员和整合各种群防群治力量,最大限度地把群众组织起来,形成人人参与的群众安全防范工作格局。"他肯定一些地方"建立专业社工队伍,开展社区矫正和帮教工作"的做法。他还提出:"按照'帮教社会化、就业市场化、管理信息化、工作职责法制化'的要求,进一步健全各级刑释解教人员安置帮教工作机构,完善工作制度,加强信息管理系统建设,做好刑释解教人员促进就业和社会保障工作,清理并认证一批符合条件的过渡性安置企业。切实加强预防青少年违法犯罪工作,实施'为了明天——预防青少年违法犯罪工程',着力加强未成年人思想道德建设和青少年法制教育,进一步推动'未成年人零犯罪社区'创建活动的开展。加强网吧专项整治、互联网监管及校园周边环境整治。"[1]

2004年6月30日,中关工委、中组部、教育部、民政部等《关于发挥"五老"队伍在加强和改进未成年人思想道德建设中的作用的通知》(中关工委〔2004〕35号)强调发挥"五老"作为帮教失足青少年的帮教员的作用。

2011年11月8日,中组部、中央政法委、中央编办等《关于加强社会工作专业人才队伍建设的意见》把犯罪预防、禁毒戒毒、矫治帮教、人口计生、纠纷调解、应急处置等领域提供社会服务的专门人员定名为社会工作专业人才。我国将社会工作引入青少年事务、矫治帮教工作。十余年来,全国各地积极探索和创新适应本土实际的青少年事务工作机制与方法,形成了一些具有地方特色的青少年社会工作经验。例如,上海建立了自强、新航、阳光三个专业社工机构,分别负责禁毒、犯罪矫治和青少年等领域的相关工作。

2015年4月,中共中央办公厅、国务院办公厅印发《关于加强社会治安防

---

[1] 中共中央文献研究室编:《十六大以来重要文献选编》(中),中央文献出版社2006年版,第463、464页。

控体系建设的意见》。该意见要求将适合由社会组织承担的矛盾纠纷调解、特殊人群服务管理、预防青少年违法犯罪等社会治安防控体系建设任务纳入政府购买服务目录,通过竞争性选择等方式,交给相关社会组织承担,发挥好他们在社会治安防控体系建设中的重要作用。2015年8月,中宣部、中央网信办、公安部等联合印发的《全国青少年毒品预防教育规划(2016—2018)》(禁毒办发〔2015〕1号)规定,做好涉毒青少年帮教保护工作。各级教育、禁毒部门要建立涉毒青少年心理干预和帮教服务团队。

2016年10月,司法部等4个部门《关于社会组织参与帮教刑满释放人员工作的意见》要求,司法行政部门要会同民政等部门,认真研究制定社会组织参与帮教工作规划,明确目标任务和参与帮教的方式、途径,依法有序引导社会组织参与帮教刑满释放人员工作。健全完善社会组织参与帮教刑满释放人员工作的相关政策保障措施,提升社会组织帮教服务能力。统筹利用现有的公共服务资源,在场地、设施、信息等方面为社会组织参与帮教工作提供便利。财政部门要会同民政等相关部门,依据政府购买服务相关规定,将属于政府职责范围、适合市场化方式提供、社会力量能够承担的刑满释放人员帮教服务,纳入政府购买服务指导性目录。参与帮教工作的社会组织符合规定条件的,依法享受相应的税收、信贷等优惠政策。《意见》明确,社会组织可以从以下六个方面发挥参与帮教工作的积极作用:一是通过司法行政部门了解掌握刑满释放人员基本信息、改造表现、家庭状况等情况,有针对性地制定帮教方案,做好帮教准备工作。二是采取多种方式,对刑满释放人员开展遵纪守法、社会公德、家庭美德、个人品德教育,宣讲形势政策。三是开展人际关系指导、社区公益活动等社会适应性教育和训练,开展社会适应性帮扶。四是开展心理预测、心理评估、心理咨询与治疗等心理教育工作,帮助刑满释放人员走出阴影,培养健全正常的人格。五是向符合社会救助条件的刑满释放人员介绍社会救助相关政策和申请的条件、程序等,协助"三无"、老弱病残等生活困难的人员,向有关部门提出社会救助申请。社会组织可以协助有关部门,为符合条件的刑满释放人员提供法律援助;可以通过动员爱心人士、慈善机构开展爱心捐赠等方式,为生活困难的刑满释放人员提供帮扶。六是向就业困难且有劳动能力和就业愿望的刑满释放人员及其家属,推荐就业岗位和职业技能培训,帮助他们按规定向政府有关部门申请相关就业、创业扶持政策,协助办理工商登记,落实税费减免、信贷支持政策等。

帮教工作的社会化体现了治理的理念和要求。现代意义上的治理是一种由多元主体为了共同目标、共同参与和支持的活动。[1]相较于管理,治理更强调过程、协调、公私互动。治理这个概念强调政治国家与公民社会的合作、政府与非政府的合作、公共机构与私人机构的合作、强制与自愿的合作。[2]随着我国市场经济和社会组织的发展,以需求为导向,需要建立公共事务管理责任分担机制。将由国家承担的部分公共事务转移给社会组织,激发民间创造性潜力和建设能量,逐渐成为一种共识。帮教工作的社会化也充分体现了新时代"枫桥经验"的内在要求。新时代"枫桥经验"强调以人民为中心,为了群众、服务群众、依靠群众、动员群众,发扬人民主体性。"以人为本"作为"枫桥经验"的核心理念之一,体现在政法工作中,就是要强调帮助人、教育人和改造人。

综上所述,上文从帮教概念的渊源和帮教工作的产生,帮教和"枫桥经验"的关系,帮教工作和预防青少年违法犯罪、社会治安综合治理的关系,帮教工作的制度化、法治化、社会化等方面阐述本书辑录史料的政治、法律和学术研究背景。立足我国现行帮教工作体系,从政策、法律、司法等方面,厘清青少年帮教的发展脉络和前景,分析、揭示不同类型帮教之间的关系。全书四章拟

---

1 魏礼群主编:《中国社会治理通论》,北京师范大学出版社2019年版,第1页。
2 俞可平:《治理和善治:一种新的政治分析框架》,《南京社会科学》2001年第9期。

分别从改革开放前的帮教工作,改革开放以来的帮教工作,改革开放以来青少年帮教工作典型案例,有关青少年帮教的教育、关爱和维权工作四个方面,辑录相关史料,以翔实的史料、经典的事例案例,点面结合、论从史出,全面展现"枫桥经验"青少年帮教的生动实践和成功经验。

第一章
改革开放前的帮教工作

提要: 本章共两节,主要涉及改革开放以前帮教工作的经验总结和帮教工作典型案例。采取实践与案例分析相结合的方式,全面系统梳理浙江省公安帮教工作的早期实践、20世纪六七十年代"诸暨县枫桥区社会主义教育运动中开展对敌斗争的经验",以及"对一般流窜犯就地改造比矛盾上交好""依靠群众教育改造有违法犯罪行为的人""檀溪泉四大队民主制订治安公约""依靠群众加强对'四类分子'的监督和违法犯罪人员的帮教""杭州市清泰等地派出所加强重点人口管理 严密社会面控制"等重要文献资料。同时,从众多史料中,撷取"坚持八年,把流窜犯骆某松改造为一个较好的青年""'破缸而逃'的新生""陈某宝改邪归正""这样的流窜犯群众也能管教他""矛盾不上交,就地解决""收回报捕材料,就地改造葛某木""依靠群众,立足于拉,盗窃分子陈某友得到改造""惯偷毛某才变好了"等典型案例,通过实例印证改革开放之前在"枫桥经验"指导下帮教工作取得的成功做法、实践经验和历史成就。

1.1 帮教工作的经验总结

1.1.1 公安帮教工作的早期实践

提要：该文献分为管束教育有不良行为的人、帮教违法人员和"两劳"回籍人员、教育挽救失足青少年三节，以及一个附录（省公安厅工作组：《义乌县稠城公社杨村大队教育改造有小偷小摸行为的人的经验》）。文献详细整理了20世纪50年代至90年代中期浙江帮助教育工作的实践史料。

帮助教育[1]

一、管束教育有不良行为的人

1951年初，杭州、宁波、温州、嘉兴、湖州、绍兴6个城市共有游民2 993人。这些人不仅妨碍公共秩序，有些还成帮结伙，强讨强要、小偷小摸、打人骂人，群众称之为"恶丐"。公安机关协同民政、卫生等部门，在城市开展收容、遣送、安置游民工作。是年4月，杭州市人民政府成立处理游民委员会，由公安机关负责收容，民政部门负责安置和遣送，卫生部门负责医疗。杭州市公安局把全市1 176名游民全部收容起来，其中12名有犯罪嫌疑由公安机关查处，500多名由民政部门遣送回乡安置劳动，依靠群众管束教育，还有500多名无家可归的，由民政部门建立劳动院收容安置生产，经过教育大多数成为自食其力的劳动者。

---

[1] 载浙江省公安志编纂委员会编：《浙江人民公安志》，中华书局2000年版，第260—267页。

50年代,随着土地改革和农业互助合作化的发展,广大农民生产热情高涨,农村极少数好逸恶劳、不务正业的懒汉、二流子和巫婆、神汉等有不良行为的人在农村进行小偷小摸、迷信骗钱,屡教屡犯,影响群众的正常生活而情节轻微不够国家法律制裁,群众称这些人"大法不犯,小法常犯,气死公安,难死法院"。

1958年初,省公安厅会同省人民检察院、省人民法院根据中央领导关于制订社会主义爱国公约是维护社会秩序的第一道防线的指示精神,联合派出工作组到萧山县东蜀乡进行依靠群众管束教育有不良行为的人的试点。在试点中,针对他们的各种不良行为,以农业合作社为单位,依靠群众民主制订以爱国、爱社、爱劳动、遵守国家法律、遵守公共秩序、尊重社会公德和勤俭办社、勤俭持家为主要内容的社会主义爱国公约。公约经农业社的社员大会通过,乡人民委员会批准后执行。公约还规定对违反公约的人,采取教育、约束和适当处分的原则,分别给予批评教育、警告、责令赔礼道歉、具结悔过、赔偿等处分;违反《治安管理处罚条例》的,送公安机关处理。同时,将农业合作社的调解委员会,改为调解处理委员会,负责公约的实施。是年3月,省公安厅、省人民法院、省人民检察院联合工作组在全省政法工作会议上介绍了萧山县东蜀乡制订社会主义爱国公约的试点经验。同年4月,中共浙江省委在批转全省政法工作会议的报告中,要求全省80%的有不良行为的人在群众的管束教育下,成为爱国家、爱护公共财物、爱劳动、遵守公共秩序和尊重社会公德的好公民。全省各地通过依靠群众制订社会主义爱国公约的办法管束教育"大法不犯,小法常犯"有不良行为的人,收到良好效果。新登县(今属富阳区)洞桥乡共20名懒汉、二流子,合作社采取以生产队为单位"二包二定"(即专人包管包教,定劳动出勤率、定评查时间)的方法,促使其中18名有了显著转变,有的还成为生产能手。小偷小摸减少,群众安心生产。

1958年7月以后,随着全省人民公社化运动的开展,公社自办劳动教养

（简称社办劳教）一哄而起。1959年1月，据杭州市和宁波、嘉兴、金华、台州地区统计，共有社办劳教场所2 146个，收容人员3.53万人。社办劳教把有不良行为的人和四类分子一起集中起来看管劳动；有些社办劳教的干部还任意体罚，违法乱纪现象严重。1959年1月19日，中共省公安厅、省人民检察院、省人民法院党组联合向中共浙江省委报告，提出停办社办劳教的意见，后全省各地陆续撤销社办劳教，恢复对有不良行为的人在原住地依靠群众管束教育。是年10月，中共浙江省委批转省公安厅党组《关于社会改造工作中几个政策界限问题的解释意见的报告》指出：巫婆、神汉、懒汉、二流子的改造，是属于人民内部的教育改造问题，同监督改造四类分子有本质的区别，主要是发动群众，采取自我教育、自我约束的办法。如自我约束无效时，也可以给予行政上的强制性管束，使他们逐步养成劳动习惯，革除不良行为，成为一个自食其力的劳动者。1960年10月，省公安厅批转奉化县在治保会下建立教育帮助小组帮教有不良行为的人的做法。

1960年，由于国民经济遇到暂时困难，群众性的小偷小摸增多，少数公安干警和治保人员对有小偷小摸行为的人进行打骂体罚，乱罚款、乱斗争、乱搜查。是年冬，省公安厅副厅长吕剑光带领调查组到义乌县，总结该县稠城公社杨村大队教育改造有小偷小摸行为的人的经验（简称杨村大队经验）。杨村大队干部从同年夏天开始，纠正对有小偷小摸行为的人乱罚乱斗的偏向，采取耐心教育、本人检讨、领导记账（有的也不记账）、一般不公布其偷摸行为的办法，帮助和督促他们改正。有一个社员连续偷了9次，每次干部都对他进行教育，到第9次时，仍坚持教育，不予公布，使这个社员又感激又悔恨自己，从此积极劳动，没有再犯。同年12月，省公安厅党组通报这个经验。1961年2月，中共浙江省委向全省地、市、县和人民公社党委转发省公安厅党组《关于义乌县稠城公社杨村大队教育改造有小偷小摸行为的人的经验通报》，同时转发中共东阳县委关于巍山公社因对小偷小摸处理不当连续发生社员自杀事件的报告。中共浙江省委指出：杨村大队教育改造有小偷小摸行为的人的经验，是"如何采用说服教育的方法正确处理人民内部矛盾的经验"，要求各级党委用转发的两份材料作教材，组织干部认真学习；坚决纠正对有缺点错误的社员乱斗、乱罚等错误。同年2月，公安部副部长徐子荣在第十一次全国公安会议的报告中，传达国家主席刘少奇对"杨村大队经验"的谈话精神。徐子荣说：少奇同志非常重视浙江省委批转的"杨村大队经验"，有很深的印象。少奇同志说，有一个人搞了9次都没有公布，以后他就改了，公安部门也要学这种"七擒孟获"的精神。

二、帮教违法人员和"两劳"回籍人员

1965年9月，省公安厅通报推广诸暨县枫桥区依靠群众就地教育改造流窜犯的经验，并要求各地公安机关的领导亲自抓一个比较难办的"尖子"，做出样板后，根据少捕、矛盾不上交的精神，依靠群众对有一般违法犯罪行为不追究刑事处分的人，通过说理斗争制服后，不戴反革命、坏分子帽子，就地帮助教育。"文化大革命"开展后，这项工作受到严重干扰。但是诸暨县枫桥区的干部群众基本上坚持对有一般违法犯罪行为的人帮教，到"文化大革命"结束时，已有44名经过群众帮教改邪归正。枫桥公社钟瑛大队社员骆某，自幼染上偷摸恶习，十多岁时因偷摸，他父亲[1]一时气愤将他罩在一口大水缸里，他把垫在缸下通空气的石头取出，破缸而逃，从此流荡在上海、江西、杭州等地以偷扒为生，先后被公安机关送少年犯管教所教育改造2年，放出后因继续作案，又被公安机关拘留、遣送回乡十多次。1965年，再次遣送回乡时，枫桥区公安派出所把他安置在原籍生产大队劳动，采取依靠群众和指定专人管教相结合的办法，耐心进行教育和生活上的关怀，终于促使他积极劳动，并主动举报勾引他的外地流窜犯。后安排到队办企业工作，两次被评为先进生产者，结了

---

[1] 在一些文件中，"父亲"亦说是"干部"。

婚,建立了美满家庭,并劳动致富,盖了新楼房。省公安厅总结推广这个典型事例。1977年11月,中共浙江省委决定全省重新推广"枫桥经验"时,将教育改造有一般违法犯罪行为的人成效显著,作为普及"枫桥经验"标准之一,推动全省对一般违法犯罪人员的就地帮教工作。

1978年11月,绍兴县城关镇公安分局对当地危害社会治安因素进行调查研究,发现当年查获的刑事案件作案成员中闲散无业人员占半数左右。中共城关镇委和人民政府根据公安分局的报告和建议,组织有关部门采取统筹安排、综合治理、对症下药、逐项落实的方法整顿社会治安。对在"文化大革命"中因执行政策不当、安置不落实、生活困难而进行违法活动的人,在进行思想教育的同时,给予安置就业或者暂由街道适当救济;对于好逸恶劳已偷扒成性的,依靠群众落实帮教。该镇东风居民区落实11名违法人员的帮教后,9名停止违法活动。1979年第一季度全镇发生的刑事案件,比1978年同期下降45.6%。

80年代后,随着《刑法》的实施,对劳改、劳教期满人员改变过去"多留少放"政策,一批劳改释放和解除劳动教养的人员回到原籍(简称"两劳"回籍人员)。1981—1982年,全省劳改释放的有8 407人,其中已回原籍或亲属所在地的有7 783人,占92.1%[1],约有80%得到安置就业。解除劳教人员大多数也得到安置。1982年12月,省人民政府批转省公安厅等6个部门《关于进一步做好劳改释放和解除劳教人员安置工作的意见》中指出,做好劳改释放和解除劳教人员的安置工作,关系到党的政策和国家法律的严肃性,是综合治理社会治安的一个重要方面。规定劳改、劳教单位在释放犯人、解除劳教前1个月,应将刑释、解教人员的情况、释放日期、落户地点,通知捕前(或劳教前)户籍所在地的县(市、区)公安机关,当地公安机关应凭释放、解教证明准予落户,

---

[1] 此处数值有误,为尊重原文,不做改动。

并通知原单位或所在街道、社队妥善安置,加强管理教育。同时规定有关单位安置"两劳"回籍人员的工作职责。

为了防止"两劳"回籍人员重新犯罪,各地公安机关在协助安置工作的同时,依靠群众做好接茬帮教工作。1983—1985年,兰溪县公安局接收204名"两劳"回籍人员,依靠有关部门,多渠道解决生活出路,落实群众帮教措施,除17人重新犯罪外,其余187人均已基本改好,占总数91.7%。杭州市南星桥公安派出所1983—1985年"两劳"回籍人员共计107人,派出所干警主动关心他们的生活,积极帮助他们就业,并密切掌握信息,防止他们重新犯罪,使辖区的"两劳"回籍人员大部分安分守法。该所辖区一个因盗窃罪判刑10年的劳改释放人员,1984年回家时生活无着,说:"释放高兴,回家担心。"派出所知道他有修理手表的特长,及时帮助他领取修理钟表的营业执照,居委会也帮助他筹集开业资金。营业后,他经济上有收入,思想稳定,不仅自己安分守法,还常以自己过去犯罪的教训,教育其他有违法行为的青年改过自新。同时,派出所通过及时调解、谈心,制止8起"两劳"回籍人员因家庭纠纷、恋爱破裂等企图铤而走险的事件。

宁波市孝闻运输队中有"两劳"回籍人员93人。他们进队时开始对自己前途失去信心,酗酒斗殴、惹是生非时有发生。孝闻公安派出所主动配合运输队领导加强对他们思想教育,使之树立自尊心和自信心,并帮助有的青年结婚成家,调动他们的积极性,把他们的思想逐步引导到办好企业上来。1980年,这家运输队仅两辆破车,到1983年已有三轮车86辆,还新建房子1幢,管理亭6座,职工收入逐步增加。他们在营业中服务周到、扶老携幼、拾金不昧,不断收到表扬的锦旗和信件,仅来自港、澳同胞和海外侨胞的表扬信就有182封。

杭州市三轮车服务公司的工人中"两劳"回籍人员较多。原来由于管理不善、思想教育工作薄弱,经常发生车工抬高车价、殴打辱骂乘客甚至耍流氓手段等事件,1984年,经杭州市人民政府批准,由市公安局派干部参加公司领导,并在各车队配备公安干部共同管理,公司的公安干部对"两劳"回籍人员不歧视,以平等的态度接近他们,用政策感化他们,启发他们的思想觉悟,鼓励他们做一个有理想、有道德、有文化、守纪律的好公民。同时,改善经营,增加工人收入。这家公司一个工人,历史上曾因盗窃先后被收容劳教和判刑劳改共计17年,一天他在华侨饭店门口发现一位素不相识的老人发病,就主动把老人送进医院,并放弃营业连续12天到医院护侍老人。这老人是只身从香港到杭州过生日的,当病愈出院时热泪盈眶地说:"香港和台湾有的报纸说大陆人只管自己,人情淡薄,我没有想到祖国同胞这么好,如同亲人!"这家服务公司的工人在热情服务乘客的同时,还协助公安机关打击刑事犯罪活动。1984年下半年至1985年10月,协助公安机关查获各类刑事犯罪嫌疑分子477人,破获刑事案件38起,涌现出治安积极分子20人。1986年新华社记者采访后,在新华社《内参选编》第3期以《昔日"浪子"变成新型的三轮车工人》为题,报道这家服务公司的帮教工作取得的显著成效。中共浙江省委书记王芳看后批示:"这是一项很好的成就,要坚持下去,巩固起来。"

三、教育挽救失足青少年

(一)就地帮教

浙江解放至1966年,全省青少年中违法犯罪的人很少,特别是未成年人犯罪更少。"文化大革命"期间,青少年违法犯罪明显增多。这些青少年大多是法盲加文盲,结伙打架斗殴、盗窃抢劫,甚至行凶杀人。

1979年8月,中共中央转发中央宣传部、教育部、文化部、公安部、国家劳动局、全国总工会、共青团中央、全国妇联8个单位《关于提请全党重视解决青少年违法犯罪问题的报告》。《报告》指出:青少年是党和国家的希望和未来,各级党委要把加强对青少年的培养教育,包括解决其中极少数人的违法问题,放到重要议事日程上来。对违法犯罪的青少年要采取教育、挽救和改造的方针。对一般违法行为的在校学生和青年职工坚持留在学校和工厂等有关单位教育改造。1981年6月,中共中央在批转中央政法委员会召开的《京、津、沪、穗、汉五大城市治安座谈会纪要》中指出,教育挽救有一般违法犯罪行为的青少年,要作为综合治理社会治安的重要内容,采取厂矿企业包职工、学校包学生、街道包社会青年、家长包子女等组织措施,逐人落实帮助教育工作,预防犯罪。

全省公安机关在各级党委和人民政府的领导下,认真贯彻执行中央文件,按照分工的职责,积极配合有关部门落实对失足青少年的帮教工作。到1983年,全省列入就地帮教的失足青少年共3.62万人,其中工人6977人,农民2.25万人,待业青年4520人,在校学生730人,其他1508人。省公安厅在及时向党委、人民政府和有关部门提供青少年违法犯罪信息的同时,深入调查研究,发现和总结帮教"浪子"回头的成功经验。从1983年4月起,省公安厅选择典型经验,汇编了《精诚所至,金石为开》和《帮教工作专辑》下发各地和有关部门,及时研究青少年违法犯罪的动向,提出相应对策,促进帮教工作的落实和发展。开化县城关公安派出所向社会各方面大力宣传帮助教育失足青少年的重要意义和应尽的责任,组织包括中共县委副书记在内的负责干部,参加同失足青少年谈心交友活动;组织社会力量扶持失足青少年走上艰苦创业劳动致富的道路,并且向在校学生进行遵守国家法律的启蒙教育。通过上述工作,使帮教工作得到落实,失足青少年有了显著转变。1983年8月,省总工会和省公安厅转发《关于开化县帮教工作社会化的调查》,指出开化县走出了一条帮教失足青少年工作社会化的路子。

1986年5月,全国人大常委会和全国政协联合派曾志、林月琴、王定国、于若木和费路路5位委员,来杭州考察教育挽救失足青少年的工作,对该市帮教失足青少年工作给予高度评价,并且建议"对失足青少年的教育、转化工作,要从基层抓起,要加强基层工作"。在全党动手、有关部门齐抓共管和公安机关积极参与下,全省依靠群众就地教育失足青少年的工作广泛开展,取得显著成绩。是年,全省刑事案件作案成员中青少年的比率为59.69%,比1983年的62.86%下降3.17%。1985年,全省共有帮教小组6.15万个,帮教力量15.87万人,对9.41万名失足青少年落实帮助教育工作。经过考察,已改好和已停止违法犯罪活动半年以上的有5.09万人,占帮教对象总数54.15%[1]。随着改革开放的不断深化和扩大,由于社会上各种矛盾和不良思想的影响和腐蚀,从1985年以后青少年违法犯罪的比率又开始回升,全省刑事案件中青少年作案占65—70%左右,其中少年占青少年案犯总数的28%左右。主要是进行盗窃、抢劫和流氓、卖淫、强奸等违法犯罪活动。

1986年5月,省公安厅在宁波市召开全省帮教违法青少年工作经验交流会,14个单位介绍经验。宁波市公安局介绍对失足青少年送暖解难、帮助就业、扫除法盲、鼓励鞭策等经验。会议在交流经验、分析情况的基础上,进一步贯彻中共中央《关于进一步加强青少年教育预防青少年违法犯罪的通知》,要求各级公安机关纠正重打击、轻帮教,把帮教工作看成可有可无的"软任务"的错误思想。指出加强对违法青少年帮教工作,是公安工作一项长远的、有战略意义的任务,各级公安机关要主动当好党委、人民政府的参谋和助手,动员全社会力量,按照"谁主管,谁负责"的原则和因人施教的方法,进一步落实对失足青少年的帮教工作。

80年代末期至90年代初期,全省公安机关在依法严厉打击刑事犯罪的同时,坚持教育挽救失足青少年。1989年,绍兴市有帮教对象8 634人,建帮教小组5 737个、14 697人,经过帮教,72%的对象停止违法活动,向改好的方面转化。该市越城区蕺山公安派出所,对违法青少年分层次开展帮教:尖子对象由辖区民警直接帮教;单位内部的违法职工,由辖区民警与保卫干部订立协

---

[1] 此处数值有误,为尊重原文,不做改动。

议,定期了解帮教对象的表现;社会上的失足青少年,以居委会为主,辖区民警予以指导。1988年,还为辖区内的91名违法青少年安排生活出路。同时,派出所还配合学校教育转变"双差生",开办失足青少年家长业余学校、举办居民区市民法律学校、设立法律服务站,开展法制宣传、法律咨询等。1986—1992年,辖区每年帮教对象改好率在80%以上。

(二)举办工读学校帮教

对有轻微违法犯罪行为不够劳动教养、少年管教,又不宜继续留在普通学校学习的中学生和社会流浪青少年,宁波、杭州先后举办具有特殊性质的工读学校,集中进行帮教。

1. 宁波市少年勤俭学校和工读学校

1961年4月,宁波市人民委员会根据宁波专员公署《关于举办"宁波市少年勤俭学校"的指示》,由市教育、公安、民政3部门筹建后于同年7月联合举办。教育局负责行政管理和教育业务,公安局负责审批收容学生,民政局负责生活管理。校址在江东镇安巷93号(后迁到镇海县久丰纱厂工房、江北区鄞县农机厂)。

学校招收对象为严重影响社会治安,而学校家长又无法管教的顽劣儿童和无家可归无依无靠的流浪儿童。年龄在11—17周岁。入学的学生多数由家长自愿申请,经公安局批准后送入;流浪儿入学则由公安派出所办理。

1961年底,该校有学生148人(内含女生12人),其中经常犯有偷扒、拐骗行为屡教不改的142人,占总数的96%,无家可归、无依无靠、长期过流浪生活的6人,占总数的4%。原来的文化程度是初中21人,高小35人,初小92人。

学生按文化程度编班,每班学生约20人,设专职负责教师。教学采用管教并重,养、管、教相结合的原则和半工半读形式。每天上午上课,下午参加生产劳动。上课内容以政治、语文、算术为主,适当开设体育、图画、音乐、历史、地理等科。生产劳动有为工厂加工零星产品和自搞种植饲养等。开始,大部分学生不接受教育,闹得四邻不安,当地群众要求公安部门迁校。经过半年的教育,扭转了混乱状态,逃跑率由25%下降到3%。在此基础上,在学生中成立学生会、纠察队,开始执行半日劳动半日读书的制度,建立7个文化班级和缝纫、织网、畜牧、种植等4个劳动项目。1968年底,经宁波市军管会批准停办。历时7年半,先后有300余名犯过偷摸错误和流浪行乞的少年到校学习。

1978年12月和1987年6月,宁波市教育局、公安局、团市委为加强对有一般违法行为的少年的教育管理,先后经市革命委员会和市人民政府批准,两次组建工读学校,先后招生101人,有90人毕业或回原校学习,剩下少数学生难以组织教学,经市人民政府同意停办,学生回原校学习。

2. 杭州市工读学校

1980年8月,经杭州市人民政府批准建立杭州市工读学校,12月正式招生开学。为使工读教育与职业技术教育相结合,1982年11月设杭州市之江初级职业学校,系一所学校两块牌子。校址在余杭县闲林埠镇茅草山。招收12—17岁有轻微违法犯罪行为的中学生和少量被学校开除或自动退学游荡在社会上的16周岁以下的青少年。需送工读学校的在校学生,由学校提出名单,征求当地公安派出所意见后整理材料送市教育局;非在校学生,由公安派出所整理材料,经区公安分局审查后送市公安局,然后工读学校派员初审,报两局主管部门共同批准入学。对拒不报到入学的学生,原校取消其学籍,由公安派出所迁出户口动员入学。工读学校每年招生4次,以保证学校正常教学秩序,又照顾工读学校招生的特殊性。学习年限一般为2年,凡在校能坚持学习,接受教育,改正错误,遵纪守法,考试合格者,准予结业,不合格的予以留级。入学后,进步显著,凡年在16周岁以下,经教育局批准,可回普通中学学习。结业手续,由本人申请,学校评定,报市教育局批准。工读学校实行半工半读,以学为主,学习和劳动时间大体为六四开。文化课设政治、语文、数学、史地、体育、音乐、生产技能等课。学校制订《新生入学教育提纲》《学生奖励条例》、《学生细则》、《一日生活制度》(改编成顺口溜)和《教职工守则》,在实践中总结出"爱得深,管得严,重疏导,抓反复,靠科研"的教育方法。

该校创办至1994年底,共招收学生701人(其中女生86人),毕(结)业587人(其中女生86人),内有107人考入高一级学校;16人加入共产主义青年团,4人参加人民解放军,3人回原校就读后考入高等院校,还涌现出两名见义勇为抓歹徒的好学生(荣获市治安荣誉二等功)。学校的巩固挽救率达90%以上。该校自1990年后连续被评为杭州市社会治安综合治理先进单位和示范单位,1994年被确定为市重点涉外单位,朝鲜最高检察署副检察长、美籍华人教育家何艾玲博士、美国矫治教育代表团曾先后到该校参观访问。

为了预防少年学生违法犯罪,杭州市工读学校于1988年1月与朝晖中学、朝晖公安派出所挂钩,成立"争做合格中学生学习班",对有不良行为和劣迹,经常违反校纪校规和严重妨碍学校教育秩序的在校生,由班主任提名申报,两校共同研究批准,指定该生参加"争做合格中学生学习班",通知学生本人及家长,并报市教委和市公安局备案,该生不准以任何借口转学或退学;学习考察期为半年至一年,有明显进步或有重大立功表现者,可在满3个月后提前结业,并向家长报喜,有轻微违法犯罪行为的,经两校协商报经批准送入工读学校。是年,办了两期学习班,共收学生25人,均按期结业。

学校重视矫治青少年偏差行为的教育科研工作,教师先后撰写论文48篇,编纂了《1980~1990年杭州市工读教育经验论文汇编》,其中5篇论文分别在全国和华东地区工读教育科研论文评选和省、市普教科研论文优秀成果评选中获奖。

1994年10月后,在继续招收工读生的同时,招收托管生60人,实行全托性寄宿。招收托管生的对象为中学生中有违法犯罪的先兆或经常旷课、逃学、夜不归宿的学生,也为家长没有时间管教孩子以及管不了自己的孩子和夫妻离异对孩子管理上有特殊困难的家庭提供服务,兼有学校教育和监护的责任。

托管生与工读生分开编班,分院管理。对托管生的保护、教育、管理的主要目标是:保护、促进学生身心健康;帮助、纠正学生已有的心理、行为偏差;激励学生努力学习;为社会和高一级学校培养和输送合格人才。托管班成立以来,受到社会、学校及家长的欢迎,对青少年违法犯罪的早期预防、控制起了积极作用。

附:义乌县稠城公社杨村大队教育改造有小偷小摸行为的人的经验

义乌县稠城公社杨村大队,对有小偷小摸行为的人,采取耐心教育,本人检讨,领导记账(有的也不记账),一般不公布的办法,帮助和督促他们改正错误。这是个很好的经验。他们的具体做法是:

一、对常有小偷小摸的人,坚持耐心教育,只要本人表示悔改,就只记下一笔账,不给他公开。有一个社员连续偷了九次,每次都对他进行了教育,到第九次时,干部研究怎么处理,考虑他是个劳动人民,当时他在生活上又有一些困难,偷的东西也不多,还是坚持教育。给他算了算账说:"你已经偷过九次,给你记了九次账了,该在群众大会上公布了吧?"他听了以后红着脸说:"再给我最后一次悔改的机会,只要不公布,今后保证不偷了。"结果没有给他公布,使他又感激又悔恨,从此积极劳动,没有再犯。

二、对偶有小偷小摸的人,主要是教育他认识错误改正错误,不给他记账,也不公布。有个军属妇女,偶尔偷了一个南瓜,被发现后,她要求不要让别人知道,保证以后不偷。干部研究她只偷了这么一次,又是个军属,公布了影响也不好,就教育她把南瓜送回原处,既不公开,也不记账。她很受感动,以后再没有偷过。还有一个快要出嫁的女共青团员,偷了别人一件毛线衣,被查出以后,她就承认了错误,要求不要公布。干部考虑,她一向劳动很好,又是个快出嫁的大姑娘,人都是要面子的,传出去,影响人家一辈子,万一发生意外,就更不好了。因此只在团内对她进行了批评,也不记账。这样处理,使她十分感激,改正了错误。

三、对跑到其他生产队小偷小摸的人,由支部书记、生产队长、治保干部等,带着他一起去向被偷的生产队的干部道歉、检讨,送还原物。王杨梅生产队有个社员偷了星火生产队十来斤番薯,干部主动通知了星火生产队,并且带着犯错误的人和他偷来的番薯去道歉说:"我们的社会主义教育没有搞好,发生了这种不应该的事情。"这样做,对犯错误的人教育深刻,他说:"我偷了人家的东西,还叫干部去检讨,真不应该,以后再不偷了。"星火生产队的干部也很满意。过去那种你偷我的、我摸你的,你罚我款、我扣你人,队与队之间不团结现象,这样一来也改变了。

上面这些办法,是今年夏天开始实行的,效果很好。但是过去不是这么办,偷一个枣子就罚五角钱,开大会斗争,有的还扣口粮。被罚了的人说:"罚得越多越好,反正拿不出来。""扣我口粮,不如坐牢。"结果是越罚,偷的越多;派民兵巡逻放哨,也不解决问题。连被偷了东西的人也同情偷东西的。有个社员偷了几个枣子,失主看见了,连忙说:"可不要叫干部知道,这些人不通人情啊!"后来,干部认真学习了上级的指示认识到对社员的小偷小摸行为,不能采取罚款的办法,应该是说服教育才对。接受以往的教训,才想出了上面那些办法。又以生产队为单位,在治保调处委员会下,设立了调查研究、监督改造、教育帮助和安全检查四个小组;发生了案件,还临时组织侦破小组;同时大力推行了社会主义爱国公约。这样,不巡逻放哨,小偷小摸就逐渐减少了;群众发现了小偷小摸也自动来报告了。本来,他们还打算对极个别屡教不改的人,向群众公布,责令他在群众面前检讨。但还没有发现这种对象,这条办法就没有用过。他们说得很对:"现在我们的生产比过去好了,生活也比过去好了。"这说明有一些小偷小摸,是和生产没有搞好、生活没有安排好分不开的。现在,这个大队基本上没有小偷小摸了,增强了团结,树立了新风尚,受到了党委的好评和群众的拥护。公社的特派员也说:"不是想出这套办法,不搞几个小组,就是再配上八个特派员也做不好治安工作。"

1.1.2　诸暨县枫桥区社会主义教育运动中开展对敌斗争的经验

提要: 该文献是毛泽东同志所批示的"枫桥经验"的重要文献。本文由中共浙江省委于1963年12月5日转发并上报。中共中央于1964年1月14日在《关于依靠群众力量,加强人民民主专政,把绝大多数四类分子改造成新人的指示》的文件中转发了此文:"浙江省批转的《诸暨县枫桥区社会主义教育运动中开展对敌斗争的经验》是一个很好的典型。他们的经验充分地说明现在完全可能和应该基本上实行'一个不杀,大部分(百分之九十五以上)不捉'的方针。现在把这三个文件印发给你们,请你们转发到县一级党委和检察、法院党组及公安机关,作为教育干部的材料。"中共中央于1965年1月16日在批转公安部党组《关于当前工作中两个问题的报告》时又说:"关于捕人、杀人问题,请你们注意适当加以控制,并请参考一九六四年一月十四日中央关于这个问题的批示和附件三,即浙江省委转发诸暨县枫桥区在社会主义教育运动中关于这个问题的经验和批语。这个区七个公社原来要求捕四十五人,等到群众发动起来,对有破坏活动的四类分子开展了说理斗争,没有捕人,就把他们制服了。这个经验值得参考。"

诸暨县枫桥区社会主义教育运动中开展对敌斗争的经验[1]

各地(市)、县委并报中央、华东局:

现将《诸暨县枫桥区社会主义教育运动中开展对敌斗争的经验》发给你

---

[1] 中共浙江省委工作队、中共诸暨县委撰写于1963年12月1日,载政协诸暨市文史资料委员会、诸暨市公安局编:《枫桥经验实录》,中共党史出版社2000年版,第10—16页。

们。请你们研究这个经验,仿照这种做法,并且不断总结自己的经验,教会干部,发动群众,正确地进行对敌斗争。

今年七月间,省委曾经根据中央和主席关于对地、富、反、坏分子基本上采取"一个不杀、大部不捉"的指示,规定在社会主义教育运动和城市"五反"运动中,除了现行犯以外,一律不捕人;在运动后期,必须逮捕法办的,也要报经省委批准。从全省二十二个社会主义教育运动试点公社在运动中都没有逮捕人的经验看来,依靠广大人民群众对阶级敌人进行斗争和教育,对他们实行专政,比较把他们捉起来,更有利于教育群众和锻炼群众,也更有利于分化瓦解和教育改造敌人的绝大多数。

诸暨县枫桥区的经验是,在揭露阶级敌人的大量破坏活动之后,要及时组织干部和群众,学习中央《关于目前农村工作中若干问题的决定》,统一对敌斗争的方针政策的认识。在学习中,要敞开思想,展开辩论,用回忆对比的方法,总结土改以来对敌斗争的经验,回答群众提出的问题:是"文斗"好还是"武斗"好,少捕好还是多捕好,主要靠群众专政还是单纯靠公安司法部门专政。通过学习辩论,使广大贫、下中农相信依靠自己的力量,能够制服敌人、改造敌人,克服单纯依赖政府法办的思想,克服简单粗暴的斗争方法,并且依靠群众来对敌人进行分类排队,进行教育、评审和斗争,进行监督和管制。只有对于罪恶很大、民愤很大、必须逮捕的,才由公安、司法部门依法处理。

中共浙江省委
一九六三年十二月五日

我们在枫桥区的七个公社进行了社会主义教育运动试点。运动中的对敌斗争,是在干部初步洗手洗澡的基础上,专门划出一个阶段来进行的,每个大队大约花了二十天左右的时间。这七个公社共六万五千人口,其中有地、富、反、坏分子九百一十一人。开始的时候,一部分基层干部和积极分子要求逮捕四十五人,经过发动群众,对有破坏活动的四类分子开展了说理斗争,没有打人,也没有捉人,就把多数敌人制服了。

斗争开始,干部和积极分子要求逮捕一批、"武斗"一遍

运动中揭发出敌人的破坏活动是严重的。七个公社有比较严重的破坏活动的四类分子一百六十三名,占四类分子总数的百分之十七点九。有的记变天账,写反动诗;有的倒回土地房屋;有的扬言杀人,甚至在工作队进村之后还公然殴打贫农社员。更多的则是利用酒色财气腐蚀支书、队长、会计、治保主任"四巨头",用迷信活动和宗族关系分化瓦解贫、下中农队伍,以及煽动分地到户、破坏山林,千方百计企图搞垮集体经济。

敌人猖狂进攻的大量事实,提高了干部和群众的革命警惕性,也激起了强烈的义愤,要求政府严厉制裁。特别是不少基层干部和积极分子,要求逮捕一批,有的要求把人马上捕走,"上交政府"。他们说:"这种人不进监牢,就没有犯法的人了。"很多大队和生产队的干部,还主张对四类分子一律斗争一遍,说"有破坏的敌人应该斗,没有破坏的内心也刁滑,也应该斗"。而且说"要斗就武斗,敌人软硬兼施,我们就要文武结合"。

学文件,摆敌情,讨论斗争的方法

为了引导干部和群众按照中央《决定》精神去同敌人进行斗争,我们同干部、群众一起学习了中央文件和省委指示,用回忆对比的办法,总结土改以来对敌斗争的经验。让大家敞开思想,辩论敌人到底怕什么,多捕好还是少捕好,"武斗"好还是"文斗"好。同时,发动干部和群众对本生产队的专政对象进行了一次清理,分类排队,对每个四类分子的表现进行具体分析,研究处理办法。排队以后,情况明朗了。四类分子并不都是铁板一块,也有守法的和基本守法的,这两类大约占半数,在违法分子中,有严重破坏行为的只占小部分。不少群众反映:"四类分子表现有好有坏,破坏有轻有重,如果一刀切,都捕起来,都斗一遍,赏罚不分明,对改造敌人不利。"

讨论中,多数群众并不赞成多捕人。他们说,有些四类分子"怕管不怕关""怕群众不怕监牢",捕起来以后,还要大家替他养活老小。

辩论得最激烈的是"武斗""文斗"问题。古唐大队副大队长说:"江山是打出来的,不是讲出来的,敌人只能打服,不能说服。"但很多人不同意他的说法。不少群众反映,过去有的斗争会是"干部掀头皮,民兵戳面皮,青年看把戏,老人弗(不)出气"。"斗争时话还没说清楚,就劈头劈脑地打起来,不仅斗不倒敌人,反而增加了他们的抵抗。"尤其是那些可以教育的人,打了就更反动了。经过大辩论,干部和群众得出的共同结论是:"武斗斗皮肉,外焦里不熟,文斗摆事实讲道理,以理服人,才能斗倒敌人,擦亮社员的眼睛。"

全面评审,重点斗争,制服了敌人

经过充分准备之后,就对敌人进行了面对面的斗争。首先以生产队为单位,全体社员参加,对四类分子普遍进行评审。先评守法的,再评违法的。对于守法的,给以适当鼓励;基本守法的,指出他好的地方,批评他不好的地方;有一般违法行为的,给以严厉批评;对于有严重违法破坏行为的,作为评审的重点,由群众批判斗争。有的四类分子在参加评审会前,做好了"护膝垫",准备罚跪。到会一看,不仅不打、不罚跪,表现好的还得到鼓励,就坦白交代了自己的违法活动和思想。有些四类分子说,这次评审是"明镜高悬,好坏分明",表示要"悬崖勒马,重新做人"。西畴大队的陈某林,是一个原有一千四百多亩田的大地主,过去一贯拒绝参加劳动,写了一本署名"容膝斋"的反动诗抄,斗过二十多次,用过罚跪、"假枪毙"等办法,都没有制服他,群众称他为"橡皮碉堡"。这次评审,群众同他进行了充分说理,其他四类分子也揭发了他写的反动诗。没有大会斗争,陈某林就被迫交代了造谣、记变天账、写反动诗等罪行,交出了长期保存的蒋介石相片。群众高兴地说:"说理斗争真正好,橡皮碉堡攻破了。"他自己说:"这次评审,对我很有助益,我服了。"四类分子的家属对这次评审也表示满意。乔亭大队反革命分子宣某棠的老婆,参加评审会时满面愁容,担心她丈夫"吃生活"(挨打之意)。评审以后,带着笑脸回家,说:"这样评审真好,我一定帮助政府改造他。"

经过生产队的评审,大部分有破坏活动的四类分子都缴械投降了,剩下少数不低头认罪的分子,再以大队为单位进行斗争。七个公社一百一十一个大队,共斗争了六十七名。斗争会坚持摆事实,讲道理,不打不骂,并且允许敌人申辩。有些狡猾的敌人越诡辩,反动本质就暴露得越充分,群众受到的教育就更加深刻,群众的发动也就更加广泛和深入。古唐大队富农陈某新,群众说他"大会年年斗,坏事年年做,越斗越皮条"。他自己也说:"我反正是变戏法的猢狲,上台斗斗没啥关系。"这次斗争会上,陈某新仍然耍各种花招,共申辩了三十八次。他越申辩,看清他的反动面目的社员越多,好几个平常被他拉拢的落后群众都起来揭发他。陈某新终于低头认罪,交代了腐蚀干部、破坏山林、煽动单干、幻想变天的罪行。斗争以后他说:"七次斗争打过六次,这次没打,斗得最痛。"紫薇大队中农社员崔功章,过去开会从来不发言,生产队长同别人打赌说:"崔功章要能发言,我拿出两百块钞票来。"评审富农分子陈某木时,陈死不承认害死耕牛的罪行,崔功章破例地三次发言揭发了他。事后,队长拍着自己的头说:"我这个脑袋就是不相信群众。"不少原来对"文斗"思想不通的干部,在事实面前都受到了一次深刻的教育。

总结斗争经验　依靠群众专政

在总结时,干部、群众都认为"文斗"确实是制服敌人的好办法。大家都说,"武斗硬打不服,文斗不打自招","武斗看看凶,实际松,斗个啥名堂,大家不灵清。文斗摆事实,讲道理,剥掉敌人的羊皮,挖出敌人的黑心,擦亮了大家的眼睛"。

"文斗"制服敌人的办法学到了,改造敌人也就有了信心。这个时候,许多干部才真正解决了多捕不如少捕好的问题。原来主张"上交"的人,现在也说"劳改队里劳改不如在生产队里改造好"。大家认为这样有四个好处:第一,社员最了解四类分子的底细,眼睛多,管得牢;第二,经常评审他,大家脑子里灵清一些;第三,管好了是队里的一个劳动力,对集体有利,对他们的家属子女的教育也好办一些;第四,可以减少国家负担。通过实践和总结,工作队的干部也受到很大的教育。一位参加试点的县委书记对公安局长说:"过去听到下面反映敌情,要求捕人时,总是批评你们打击不力,现在看有片面性,以后我应当注意。"

民主总结中,还讨论了过去对四类分子为什么管不好。不少社员检讨了自己过去太麻痹,也指出了过去只是依靠少数干部而没有发动广大群众对四类分子实行专政的教训。在对敌人进行斗争的时候,往往是"干部斗得满头汗,社员一边当戏看,斗争完了没人管"。对于四类分子的处理,也往往都是干部决定的,没有经过群众讨论,因而不少群众认为"上有派出所,下有治保会,自己何必白费力"。贫农崔文灿说:"过去哪些四类分子摘了帽,哪些戴着帽,只有干部知道,社员不知道,也不管。敌人专在几个干部身上下功夫,时间长了,干部思想上做了俘虏,同敌人亲起来,社员就更不敢管了。"接受了过去的教训,大家认为,今后要做好专政工作,一定要干部和群众一起来管理四类分子,不能只靠少数几个干部。有的贫农说:"四类分子一怕群众,二怕劳动,只要干部心正,贫、下中农心齐,认真监督敌人劳动就能够把他们改造好。"

最后,各个大队还整顿了治安保卫委员会,修订了对四类分子实行监督改造的制度。存在的问题是,少数大队在对敌斗争中发动群众不够充分,有些大队对教育、监督、管制地富反坏分子的经常工作注意不够,还需要结合其他工作加以解决。

中共浙江省委工作队
中共诸暨县委
一九六三年十二月一日

1.1.3　对一般流窜犯就地改造比矛盾上交好

提要： 该文献归纳总结流窜犯就地改造的经验：秉持惩前毖后、治病救人的原则，充分学习"枫桥经验"，统一思想认识，解决是"拉"还是"推"的问题；充分发动群众，注重思想教育，形成一个良好的改造环境；充分依靠帮教与改造，委托专人管理教育，把改造工作进一步落实；充分总结经验教训，坚持改造不动摇。

对一般流窜犯就地改造比矛盾上交好[1]

诸暨县枫桥区在1963年四清运动中，创造了少捕、矛盾不上交，发动和依靠群众，开展说理斗争，就地制服敌人的经验。不仅有效地维护了社会治安，而且挽救了一些人。10年多来，除对9名重大流窜犯及时给以打击、捕办外，在就地陆续安置改造的36名中，有七八年以上不再作案，已经改造过来的9名；已稳定三五年，改造表现较好的15名；已稳定一二年，开始接受改造的7名。在教育改造流窜犯工作中，积累了一些经验。

一、学习"枫桥经验"，统一思想认识，解决是"拉"还是"推"的问题

这些就地改造的流窜犯罪分子，偷扒拐骗都能干，但还不是非捕不可的，而有些干部群众激于义愤，要求矛盾上交。因此，开始安置改造时，往往引起激烈的争论。在这种情况下，广大干部、群众反复学习"枫桥经验"，深刻领会毛主席关于"人是可以改造的，就是政策和方法要正确才行"的指示，对这些流窜犯进行具体分析，统一思想认识。认识到这种人与四类分子不同，还没有

---

[1] 浙江省公安局调查组写于1975年10月25日，载政协诸暨市文史资料委员会、诸暨市公安局编：《枫桥经验实录》，中共党史出版社2000年版，第27—30页。

戴上帽子,而且绝大多数出身好,由于资产阶级思想的腐蚀或者是受了坏人的勾引,逐步走上犯罪道路,有的被拘留、劳教甚至劳改过,介乎两类矛盾之间,一推一拉,关系重大。有的说:"对四类分子要把他们改造成为新人,对这些人我们更有责任把他们改造过来。"因此,他们怀着深厚的阶级感情,立足于拉,尽力挽救,不往敌人那边推。柳坞大队贫农社员葛某木,长工出身,因受旧社会的影响,加之从小缺乏家庭管教,不会安排生活,有多少吃多少,吃完了就偷。1958年因多次偷窃集体财物,被判刑劳改5年。1963年释放回村后继续偷窃,还流窜到绍兴作案,有时外流一二个月,以偷窃过日子。有些人反映:"这种人不送去劳改,监狱不用造了。"党支部把就地改造葛某木的意图告诉群众,让群众讨论,很快得到了群众的支持。3年多来,他再未偷窃、外流,而且积极劳动、勤俭节约,还造了1间新房,社员反映:"现在某木像个做人的样子了。"

二、充分发动群众,注重思想教育,造成一个良好的改造环境

在改造流窜犯的过程中,社、队干部认真做群众工作,广泛深入地动员群众、组织群众,对这些人不是厌恶、歧视,而是关心、教育,帮助总结变坏的教训,指明发展下去的危险,启发其改造的自觉性。同时,叫他和社员一起劳动、一起学习、一起开会,多接触群众,多接受群众的教育。这样的改造环境,是使流窜犯罪分子能够稳下来,接受改造的关键。钟瑛大队贫农子弟骆某松,今年29岁,从小偷窃,越偷越凶,干部没有办法,曾把他覆盖在一只大水缸里,半夜他砸破水缸,流窜到杭州、广州、上海、江西等扒窃作案,多次拘留,屡遭屡逃。后来干部给他吃饱穿暖,还是往外跑。1965年遣送回来后,大队党支部总结了过去改造工作中的经验教训,主要是片面强调生活照顾,忽略思想教育,特别是只靠少数几个干部管,依靠群众不够。以后,专门召开生产队社员大会,发动大家齐心协力做教育改造工作。同时根据他的体力,适当安排劳动,开始管只公猪,以后拾猪粪、拔青草,直至参加田间劳动,逐步培养劳动习惯。这一切,使他感到集体的温暖,看到大家都在挽救他,用他自己的话说就是"要我好"。因此,他安下心来积极改造。在群众的帮助教育下,这个曾经"破缸而逃"的流窜扒窃犯,不仅10年来未再作案,而且已成为一个爱集体、爱劳动、勤俭持家的好青年。

三、专人管理教育,帮助安排生活,把改造工作进一步做落实

流窜犯罪分子多是单身汉,过惯浪荡生活,好逸恶劳,不劳而获的剥削阶级思想影响很深,有的不仅不会劳动,连生活也不会安排。因此,要把这种人改造过来,除发动广大群众外,还必须有专人管教。要挑选觉悟高、作风好的干部和老贫农担任专管员,具体抓思想、带劳动、管生活,做深入细致的工作,发现问题及时解决。紫薇大队青年社员陈某友,父母早亡、缺乏管教,从懒到偷,偷窃成性,流窜作案大小百余次。1965年对他落实改造后,没有外流作案,几年来表现很好。他所以能改造得这样,其中一个很重要的原因,就是专人帮教。党支部先后确定支部委员、林场负责人潘鑫忠等四位同志担任专管员,天天把他带在身边,当他有了一点进步时,就适当鼓励;当他流露出怕苦怕累的情绪时,就耐心教育。某友不断向好的方面发展,终于改造了过来。

四、出现反复情况,总结经验教训,坚持改造不动摇

改造流窜犯,是一项长期、艰苦的斗争任务。在改造过程中,都或多或少出现过反复,有的甚至改造数年还有反复。枫桥区广大干部群众不怕反复,而是从反复中找原因,工作上找漏洞,总结经验教训,及时采取措施。有的几次反复,就几次落实做工作,持之以恒,坚持改造。泰山大队宣某华,是个贫农出身的孤儿,今年29岁,从小偷小摸,逐步发展到撬门、破锁、打洞,流窜绍兴、嵊县等地,以偷窃为生,大小作案300余次。公安机关多次教育无效,他还说什么"派出所是我的外婆家"。四清后,大队对他帮教改造,稳定了一段时间。但由于没有充分发动群众,宣某华旧病复发,继续偷窃流窜。大队党支部总结过去的经验,放手发动群众,加强管教。在半年多的时间里,表现较好,还吸收

他参加了大队文宣队活动。由于只看到了他一点进步,放松了对他的管教和警惕,结果又出现了反复,偷了集体稻谷 100 多斤。党支部坚持用"枫桥经验"教育群众,强调不能因为有了反复就失去对他改造的信心。同时,对宣某华进行严肃批判和耐心教育,让他在群众大会上检查交代错误、表示痛改前非。通过这次反复,使干部群众树立了对他长期改造的思想,做到有了反复不动摇、有了进步不放松,对他的管教始终抓得很紧。经过 4 年来的教育改造,宣某华没有再作案,积极参加集体劳动,并且为集体做了许多好事。

1.1.4 依靠群众教育改造有违法犯罪行为的人

提要: 该文献是时任中共诸暨县委副书记的汪心田同志于 1975 年 11 月 20 日的发言《枫桥区在农业学大寨运动中坚持"枫桥经验",依靠群众专政的情况》的一部分,总结了依靠群众教育改造违法犯罪之人的经验:发动群众管和落实专人帮相结合;着重抓阶级教育和社会主义道德品质教育,帮助其总结变坏的教训,引导其自觉性;不厌恶,不歧视,严肃批判其过错,热情鼓励其进步;劳动上严加督促,生活上教导其自食其力,适当安排;消除走老路条件,严防坏人勾引;有了进步,工作不放松,出现反复,思想不动摇,长年不懈地坚持下去。

依靠群众教育改造有违法犯罪行为的人[1]

枫桥区有那么一些人,东流西窜、偷扒拐骗,大案不作、小案常干。群众反映,这些人"有钱酒肉囫囵吞,钱光肚空动脑筋,白天蚂蚁踏勿煞(怠工),夜里飞机追勿着(作案)"。他们为数虽少,但破坏性、腐蚀性很大,危害集体经济

---

1 题目为编者根据发言内容所拟。

和人民生活，涣散群众斗志，成了影响抓革命促生产的一个突出问题。群众出于义愤，往往要求矛盾上交，说这些人"锅灶搭在脚背上，流来荡去管勿牢"，有的说："这种人不送去劳改，监狱不用造了。"面对这种情况，枫桥区从一九六五年起就把"枫桥经验"运用于做这些人的教育改造工作，从抓典型入手，摸索经验，逐步推广开来。

在改造这些人的过程中，曾经走过一段弯路。开头，只靠少数干部和积极分子做工作，注重生活照顾，忽视思想教育。因此，尽管夏天送蚊帐，冬天给棉被，逢年过节送点好吃的，但是改造效果不大。有的把粮食吃光，东西卖光，继续作案。群众对这种做法很有意见，说"队里养了一个太公"。在这种情况下，区委认真总结经验，发动广大干部群众，重新学习"枫桥经验"，对这些人进行具体分析，提高思想认识，改进工作方法，经过分析认识到这种人与四类分子不同，基本上属于人民内部矛盾，而且绝大多数出身于贫下中农和其他劳动人民家庭，由于资产阶级思想的腐蚀，或者受了坏人的勾引，或者从小缺乏家庭管教，"一懒、二馋、三偷、四溜"，逐步走上犯罪道路。有的还被拘留、劳教过，介乎两类矛盾之间，任其发展就要转到敌人方面去，方法得当，改造好了，可以化消极因素为积极因素，给农业学大寨添一分力量。但是这些人都有较深的恶习，要做好他们的转化工作，只靠少数人，偏重于生活照顾是不行的，必须依靠广大贫下中农，做深入细致的思想教育工作，促进他们世界观的改造。经过多年的实践，枫桥区在这方面摸索了一些经验。他们的做法主要是：发动群众管和落实专人帮相结合；着重抓阶级教育和社会主义道德品质教育，帮助总结变坏的教训，启发改造自觉性；不厌恶，不歧视，严肃批判其过错，热情鼓励其进步；劳动上严加督促，生活上教以自食其力，适当安排；消除走老路条件，严防坏人勾引；有了进步工作不放松，出现反复思想不动摇，长年不懈地坚持下去。

贫农儿子骆某松，从小偷窃，越偷越凶，开始干部没有办法，曾把他扣在一只大水缸里,为了防止闷死,用一块石头把缸搁起,到时候送饭给他吃,以为这样总可以管牢了。谁知他半夜砸破水缸,流窜到杭州、上海、江西、广州等地继续作案,多次拘留,屡遣屡逃。后来干部给他吃饱穿暖,还是往外跑。六五年遣送回来后,大队党支部总结了过去改造工作中的经验教训,专门召开生产队社员大会,发动大家齐心协力做教育改造工作,创造一个良好的改造环境。不少老贫农经常给他忆苦思甜,启发阶级觉悟。一些青年社员主动与他接近,不拿他过去的问题当话柄,还借些革命图书给他看。当过去的"贼朋友"来勾引他时,大队就及时加强教育,坚决予以割断。干部、群众对他生活也很关心,有的教他种自留地,有的女社员还教他缝洗衣服。同时,根据他的体力,适当安排劳动,教他学做农活,培养劳动习惯。他看到大家都在挽救他,感到了集体的温暖,感动地说:"这都是要我好。"在群众的帮助教育下,这个"破缸而逃"出了名的流窜犯,不仅十年来没有作案,而且已成了一个爱集体、爱劳动、勤俭持家的好青年。他发现自己的父亲偷队里的肥料上自留地,也能严厉地批评制止。现在他已当了民兵副班长和作业组长。

紫薇大队青年社员陈某友,父母死得早,从小缺乏管教,偷窃成性,流窜作案大小百余次。自称"每到半夜,不起来偷怪难受"。六五年对他落实改造后,没有外流作案,几年来表现很好,在他身上出现了新社会的道德风尚。他护林时,看到有人砍树偷柴,就去教育阻拦,遇到挑担上山下山的老人、妇女,就主动帮人家挑担。七三年春青黄不接时,还把自己节余的粮食借给缺粮社员。贫下中农说:"过去某友懒得出奇,贼性发作,四邻遭殃,如今某友常年出勤,热爱集体,助人为乐。"他所以能够改造好,一个很重要的措施,就是有人专管。几年来,陈某友不论安排在林场或生产队劳动,对他的专管从未间断,党支部先后确定四个大队干部,天天把他带在身边,教他学毛主席著作,懂革命道理,并从怎样捏锄头把开始,把着手教他学会农活。他有一点进步,就适当鼓励;流露出怕苦怕累的情绪,就耐心教育。开头一段时间,十天发一次口粮,每月预支三元钱零用,教育他自力更生,勤俭过日子。由于群众管教和专人管教相结合,终于把陈某友改造过来了。

改造有违法犯罪行为的人,是无产阶级同资产阶级的一场争夺战,是一项长期的、艰巨的斗争任务。在改造过程中,都或多或少出现过反复,有的甚至改造数年还有反复。所以反复,与农村中两个阶级、两条道路的斗争有密切关系,但从工作上看,往往因思想麻痹、放松管教所致。枫桥区广大干部群众不怕反复,而是从反复中找原因,工作上找漏洞,总结经验教训,及时采取措施。有几次反复,就几次落实做工作,持之以恒,坚持改造。泰山大队宣某华,今年二十九岁,是个贫农出身的孤儿,小时无人管教,开始变卖家具杂物,三间草房卖掉二间半,剩下半间草屋一口锅,一堆稻草当棉被,依靠偷摸过生活,由顺手牵羊发展到撬门、破锁、打洞,偷盗种子化肥,先后流窜三个县十一个公社大小作案三百余次。公安机关多次教育无效,还说什么"派出所是我的外婆家"。四清后,大队对他帮教改造,稳定了一段时间,但由于没有充分发动群众,加之林彪修正主义路线的干扰,宣某华旧病复发,继续偷窃流窜。七一年,大队党支部总结过去的经验教训,放手发动群众加强管教。在半年多的时间里,宣某华表现较好,大队吸收他参加了文宣队活动。但就在这时,由于只看到了他一点进步,放松了对他的管教,结果又出现了反复,偷了集体稻谷一百多斤。当时一部分群众反应很强烈,说:"大队干部养贼骨头,政府太宽大了!"在这种情况下,党支部坚持用"枫桥经验"教育群众,强调不能因为有反复就失去对他改造的信心。同时,对宣某华进行严肃的批判和耐心的教育,让他在群众大会上检查交代错误,他表示要痛改前非。这次反复以后,使干部群众树立了对他长期改造的思想。经过四年来的教育改造,宣某华没有再作案,积极参加集体生产劳动,每年做的工分都在三四千以上,并且为集体做了许多好事。寒冬腊月,他潜入水库修闸门;耕牛陷在井里,他带病下井救上来;暴风雨的晚上,他不顾自家草屋顶被刮掉,先遮盖集体的财物。得到群众的一致称赞。党支部也正在培养他当生产队干部。

十多年来,枫桥区在改造有违法犯罪行为的人中,取得了一定成绩。全区除十名重大流窜犯及时给以捕办打击外,在就地陆续安置改造的三十五名中,有七八年以上不再作案,已经改造过来的九名,已经稳定三五年,改造表现较好的十五名,稳定一二年,开始接受改造的七名。实践使他们认识到,做好这项工作,具有逐步消除旧社会遗留下来的"瘟疫、传染病和溃疡",打击资本主义势力的重要意义,也是农业学大寨运动深入发展的需要。

1.1.5　檀溪泉四大队民主制订治安公约

提要: 该文献首次将帮教、青少年法纪教育写入乡村自治规范。檀溪泉四大队治安公约是村干部和群众自我教育的依据、准绳。治安公约制订过程体现了民主性。公约主要内容包括"自觉维护治安秩序,做好对违法犯罪人员的帮助教育"和"加强对青少年的法纪教育,坚决同阶级敌人的腐蚀活动作斗争"等。

檀溪泉四大队民主制订治安公约[1]

我们大队160户、619人。粉碎"四人帮"不久,部分社员的法制观念比较淡薄,乱砍山林、小偷小摸时有发生,社会风气也不大好,婆婆骂媳妇,媳妇打婆婆,甚至有的闹气寻死,三日两头有人告状,弄得干部头昏脑胀。1977年10月,枫桥区委召开治保工作会议,重温了毛主席亲自树立的"枫桥经验"。我们认为大队干部要搞好治安,总得有个大家遵守的章程。于是在党支部领导

1　本文原载于1978年11月浙江省公安局编印的《高举枫桥经验旗帜靠群众加强专政》,后收入政协诸暨市文史资料委员会、诸暨市公安局编:《枫桥经验实录》,中共党史出版社2000年版,第178—180页。

下，针对本大队存在的问题，讨论制订了8条公约。订了以后，对两个违反公约偷窃外大队树木的人，进行了严肃处理，要他们在干部陪同下，上门退赃作检讨，初步打击了歪风邪气。但是，当时订的公约没有经过社员的民主讨论，有的条文中规定对小偷小摸要"挂物游斗"，不符合党的政策。订后也没有广泛宣传，只贴在治保室里，发现违约行为的人就按公约来"治"。

全国五届人大以后，党支部组织干部、社员认真学习了五届人大文件。为了更好地遵守新宪法，加强社会主义法制，进一步落实"枫桥经验"，我们在学习五届人大文件的基础上，修订了治安公约。

修订公约时，我们发动全体干部、社员认真讨论，前后开了三个会。第一个是党支部扩大会，吸收治保会、队委干部、贫协委员参加，先学习新宪法，后讨论修订意见。会上有的干部提出对违反公约的人要罚得煞（厉害），不煞不行。多数干部认为对违反公约的人，对待要合理合法；损害集体和社员利益，经济上需要合情合理赔的，但不能搞"土政策"、乱罚款、"挂物游斗"。经过讨论，明确了公约内容要做到两个"清楚"，即提倡什么，反对什么，是非清楚；守法、违法，界限清楚。执行公约要坚持两个"为主"，即遵守法纪的以表扬为主，违约的以耐心说服教育为主。统一思想后，就起草了一个治安公约的修订草案。第二个是组织生产队、贫协、妇联、共青团等全体干部参加的讨论会，再由他们带回生产队发动全体社员座谈。广大社员以主人翁的态度，进行三"摆"：一摆大队过去经常发生的治安问题；二摆影响治安的不安全因素；三摆发生治安问题的原因。通过三"摆"，对症下药地补充修改了治安公约。最后，召开全体社员大会，由党支部书记向社员宣读治安公约，说明道理，反复征求意见。直到大家说"没有意见了"，就进行表决。当天到会250多名干部、社员一致举手通过。这个公约的主要内容是：

一、拥护党中央，严格按照新宪法和国家政策法令办事。

二、提高革命警惕，不听信谣言，不收听敌台广播，发现反动言行和可疑迹象,立即报告。

三、按照党的政策,严格监督和教育改造四类分子。

四、自觉维护治安秩序,做好对违法犯罪人员的帮助教育。

五、保卫社会主义公有制,不糟蹋庄稼,不偷砍山林,不外流,坚决同贪污盗窃、投机倒把活动作斗争。

六、做好防火工作,维护交通安全。

七、执行安全防范制度,加强对粮食、现金、票证、农机、农药、耕牛等安全管理。

八、增强人民内部团结,不准打人骂人。

九、加强对青少年的法纪教育,坚决同阶级敌人的腐蚀活动作斗争。

十、尊重社会公德,发扬社会主义新风尚。

会后即把公约写到村里墙头上,刻印出来送到生产队和社员家里。同时发动搞财物、农机、茶桑,养蚕、养猪、养牛的人员分别订了6个安全守则,作为具体补充。社员说:"治安公约好比桌面,安全守则好比四只脚,配起套来就牢了。"

治安公约修订以后,已成为干部群众自我教育的依据,互相制约的准绳。半年多来社会主义正气上升,歪风邪气下降,团结互助增强,治安秩序安定。

1.1.6 依靠群众加强对"四类分子"的监督和违法犯罪人员的帮教

提要:该文献是中共诸暨县委、诸暨县革命委员会领导石永良于1978年11月22日在纪念毛泽东同志批示"枫桥经验"十五周年大会上讲话的摘录。其内容主要包括:诸暨县针对"四类分子"普遍建立了监改小组,基本上做到监改工作制度化、经常化,并经常对"四类分子"开展形势、前途教育,进行政策攻心,分化瓦解,促使他们向好的方面转化。一方面对他们严格控制,进行大会批、小会斗,剥画皮、挖根子、肃流毒,使他们臭不可闻、陷于极端孤立,从而认罪服法;另一方面,在生活上适当照顾他们,做好他们家属、子女的争取工作,按照党的给出路政策,让他们在群众监督下参加集体生产劳动,逐步得到改造。

依靠群众加强对"四类分子"的监督和违法犯罪人员的帮教[1]

依靠群众,加强对四类分子的监督改造和违法犯罪人员的帮教,搞好社会治安。遵照毛主席关于"几个好人中夹一个坏人"的指示,全县各地对八千二百九十八名四类分子普遍建立了监改小组,据枫桥、五泄、城关等区镇统计,已建立监改小组三千五百四十九个,基本上做到监改工作制度化、经常化,并经常对四类分子开展形势、前途教育,进行政策攻心,分化瓦解,促使他们向好的方面转化。对那些资产阶级帮派骨干、现行反革命的监改工作,各单位都选派了在揭批"四人帮"斗争中立场坚定、敌我分明的干部和群众,组成强有力的监改小组,一方面对他们严格控制,进行大会批、小会斗,剥画皮、挖根子、肃流毒,使他们臭不可闻,陷于极端孤立,从而认罪服法;同时在生活上适当照顾他们,做好他们家属、子女的争取工作。我们按照党的给出路政策,让他们在群众监督下参加集体生产劳动,逐步得到改造。

在推广落实枫桥经验中,各地还加强对违法犯罪人员的帮教。据枫桥、五泄、牌头、璜山、姚江、浣纱、城关等区镇的不完全统计,对三百七十八名违法犯罪人员,组织了三百二十四个帮教组、法制教育组,做到三清一落实,"立足于拉,着眼于教"。其中有二百七十五名违法犯罪人员,现在已经稳定和基本稳定,占总数的百分之七十三。在贯彻全国五届人大精神,认真学习新宪法的基

---

[1] 题目为编者根据讲话小标题所拟。

础上,我们在全县推广了枫桥区檀溪公社泉四大队制订《治安公约》的经验。使广大干部社员大大增强了法制观念,提高了遵纪守法和同违法犯罪行为作斗争的自觉性,社会主义正气上升,歪风邪气下降,促进了农业学大寨运动的蓬勃开展。

1.1.7 杭州市清泰等地派出所加强重点人口管理 严密社会面控制

提要: 该文献是中共绍兴地委于1973年11月举办的"枫桥经验"十周年现场会的会议参考材料之十。杭州市清泰、通江、武林、湖滨四个派出所抓重点人口管理工作的经验包括:物色培养积极分子,严密控制,掌握动态;深入调查研究,搜集积累材料,弄清问题;加强教育改造,促使重点人口向好的方面转化;夹在群众中劳动,给予出路,稳住脚跟,减少犯罪。

杭州市清泰、通江、武林、湖滨派出所
加强重点人口管理 严密社会面控制[1]

杭州市清泰、通江、武林、湖滨四个派出所,在街道党委和上级公安机关的领导下,根据公安部《关于重点人口管理工作的规定》,于去年八月间先后恢复、整顿了重点人口管理工作。他们通过发动和依靠群众,围绕党的中心工作,对重点人口认真地进行了调查、控制、管理、教育,严密了社会面控制,比较及时地掌握了重点人口的动态,使派出所在预防犯罪和打击敌人的现行破坏活动上逐步主动起来,取得了显著效果。一年来,通过重点人口管理工作,破

---

[1] 由省公安局三处调查组撰写,编者据会议原始材料整理。

获了政治案件六起，刑事案件六十六起，查获赌博集团一个，抓获现行犯罪分子二十二名。并从列管的重点人口中，提供材料逮捕五名，劳教四十二名，强劳十八名，戴帽六名，拘留五名。同时，查清否定了反革命嫌疑分子四名，查清认定了日特一名，强奸犯一名。经过教育改造，变好或向好的方向转化的十名。一年多来的斗争实践，派出所干警深有体会地说："抓了重点人口的管理工作，我们的耳目比过去灵了，敌情比过去明了，工作比过去主动了。"

这四个派出所的重点人口管理工作，从服务于现实对敌斗争出发，通过翻阅档案、调查摸底、结合侦破案件和重大保卫任务，逐步地建立和健全起来。经过几次整顿，四个派出所目前共列管重点人口二百六十三名，其中现行反革命可疑分子和可能有反革命历史罪恶尚未查清的分子一百一十三名；刑事犯罪嫌疑分子和有刑事犯罪活动尚不够处理、但需要调查控制的分子六十二名；属于反革命阶级基础的分子八十八名。对于这些列管的对象，本着控制严密，掌握动态，预防和打击敌人破坏的要求，采取公开教育、监督和秘密调查、控制相结合的方法进行工作，具体做法是：

一、**物色培养积极分子，严密控制，掌握动态**。针对列管对象中，大部分是有反革命和刑事犯罪可疑的分子，四个派出所都注意了对重点人口的秘密控制工作。对于那些没有暴露身份或有现行破坏可能的对象，以秘密控制为主，就是对那些已在群众中公开了身份的对象，在公开管理教育的同时，也加强秘密控制。他们根据重点人口的居住条件、职业状况和活动特点等不同情况，因人制宜、因地制宜，有计划地在他们周围物色培养了三百一十三名户口管理积极分子，做到了每个重点人口都有隐蔽力量进行控制，掌握动态。物色培养的户口管理积极分子，主要是政治历史清楚，有一定觉悟，有一定活动能力，能接近和控制重点人口的基本群众，也有部分是会在重点人口周围的职工、干部、教师等内部工作人员。对这些积极分子，由管区户籍民警负责联系，培养教育，交代工作方法。因此，他们在管理重点人口中起了很好的作用。下羊寺街无为教徒陈某英,与一个曾当过和尚的反革命分子串连活动,通江派出所把她列为重点人口管理后,布置两名积极分子进行秘密控制,进一步发现一伙不明身份的人从她家进进出出,有恢复坛堂的征候。当这伙人一次进入她家时,积极分子即向我报告,经民警进户察看,查明他们是在搞无为教复辟活动,当场缴获佛像四尊、反动经书四十余部。解教分子杜某虎,无正当收入,经济开支反常,有继续盗窃的可能。湖滨派出所把他列为重点人口管理后,布置积极分子吴阿二进行控制,而杜假惺惺地再三表白:我经过一次劳教,三次强劳,受过八年教育,保证不会犯错误了。吴没有被他的假象所迷惑,失去警惕,对杜的日常行动仔细进行观察,发现他在几个月中骑过几辆不同式样的自行车,把牌照抄下来,经查明有的自行车是偷来的,还偷窃过进口日历手表一只。控制销赃嫌疑分子马某瑜的积极分子赵丹力,认真负责地对马进行了监视。有一天,发现马拎了一只沉重的旅行袋,行动鬼祟,立即向清泰派出所报告,当马正在同另一个销赃分子"交货"时,民警带领治保干部赶到现场,当场查获了他儿子偷来的工业用铜五十四斤。

二、深入调查研究,搜集积累材料,弄清问题。这四个派出所,对于列管的重点人口,除了结合经常性的户口调查,搜集积累材料,定期分析研究重点人口的动向外,对于可能有反革命历史罪恶尚未查清和有刑事犯罪行为而列管的对象,都针对每个对象的嫌疑点,列出调查提纲,做出调查计划,用发函、外出调查、调阅档案、正面接触、侧面了解等方法,查清他们的问题。凡是疑点被否定的,即予撤销管理,查清认定问题的,视情分别给予处理。中山中路675号顾某芳,五八年因强奸妇女被判刑劳改,去年释放后,又发现他以小恩小惠引诱幼女,有重新犯罪的可能。湖滨派出所及时把他列为重点人口管理,并通过其周围的居民群众和所在单位的职工,广泛地进行了调查,访问了被引诱的幼女和他们的家长,终于查清了顾犯先后奸污幼女两名的罪行,重新依法处理。武林派出所在去年恢复重点人口管理工作时,把特嫌分子戴某和日特嫌疑分子陈某毛作为重点人口列管起来,在街道"清队"调查的基础上,管区民警又深入群众,多方进行调查。通过四十多个有关人员的调查,否定了戴某的特嫌疑点,予以撤销重点人口管理。对陈某毛,经查实获得了确凿证据,认定他是一个历史日本特务,予以上报处理。

三、加强教育改造,促使重点人口向好的方面转化。这几个派出所共同体会到,管理重点人口,除了秘密调查、控制以外,必须十分注意做好对这些人的思想转化工作,以消除敌对情绪,缩小犯罪的思想基础。他们对那些已被打击处理过,但现无帽子,又可能继续犯罪的;或坚持反动立场而列管的反革命阶级基础的分子,都通过各种形式进行争取教育工作。除了让他们参加居民群众会议一起学习受教育外,有的由民警、治保干部上门谈话,进行守法教育,有的通过他们的家属、子女或亲友,进行规劝开导。这样做收到很好的效果,促使这些人向好的方面转化。湖滨派出所列管的重点人口焦某华,曾任伪军少将、驻苏联新西伯利亚总领事,他不仅说自己无罪,还标榜自己是"联俄抗日、扶共反蒋"的有功之臣,情绪对抗,拒不参加居民区的会议。派出所除了及时向党委汇报,对他"清队"中审查的问题作出正确结论、落实政策外,管区民警还经常上门了解其现实思想,针对性地进行教育开导,使其认清形势,靠拢政府,向我补充交代了两个内侄在海外的重要社会关系,并揭发了同墙门一个社会青年奸污少女的罪行。清泰派出所列管的重点人口陈某华,是经过少年管教、多次拘留、一犯再犯的偷扒分子,管区民警除发动群众进行监督教育外,自己几十次上门,进行教育,给他谈形势、讲政策、论危害、指前途,启发他觉悟,使其逐渐认识所犯错误的严重性,与同伙划清了界限。今年以来,不仅没有从事犯罪活动,而且还检举揭发了抢劫一起、扒窃十四起、打群架九起。清泰派出所把女流氓陈某珂列为重点人口管理后,由民警、居民群众和家长组成三结合的帮教小组,经过不断地、耐心地对其教育,使她认识到搞流氓活动的可耻,她对民警说:现在我懂得了应该怎样做人,决心从思想上与流氓划清界限。一次两个男流氓到她家来勾搭时,她毅然与在家的弟弟一起,把这两个流氓扭送到派出所。群众说:陈某琍现在大不一样了,头形改了,衣着换了,思想转了,作风好了。

四、夹在群众中劳动,给予出路,稳住脚跟,减少犯罪。 在列管的重点人口中,有一部分没有正当职业,少数的原来有职业,因表现不好,进行犯罪,被清理出来,有的因而到处流窜,危害社会治安。派出所对于这些对象,除加强控制、教育工作外,都逐个地进行调查研究,向党委汇报请示,与有关部门联系,把他们安排在街众中劳动,使之有正当的经济来源,能生活下去。在武林派出所列管的七十三名对象中,有八名没有正当职业,他们都通过党委,分别给予安排在街道服务站劳动和一些工厂做临时工。这样做的结果,使不少的列管对象稳住了脚跟,不再犯罪。湖滨派出所列管的重点人口何某珊,劳改释放后,本人没有职业,子女又与他划清界限,生活没有出路,经常东奔西闯,扬言:饿煞不如犯法。派出所给予严肃批判教育后,请示党委给他安排在街道企业劳动。一年来没有进行犯罪,休息天还打扫居民区公共卫生,疏通阴沟。通江派出所列管对象莫某浩,因搞投机倒把被劳教,解教后,原单位不愿再收回,他继续进行扒窃活动。据此,派出所向街道党委汇报,给他安排在街办五金厂劳动。在进厂前,民警一方面对他进行教育,晓以利害,另一方面向全体职工宣布他的情况,要求大家监督。从而使他的反动思想得到了转变,向派出所交出了靠扒窃存银行的三百元钱。进厂四个多月来,不仅没有犯罪,还检举了三名扒窃犯。

这四个派出所的重点人口管理工作,当前存在的主要问题是:管的面还窄了一些,有的应该列管的对象,还没有及时地管起来。对于目前已经列管的对象,有的动态还不能及时掌握,特别是对于居住于单门独院里的重点人口和有政治活动危险的分子,控制还不够严密,不能做到敌动我知。这些问题,他们正在研究解决。

1.2 帮教工作的典型案例

1.2.1 坚持八年,把流窜犯骆某松改造为一个较好的青年

提要:该文献是中共绍兴地委于1973年11月举办的"枫桥经验"十周年现场会的会议参考材料之七。主要介绍钟瑛大队帮教以"破缸而逃"出名的流窜扒窃犯骆某松的经验。钟瑛大队经讨论,认为改造不好的原因如下:一是只注重生活照顾,忽视了教育改造;二是只靠少数人做工作,没有发动群众共同管教。所以,一定要以思想教育为主,适当解决他生活上的困难;一定要以群众管教为主,但也要有专人负责。最后决定把骆某松落实到大队猪场里参加劳动,由专人负责管教。

坚持八年,把流窜犯骆某松改造为一个较好的青年[1]

我们钟瑛大队有个骆某松,今年二十六岁。这个人,原是"破缸而逃"出了名的流窜扒窃犯。从一九六五年起,我们对他落实了改造工作,八年来,没有再作案。现在已基本上改造成为自食其力的新人。

"破缸而逃"的来历

骆某松是贫农骆某福的独生子。他在七八岁时,就开始偷摸,刚去上学的那一年,偷了同学的铅笔,老师把他叫进办公室教育时,他一眼看中了老师挂在椅子背上衣袋里的金星钢笔,趁老师不备时把它偷了。以后,年复一年,越偷越凶,弄得四邻不安。治保干部一时也想不出对付他的好办法,只好用一只

---

[1] 作者是枫桥区枫桥公社钟瑛大队党支部、治保会。编者据会议原始材料整理。

大水缸把他覆盖在里面。为了防止闷死，用一块石块把缸搁起，到时候送饭给他吃。心想这样总可以管牢了。谁知道他在半夜里敲破大缸逃走了，先后流窜到杭州、金华、上海、江西、广州等一带扒窃作案。从此，大家就称他为"破缸而逃"的小偷。

矛盾上交还是就地教育改造

骆某松流窜作案，曾经被劳教、拘留多次，遣送回家后一再外逃，继续作案。一九六五年，骆某松又被遣送回来了，上级指示说一定要落实改造工作。枫桥派出所很关心这件事，与我们党支部、治保会共同研究对他改造的办法。当时，有的人想不通，说："这个人再没有办法了。"有的说："过去我们把他安排在贫农孙桂君家里，有吃、有穿，还是要偷，反正不相干了，只能送给政府处理了。"不少干部、群众不同意这种看法，说："骆某松过去没有改造好，除了他本人偷窃成性以外，家庭管教方法不对头也有影响，我们的工作也没有做到家。"

针对上述情况，我们组织大家认真学习毛主席批示推广的"枫桥经验"，围绕骆某松是矛盾上交还是就地改造这个问题，开展了一场热烈的讨论。通过学习，使大家认识到，骆某松年纪轻、出身好，我们有责任教育挽救他。如果让他流窜在外，发展下去矛盾性质就会转化，这样不但断送了骆某松自己，对维护社会治安，对国家社会主义革命和社会主义建设都不利。认识统一后，又分析了骆某松前几次不能落实改造的原因。大家认为，一是只注重生活照顾，忽视了教育改造；二是只靠少数人做工作，没有发动群众共同管教。通过学习文件，总结经验教训，使大家找到了改造骆某松的办法。认识到一定要以思想教育为主，适当解决他生活上的困难；一定要依靠群众管教为主，但也要有专人负责。只要这样做，就有可能把他改造好。最后决定把骆某松落实到大队猪场里参加劳动，由大队贫协委员、猪场负责人、长工出身的老贫农尉钦槎专人负责管教。并且还专门召开了生产队社员大会，发动大家齐心协力把骆某松改造好。

不怕反复　坚持教育挽救

几年来,骆某松跑遍了三江六码头,过惯了浪荡生活,不劳而获的资产阶级思想烙印很深,在改造过程中,思想经常还潮。在猪场里劳动了一段时间,就偷偷溜走了。专管员尉钦槎同志发觉后,立即报告了大队干部和派出所,我们就马上分头去追。好容易才把他追回来。这时,有的治保干部很生气,说:"我们把他安排在猪场劳动,苦口婆心地教育他,要他好好改造,可是,没有几天又'旧病复发',真想打他一顿出出气。"但是,当大家一想起毛主席、党中央肯定的"枫桥经验",才认识到改造一个人不是十天半月能够解决问题的,必须做长期的、艰苦的、耐心细致的思想工作。于是,我们就耐心地对他进行教育,发动贫下中农对他进行了忆苦思甜的对比教育。老贫农尉钦槎同志讲了自己在旧社会离乡背井,到钟瑛村给地主牧牛时受冻挨饿的悲惨情景和新社会靠毛主席、共产党翻身后所过的幸福生活,并对他语重心长地说:"某松啊!在旧社会里伢贫下中农是被地主、资本家踏在脚底下的,现在毛主席、共产党把伢贫下中农当宝贝,领导伢走社会主义道路,生活越过越好,你要好好想一想。"骆某松听了思想有所触动,紧接着我们就问他:"大队党支部、治保会、广大贫下中农政治上教育你,生活上关心照顾你,为什么?"他轻轻地说:"要我好。"这时,我们严肃地向他指出:"你多次流窜偷窃,严重扰乱社会治安,是犯罪行为。现在我们挽救你,应当痛改前非,用实际行动来改正错误,这样广大贫下中农是欢迎的。"最后他点点头,表示要听大家的话,安心在猪场劳动。

为了有利于对骆某松的思想改造,我们向贫下中农,特别是在青年社员和青少年学生中,开展了宣传教育工作,说明对骆某松的改造是一场严肃的政治斗争,大家要从政治上着眼,从有利于对他的改造出发,多对他进行教育,不要把他过去的问题当话柄、作笑料。广大干部、贫下中农对骆某松的改造都很关心,有的教育他多出工劳动,有的教他学劳动技术,有的把大队俱乐部里的《雷锋同志》《刘胡兰》《红军史册》等连环画借给他阅读。生活上也适当给他解决一些困难，比如给他缝补衣服。经过这次曲折，做了许多工作，总算过了大半年。

到了阴历年边，骆某松在外结识的那些偷窃朋友，像苍蝇叮腥臭那样，都来纠缠他。一次，一个青年上身穿黑色灯芯绒，摇头晃脑地跑到猪场里来找骆某松。这个人自称名叫"王某表"，说想买小猪，专管员尉钦槎同志见了后，心里产生了疑问。他想，为什么来买小猪不带工具？为什么鬼鬼祟祟，速来速去？他就当即找骆某松进行个别谈话。经过教育，骆某松说："这个人不是王某表，是叫冯某安（这个家伙是有名的惯偷，现已判刑八年），是来约我出去的，他对我说，昨天在街上弄到十五元钱和一些粮票，并送给我一元钱和两斤粮票，我不想要他偷来的钞票和粮票，也不想跟他出去，但是我怕他。"一边说一边交出一元钱和两斤粮票。在这种情况下，我们先鼓励他好的一面，着重教育他同坏人坏事作斗争要当机立断，划清界限，千万不能藕断丝连。此后，每当坏人再来勾引他时，他都主动向大队报告。我们又及时给他做工作。这样，终于割断了外来的勾引。骆某松也安心改造了。

一九六七年春，骆某松自己要求参加田间劳动，学习做农活，大队党支部认为他的要求是正当的，长期待在猪场里，将来长大成人后，要成为一个不懂农事、不会种田的农民。调到生产队参加田间劳动不久，队里一个思想品质不好的人又往他身上打主意，利用他们父子关系紧张、寄居别人家里的情况，以关心生活为名去接近他，慢慢就结成了朋友，后来骆某松索性与这个人搬在一起居住了。他跟着这个人，晚上经常出去打猫、打狗，糟蹋农作物。大队党支部发现这一情况后，认为这是思想领域里的阶级斗争在改造骆某松问题上的反映。于是，我们及时发动群众批评了那个思想品质不好的人。并找骆某松个别谈话，进行批评教育，叫他不要再住在那个人的家里。许多贫农社员也都多次对他帮助教育。骆某松对此很为感动，说："我与他住在一起，不但经济上吃了亏,而且这样下去,又要犯错误了。"于是,自己砌了新锅灶,搬回到自己家里,还在灶头旁边装上了一只广播喇叭,说:"这样可以学习政治、时事,又可以听戏。"经过这样长期的、细致的工作,使骆某松在改造过程中不断向好的方面发展。

终于转变了

经过八年的教育改造,骆某松已基本上成为一个热爱集体、积极劳动、勤俭持家、表现较好的青年,得到了贫下中农的好评。去年一月间,他的一个亲属出于私心,挑了生产队里的集体肥料去浇自留地的青菜。骆某松知道后,严厉地批评了他亲属这种损公肥私的错误行为。在经济上,骆某松现在年年有结余,手头有存款,去年除全部生活开支外,年终结余八十多元。今年一月至九月,已劳动二千八百工分。七十四岁的邻居贫农社员沈阿香说:"某松真当改好了,连根稻草也不偷了,天天出工劳动,粮食也蛮有计划。"

毛主席教导我们:"人是可以改造的,就是政策和方法要正确才行。"在实践中,我们深刻体会到,像骆某松这样的人,是可以教育挽救的,关键是我们的教育改造工作要做深做细。要看到这是两个阶级争夺青年的激烈斗争。由于阶级斗争是长期的和复杂的,思想改造不可能一劳永逸。今后,我们对骆某松还必须继续抓紧思想教育工作。

1.2.2 "破缸而逃"的新生

提要: 该文献介绍帮教枫桥公社钟瑛大队骆某松的案例。文献特别强调派出所杨钟湃同志对骆某松的改造:发动更多的社员来做说服工作,将骆某松安置到生产队猪场劳动,通过说服教育挽救,实现转化。

"破缸而逃"的新生[1]

骆某松是枫桥公社钟瑛大队贫农骆某福的独生儿子,从小死了母亲,今年只有18岁。从小就开始偷偷摸摸,一次盗卖家里的东西被父亲打得遍体乌青,但毛病并没有改掉。他在学校里又偷了同学的东西,老师找他谈话教育,竟乘机把老师的钢笔也偷走了。以后越偷越凶,样样都偷,弄得群众恼火,就用七石缸(即大水缸)把他扣在里面,还压上了大石头,使他白天晚上出不来。有个好心的社员怕闷死他,在缸下垫了块石头通通气,谁知道他半夜里挖出石头,敲破水缸逃走了。从此他流窜偷扒,成了看守所、遣送站的"老客人",先后劳教两年,拘留3次,遣送十多次,不但没有解决问题,反而在拘留、遣送中结识了七八个犯罪分子,作案"技术"越弄越高,成了偷扒的小头头。

派出所把骆某松从县看守所里领了回来,派民警杨钟湃同志去做安置工作。小杨同志找大队支部和骆某松的爸爸商量好后,把他送回家,但半夜又不见影子了。

他爸爸亲自出去找他,在离县城10里路的地方把他领回来。当他爸爸去买汽车票时,一转眼他又溜之大吉。后来在城关镇作案才被抓获。

杨钟湃同志接受了前几次安置不落实的教训,他想要把骆某松改造好光自己去同干部、社员一般说说还不行,还要发动更多的社员来相互做说服工作。并决定将骆某松安置到生产队猪场劳动。

小杨同志经常去访问他,有一次看他生活枯燥,给他借了些雷锋故事、红军史册等连环画通俗小说看。看他头发长了又同他爸爸去商量给他一点零用钱。他爸爸也有转变,主动送给儿子脚布、蔬菜。现在社员也都关心他了,有

---

1 原载1965年9月的浙江省公安厅《公安工作简报》,后收入政协诸暨市文史资料委员会、诸暨市公安局编:《枫桥经验实录》,中共党史出版社2000年版,第169—170页。收入《枫桥经验实录》时有删改。

的人也送点小菜给他吃,他的生活开始安定下来,思想也开始转变了。

有一天,骆某松的粮食吃光了,又不敢向爸爸去要,但没有逃跑,来找派出所解决困难。正巧那天派出所同志都参加劳动去了,他足足饿着肚子在派出所门口等了一天。对猪场工作也很负责,一天贫协委员有事半夜没回场,他一直坐在猪场门口看门。最近还主动要求多分配点农活给他做做。在生活上也慢慢注意节约了,过去有多少吃多少,现在每天1斤粮还有结余,他爸爸给他1元钱,他理了发,买了肥皂、豆芽、酱油、盐,还有几角钱节余。

对骆某松的这些好的表现,周围群众都很满意,贫协委员尉钦槎也更有信心了,他说:"我要试试把骆某松教育成雷锋那样的人。"

1.2.3 陈某宝改邪归正

提要:该文献介绍了帮教陈某宝的案例。诸暨县公安局派出所依靠群众落实改造,指导员徐理清同志亲自负责落实,并研究了对陈某宝教育改造的方法。陈某宝在村里召开的党支部、贫协、队委、共青团联席会议上做了检讨,交代了过去的犯罪行为,保证今后听干部、贫下中农的话,安心劳动,不再重犯。

陈某宝改邪归正[1]

陈某宝本来是个蛮好的青年,但他叔叔陈某荣是个惯偷,陈某荣领他到杭州去偷窃,从此跟着走上了犯罪道路。在诸暨、杭州一带流窜作案,学会了挖洞、爬墙、撬门等一套偷窃"本领",在商店、电影院、学校、幼儿园、职工宿舍、

---

1 原载1965年9月的浙江省公安厅《公安工作简报》,收入政协诸暨市文史资料委员会、诸暨市公安局编:《枫桥经验实录》,中共党史出版社2000年版,第171—172页。收入《枫桥经验实录》时有删改。

居民食堂里都作过案,曾被杭州市公安局拘留过两次。

今年3月,陈某宝被杭州市公安局押送到诸暨,县公安局要派出所依靠群众落实改造。指导员徐理清同志亲自负责去做落实工作。先同大队支部商量,支部完全同意陈某宝回村改造。但因他家粮食比较困难,决定从春花分配和国家借粮中给他解决120斤,并研究了对他教育改造的方法。徐理清同志安排妥当后,亲自到县局把陈某宝领回来。陈某宝在村里召开的党支部、贫协、队委、共青团联席会议上作了检讨,交代了过去的犯罪行为,保证今后听干部、贫下中农的话,安心劳动,不再出去重犯错误。陈某宝回村第二天就参加了劳动,从做轻活到做重活,初步养成了劳动习惯。不久前曾经与他同伙作案的一个流窜犯来找他,说:"现在外面'生意'很好(指有东西可偷),一道去吧!"陈某宝拒绝说:"现在大队、生产队对我都很好,我愿意在家里劳动,不出去了。"他并且把这个情况立即报告大队干部,社员都说:"陈某宝已从邪路上归来了。"

1.2.4 这样的流窜犯群众也能管教他

提要: 该文献介绍了檀溪公社夏湖大队帮教何某华的案例。何某华从1959年与家庭闹翻后就到处流窜,偷、扒、拐、骗,无所不为,先后作案百余次。民警汪和超同志做安置工作,与檀溪公社夏湖大队支部书记、治保主任和贫下中农以及何某华的父母沟通后,决定除了社员管以外还要有个"专管员"。专管员的任务有四条:一是安排和带领他劳动,进行教育,并且在劳动技术方面给他做些指导;二是遇到有人讲讽刺话时要做工作;三是帮助他搞好家庭团结;四是注意他思想上、生活上的问题,随时向大队反映。

这样的流窜犯群众也能管教他[1]

檀溪公社夏湖大队何某华，今年21岁，成分贫农，爸爸在外当小学教员，后娘管家务。他从1959年与家庭闹翻后就到处流窜，偷、扒、拐、骗，无所不为，先后作案百余次。因为他在上海百货公司里曾偷过外国人的200元人民币，人们就说他是"国际水平"的偷窃犯。劳动教养、扣押审查、强制劳动、少年管教、集训都搞过，光是上海市公安局、杭州市公安局、诸暨县公安局就先后拘留他6次，但出来照样作案。先后遣送、押回原籍4次，每次都住不上三天就又跑出去了，有时送他的人还没有回到家，他却先跑回去了。熟悉何某华的人都说这个人是不可改造了。

今年5月，县公安局来了电话，要把拘留的何某华放回来就地改造，所长指定民警汪和超同志去当地做安置工作。老汪以前也曾经安置过一个流窜犯，当时对改造这种人是毫无信心的，接受安置任务后就跑去对大队干部说："这个人放回来怎么样？"大队干部说"我们不想要"。老汪听后就说："你们不要写张证明给我，我好回去交代。"后来所长王霞德同志亲自跑去做工作，说服了社队干部和群众，把那个流窜犯安置下去了。这次安置何某华的工作，又落实到老汪头上。

汪和超同志首先找大队支部书记、治保主任和贫下中农，向他们宣讲了毛主席关于矛盾不上交的指示，同他们研究。他们都说这个人出身蛮好年纪又轻，本来不是坏人，主要是后娘同他吵架，逼出去的，政府送回来后娘又骂出去，后来在外边偷偷摸摸，政府送去劳动教养，回来社员也骂他"劳改坯""贼骨头"，他更不肯回来了，就这样慢慢变成了一个流窜惯犯。

---

[1] 原载1965年9月的浙江省公安厅《公安工作简报》，收入政协诸暨市文史资料委员会、诸暨市公安局编：《枫桥经验实录》，中共党史出版社2000年版，第166—168页。收入《枫桥经验实录》时有删改。

经过调查,老汪感到关键是何某华的后娘,于是,又找他后娘谈话。这个人真是"三斧头劈不进"的,讲了多少话,她还是一句"不要回来"。对他后娘一时说不通,又把他爸爸找来。他爸爸还比较好,他说:"我儿子回来能改好要谢谢政府。"但他后娘还是不干。第三次和支部书记一起又去说服,给她算了一笔家庭账,说明她一家7口人,只有丈夫每月30多块钱,很难过生活,何某华回来是个好劳动力,把他改造好了,过两年你们家就可以翻个身,生活就好过了。他后娘总算勉强同意他回来了。汪和超同志又找何某华谈话,告诉他准备开个会,叫他把认识到的错误和有什么意见、要求当众讲讲。何某华一听就说:"公安局出来时没有说要斗争我,你们斗好了,你把我送回看守所去吧!"他后娘一看也叹了气,插嘴说:"汪同志你看,我说是弄不好嘛!他对政府都这个样子,以后我有什么办法!"汪和超同志考虑到硬要他检讨就稳不住他,当然谈不上改造了,就说:"不开会也可以,反正你的问题干部、社员都是清楚的,考验你一段时间看看也好。"

怎么对他进行监督改造还是个大问题。大队党支部研究,除了社员管以外还要有个"专管员"。专管员的任务四条:一是安排和带领他劳动,进行教育并且在劳动技术方面给他作些指导;二是遇到有人讲讽刺话时要做工作;三是帮助搞好家庭团结;四是注意他思想上、生活上的问题,随时向大队反映。"专管员"徐仁传与何某华一起出工,一起休息,帮助他,鼓励他。最近久旱不雨,他们两人包了5亩水稻田,日夜车水抗旱。何某华脚底生了一个大疮,走路很困难,支部书记发现后要抬他去治疗,他一定不肯,自己拄着拐杖一步一步走着去医院。开刀后不能下田劳动,他把一只脚搁在凳上用手车水,跟着仁传半夜出工,坚持抗旱。两个多月来,何某华除了生病,天天出勤,群众说"某华这人这回大有希望"。何某华对干部说:"我过去在外面也是饱一顿饿一顿,作了案担心总有一天要进公安局,提心吊胆,现在干部社员对我这样好,今后再也不出去了。"

1.2.5　矛盾不上交,就地解决

提要：该文献是中共绍兴地委于1973年11月举办的"枫桥经验"十周年现场会的会议参考材料之四。主要介绍了栎江公社魏家坞大队帮教懒汉魏某传的经验。

矛盾不上交,就地解决[1]

我们大队有个懒汉魏某传,一九六五年"四清运动"后,在广大群众的教育帮助下,转变成为一个积极劳动的好青年,后来加入了共青团,还当过大队民兵干部。那时,有的群众说:"魏某传真是浪子回头金不换。"

情况起了变化

一九七二年以来,我们大队仓库先后被窃炸药二十多斤,雷管二百支,蜡罐两个。一队和三队的仓库里,先后被窃手拉车各一辆。案件不断发生,一时查不清楚,弄得社员提心吊胆,急得治保干部没有办法。这时有的群众反映说:"某传吃吃荡荡,烟酒不断,进进出出的人都不大正派,恐怕有问题。"群众的反映引起了我们的重视。遵照毛主席"没有调查就没有发言权"的教导,我们对魏某传的情况作了一些调查,掌握了一些线索,但无真凭实据,只好布置积极分子做些控制工作。直到今年四月九日,查清了三队一辆手拉车被窃是魏某传作的案,大队党支部对魏某传进行了批评教育,并责令他彻底交代错误。他除了承认偷窃三队这辆手拉车之外,一口咬定没有偷过其他东西。从此,他就变卖家具吃喝,以示对抗干部对他的批评,对参加集体生产劳动更无心思。四月二十七日,生产队长针对他的劳动态度不端正,要扣他两个工分。

1　作者是枫桥区栎江公社魏家坞大队党支部、治保会。编者根据该会议原始材料整理。

魏某传很不满,当天晚上喝上一点酒,借机与队长大吵大闹,也不听群众的批评劝告。他怒气冲冲回到家里手持菜刀,在自己的门槛上和四队队室门口的廊步柱上乱劈乱砍,大喊"冤枉呀!我勿要做人了",又将家里的锅碗瓢盆、桌子等生活用品和家具统统砸烂,还拿起锄头掘自己的屋墙脚,被群众制止。魏某传又从床上撕下蚊帐,浇上煤油,燃着后甩到自己下屋檐的草厂上放火,又被群众扑灭。如燃烧成灾,隔壁四队队室和仓库里的粮食、农具就要烧毁。魏某传自知有罪,一不做,二不休,把劝解他的党支部书记的母亲推翻在地,党支书魏纪天同志闻讯赶来也被他推倒。这样社员群众就把他扭送到大队室看管起来,但魏某传半夜乘机潜逃。当晚,我们把上述情况向公社党委和派出所作了汇报,并于二十九日下午在派出所同志的协助下,把魏某传从姚江区泌湖公社湖心大队追了回来。在回来的路上,魏某传对大队党支部委员魏望来说:"请你给我的材料弄得好一些,我要去吃十二两了。"准备去劳改。

查原因找根子

我们把魏某传送到派出所后,晚上党支部召开全体党员和共青团员、治保、民兵、妇联、生产队长以上干部和贫下中农代表三十多人的会议,讨论魏某传的问题。开始,大家都很愤恨,有的说:"这个人好了几年又变坏,偷窃、行凶、纵火,样样坏事都做出来了,只有矛盾上交。"有的说:"某传旧性不改,仍旧落海,再没有办法改造了。"魏某传所在生产队的队长更直截了当地说"我勿要这个社员"。也有的社员说:"某传这个人犯了罪,上交也可以,但劳改几年放回来,还要我们改造他,不如现在就地改造好。"你一言,我一语,讨论得很热烈。这时,党支部引导大家回忆"四清"运动后的情况,提出两个问题:(1)魏某传为什么在"四清"运动后的一段时间里改得比较好,还当过大队干部,加入了共青团?(2)为什么又会变坏干坏事?原因何在?大家通过回忆讨论,认为"四清"运动后,学习了枫桥经验,发动了广大群众,大家起来教育帮助他,把他改造过来了。一九六八年以后一段时间,由于林彪反党路线的干扰,我们的阶级斗争观念淡薄了,对青年的思想教育工作放松了,一九七〇年魏某传在友谊煤灰厂(本大队与邻村象山大队合办的)劳动时,被这个大队的坏分子女流氓章某香勾引,资产阶级思想愈来愈严重,渐渐地发展到偷窃犯罪。社会上的一些不三不四的人,也经常与魏某传混在一起,吃吃喝喝。有的同志还检查了自己失去了阶级斗争的警惕性,过去听到群众说"某传抽出一张五块头,嘻嘻哈哈吃到半夜头,昏头昏脑撞一头,啊唷啊唷喊到五更头"的顺口溜,也不以为然。经过讨论,大家认识到:问题出在魏某传身上,根子在阶级敌人那里。接着支部书记又进一步引导大家重温毛主席亲自肯定的"枫桥经验"矛盾不上交的精神。有的说:"某传出身苦,所以犯罪是因为有敌人的勾引。"有的说:"某传是按照'枫桥经验'精神改造过来的,我们有责任继续教育改造他,还是不要上交,留在大队大家对他管教好。"一致认为要把魏某传"拉"过来,必须对他的资产阶级思想揭深批透,使其认识到"苍蝇不叮无缝蛋""糖弹专打私心人",促其自觉接受改造。大队党支部把会上统一的思想,汇报了公社党委和派出所,公社党委指示我们:一、在思想上要严肃批判;二、要他彻底坦白,改正错误;三、在生活上考虑给出路。派出所也积极支持我们,配合做好工作。

对症下药落实改造

次日,我们治保会的几个同志由党支部书记魏纪天同志带领,到枫桥派出所去教育魏某传。开始我们只一般地谈政策,着重要他坦白交代问题,一个上午他不理不睬。后来,我们从阶级斗争谈起,从阶级教育着手,对他讲我们贫下中农在旧社会的血泪史,回忆他在"四清"运动后的转变,指出他由于阶级敌人的勾引,思想逐步变坏,发展到走上偷窃犯罪的道路,教育他只有彻底坦白交代自己所犯的全部错误,才能取得贫下中农的谅解,否则在犯罪的道路上愈走愈远、不能自拔,是很危险的。同时告诉他对资产阶级思想不能依依不舍,要有快刀斩乱麻的决心。经过一个下午细致的思想教育,魏某传开始转变态度,交代了一些偷窃大队炸药、蜡罐、竹、木等违法犯罪行为。但思想顾虑很重,怕进监牢。我们又进一步做思想工作,对他说:"只要彻底交代,还来得及。"晚上派出所的同志抓紧对魏某传又进行了教育。这时,魏某传交代了偷窃一队手拉车,卖得三十五元钱的作案犯罪事实,又交代了与坏分子女流氓章某香的关系,并写了书面坦白交代材料,订了今后改造自己的书面保证书。

当天,我们回到大队后,晚上再次召开了党员、团员、民兵、妇联、生产队长以上干部和贫下中农代表等有关人员参加的会议,继续研究对魏某传的处理问题。我们再次学习了毛主席有关阶级斗争和教育人、改造人的论述。党支部书记传达了公社党委的三条意见,并将魏某传的坦白交代情况和对错误的认识态度,向到会同志作了介绍。会上大家拥护公社党委的处理意见。原来说过"不要这个社员"的那位队长也表示应该回队依靠群众落实改造。认识进一步统一后,又讨论了对魏某传教育改造的措施。大家认为:思想批判一定要从严,对他的资产阶级思想应该批深批透,才能使他受到教育、接受改造。经过讨论,分头准备揭发批判的材料。但对他回来后烧饭没有锅,吃饭没有碗,睡觉无蚊帐,怎么办?大家同意预支他十五元钱,给他购买必要的生活用品。

第二天,党支部书记魏纪天、支部委员魏望来、治保主任魏杏根三同志,再到派出所,对魏某传继续做了深入细致的思想工作,告诉他广大贫下中农希望你回心转意,彻底改正错误。当我们说出叫他一同回队,给他购买锅、碗等生活用品时,他的眼泪滚滚而下,说:"我犯了罪,党和毛主席对我介宽大,贫下中农对我介关心,我一定痛改前非,重做新人。"这天晚上,我们大队召开了批判魏某传大会,贫下中农一桩桩地揭露他的犯罪事实。指出,由于他偷窃集体财物,引起了干部、社员互相怀疑,影响团结和生产,造成了严重后果。有的老贫农又给他讲家史,还有的给他讲前几年好好劳动的好处。同时,大家对他所犯罪行作了严肃的分析批判,帮他查原因、挖根子,给他指方向、提希望。使魏某传既悔恨自己，又深感贫下中农给他教育和温暖，把自己偷窃等违法犯罪行为向广大群众作了交代，并挖了犯罪的原因，说："由于自己资产阶级思想严重，敌人一勾引就上了当，走上了犯罪的道路。"会后，确定了由六队副队长魏仲校同志专管魏某传的思想和劳动。次日，又有一些贫下中农主动上门教育魏某传。七十二岁的光来大伯，拄着拐杖到魏某传家里，语重心长地对他说："某传，你父亲在旧社会做长年打短工来养活你，解放后，毛主席、共产党救了你，社教工作队热情地教育你，广大贫下中农帮助你，成了一个好端端的青年，如今你又变成这个样子，使我们贫下中农痛心，阶级敌人高兴。"老贫农的一席话，给他思想触动很大，他又一次流下眼泪，表示一定要好好劳动，再不干坏事。

初见成效

现在，魏某传的思想、劳动都有了很大的转变。从今年五月二日回到队里落实教育改造以来，到九月底，共已出勤一百三十一天。过去不服从领导，队长派他干活，犟头倔脑，现在分配劳动说一无二，早早夜夜出门为集体拾猪粪积肥料，在"双夏"中不怕苦、不怕累，得到了社员的好评。在夏收预分中得二十五元现金后，就主动地把全部现金送交大队治保会做退赔款，大队治保会根据他的实际情况，留下十元给他自己在"双夏"中做零用，他非常感激地说："感谢毛主席，我今后一定更好地参加集体劳动。"前段时间，他为了早日退齐赃款，向大队治保会要求，向大队副业队提一只小猪饲养。我们与副业队负责同志商量后，支持了他，并同意小猪的款等猪养大出卖后再归还。群众现在反映："某传的心变过来了，像做人家的样子了。"

通过对魏某传问题的处理，使我们进一步体会到伟大领袖毛主席"人是可以改造的，就是政策和方法要正确才行"的教导，无比英明，无比正确。同时，也使我们深深地认识到阶级斗争的长期性、复杂性，因此，教育人改造人的工作也不可能是一劳永逸的。我们要牢牢记住党的基本路线，继续加强对魏某传的教育改造。

1.2.6　收回报捕材料，就地改造葛某木

提要：该文献是中共绍兴地委于1973年11月举办的"枫桥经验"十周年现场会的会议参考材料之五。主要介绍了东三公社柳坞大队帮教劳改释放人员葛某木的经验。

收回报捕材料，就地改造葛某木[1]

劳改释放分子葛某木，今年四十三岁，贫农成分，解放前，给地主放过牛，做过长工，解放后，翻身分到了土地，因为他受资产阶级思想影响很深，加之从小失去父母教养，不会安排生活，有多少，吃多少，吃完了，偷一点，逐步走上了违法犯罪的道路。一九五八年，他因多次偷窃集体财物，偷生产队的稻谷种和竹笋，破坏集体经济，被逮捕判刑五年。一九六三年五月劳改释放回村后，恶习未改。生活上大少爷派头，有得吃就吃，没得吃了再去偷。开始几年，干部没有引起重视，他也就胆子越来越大，越偷越厉害。既偷田坂的、村内的，也偷外地的，还流窜到绍兴偷，引起了干部和群众的义愤，很多人说："这个劳改坏不给他一点苦头吃，旧性不会改。"于是就采取捆绑、吊打、罚款等做法，但也未见什么效果。干部上半夜打，他下半夜偷，你罚他一次，他偷你十次，偷了斗，斗了偷，横竖横。葛某木自己说："我劳改队住过，游街游过，大会斗过，你们这样弄弄勿要紧，我脚背上搭镬灶，到处有得吃。"一九七二年一开春，他把口粮吃光，流到外面，以偷窃过日子，四个月不回村。那段时间，外村、外队纷纷向大队治保会揭发他的罪状，有时把人捉住，要村里去领回来。群众反映："这种

---

[1] 作者是枫桥区东三公社柳坞大队党支部。编者根据该会议原始材料整理。

人不送去劳改,监狱不用造了。"在这种情况下,大队党支部作了研究,认为:"葛某木虽是贫农,但人民犯法也要坐班房,他偷得介厉害,应当送去劳改。"这样,就上报材料,再次要求逮捕判刑。

学习"枫桥经验"收回报捕材料

一九七二年六月,县公安局在枫桥贯彻第十五次全国公安会议精神,重新学习"枫桥经验",揭发批判林彪以及陈、南、熊破坏毛主席无产阶级专政路线的罪行,钟瑛大队在会上介绍坚持八年改造流窜犯骆某松的经验。参加会议的公社干部,向党支部和生产队干部传达了会议精神,使大家受到很大的教育和启发,并对葛某木是矛盾上交还是依靠群众就地改造,展开了热烈的讨论。社、队干部都说:"毛主席批示的'枫桥经验'出在枫桥,我们是枫桥人,不学习枫桥经验,对不起毛主席,对不起党。"有的同志说:"葛某木四月份从外边回来,我们没有打他骂他,对他进行了一些教育,生活上作了一点安排,几个月没有出去偷,六月份劳动廿七天,只要采取正确的方法,做好工作,还是可以把他改造过来的。"并认为光靠几个干部,没有群众力量,是改造不好葛某木的。于是向群众宣传了"枫桥经验",又把党支部就地改造葛某木的意图告诉群众,让群众讨论。群众一听了毛主席批示的"枫桥经验"就说:"毛主席批示要少捕、矛盾不上交,我们贫下中农要听毛主席的话,也要照着办。"有的说:"人家钟瑛大队能把'破缸而逃'的骆某松改造过来,我们也要把葛某木改造过来,改造好了是块好材料。""只要干部、社员一起管,是可以改造的。"本队群众说:"葛某木在生产上倒是个好把式,真改好了,是个好劳动力,还是留在队里改造好。"干部、群众思想统一后,七月份,大队派人到县人保组拿回了报捕材料,下决心改造葛某木。

依靠群众就地改造

大队干部把葛某木材料拿回之后,感到责任重大。怎么进行改造?党支部、治保会作了研究,认为首先要抓思想改造,不然老毛病还要复发。于是发动群众对他进行阶级、前途、政策和守法教育。许多社员对葛某木教育指出："你出身苦，但翻身忘本，再不改造，对不起共产党，对不起毛主席。"有的说："你犯了罪，大家还把你当人看，再不改造，怎么对得起贫下中农。"八十二岁贫农老太太王杏春还帮助他回忆痛苦的家史，说："你娘解放前给地主做佣人，死在外地，你自己也给地主放过牛扛过活，过去的苦怎么忘了！你这个青年现在走正道还不晚，要对得起你死去的母亲。"治保主任皮金保还教育他："你如不好好改造，第二次劳改，就给你戴帽子，这样是没有前途的，也影响你哥哥、弟弟。"枫桥派出所、公社党委也派了两个同志，对葛某木进行政策、前途教育，向他指出"只要你接受改造，好好劳动，重做新人，可以得到从宽处理。"葛某木本来知道自己有罪，打算去坐牢，他曾对干部说，要生产队把他自留地上的麦子收起来，自己吃不到了。现在，他见到干部、群众、政府都在挽救他，很受感动说："我罪行重，在旧社会，十个某木也被人打死了，我再不接受改造，对不起政府，对不起贫下中农，我决心改。"

干部、群众对葛某木进行了思想教育之后，群众反映说："某木肯干，是个好劳力，就怕没长心，一日不干二日懒，二日不干三日馋，三日不干就去偷。"党支部、治保会根据这个情况，决定在生产上严加督促，把他安排在干部力量比较强的第二生产队。去年"双夏"期间，治保主任皮金保同志特地同他睡在一起，经常教育谈心，又督促劳动生产。葛某木在干部、群众的督促下，出勤率高了，脏活、重活也乐意干了。"双夏"当中，分配他拉重车，冬天分配他修山修车路，他都完成了任务。

为使葛某木安心接受改造，党支部又研究认为，帮助葛某木安排生活，也是一个重要问题，如果我们不帮他安排生活，他有了粮食和钱，吃光、用光，又会走老路。决定发动干部、群众帮助他安排生活。去年早稻预支，某木分到十元钱，就督促他买了一顶蚊帐；晚稻预支六十几元钱，又督促他买了一条棉絮、一条被单、一套衣服；口粮分给他以后，对他进行节约用粮的教育，因为他饭量大,口粮吃不到早稻熟,还督促他买了一百三十斤谷。往年开春,葛某木粮食早就吃完了,今年基本上吃到早稻熟。虽然还缺一点,生产队根据他的实际情况,借支十五元,叫他买了三十斤米。今年早稻预支以后,社员教育他"要勤俭节约过日子,不要像过去那样吃大前门烟,四包大前门烟可以买一件汗衫"。他预分到的钱也就没有浪吃浪用。

葛某木开始转变

按照"枫桥经验"对葛某木进行了教育改造,一年多来,没有发现他偷窃,去年劳动了三千五百个工分,预支七十多元,今年已劳动三千多工分,春、夏季预分六十五元。预分以后,葛某木提出要到绍兴去一次,走前,干部专门对他进行了勤俭节约的教育,他去绍兴当天就回来了。碰到二队队长奕江后,递给奕江一支"雄狮"烟说:"买了一套衣服,花三角五分钱吃了一餐饭,当天就回来了。"往年,他种的番薯掘起卖给人家,今年连小番薯也自己吃。他说"这样可以节约粮食"。往年,他自留地上草比人高,现在已种上了蔬菜。社员反映:"某木像个做人的样子了。"党支部、治保会最近研究,对葛某木还要抓紧教育,不能放松,防止反复。还打算帮助他解决住房的实际困难,给他创造一个有利改造的环境。

1.2.7 依靠群众,立足于拉,盗窃分子陈某友得到改造

提要:该文献是中共绍兴地委于1973年11月举办的"枫桥经验"十周年现场会的会议参考材料之六。主要分析了陈某友走上犯罪道路的原因,研究落实改造的措施:将他落实到大队林场劳动,营造一个有利于管教改造的环境。在思想上耐心教,劳动上逐步带,适当鼓励,促他上进。逐步培养他形成劳动习惯,教会他干农活。督促他勤俭过日子,并根据他的生活实际需要,生产队每月准他预支三元钱,作为日常生活开支。经过

八年的教育改造，终于把陈某友初步改造成为自食其力、安分守法的劳动者。

依靠群众，立足于拉，盗窃分子陈某友得到改造[1]

我们大队有个陈某友，今年二十九岁，幼小失去父母，无人管教，好逸恶劳，先懒后偷，逐步发展成凿洞挖墙盗窃，被群众称为"石匠"。偷窃时间长达五年，作案一百余次。一九六五年在公社党委、大队党支部和派出所的领导下，依靠群众，立足于拉，经过八年的教育改造，终于把陈某友初步改造成为自食其力、安分守法的劳动者。

懒得出奇　偷窃成性

提起陈某友，有个顺口溜："某友小石匠，从小无爹娘，偷窃样样来，懒得勿用讲。"他终年不洗衣，小便尿在酒坛里，满了也不倒，天热蛆虫住外爬。陈某友从懒到偷，先靠变卖家具吃，后靠偷来吃，先偷茄子、南瓜，后偷木料、大车，年复一年越偷越凶，搞得四邻八舍人心不安。群众说："某友出门无空手，门窗、椽子、南瓜、茄子样样偷。"他的偷窃办法也独出心裁，有一次他到学勉中学偷了只七八十斤重的猪，因为猪重，他的力气小，他就把猪的两条后腿提起，让两只前脚着地走路，用推"独轮车"的办法偷走了猪。陈某友偷窃成了性，人家问他："你为啥夜里一定要偷？"他说："每到半夜，不起来偷怪难受。"

通过辩论　落实改造

对于陈某友这样的人，到底能不能改造？一九六五年就有过一场激烈的争论。当时有两种意见，多数人认为，只要采取有效措施，政策和方法对头，某友是可以改造过来的。另一种意见认为，这种人是粪坑里的石头，又硬又臭，要改造他是"瞎子点灯白费蜡"，要到"红脚桶"里去滚过（意即再出世），干脆

---

[1] 作者是枫桥区枫桥公社紫薇大队党支部、治保会。编者根据会议原始材料整理。

把他送去劳教,我们大队也清爽些。两种意见争论不休,于是派出所和大队党支部针对上述思想,组织大家学习毛主席的有关指示和"枫桥经验",联系实际,展开讨论,认识到四类分子可以改造,为什么某友不能改造?我们把他推出去不管,把矛盾上交,这是不符合"枫桥经验"的精神的。最后统一了认识,认为只要对症下药,大家做工作,是可以把他改造过来的。同时,还分析了他走上犯罪道路的原因,研究落实改造的措施。首先,给他落实到大队林场劳动,安排一个有利于管教改造他的环境。党支部指定由共产党员潘鑫忠同志负责管教,在思想上耐心教,劳动上逐步带。当他有所回心转意时,就适当鼓励,促他上进,启发他制订改造计划。当他流露出怕苦怕累,厌恶劳动时,就抓紧思想教育,给他提出适当的劳动指标,促使其完成。专管的潘鑫忠对某友是像教会小牛学耕地那样,慢慢地把着他,逐步培养他劳动习惯,教会农活。同时,针对他生活上不会自理,开始时由妇女队长骆杏素帮他洗洗补补,督促他勤俭过日子。并根据他生活实际需要,生产队每月准他预支三元钱,作日常生活开支。每逢过年过节,大队党支部书记金杏雅和派出所的同志,还亲自去考察他、教育他,发现问题及时解决。一九六六年春节时,金杏雅同志看他生活上确很困难,就主动给他安排好节日生活,使他安心劳动。再是,堵塞销赃路。针对陈某友往住先找好销赃户,然后再去偷,有时销赃户还诱他偷,说:"某友,我还缺几根椽子,你看怎么办?"他说:"夜里去。"于是,我们就发动群众,调查摸底,对某友销赃过的三十多户,进行思想教育,使他们认识到给偷窃犯销赃,是直接支持偷窃犯罪活动,这种损人利己的事情做不得。在提高认识的基础上,动员他们退出赃物、归还原主,共退出各种赃物三十多件。这对陈某友也是一个很大的教育。

通过大量的工作,陈某友思想有了转变,整整五年"旧病"未发,开始在林场安下心来。

坏人勾诱　有过反复

陈某友虽然有了很好的转变,但在他身上两个阶级的争夺仍然很激烈。在陈、南、熊推行林彪反革命修正主义路线,干扰破坏"枫桥经验"时,群众放松了对陈某友的管教,专门管教某友的潘鑫忠同志也调离林场。这样,他的思想"还潮"了,当时,新跃大队流窜惯窃犯陈某迪窜到林场,开始某友没有理睬他,一次某友看他肚皮饿得慌,就送给他一碗面条吃,这样,两人就热乎起来,陈某迪紧紧缠住了他,过了几天,陈某友"旧病"复发了。一天夜里,两人合伙偷了集体的西瓜。这个陈某迪还趁某友不备之机,偷走了他的卡其衣服和大队管山用的闹钟等东西。治保会发现了这一情况,立即向党支部作了汇报,采取了措施,对陈某友进行了严肃的批评,特别用陈某迪偷窃他的衣服、闹钟的事实教育他。陈某友认识到"贼朋友"是没有好交情的,接受了教训,他说"我今后决不再偷了",并用自己的钱买了闹钟,归还林场,表明改正错误的决心,从此又走上了正道。

继续改造　取得成效

一九七一年底,为了加强对他的监督、教育和改造,并使他学会田间农活,就把他调到生产队参加劳动。那一年,在贫下中农的帮教下,他表现较好。当时,大队受灾,一九七二年春口粮紧,某友生活困难,连续二十来天靠吃青菜过日子,也没有去偷东西。群众见此情景,主动送他一点粮食,他不肯收。后来由生产队帮他解决了困难。一九七二年底,群众根据他熟悉林场和懂得一般护林知识,又推荐他到林场劳动。对陈某友八年的教育改造,道路是不平坦的,中间有过反复,现在的陈某友基本上已改造成为一个热爱劳动、勤俭生活的人了。去年全年出勤三百多天,年终分配时除生活开支外,还净得一百二十四元。新增添了棉毯、衣服、高靴、帽子,以防口粮不足还买回一百斤稻谷,做到计划用粮。过去自留地荒掉别人种,现在别人不要的荒地他今年种上番薯,可收一千多斤,因为缺少肥料,他就养了一只羊积肥。青菜除自给外还到市场上出卖。今年预计可做三千六百分,年终分配可得二百元。新的社会道德品质也在某友身上开始出现。他护林时,看到有人偷柴,就去教育阻拦,向大队及时汇报情况。遇到上山、下山挑担的年老体弱和妇女社员,他就主动帮他们挑担。贫农潘仁发家中缺乏劳力,某友就帮他浇番薯、割麦。他借用人家的水桶后,总是要挑一担水去送还。今年春天,他还把自己节余的十来斤粮食,借给新跃大队一个管山的缺粮社员。过去群众讨厌他,现在群众亲近他,过去亲眷疏远他,现在亲眷来往走动了,大队分了桃子,他也拿去送亲眷。贫下中农说:"过去某友懒得出奇,贼性发作,四邻遭殃,如今某友常年出勤,热爱集体,助人为乐。"我们对陈某友的教育改造已经遇到过反复,还准备他可能再有反复,还必须继续抓紧进行工作。今后,我们决心在毛主席革命路线指引下,深入批林整风,认真学习和贯彻党的基本路线,学习"枫桥经验",改造人,改造社会,维护革命的社会秩序,为把巩固无产阶级专政的根本任务落实到基层而努力!

1.2.8 惯偷毛某才变好了

提要: 该文献是中共绍兴地委于1973年11月举办的"枫桥经验"十周年现场会的会议参考材料之八。主要介绍了帮教改造毛某才的过程,总结出政治上有人管、思想上有人帮、劳动上有人促、生活上有实际困难给予适当解决的管得牢、帮得进、稳得住的经验。在教育人、改造人的过程中,既要不讲情面,揭发批判他的坏思想,又要做深入细致的思想教育工作;既要广泛发动群众,又要有专人扎扎实实地做工作;既要坚信"人是可以改造的",又要准备这些人随时可能出现反复。

惯偷毛某才变好了[1]

我们五宜大队,有个毛某才,贫农成分,今年四十九岁。因为他又懒又偷,白天困困,晚上"出门",很少参加集体劳动,队里也见不到这个人。社员给他取个外号叫"天外佬"。

这个"天外佬",开始专偷外村人的东西,不偷本村的,用他自己的话来说,是"好兔不吃窝边草"。不久,转向偷窃集体的东西,他认为社员个人的东西偷不得,集体的东西偷点影响不大。后来,不管个人的、集体的,本村的和外村的,统统都偷。还说什么:"家里生活困难,没有得吃,饿煞勿如犯法。"有一次,我们把他叫来进行教育,要他交代偷了多少东西。他说:"我偷得很多,实在交代不如数了。"

两种做法两种结果

"天外佬"越偷越猖狂,问题越来越严重。闹得四邻不安,弄得社员怨、干部急,影响革命,影响生产。这件事,引起了大队党支部、治保会的重视,大家认为应该下决心改造他。如何改造呢?开始我们片面地认为,毛某才的偷是家里生活困难引起的,生活问题解决了他就会不偷。于是,单纯从生活上救济他。可是救济以后,过几天又偷起来了。我们只好坐下来再研究,但想不出好办法。有人提出过去对"天外佬"的救济零打碎敲,解决不了问题,要解决问题,就要彻底一点。结果,决定各生产队都给他一百五十斤谷,四个生产队共计六百斤谷,还适当地解决了一些过冬的被子、衣服。没有床铺,把土改时保留下来的一张床也给了他。这样,虽然生活上定当了,但他还是不肯去劳动。有次,公社党委书记去动员他参加兴修水利,他说:"天冷霜白,衣服单薄,不能外出劳动。"公社党委书记就把自己一件棉衣送给他,他勉强去劳动了三天,又

---

[1] 作者是枫桥区东一公社五宜大队治保会。编者根据该会议原始材料整理。

不干了,背后还骂道:"阿尧(指公社党委书记的父亲)的末代,送我件棉袄,害得我劳动三天。"一九六八年,大队有些干部,出于义愤,对他施行了吊、打、罚跪,结果更增加了他的对抗情绪。他想,反正臭了,横竖勿相干了,偷得着就偷,抓不牢算自己有"本事",抓牢了,大不了挂牌、游街。不仅照样偷窃,而且愈偷愈凶。

一九七〇年,大队党支部建立不久,又提出了改造"天外佬"的问题。这时有人说:"这种人划划敌人不上纲,改造过来无希望。有的说改造'天外佬'是斧头劈在岩石上,白费心机。"为了解决这个问题,党支部组织大家重新学习"枫桥经验",回顾了改造"天外佬"的全过程,总结了经验教训,认为在前一段,只重视生活上的照顾,忽视思想上的教育和斗争;后一段粗暴做法违反政策,没有做思想改造工作。并认真分析了"天外佬"的全部历史和一贯表现。找到了他改造不好的根源,主要是沾染了资产阶级思想恶习,好吃懒做,好逸恶劳。以一分为二的观点来看,这个人也有二点长处,就是他如果出勤的话,干起活来倒是出力的,质量也过硬。大家认为,这一点是贫下中农阶级本质的表现,我们要抓住他好的一面,启发他的阶级觉悟,但对他的错误一定要进行严肃的揭发批判,以达到教育和改造的目的。认识统一后,我们采取了四条措施,做到政治上有人管,思想上有人帮,劳动上有人促,生活上有实际困难给予适当解决。当时,大队决定安排他到林场劳动,由场长(共产党员)负责专管。平时,叫他同场员生活在一起,劳动在一起。劳动中不贪懒,求质量,及时鼓励他,发现思想还潮的苗头,就对他严肃批评教育;生活上教育他自力更生、勤俭节约;劳动时缺农具、雨具,大队适当帮助他解决。这样,管得牢,帮得进,稳得住,收到了较好的效果,在不到一年的时间里,做了二千多个工分。

第二年四月间,由于林场人员变动,专管人员不落实,对他放松了教育,"天外佬"突然从林场溜回家里。我们又讨论了毛某才是回林场改造有利,还是落实在生产队里改造有利。大家认为还是放在队里改造有利。会后,我们找他谈了一次话,先肯定他在林场表现好的一面,再指出他擅自离开林场的错误,并叫他留在生产队里参加劳动。留下队里劳动以后,我们发动全队社员群众,都来教育改造"天外佬",并由民兵连长和生产队长负责专管,白天叫他参加劳动生产,晚上叫他参加会议,和社员一起学习,一起讨论生产和分配等大事,从不间断。他开会、学习多了,接触群众也多了。在专人管和群众管的情况下,毛某才开始有了进步。大家为了让他多接受些毛泽东思想的教育,还给他家装一只有线广播。这一年,他读完了一本毛主席语录,政治觉悟有了提高,参加集体生产劳动也积极了。

"还要看我今后的实际行动"

现在"天外佬"确实变了样,过去见人避开走,现在与社员有说有笑。过去搞偷窃,现在为集体办好事。一次队里建造牛栏缺几块砖头,他主动从家里拿出砖头给集体。过去自己不参加劳动,还反对家里的人参加劳动,现在积极参加集体生产劳动,今年一至九月就出勤二百零九天。同时,还经常对家里人讲,集体生产一定要搞好,搞不好对集体不利,自己也吃亏。他第四个儿子贪玩影响牧牛,他就教育儿子说:"牛是队里的拖拉机,一定要牧好。"去年全家做了近万分工分,一家八口除去粮食和生活必需品支付外,年终净分得现金一百七十元。家里不但添置了一些小型农具,还建筑了三间屋基地,准备造新房子,十一年前欠的粮食债也还清了。他老婆说:"过去伢户人家缺粮有名,现在伢吉才改好了,家里也不前缺后空了。"

毛某才虽然有显著进步,但大队党支部、治保会对他的教育帮助却没有放松。今年早稻收割后,了解到"天外佬"对计划用粮有牢骚情绪。党支部书记谢浩正同志亲自上门召开家庭会,进行忆苦思甜教育,组织他们学习毛主席关于"深挖洞、广积粮、不称霸"的伟大指示,使他懂得"广积粮"的重大意义。通过学习,毛某才的思想认识提高了,态度积极主动。他说:"过去只看到家里人会吃饭,没有认识到节约粮食的重要意义,现在晓得了节约粮食是国家大事。"

最近,治保会找了他谈话,鼓励他的进步,他说:"你们还要看我今后的实际行动。"

斗争的实践告诉我们,只要坚定不移地按照毛主席的革命路线和政策办事,像"天外佬"这样的人是可以改造过来的。我们还体会到,在教育人、改造人的过程中,既要不讲情面,揭发批判他的坏思想,又要做深入细致的思想教育工作;既要广泛发动群众,又要有专人扎扎实实地做工作;既要坚信"人是可以改造的",又要随时准备这些人可能出现反复。总之,要防止一种倾向掩盖着另一种倾向。

第二章
改革开放以来的帮教工作

提要：本章共三节。第一节"新时期综治中的帮教工作",主要聚焦改革开放以来至党的十八大之前,在社会治安综合治理工作中,从制度设计层面向具体工作层面延伸的帮教实践。既有中央领导同志彭真关于"教育人改造人是更重要的和根本的方面"的重要论断,也有从省委书记到区、县委书记的各级领导的相关讲话;既有公安部、省市调研组的调研报告,也有报刊通讯、工作总结、经验交流资料等各方面文献,全方位展现改革开放以来浙江坚持和发展"枫桥经验"的鲜活事例、具体实践、经验做法。第二节"新时期罪犯和刑释人员的帮教工作"选取帮教工作的一个重要维度,借助多篇宣传报道、经验总结资料,全面揭示"春风化雨润心田"般的帮教工作成就,揭秘改革开放进程中"枫桥经验"经久不衰的"密码"。第三节"新时代青少年的帮教工作"收集在习近平新时代中国特色社会主义思想指引下,新闻报道、工作总结、研究论文中的浙江省绍兴市、诸暨市等地的创新做法和制度机制。

2.1　新时期综治中的帮教工作

2.1.1 枫桥区根据新情况做好帮教工作

提要： 该文献是改革开放初期，诸暨枫桥帮教工作的总结，也是在改革开放、家庭联产承包，以及全国"严打"形势下，枫桥继续坚持开展帮教工作的缩影。文献总结了建立分级帮教责任制、允许帮教对象自谋职业、给犯罪分子以悔改机会、组织帮教对象参加健康有益的活动等四方面的新做法。

枫桥区根据新情况做好帮教工作[1]

诸暨县枫桥区根据农业生产责任制落实后出现的新情况，发动群众对违法犯罪人员坚持就地教育、挽救。该区的五十九名帮教对象，经过一年多时间帮教，已改好的有十八名，停止违法活动的有三十二名，合计占总数的百分之八十四点七。他们的做法是：

建立分级帮教责任制。枫桥区根据违法人员的具体情况，分为三级帮教，建立了责任制：对有轻微违法行为的一百三十二名对象，以大队治保主任为主，吸收有关人员参加教育考察；对五十名有违法行为的帮教对象，由公社公安员和大队干部共同负责帮教，派出所定期考察教育；对九名有违法行为的失足者或"尖子"，以派出所干警为主，公安员、大队干部参加帮教。由于实行分

1　原载浙江省公安厅《公安工作简报》1983年第10期，后收入浙江省公安厅等编著：《"枫桥经验"志》，中国人民公安大学出版社2023年版，第141—142页。

级帮教,责任明确,措施落实,大多数帮教对象转好,有的成了劳动致富的重点户、专业户。新枫公社新跃大队的谢某法,原在外偷拎包、搞车盗、挖洞盗窃四十多次。通过帮教,让他承包了半亩责任田,产粮一千五百斤。檀溪公社赵三大队的赵某才,多次流窜广州、兰州、杭州、苏州等地,号称"四大洲游客"。经过帮教,他脱掉了"香港衣",承包了拖拉机,每天运输收入二十元左右,成了富裕户,现在打算建造新房,成家立业。

允许帮教对象自谋职业。枫桥区的同志认为经济政策放宽后,在帮教工作中也要贯彻这个政策,做到一视同仁。对有一般违法行为的帮教对象,允许外出做工、做生意;对自找门路学手艺、搞副业的给予支持,经营成本有困难的,给予贷款或补贴。全区五十九名帮教对象,经批准开杂货店、照相馆、学手艺、搞贩卖、外出做临时工、搞副业的十四人,占百分之二十三点七。这些人自谋职业后,精力集中于劳动致富,违法行为明显减少。帮教小组并不因此放松帮教,而是根据这些人从事行业的特点,采取多种方式加强帮教。对开店、做生意的帮教对象,经常进行思想教育,注意他们的货物来源是否正当,防止他们进行购赃、销赃等违法活动;对搞贩运的帮教对象,组织同行中的积极分子进行帮教,在他们返回时,上门看望教育;对在外做工的帮教对象,规定他们定期写信汇报情况,委托有事外出的人,前往帮教对象所在地了解情况,考察教育。孝义大队的帮教对象骆某祥在县城浴室做临时工,派出所的同志利用到县局开会或工作时,找浴室领导了解骆的表现,并对其教育鼓励;镇委书记到县里开会,大队党支部请他顺便去看望骆某祥,使骆深受感动。由于帮教工作抓得紧、做得活,自谋职业的十四名帮教对象都已改好或停止了违法活动。

给犯罪分子以悔改机会。对触犯刑律已被公安机关逮捕或准备逮捕但还不致判重刑、本人又有悔悟的人,由大队党支部、治保会和群众出面保回来,建立帮教小组进行帮教。这样的人就有四名,其中已批准逮捕的二名,拘留的二名。经一年来的帮教已基本改好。枫溪大队的骆某初,因盗窃、流氓罪被逮捕。大队党支部、治保会主动到公安机关,要求给骆某初以悔改的机会。经检察机关批准撤销逮捕由大队保回,建立了有派出所民警和大队党支部、治保会负责人以及骆某初亲属参加的帮教小组,抓紧进行思想教育,又安排骆某初加工毛竹制品出售,月收入四十余元。骆某初现已改好,还能揭发别人的违法行为。

组织帮教对象参加健康有益的活动。去年,枫桥镇孝义大队团支部办起了"青年之家",置有电视机、图书、杂志以及娱乐器具,每天晚上有一百多人参加活动,成为群众喜爱的文化中心。大队团支部为了使帮教对象从健康有益的文娱活动中受到教育,组织他们参加"青年之家"的活动,发动他们和其他青少年一起参加搞卫生、帮助五保户挑水、给村子里修路等公益劳动,使他们从中受到教育熏陶。

2.1.2　把工作重点转移到教育改造违法犯罪人员上来

提要:该文献摘自《发扬"枫桥经验"　搞好社会治安》一文的第四部分,强调化消极因素为积极因素。指出对于三类人——一是青少年犯罪人员,二是不够刑事处罚的偷窃惯犯和流窜犯,三是有小偷小摸行为的人——采取不同方法。

把工作重点转移到教育改造违法犯罪人员上来[1]

把工作重点转移到教育改造违法犯罪人员上来,因人施教,化消极因素为积极因素。我们通过基层治调组织对违法犯罪人员进行摸底排队,针对性地做好教育工作。

---

[1] 作者是时任中共枫桥区委书记楼国华,载《诸暨报》1990年2月25日,第1版。题目为编者所拟。

对于一般犯罪人员,特别是青少年,除了由村治调组织进行耐心教育以外,还挨家挨户做家长的工作,同他们一起研究其子女违法犯罪的原因和教育办法。这使许多家长深受感动,有的还主动检查了自己疏于管教、庇护怂恿及教育不当的过错,表示要担当起教育好子女的重任,把走上邪路的子女挽救过来。

对于那些不够刑事处罚的偷窃惯犯和流窜犯,村治调组织对他们建立帮教小组,区别对象,因人施教。在帮教中,注重思想教育,消除犯罪根源,同时适当解决生活中的实际困难,发现有不良苗头,及时纠正,促使其从根本上改变违法行为。

对于有小偷小摸行为的人,主要是进行社会主义法制和道德风尚教育,并采取制订治安公约的办法,使其自我约束,制止不良行为。

2.1.3 紧紧依靠群众维护社会稳定

提要: 该文献是浙江省公安厅、绍兴市公安局对枫桥区在新形势下坚持和发展"枫桥经验"的调查报告。枫桥区充分依靠群众,就地化解大量矛盾纠纷和治安管理问题,就地教育挽救违法人员,加强治安防范和管理;充分发挥群众在社会管理中的作用,通过让群众参与,把维护社会治安与加强社会主义精神文明建设紧密结合起来,把立足点放在提高群众的精神文明素质上,实现社会稳定和谐。本文写于1990年5月1日,由中共浙江省委政法委员会于1990年6月29日报告中共浙江省委。省委办公厅于1990年7月24日转发时指出:"实行社会治安综合治理,是维护社会稳定,保障改革开放和经济建设顺利进行的重要措施。枫桥区27年来始终如一地紧紧依靠群众,开展社会治安的综合治理,并在新形势下,不断完善和发展了'枫桥经验',有效地维护了社会治安,保障了经济的发展。当前,社会治安形势不容乐观,各种不安定因素大量存在,社会治安综合治理的任务很重,'枫桥经验'仍然具有重要的现实意义。省委希望各级党委参照枫桥区的做法,结合本地实际,抓住'严打'的有利时机,动员全社会的力量,齐抓共管,扎实工作,把我省的社会治安综合治理向前推进一步。"

紧紧依靠群众维护社会稳定
——枫桥区在新形势下坚持和发展"枫桥经验"的调查报告[1]

1963年,诸暨县枫桥区在社会主义教育运动中,创造了"矛盾不上交,依靠群众力量,加强人民民主专政,把绝大多数四类分子改造成为新人"的"枫桥经验",做到了"捕人少,治安好,产量高",得到毛泽东同志的肯定。27年来,尤其是党的十一届三中全会以来,枫桥区的各级党政组织根据各个时期的不同情况,坚持和发展了"枫桥经验"。他们依靠群众维护社会治安,收到了案件较少、治安稳定、经济发展的效果。近10年来,全区年均刑事案件发案数和捕人数分别占总人口的万分之2.96和万分之1.64,明显低于全省和绍兴市的平均比例。社会安定,经济发展。10年中,全区工农业总产值增长了10倍,其中工业产值增长90倍。

一、依靠群众,就地消化大量纠纷矛盾和一般治安问题

随着农村经济体制改革和人们价值观念的转变,民间纠纷特别是山林、水利、宅基、婚恋、经济等纠纷大量增多,往往引发许多治安问题,影响社会安定和经济发展,也牵制了基层党政组织的大量精力。枫桥区的党政组织和政法部门,面对这一新情况,按照新形势下社会治安综合治理的要求,坚持"枫桥经

---

[1] 载政协诸暨市文史资料委员会、诸暨市公安局编:《枫桥经验实录》,中共党史出版社2000年版,第42—48页。

验",紧紧依靠群众,充分发挥基层治保调解组织的作用,把大量纠纷和矛盾解决在基层和萌芽状态。他们的主要做法是:(1)建立治保、调解网络。1984年以来,全区各级镇(乡)分别建立了由分管政法的副乡(镇)长为主任,公安员、司法助理员、土管员、团委书记、妇联主任参加的综合治理办公室,统一负责社会治安综合治理,指导各村调处纠纷,并直接负责必须由乡镇调处的重大治安纠纷。目前,全区已形成了一个纵向连贯、横向联系、纵横结合的治保、调解网络。(2)贯彻"以防为主、防调结合"的方针。各级党委和政府,一方面,加强对群众的法制教育,广泛开展防民间纠纷发生、防民间纠纷引起非正常死亡、防民间纠纷激化为治安问题和刑事案件的"三防"活动;一方面,加强信息工作,在纠纷矛盾较多的村,物色了一批热心治保调解工作、消息灵通的群众为治安纠纷信息员,通过他们及时掌握各种纠纷苗头,预测发展趋势,把工作做在前头。对多发的山林、水利、宅基等纠纷,采取综合措施,做好超前预防工作。如宅基、房屋纠纷,仅1986年就发生693起,占全部纠纷的35%。针对这一突出问题,他们采取三条综合措施:一是宅基地的报告由驻村干部统一负责审核;二是宅基地由乡(镇)长一支笔审批,严格把关;三是实行"四公开"、"三到场"、"一监督"(建房指标、申请报告、村里和驻村干部审核意见、乡镇批文公开;村、乡土管人员看地基、打样、地基填平验收到场;聘请人民代表实施监督)。这样做的结果,宅基纠纷减少,1989年建房户比1986年增加一倍,而宅基地纠纷减少了57.8%。(3)建立治保调解责任制,明确职责,定期考核。比如,他们规定,凡经村一级组织调处无效,必须送交乡镇调处的纠纷,应具备四个条件:一是有当事人的申请报告;二是有村治保、调解会的调查材料;三是有村里的调处意见;四是有送交乡镇调处的理由。这一做法有效地调动和增加了村治保、调解干部的积极性和责任心,使大量的纠纷和一般治安问题及时解决在基层。1986年至1989年,全区发生各类纠纷和治安事件8 806起,由村、乡两级调处解决的就有8 046起,占91.4%。如乐山乡发生412起各类纠纷,没有一起上交,全部就地消化。

二、依靠群众,就地教育挽救违法人员

依靠群众就地教育挽救违法人员,这是维护社会治安、减少犯罪的治本之策,也是"枫桥经验"的主要内容。多年来,他们在这方面做了大量工作,使全区754名帮教对象中有535名改邪归正。

枫桥区教育挽救违法人员,主要采取了四项措施。一是普遍建立由治保、调解干部和党员骨干、离退休老同志参加的帮教小组,定期研究违法人员的表现,因人施教。对重点帮教对象,确定专人结成帮教对子,一对一帮教;有的村还实行党员联系违法人员家庭的"联系户"制度,联系帮教。二是单位内部的违法人员,实行单位包干帮教。各单位把帮教违法人员作为自己对社会应尽的义务。三是对"两劳"回籍人员,坚持原来是哪个单位的仍回哪个单位的原则,使近几年回原籍的136名"两劳"人员得到妥善安置。这些人安置后,由于所在单位加强教育管理,表现都比较好。四是加强对外出务工、经商帮教对象的教育管理。全区700多名帮教对象中,外出务工、经商的占20%。对这些人员,主要采取了"抓两头、管中间"的方法:一头抓好外出前的教育,打"预防针";一头抓好回归时的教育,并进行考评。外出期间,凡是有组织或有同行人的,确定帮教人员或建立帮教小组,抓好帮教对象的教育管理。几年来,在外出务工、经商的帮教对象中,没有发现新的违法犯罪行为。

在教育挽救工作过程中,坚持政治教育为主,帮助违法人员解决一些实际问题为辅的方针。针对每个帮教对象的表现和个性特点,进行"谈心"活动,做到热心、耐心、细心,使政治教育深入违法人员的头脑。同时对确有实际困难的违法人员,尽量帮助他们解除一些后顾之忧。赵家镇赵某才,高中毕业后到处流窜盗窃,自称到过"五大洲"。1981年落实帮教后,镇里一方面在政治上对他从严要求,一方面帮他解决贷款,承包了集体的拖拉机,帮他介绍对象,建立家庭,此后他一直表现较好,还积极参加维护社会治安的工作。枫桥粮管所青工钱某云,曾因旷工受过处分,后又挪用公款做生意,事情暴露后外流。所领导从努力教育挽救人、不向社会甩包袱的责任感出发,在严肃指出钱某云的错误,待本人有悔过表现后,作出开除留用察看的处分。钱从此改过自新,表现突出,还受到所里的表扬奖励。

枫桥区在做教育挽救违法人员工作时,十分注意引导他们走自食其力、勤劳致富之路,采取多种途径和方法,教育他们树立正确的人生观和道德观,抛弃以往好逸恶劳的恶习,认识自己在社会主义建设中的应有价值,较好地化消极因素为积极因素。1980年以来,全区有113名帮教对象成了各类专业户,占已改好帮教对象总数的21%。

三、依靠群众,加强治安防范和管理

近年来,枫桥区各级党政组织坚持社会主义方向,坚持改革开放,促进了商品经济的发展,带来了枫桥区的繁荣,社会治安的大环境也发生了很大变化。全区现有建制镇2个、自然集镇12个。其中枫桥、赵家两个建制镇就有市区属企事业单位232家,各类商店275家,个体贩300多家,影剧院、溜冰场等娱乐场所十多家,各种机动车288辆,每天通过公共汽车上百班次,日均流动人口2500多人次。经济的繁荣,社会由封闭走向开放,由静态转向动态,都对维护社会治安提出了更高的要求。

枫桥区的各级党政组织,把坚持"枫桥经验"的基本精神、依靠群众维护社会治安,作为自己的光荣传统和应尽职责。27年来,区、乡镇领导班子换了一届又一届,每次换届,都把这项工作列入必须"交接"的内容。为了适应和促进商品经济发展的新形势,枫桥区在实践中从三方面加强了治安防范和管理:一是建立和完善企事业单位的治安保卫责任制。明确从乡镇领导到部门、职工各自的治安保卫职责,并纳入各自的岗位、效益考核范围,做到与生产、经营同部署、同检查、同考评、同奖惩。并把18家骨干企业列为重点保卫单位,实行严格管理。1984年建立责任制以来,全区企事业单位包括乡村企业在

内,没有发生过重大盗窃案件,生产、经营秩序良好。二是对公共复杂场所实行行业化、网络化管理。枫桥、赵家两镇镇政府分别建立了公共场所综合治理领导小组,下设干实事的办公室,具体组织、协调这方面的工作。全镇组建了治安联防队和义务消防队,并在小商品市场、农贸市场设立了市管员,在停车场设立了交管员。他们还将热心于治安管理的400多名离退休干部组织起来,有的在镇上维护社会稳定巡逻,有的在市场、停车场、娱乐场所维护秩序,有的到群众家里调解纠纷、宣传法制等等,发挥了积极作用。同时,在调查研究的基础上,两镇分别制订了市场、车辆、娱乐场所以及爆炸物品等管理细则,使各项治安管理有章可循。三是做好社会面的控制工作。除了组织和依靠乡镇村、企事业单位党政组织,以及治保会、调解会、联防队、帮教小组等群众自治组织对社会面进行多层次公开管理外,还建立了一支治安信息员、暂住人口协管员等群众治安积极分子队伍和秘密力量。采取公开和秘密相结合的办法,加强了社会面的控制。1986年以来,仅通过公开、秘密力量提供的违法犯罪线索就有200多条,抓获违法犯罪分子30多名。全区刑事案件破获率达到85%,其中重大案件全部破获。

四、把维护社会治安与加强社会主义精神文明建设紧密结合起来,把立足点放在提高群众的精神文明素质上

几年来,枫桥区一手抓治安管理,一手抓对干部群众的思想教育。全区利用乡镇党校、成人教育中心,对5 000多名党员、干部进行培训,向83 700多名群众进行了法制教育,同时还举办了有9 000多人参加的法律知识竞赛。1986年以来深入开展了"刹三风""评三户"活动。去年,全区有107个行政村和单位被评为市级以上文明村(单位),84.7%的户被评为双文明户、五好家庭户和爱国守法户。同时,有6个乡镇建立了移风易俗理事会、婚丧喜事服务队和禁赌协会,各级团组织和学校广泛开展学雷锋、学赖宁、读好书、唱好歌、做好事活动,弘扬了正气。两个建制镇还加强了文化市场管理。随着精神文明建设的加强,违法犯罪可耻、维护社会治安光荣的良好风气正在形成。

　　枫桥区的公安派出所、人民法庭、司法特派员是维护社会稳定的骨干力量,他们坚持和发展"枫桥经验",在党委领导下,紧紧依靠群众,以维护全区社会稳定、保障经济发展为己任,紧密配合,互相尊重,各司其职。一方面经常分析、预测治安形势,主动向党委、政府提出对策建议,并具体组织实施,当好党委、政府的参谋和助手;另一方面在加强自身思想、组织、业务建设的同时,扎扎实实抓好治保会、调解会以及各种群防群治力量的建设,充分发挥其联系群众、维护治安的作用。工作中,他们一手抓打击,一手抓防范,立足于把问题解决在基层和萌芽状态。经过长期不懈的努力,逐步建成了覆盖全区的融打、防、教、管、建于一体的社会治安综合治理网络,有效地维护了全区的社会治安,保障了经济的发展。

2.1.4　诸暨市"枫桥经验"工作验收标准

　　提要: 该文献是中共诸暨市委政法委文件,规定了推广落实"枫桥经验"工作的验收标准和细则。主要标准是:领导重视、广泛发动群众、基层治保调解组织得到整顿并健全、做好帮教工作、落实企业安全防范措施、加强公共场所管理、加强法制教育、社会治安基本稳定等。

关于印发推广落实"枫桥经验"工作验收标准(试行)的通知[1]

各区(镇)、乡(镇)、各有关单位:

　　自五月份以来,推广落实"枫桥经验"工作在我市全面普开,各地各部门做了大量工作,取得了显著成绩。为了深化推广落实"枫桥经验"工作,做好

---

[1] 诸政法字〔1990〕7号,1990年10月4日印发。

年终的总结验收,推进社会治安综合治理,促进经济建设的顺利进行,现将《推广落实"枫桥经验"工作验收标准(试行)》印发给你们,请根据自己的工作对照落实,进一步做好工作,迎接验收。

中共诸暨市委政法委员会

抄送:市级机关有关部门

诸暨市"枫桥经验"工作验收标准(试行)

一、领导重视,推广"枫桥经验"工作放到重要议事日程

1. 主要领导经常过问,重大问题亲自抓;

2. 指定专人负责,建有一个强有力工作班子;

3. 有一个切合本地实际,切实可行的工作方案;

4. 综合治理各项措施做到有计划、有布置、有检查,真正落实到实处;

5. 对突出的治安问题,主要领导亲自动手解决。

二、广泛发动群众,认真宣传"枫桥经验"

1. 运用各种宣传工具,大力宣传"枫桥经验"的基本精神;

2. 召开干部、群众大会广泛进行动员宣传;

3. "枫桥经验"基本上做到家喻户晓。

三、基层治保调解组织整顿、健全,政治业务素质加强、提高

1. 公安员、司法助理配备落实;

2. 治保、调解组织得到整顿、加强,治保调解人员普遍进行一次培训;

3. 报酬落实,责任落实,任务明确,一般治安问题及时解决;

4. 建有一支切合本地实际的常年或季节性联防队,并能较好地发挥作用;

5. 企业保卫干部按规定配备,并进行一次培训;

6. 义务消防队得到加强,做到拉得出,用得上,打得响。

四、做好帮教工作,落实帮教措施

1. 违法人员底数清,情况明;

2. 逐人建立帮教组织,落实帮教措施;

3. 妥善安置"两劳"回籍人员,并做好教育工作;

4. 对可能铤而走险的人做好教育疏导,不使矛盾激化;

5. 对精神病患者有监护措施,不发生意外事件;

6. 对信访老户,能根据不同情况做好工作,减少重复信件,减少上访。

五、认真贯彻《条例》,落实企业安全防范措施

1. 认真贯彻《条例》,做到组织健全,制度完善,职责落实;

2. 对企业单位能经常性检查,发现隐患及时消除,出现漏洞及时堵塞,不发生盗窃等刑事案件,火灾和工伤事故;

3. 枪支弹药、易爆易燃物品、剧毒物品的管理加强,不致失散到社会上;

4. 居民区和乡村的防火、防盗工作得到落实。

六、加强公共场所管理,改善乡镇交通秩序

1. 影剧院、农贸市场、车站码头等公共场所秩序良好,不发生流氓斗殴和群众闹事等重大治安事件;

2. 旅馆、招待所、饭店、娱乐厅等公复场所和特种行业制度健全,责任落实,杜绝各种丑恶现象发生;

3. 乡镇交通秩序改善,不发生重大交通事故;

4. 公共场所管理制度完善,治安力量加强。

七、加强法制教育,增强法制意识

1. 乡、村法制宣传做到"四个一"(即一支队伍、一块阵地、一个制度、一套资料);

2. 对干部群众进行一次法制教育;

3. 对乡、村干部组织一次《行政诉讼法》的学习。

八、社会治安基本稳定、社会风气明显好转

1. 发生一般治安问题和民间纠纷能做到就地解决矛盾；

2. 刑事案件发案势头控制，发案率明显下降，没有恶性案件和重大事故发生；

3. 赌博等丑恶现象有所减少，社会风气有所好转；

4. 群众法制观念增强，同违法犯罪作斗争的积极性和自觉性提高，敢于向政法机关提供违法犯罪线索。

一九九○年九月廿八日

2.1.5 教育人改造人是更重要的和根本的方面

提要： 该文献是彭真同志1990年11月24日给乔石同志一封信的节选。信中提到"教育人改造人是更重要的和根本的方面"，并建议运用"枫桥经验"，提出了整顿治安要两手抓。

整顿治安要两手[1]

整顿治安要两手。一手是对严重危害社会治安的犯罪分子要依法"严打"，另一手是切实深入发动依靠群众自我教育，并依法监督、教育、改造违法犯罪分子和其他坏人。要双管齐下，治标与治本相结合，从长远看，教育人改造人是更重要的和根本的方面。可以考虑参考1963年中央指示推广的"枫桥（浙江诸暨县）经验"，择其适合现状者推广之。

1　载政协诸暨市文史资料委员会、诸暨市公安局编：《枫桥经验实录》，中共党史出版社2000年版，第74页。

2.1.6 创造新的"枫桥经验"——浙江省枫桥区依靠群众维护社会治安

提要：该文献是报纸文章。浙江省枫桥区依靠群众维护社会治安的特点是，就地消化纠纷矛盾和一般治安问题，就地教育挽救违法人员。采取党员联系帮教、团员结对子帮教、治保调解干部和离退休干部一对一帮教、单位包干帮教等各种办法。对"两劳"回籍人员，坚持原来是哪个单位的仍回哪个单位的原则，全部安置。对外出务工、经商的帮教对象，以"抓两头、管中间"的方法加强教育管理。

创造新的"枫桥经验"——浙江省枫桥区依靠群众维护社会治安[1]

1963年，浙江省诸暨县枫桥区创造了"枫桥经验"，得到了毛泽东同志的肯定。27年来，枫桥区坚持和发展"枫桥经验"的基本精神，依靠群众维护社会治安，收到了案件较少、治安稳定、经济发展的效果。最近10年，全区年均刑事案件发案数和捕人数仅分别占总人口的万分之二点九六和万分之一点四六，工农业总产值增加了10倍。

一、依靠群众，就地消化纠纷矛盾和一般治安问题

枫桥区党、政组织和政法部门，针对农村经济结构改革以后，民间纠纷大量增多，并常常引发治安问题的新情况，从1984年以来，全区各乡镇建立了由分管政法的副乡镇长为主任，有关方面参加的综合治理办公室，指导各村调处纠纷，并负责调处重大治安纠纷，在全区形成了一个纵向连贯、横向联系，纵横结合的治保、调解网络。在工作中，贯彻"以防为主，防调结合"的方针，加强

---

[1] 作者翟正法，载《法制日报》1990年11月28日，第2版。

对群众的法制教育,广泛开展防民间纠纷发生、防民间纠纷引起非正常死亡、防民间纠纷激化为治安问题和刑事案件的"三防"竞赛,并在纠纷较多的村,选出治安纠纷信息员,预测纠纷发展趋势,把工作做在前头。如对多发的宅基纠纷,采取三条措施,做好超前预防工作:一是由乡(镇)长一支笔审批,严格把关;二是申请宅基地的报告由驻村干部负责审核;三是实行建房指标、申请报告、村里和驻村干部审核意见、乡镇批文公开,村、乡土管人员看地基、打样、地基填平验收到场,聘请人民代表实施监督。使宅基纠纷明显减少,1989年建房户比1986年增加一倍,而宅基纠纷减少了57.8%。各乡镇村都建立了治安调解责任制,定期考核,考核结果与治保、调解干部的奖惩挂钩,增强了村治保、调解干部的责任心。1986年至1989年,全区发生各类纠纷和治安问题8 806起,村、乡调处了8 046起,占91.4%,有141起可能转化为恶性案件的纠纷化险为夷。乐山乡发生的421起纠纷,全部就地消化。

二、依靠群众,就地教育挽救违法人员

枫桥区把这项工作作为预防、减少犯罪的治本之策,采取党员联系帮教、团员结对子帮教、治保调解干部和离退休干部一对一帮教、单位包干帮教等各种办法,使全区754名帮教对象中的535名逐步改好,113人还成了各类专业户。对近几年回籍的136名"两劳"回籍人员,坚持原来是哪个单位的仍回哪个单位的原则,全部得到了安置。对150名外出务工、经商的帮教对象,采取"抓两头、管中间"(外出前进行教育,打"预防针";回归时进行考评;外出期间,有组织或有同行人的,指定帮教人员或建立帮教小组)的方法加强教育管理。几年来,没有发现新的违法犯罪行为。在工作中,坚持重在政治教育,辅以帮助解决实际问题。

2.1.7 枫桥的奥秘——浙江省诸暨市枫桥区采访记

提要：该文献为采访报道。介绍了枫桥人的骄傲："枫桥经验"历经28年，风雨不倒。枫桥人的荣辱观："矛盾不上交，就地解决"是光荣的，凡是由村移送到乡调处的治安纠纷，都必须具备四个条件。枫桥人的利弊观：为集体，个人损失再大也是小事，治保调解干部不是在孤军作战。枫桥人的义务：积极参与、维护社会治安。枫桥坚持不懈地做违法人员的帮教工作，从对一般违法人员的帮教，到对刑释解教人员的安置，都有一整套严密的工作措施。

枫桥的奥秘——浙江省诸暨市枫桥区采访记[1]

前不久，记者匆行于江南水乡，入西施故里，来到浙江省诸暨市枫桥区，寻觅那老问题、新主题——社会治安综合治理在枫桥落实的轨迹。

枫桥人的骄傲："枫桥经验"历经28年，风雨不倒

时间隧道，把我们带到1963年。当时，正值祖国农村开展社会主义教育运动，枫桥区对一大批有严重破坏行为的犯罪分子实行一个不杀、大部分不捕、依靠群众就地改造的方针，做到了"捕人少，治安好，产量高"。

枫桥人之举传入京城，毛泽东同志亲自批示，予以肯定为"矛盾不上交，就地解决"。其基本精神是：在党的领导下，充分相信和依靠群众，就地解决问题，矛盾不上交。"枫桥经验"由此诞生，很快在全国推广开来。

枫桥人的荣辱观："矛盾不上交，就地解决"是光荣的

党的十一届三中全会以来，枫桥区的政治、经济和社会生活都发生了很大

---

[1] 作者李硕秋、周立宪，载《法制日报》1991年8月8日，第2版。

变化,面对日趋复杂的治安形势,"枫桥经验"是否适用呢?枫桥人以从思想认识上全新的转变和事实作出了肯定的回答。

在枫桥,纠纷这一具有农村特色的主要矛盾纳入了程序化解决的轨道。多年来,枫桥区各乡镇都有这样一个规矩,凡是由村移送到乡调处的治安纠纷,都必须具备四个条件:要有当事人要求上级调处的报告;要有村治保会对纠纷的调查材料;要有调解的初步意见;要有确实不能调处的理由。这样做,使全区每年发生的治安纠纷,一般都在村、乡两级解决。1986 年至 1989 年,全区共发生治安纠纷 8 806 起,其中乡村两级调处的有 8 046 起,占 91.4%。

连续 9 年无刑事案件,拥有近 800 户、2 600 余人的上京村村支书胡昌军介绍说,我们支部的同志每晚都要到村委会来转转,大家常坐下来研究集体经济的发展,总结探讨村里的各种矛盾和问题的解决办法。就拿农村的建房来讲,我们严格实行"先协商、后翻建"的原则,1987 年以来,已有 100 多户建房 170 多间,没有发生一起纠纷。

枫桥人的利弊观:为集体,个人损失再大也是小事

56 岁的新枫乡先进村治保主任骆仁潮,从 1958 年就开始了他的治保主任生涯。33 年间,他工作干了一大堆,嘲弄和报复也没少挨,可谓尝尽了酸甜苦辣。

记者来到他的家,听到了他一段真实的述说:"1989 年 3 月,村民陈某因违章建筑被生产队长阻止后,跑到队长家把内壁敲倒,并打伤队长的妻子。我知道后,支持队长的行动,对陈作出修好内壁、赔偿医疗费的处理决定。谁料当晚,我一家正在吃饭,陈的哥哥闯到我家寻事。气得我刚过门的儿媳妇直掉泪,我妻子也好几天吃不下饭。我心里也很气愤,当时曾想过向村长、书记提出换个工作,但转念一想,自己是举着拳头在党旗下宣过誓的,党叫我干治保工作,我怎么可以不干。后来村里的群众和陈的外公都纷纷谴责这种不道德的行为。陈某事后认识了自己的错误,向我们一家来道歉。"

坐在我们面前的是一位名叫骆于光、年仅28岁的青年,小伙子1979年高中毕业后就搞起了个体运输,每年收入在七八千元左右。1987年,他在村干部群众推举下当上了治保主任,每年收入减少一半。当记者问他对做此工作有何想法,他回答得干脆朴实:既然群众推举,我不干,也需要别人干,至于钱挣得少了,那免不了。

治保调解干部不是在孤军作战,他们为集体为群众的无私奉献,赢得了广大的群众和党组织的关怀和支持。

枫桥人的美德:坚持不懈地做违法人员的帮教工作

在枫桥,从对一般违法人员的帮教,到刑释解教人员的安置,乃至这些人家庭的后顾之忧,都纳入了一整套严密的工作措施之中。自己的人自己管在枫桥已成传统。

在钟瑛村,我们了解到,一名1983年"严打"时被判刑11年,送往西北劳改的罪犯的家,1988年因城建规划需要拆迁。村里没有因为他是劳改犯而不闻不问,而是尽可能地保障他的合法权益:3 000多元拆迁费一分不少,替他存入银行,并为他安排了一块靠近公路便于今后做生意的地基;在他服刑期间,他的父母先后去世,村里拿出几百元钱为两位老人妥善料理了后事,他十分感激,表示一定好好改造,争取早获新生。

记者在枫桥粮管所采访了一名姓魏的青年。3年前,他因赌博输掉近万元。粮管所的领导没有把他推到社会上去,而是坚持留用,落实帮教。如今,小魏变了个人,他工作积极肯干,还利用业余时间参加了全国成人自学考试,已获得了大专毕业文凭。看到他的变化,我们为枫桥人的实实在在的工作精神叹服。

枫桥人的义务:积极参与、维护社会治安

近几年来,枫桥区的两个派出所坚持每年开展两次全民性的基层调查,通过访问群众,召开座谈会,发现案件线索。去年5月,枫桥派出所在永宁乡搞基础调查时,群众反映:青年黄某国等5人经常聚在一起,形迹可疑。派出所抓住这一线索,紧追不放,挖出了以黄为首的6人盗窃团伙,破案28起。

去年9月4日凌晨,城关发生一起流氓杀人案件,7名犯罪分子杀人后逃跑。枫桥派出所接到诸暨市公安局命令,立即沿途设卡查控,当发现这伙犯罪分子乘车往绍兴方向逃窜时,有两辆个体运输客车主动邀公安干警上他们的车进行追捕。在群众的配合下,迅速把在公共汽车上的5名犯罪分子抓获,另2名犯罪分子夺路逃往山上。当地200多名群众闻讯纷纷上山,很快形成包围圈,将2名犯罪分子缉拿归案。

枫桥区正是依照群众管理治安,强化社会防范机制,出现了治安稳定、经济发展的可喜局面。近10年来,刑事案件平均年发案率只占总人口的万分之三。在全国同等区域处最低水平。

2.1.8　帮教在化消极因素为积极因素方面发挥了重要的作用

提要:该文献记载了时任浙江省委书记的李泽民于1991年11月14日考察诸暨市枫桥区工作时的谈话,强调了"枫桥经验"的基本精神,就是尽可能化消极因素为积极因素,尽可能多做思想工作,多做化解工作。基层组织比较健全,也有利于帮教工作的落实。

推广"枫桥经验"具有重要的现实意义[1]

"枫桥经验"是毛主席在1963年批示肯定的。"枫桥经验"基本精神,在改革开放、发展商品经济的新形势下仍具有重要现实意义。我理解,一个是依

1　载政协诸暨市文史资料委员会、诸暨市公安局编:《枫桥经验实录》,中共党史出版社2000年版,第81—83页。

靠党的领导;一个是依靠群众,矛盾不上交;一个是重视基础教育;一个是重视社会治安的综合治理。这些经验应该说在当前还是很有用的。1990年省委把经验批转全省推广。这个经验也得到了中央政法委员会、公安部的肯定,并向全国作了介绍。

今年春天,我给彭真同志汇报工作时,他也谈起"枫桥经验"。彭真同志的思维很清晰,记忆也很好,他还记得1963年主席给"枫桥经验"的批示,而且对枫桥少捕多少人,都记得很清晰,后来在省委常委集体向他拜年时,他又谈到了这个经验。"枫桥经验"很有影响,彭真同志是我们党主管政法工作的老一辈革命家,他对"枫桥经验"记忆犹新,充分肯定。

…………

"枫桥经验"的基本精神,我觉得体现了一个很重要的策略思想,就是尽可能化消极因素为积极因素。当然,该捕的要捕,该判的要判,这个原则是对的。但也不能把政法工作看作人捕得越多,成绩就越大。劳改劳教场所人满为患,政府每年要花几千万。但这不是主要的,重要的是要体现我们党的政策,特别是在"严打"的过程中,我们始终强调这个问题,就是尽量少捕人。可捕可不捕的不捕,可判可不判的不判。另外要把工作做在基层,尽可能把纠纷解决在萌芽状态,不使激化,不使纠纷矛盾变为刑事犯罪。山林纠纷、土地纠纷、邻里纠纷,这些问题如果解决不及时,就可能造成报复、行凶杀人。农村的社会治安问题,除了盗窃、赌博等问题,大量的还是人民内部矛盾激化为刑事案件。你们的主要经验,就是矛盾不上交,少捕人,尽可能多做思想工作,多做化解工作。而且基层组织比较健全,也有利于帮教工作的落实。这里的社会治安综合治理,确实是除打击外,还把防范、教育等措施综合起来治理。这个经验不仅对全省乃至在全国都有推广价值。

2.1.9 在纪念毛泽东同志批示推广"枫桥经验"30周年大会上的讲话

提要：该文献记载了时任中共绍兴市委副书记的沈云姑于1993年11月22日的讲话，指明"枫桥经验"是新形势下解决社会治安问题的根本出路和途径，对促进社会稳定、经济发展有重要意义；总结新时期"枫桥经验"的基本内容为"五个依靠"，并融"打、防、管、建、教、改"于一体；提出强化舆论宣传、加强基层组织建设、加强思想教育、从实际出发四点要求。讲话特别指出，要加强思想教育，提高人的素质。提高人们的道德水准和法制观念，使广大人民群众自觉遵纪守法，敢于同违法犯罪作斗争。要发挥工会、共青团、妇联等群众团体和学校在教育中的作用，重视做好后进青少年的思想转化工作和轻微违法犯罪青少年的教育挽救工作。

在纪念毛泽东同志批示推广"枫桥经验"30周年大会上的讲话[1]

同志们：

今天，诸暨市委、市政府在这里隆重举行纪念毛泽东同志批示推广"枫桥经验"30周年大会，我们怀着崇敬的心情重温毛泽东同志关于总结推广"枫桥经验"一系列指示精神，回顾总结"枫桥经验"30年来的发展历程，这对于深入贯彻邓小平同志"两手抓"思想，进一步推广落实"枫桥经验"，推进社会治安综合治理，实现社会的长治久安，更好地为建立和完善社会主义市场经济体制服务具有十分重要的现实意义。

"枫桥经验"是在1963年社会主义教育运动中产生的对敌斗争的成功经

---

[1] 作者沈云姑。编者据会议原始材料整理。

验。枫桥区依靠群众力量,加强人民民主专政,把绝大多数四类分子改造成为新人,做到一个不杀、大部不捉,对社会改造工作作出了突出贡献。70年代,运用"枫桥经验"的基本精神,帮教有违法犯罪行为的人员,教育挽救了一大批失足者。特别是粉碎"四人帮"后,解放思想,坚持实事求是的思想路线,率先为表现好的四类分子摘帽,这对推动全国对四类分子的摘帽工作产生了重大作用。80年代,面对改革开放过程中社会治安出现的新情况、新问题,在党委和政府的领导下,依靠群众维护社会治安,出现了案件较少、治安稳定、经济发展的可喜局面。成为新时期社会治安综合治理的重要经验。

30年来"枫桥经验"顺应历史潮流,随着历史的发展不断丰富和发展,并在各个不同历史时期的社会治安工作的实践中发挥了重大作用,走出了一条既符合我国国情又有鲜明时代特点的具有中国特色的社会治安工作之路。在改革开放,建立社会主义市场经济体制的今天,仍具有强大的生命力,仍然具有普遍指导意义。第一,它充分体现了党委领导下的群众路线。依靠群众维护社会治安,是几十年来"枫桥经验"贯穿始终的一条主线,是"枫桥经验"的精髓之所在。枫桥的人民群众创造了"枫桥经验",在坚持和发展"枫桥经验"的实践中,又充分相信和依靠群众,发动和组织群众,使搞好社会治安有了坚实的基础。因此,"枫桥经验"实质上是马克思主义、毛泽东思想的群众路线在社会治安工作中的具体运用和创造,在理论与实践的结合上解决搞好社会治安要不要依靠群众和怎么依靠群众的大问题。第二,它充分体现了人民民主专政的思想。在60年代教育改造四类分子的工作中,依靠群众力量,通过说理斗争、思想教育和劳动改造,把他们改造成为新人,做到一个不杀、大部不捉。在新的历史时期,对大量带来人民内部矛盾性质的社会治安问题,在严厉打击严重刑事犯罪的同时,采取民主方法,在预防犯罪和教育改造违法犯罪上下功夫,在调处纠纷、化解不安定因素上下功夫,促进社会的稳定,增进人民内部的团结,调动了人民群众的社会主义积极性。所有这些都充分体现了惩办与宽大相结合,打击少数、争取改造多数,调动一切积极因素,化消极因素为积极因素等一系列人民民主专政的思想和原则。第三,它充分体现社会治安综合治理的方针。新时期"枫桥经验"的基本内容可归纳为"五个依靠",即依靠群众就地消化矛盾纠纷;依靠群众就地挽救违法人员;依靠群众加强公复场所治安管理;依靠群众加强内部安全防范工作;依靠群众协助公安机关侦破刑事案件。这"五个依靠"已成为融"打、防、管、建、教、改"于一体的综合治理的系统工程。"枫桥经验"实质就是社会治安综合治理方针在枫桥的具体化,是社会治安综合治理的一个成功典范。

几十年来,学习和推广"枫桥经验"取得了很大成绩。特别是 90 年代,绍兴市和诸暨市组织联合调查组,再次总结了新形势下枫桥地区依靠群众维护社会治安的经验,绍兴市委和浙江省委先后批转了这个经验,中政委《政法动态》、新华社《国内动态清样》作了介绍,中央和省、市新闻单位都作了大量宣传报道在全市、全省推广,几年来,全市把推广落实"枫桥经验"作为推进社会治安综合治理、维护社会稳定的一项重要工作来抓。各地按照市委的部署,结合本地实际,层层试点,以点带面,全面推广落实,"枫桥经验"日益深入人心,扎根在群众之中。社会治安稳定,为我市的改革开放和经济发展创造了一个良好的治安环境,并涌现出了上百个先进典型,对深化、发展"枫桥经验"产生积极作用。使我市社会治安综合治理工作迈出了新的一步。

社会治安综合治理既是建设有中国特色社会主义的重要组成部分,也是建设有中国特色社会主义的重要保证。刚刚结束的中央十四届三中全会,通过了《中共中央关于建立社会主义市场经济体制若干问题的决议》,《决议》把党的十四大确定的经济体制改革的目标和基本原则加以系统化、具体化,是 90 年代进行经济体制改革的行动纲领。建立和完善社会主义市场体制,迫切需要一个稳定的社会治安环境。"枫桥经验"是新形势下解决社会治安问题的根本出路和途径。各级党委政府要充分认识,推广落实"枫桥经验"对于促进社会稳定、经济发展的重要意义,并把它作为贯彻十四届三中全会精神,坚持邓小平同志"两手抓"战略思想的实际措施和行动,以这次纪念大会为契机,结合正在开展的"三打一禁"斗争第二仗,按照市委提出推广落实"枫桥经验"的六条标准,开展创建枫桥式乡镇活动,在全市范围内再次掀起学习推广"枫桥经验"的热潮。

一、强化舆论宣传,充分发挥导向作用和教育作用

大动作需要大宣传,推广落实"枫桥经验"必须要以宣传开路。最近中央综治委、中宣部作出了加强社会治安综合治理宣传的部署。我们要抓住这个大好时机,大力宣传"枫桥经验"的基本精神和推广成果,大力宣传党和政府解决社会治安问题的决心、措施和社会治安综合治理的成效;大力宣传"三打一禁"斗争的意义和战果。各地综治委、政法各部门要与宣传、文化部门,新闻单位密切配合,运用各种宣传工具和阵地,形成一定声势。同时,要把舆论宣传与艰苦细致的组织发动、思想教育工作结合起来,把宣传的重点放在"维护治安,人人有责"上,动员全社会广泛参与,齐抓共管,共同维护社会稳定,把广大人民群众要求社会稳定的强烈愿望变成维护社会治安的自觉行动,这样推广落实"枫桥经验",搞好社会治安综合治理才有广泛的群众基础。

二、加强基层组织建设,努力建设一支素质好有战斗力的群防群治队伍

这是社会治安工作中带有战略性的措施。基层组织建设好了,推广落实"枫桥经验"才会有可靠的组织保证,社会治安综合治理工作就有了可靠的依托。各级党委、政府要把社会治安综合治理的落脚点放在基层,大力加强基层政权建设,加强基层公安派出所、法庭和乡镇综治办的建设,加强以党支部为核心的村级组织配套建设。同时,要大力加强以治保会、调解会为主体的群防群治队伍的网络建设,健全组织,调整充实力量,加强指导和训练,提高业务能力和政策法律水平。要关心他们的工作和生活,给予必要的经济补贴,并积极创造条件,逐步落实财产保障和养老金保险,消除后顾之忧,调动他们的工作积极性。

三、加强思想教育,提高人的素质

根据多年实践,要从根本上减少犯罪,必须注重提高人的素质,在治本上下功夫。各级党委、政府、各部门、各单位都要从培养造就千百万革命事业接班人的高度,对广大人民群众尤其是少年进行理想教育、道德教育和法制教育。当前各级党组织尤其是领导干部一定要认真学习党的十四届三中全会通过的决定和江泽民同志在全会上的讲话,以及《邓小平文选》第三卷,用建设有中国特色的社会主义理论来武装广大干部群众的头脑,提高人们的道德水准和法制观念,使广大人民群众自觉遵纪守法,敢于同违法犯罪作斗争。要发挥工会、共青团、妇联等群众团体和学校在教育中的作用,重视做好后进青少年的思想转化工作和轻微违法犯罪青少年的教育挽救工作,努力把青少年培养成为一代"四有"新人。

四、从实际出发,注重实效

由于各地的经济发展水平、治安状况、工作基础等各不相同,这就要求我们在推广工作上一定要从本地的实际情况出发,找准工作的结合点和突破口,把"枫桥经验"的基本精神和本地的实际情况结合起来,推广"枫桥经验"与总结推广本地的经验结合起来,积极探索在建立和完善社会主义市场经济体制过程中,改革加强社会治安工作的新举措,使推广"枫桥经验"内容更丰富、更有地方特色、更行之有效。

枫桥人民创造了"枫桥经验",为社会治安工作作出了重大贡献。改革开放,建立社会主义市场经济体制,给"枫桥经验"的不断丰富发展,提供了一个历史性的机遇和广阔的前景,希望枫桥人民解放思想、勇于探索,给"枫桥经验"不断注入新的内容,放射出更加夺目的光彩。

2.1.10 坚持和发展"枫桥经验" 努力推进农村综合治理

提要：该文献是1994年5月25日浙江省诸暨市枫桥镇的经验总结材料。领导重视抓大事，综合治理有位置，广泛相信和依靠群众，实行打击防范并举，其中包括开展群众性帮教活动，切实做好有轻微违法青少年和"两劳"回归人员的转化工作。实行目标责任制，建立了六项统一规范的制度：登记与归档制度、会议学习制度、民间纠纷案件移送制度、回避回访制度、廉政建设制度、总结评比制度。

坚持和发展"枫桥经验" 努力推进农村综合治理[1]

我们枫桥镇是毛泽东同志在六十年代初亲自批示的"枫桥经验"的发源地。30年来，枫桥人民坚持"枫桥经验"的基本精神，不断探索新形势下社会治安的新路子，使"枫桥经验"富有地方特色和时代气息，成为当前搞好农村社会治安综合治理的典范。1992年5月撤区扩镇并乡后，我们镇认真贯彻落实邓小平同志提出的"两手抓"战略思想和中央关于加强社会治安综合治理的两个"决定"，高举"枫桥经验"的旗帜，将依靠群众搞好农村社会治安综合治理作为党委、政府的重要课题，摆到重要位置并切实加强领导，使维护社会稳定和发展农村经济互为依托，相互促进。据统计，1993年全镇工农业总产值比1992年增长86.8%，其中工业产值达到3.5亿元，人均收入增长37.03%。今年1至4月，工业总产值达到1.35亿元，比93年同期增长115%。两年来，未发生杀人、抢劫、投毒、纵火、重大盗窃等案件。93年仅发生一般刑事案件32起，各种民间纠纷案件412起，分别比92年下降8%和11.3%。今

---

[1] 编者根据原始材料整理。

年1至4月,全镇发生刑事案件8起,各类民间纠纷86起,分别比93年同期下降6.8%和27.3%,辖区内继续保持社会稳定、经济发展、人民群众安居乐业的良好局面。

我们的主要做法是:

一、领导重视抓大事,综合治理有位置。 撤扩并后,我们镇作为建制镇保留扩大,新枫、栎江、永宁三乡划入后,形成面积100平方公里,46个行政村46 142人口,耕地面积32 495亩,集体、个体企业1 179家的大行政区域,给社会治安带来新的问题。新一届党委、政府针对管辖范围成倍扩大、综治工作发展不平衡的实际,在深入学习党的十四大和十四届三中全会精神,正确处理改革、发展和稳定的关系基础上,对如何坚持和发展"枫桥经验",使之在改革开放的新形势下继续发扬光大形成了共识,并重点抓了三项工作:第一,健全综合治理议事机构和群防群治组织。镇重新建立了由镇长任组长,派出所、法庭、交警中队、工商所、财税所、学校、供销社和镇政法办负责人组成的综合治理领导小组,下设由副镇长任主任,从懂业务、有专长、善管理、能解决问题的原乡镇分管治安、司法的行政干部中挑选6名同志组成的镇综治办公室。同时,还建立治安联防队、集镇巡警队、街道值勤室、义务消防队、暂住人口管理办公室、镇容镇貌管理和集贸市场管理等群防群治组织机构。第二,强化村级治调组织建设,调整充实治调队伍。通过村级换届选举,46个行政村都建立了由3至5人组成的治保、调解委员会,挑选素质好的同志为治调干部,全镇共有治保、调解干部285名,其中199名进入村"两委"班子,有40名党支部书记和村委会主任直接兼任治保、调解主任。为了更好地调动治调干部的工作积极性,镇政府在采取多种形式解决他们报酬的同时,给每个治调干部投了养老金保险。还规定,凡治调干部因工作而使财产遭到报复受损,在未查清前,统一由镇里负责赔偿,从而消除了治调干部的后顾之忧。第三,理顺关系、明确职责。按照"属地管理"的原则,推行了区域管理,即以村自治、企业自保、政府协调,职能部门抓大案的综合治理方式。上下之间的关系很快理顺,职责任务比较明确,齐抓共管的局面已初步形成。通过采取上述三项措施,全镇上下基本形成了多层次、全方位的综合治理网络,使坚持和发展"枫桥经验",全面推进综合治理有了可靠的组织保证。

二、广泛相信和依靠群众,实行打击防范并举。相信和依靠群众维护社会治安秩序是"枫桥经验"的传统做法。在新的历史条件下,综合治理社会治安问题必须走打防结合的道路。两年来,我镇运用历史的经验,开展新形势下的治安工作,从而使"枫桥经验"具有新的活力,成为富有特色的经验。主要有这样四种形式:

一是依靠群众打击犯罪,共同维护社会治安。我镇有较好的群众基础,自觉维护社会治安已成为全镇干部群众的传统习惯,只要有违法犯罪行为出现,广大群众和治保干部就会立即报案,主动提供线索,积极协助公安机关调查侦破,同犯罪分子作斗争。我们充分发挥这个优势,打击刑事犯罪活动。去年在开展"三打一禁"专项斗争中,政法机关依靠群众协助,迅速摧毁了流氓犯罪团伙,8名犯罪分子受到严厉打击。前年6月,彩仙村茶厂2 300元现金被窃,村治保主任尉汝新一面向派出所报案,一面与其他4名村干部马上开展调查,排出怀疑对象骆某,并连续几天几夜在8公里外的骆家附近守候,终于协助派出所找到骆某。经审查,骆交代了盗窃犯罪事实。我镇的治保干部能这样做,一般群众也能积极与犯罪分子作斗争。前年8月的一个夜晚,我镇一个体客车户载着2名乘客回枫桥的路上,突然发现一位形迹可疑的青年把一只皮包扔到田坂里,身影一晃就不见了,3人立即下车查看,找出躲在田坎后的青年,送到镇派出所讯问,原来他是刚偷了一只装有1 000元现金和一张6 000元现金支票的皮包,窃走现金和支票后,在逃窜的路上把包扔掉,没料到会被3名我镇群众抓住。近年来,我镇群众直接向派出所提供各类线索300多条,协助抓获各类违法犯罪人员30多名,破获刑事案件40多起。

二是开展"三防"竞赛活动,促进农村治安稳定。全镇通过防民间纠纷发生、防民间纠纷引起非正常死亡、防民间纠纷转化为刑事案件的"三防"竞赛活动,使全镇形成了抓预测防非正常死亡、抓苗头防扩大、抓隐患防民转刑案件发生的防范格局。各类民间纠纷、治安案件在村级得到了有效控制和解决。在"三防"竞赛活动中,紫薇村坚持干部工作走在平息前、预测工作走在预防前、预防工作走在调解前、调解工作走在激化前的"四前"做法,使各类纠纷全部解决在萌芽状态。两年来,全镇由村级治调组织预测可能发生的纠纷达138起,防民转刑、民转非案件19起。1993年,全镇412起纠纷案件,有92%都在村里协调解决。到目前为止,有1个村连续几年没有发生纠纷和案件,18个村没有向上移送案件和纠纷,8个村三年无治安案件。

三是强化集镇治安管理,保持公共场所秩序稳定。我镇是诸暨东部人、财、物重要集散地,交通便利,日平均流动人口达25 000多人次。同时外来经商打工人员剧增,集镇治安日趋复杂,管理工作难度加大。为此,我镇先后组建了以联防队、巡警队为主、街道值勤室、镇容镇貌管理、市场管理五支队伍,共37人,实行分块包干和门前"三包"等形式,加强了对主要街道和市场的管理,有效地保障了集镇的社会治安秩序。为了加强对外来暂住人口和流动人口管理,还建立了暂住人口办公室和协管员网络,对暂住人口实行登记发证制度。通过全天候巡逻,加强对流动人口管理。特别是在节假日和农村大忙季节,提高巡逻频率,扩展巡逻范围,增加值勤网点,严密集镇面控制,仅去年7月份夜间治安巡逻中,就抓获偷窃人员8名,其中外地流窜作案的4人,挽回经济损失一万余元。两年来,集镇上基本杜绝了聚众闹事、扒窃、流氓斗殴等事件的发生,镇容镇貌也有了明显改观。

四是开展群众性帮教活动,切实做好有轻微违法青少年和"两劳"回归人员的转化工作。近两年全镇有63名帮教对象,通过建立有党员骨干、治调干部、派出所民警和离退休老同志参加的帮教小组,实行定时间、分层次的帮教。

到目前为止,确已改好的有47人,占75%。其中有9人已走上勤劳致富的道路。如化农村帮教对象陈某锋,曾被判刑五年,前年10月假释回家后,镇、村干部和派出所民警及时找他谈话,并成立了由民警、村党支部书记、村主任和邻居4人帮教小组,在思想上引导,在生活上关怀,在工作上支持,使他很快扬起生活的风帆,走上致富的路。去年7月底,他在帮教人员赵成根带领下,去上海打工,每月都向派出所、镇、村书面汇报思想、工作情况。在开展帮教活动中,我们还针对不同帮教对象,为他们解决住房和实际生活困难,以建立感情、增强信任感,使"教育、感化、挽救"融为一体,提高帮教成效和违法人员的转化率。此外,我们还加强对青少年学生的法制教育,在高小以上学校每学期开设两次法制教育课,指定治综办、派出所、法庭同志上课。今年根据全市统一安排,由市法制教育讲师团聘请教员给学生上课,以不断提高青少年学生的法制观念,从小树立良好的风尚。两年中,在校生犯罪比例明显降低。

三、建立制度,实行目标责任制,推进综合治理。坚持和发展"枫桥经验"必须有一套系统规范的制度来保障。自去年扩镇以来,我们狠抓了综合治理的制度建设,逐步建立和完善了一套适应新形势的群防群治制度。一是层层包干责任。根据行政工作管理分片负责的要求,将综合治理分为镇、工作片、村三个层次,一级对一级负责,一级对一级管理。镇主要是对各村指导和协调,解决工作片难以解决的治安案件和民间纠纷,调处片与片、跨乡镇的矛盾,做好部门之间的协调工作等;工作片主要是督促检查村级治调委员会的工作,解决各村难以解决的案件和纠纷,调处村与村之间的矛盾等;村主要是抓苗头、抓隐患、抓预测,解决本村的治安案件和民间纠纷等。这样各级职责明确,工作责任心加强,矛盾基本上可以在基层得到解决。二是工作规范化,制度化。自去年五月以后,全镇治调工作建立了六项统一规范的制度:(1)登记、归档制度。发现和上报案件,一律登记入册,并落实处理部门,案件处理结束后及时按规范归档。(2)会议学习制度。镇综治办每周学习、研讨工作一次;每半月综治办、派出所、法庭、法律事务所四家联合办公一次,研究全镇工作和协调疑难案件等;每月向镇党委、政府汇报综治工作一次;每年对全镇治调干部进行业务培训二至三次。(3)民间纠纷案件移送制度。对难以处理的民间纠纷案件,下级向上级移送,必须要有四个条件:要有当事人请求解决的报告,要有调查笔录和旁证材料,要有解决不了的原因,要有解决后处理的结论。这样有利于提高办案质量和各级职责的落实。(4)回避回访制度。镇、工作片、村三级发现和接收案件的处理,凡当事人与案件处理者有亲戚关系的,一律回避。对处理后的案件,一个月内要走访了解一次,听取群众和当事人的反映,了解有无不同意见和反常现象。(5)廉政建设制度。政法部门和镇综治办、各村治调委,在调处各类纠纷和办案中,要坚持原则、秉公执法,做到不收礼物、不接受请客、不偏袒,广泛听取意见,深入调查研究,多做细致的思想工作,多分析情况,多解决双方的实际问题,以理服人,诚恳待人,热情接待,接受监督。(6)总结评比制度。每年进行一次总结评比,由镇党委政府对先进集体和个人进行表彰奖励;每半年进行一次经验交流,年底将先进事迹材料汇编成册归档。三是目标管理责任制。去年初,我们镇提出了以创造"三无"年为主要内容的目标管理责任制,即无重大治安事件、无重大民间纠纷、无大的赌博。通过签订责任书的形式,进一步明确了镇、村治调组织的职责、任务、解决纠纷和案件的时间、原则和方法。年末对工作目标进行考核验收,促进了综合治理各项措施的落实,调动了各级治保、调解组织的工作主动性、积极性和创造性,使"枫桥经验"在新形势下更有生命力。

今年是深化改革的关键性一年,社会主义市场经济的深入发展,各种社会矛盾将会加剧,综合治理工作面临新的挑战,枫桥经验将再次经受考验。我们决心以中央政治局常委会对社会治安综合治理工作重要指示为指针,继续坚持和发展"枫桥经验",紧紧依靠全镇群众,进一步推进综合治理工作,为我镇经济持续、快速、健康发展创造一个良好的社会环境。

2.1.11 "枫桥经验"与综合治理

提要: 该文献是一篇研究论文。"枫桥经验"实质上就是社会治安综合治理的经验,主要表现在领导主体的明确性、工作机制的层次性、群众基础的广泛性、内容和手段的系统性、工作目标的针对性等五个方面。"枫桥经验"为新时期社会治安综合治理工作提供了有益的启示和借鉴:坚定了对社会治安综合治理的信心;社会治安综合治理必须持之以恒,常抓不懈;社会治安综合治理必须以广泛深入的宣传发动工作开路;社会治安综合治理必须把落脚点放到基层;社会治安综合治理工作必须随着历史的发展而发展,在发展中深化、完善。该文献较早论述"枫桥经验"与综合治理的关系,特别谈到,社会治安综合治理部门的职责是加强对轻微违法犯罪人员和"两劳"回籍人员的帮教工作。对单位内部的个别失足人员不轻易推向社会,千方百计地进行挽救和帮教,依靠群众就地挽救违法人员。"枫桥经验"说到底就是教育人、改造人的经验,把帮助教育违法人员作为一项主要工作来抓。

"枫桥经验"与综合治理[1]

一、"枫桥经验"的实质

党的十一届三中全会以来,我国进入了社会主义现代化建设的新的历史时期,针对社会治安出现的新情况、新问题,在党委政府的领导下,坚持运用"枫桥经验"的基本精神,依靠群众维护社会治安,收到了案件较少、治安稳

---

[1] 作者金伯中、黎伟挺,载应勇、周长康主编:《当代中国小城镇社区犯罪控制》,中国发展出版社1995年版,第263—274页。

定、经济发展的可喜局面。"枫桥经验"得到了极大的丰富和发展,成为新时期社会治安综合治理的重要经验。

社会治安综合治理,是80年代初期中央总结群众经验提出的正确方针。它是解决我国社会治安问题的根本出路,是新形势下坚持专门工作与群众路线相结合的新发展,是具有中国特色的解决社会治安问题的新路子。综合治理,是指在各级党委和政府的领导下,各部门协调一致,齐抓共管,依靠广大人民群众,运用政治的、经济的、行政的、法制的、文化的、教育的等各种手段,整治社会治安,预防犯罪,打击犯罪,教育改造违法犯罪人员,逐步减少和消除犯罪产生的土壤和条件,保障社会稳定,为改革开放和社会主义经济建设创造良好的社会环境。

"枫桥经验"发展到今天,按照科学的态度和实事求是的原则来分析研究,可以得出这样的结论:"枫桥经验"的深化和发展,顺应我国社会发展的客观规律;无论在形式上还是内容上都充分体现了社会治安综合治理的基本精神,"枫桥经验"实质上就是社会治安综合治理的经验。主要表现在以下五个方面:

(1)领导主体的明确性。社会治安综合治理的领导主体是各级党委和政府,"枫桥经验"在这一点上体现得非常充分。枫桥区的党委和政府把社会治安工作纳入重要议事日程,形成了强有力治安工作的领导体系。

第一,枫桥的党政领导始终把治安工作牢牢抓在手头。几十年来,枫桥的党委、政府牢固确立了一手抓经济建设,一手抓社会治安的指导思想,把坚持和发展"枫桥经验"放在突出位置上来抓,形成主要领导亲自抓、分管领导专门抓、其他领导配合抓的局面。建立了定期听取社会治安汇报和议事制度,研究部署一个时期治安工作任务。尽管区、乡体制和领导层几经变动,但他们坚持按"枫桥经验"办事的传统和作风没有变。

第二,党政领导做到突出问题集中抓、疑难问题亲自抓。对整治社会治安的重大行动,精心部署,直接组织实施。对难度较大的纠纷和疑难案件,党政领导总是亲自动手,抓住不放。

第三,党委政府重视社会治安综合治理队伍的建设。枫桥区从1984年开始就在区、乡(镇)普遍建立了综合治理领导小组,由各级党政领导亲自挂帅,下设办公室,由党委、政府分管政法工作的领导、公安员、司法助理员、土管员及团委书记、妇联主任参加。在选配乡镇公安员、司法助理员时,区委总是反复研究,精心挑选,力求配齐配强。

各级党委和政府十分重视以治保会、调解会为主体的群防群治队伍建设,坚持每年分期分批考核、整顿、调整、充实治保调解组织。并对报酬作出规定,保证年终兑现。1991年开始,在治保调解干部中试行养老保险金制度。区、乡镇政府拨出经费,全区两年一次,各乡(镇)每年一次对治保调解组织进行总结评比和培训工作,对从事15年以上的治保调解干部发给荣誉证书。

(2)工作机制的层次性。社会治安综合治理必须在党委和政府的统一领导下,各部门协调一致、齐抓共管,才能奏效。"枫桥经验"的成功正好说明了这一点。它显示出了预防、控制犯罪和治安管理工作体系的层次性。

第一层是党委和政府。主要是组织领导辖区的治安工作,研究部署一个时期的工作任务,协调各部门的行动,宣传、发动、组织群众参与社会治安,解决重大治安问题。

第二层是社会治安的职能部门。枫桥设有公安派出所、人民法庭和法律事务所,他们承担的主要任务是:①依法打击危害社会治安的违法犯罪活动;②严格治安管理,加强对面上治安的检查、指导和督促;③开展法制宣传教育;④加强对轻微违法犯罪人员和"两劳"回籍人员的帮教工作;⑤依法疏导、调处各种民间纠纷,化解矛盾;⑥研究刑事犯罪和社会治安问题的原因、规律及其对策。

第三层是各部门各单位。本着"谁主管,谁负责"的原则,各部门、各单位

各司其职,各负其责,真正做到了"管好自己的人,看好自己的门,办好自己的事"。主要表现在以下三点:

第一,有社会治安综合治理负责制和领导任期目标责任制等规范。枫桥的供销、粮食、金融及数十家较大的企业都签订了社会治安综合治理责任书,或含有治安保卫内容的领导任期目标责任制。

第二,各部门和企事业单位普遍建立了治安保卫组织,建立健全安全保卫制度,对内部安全做到常抓不懈,对内部发生的矛盾纠纷做到及时调处,不轻易上交,一年来没有发生内部矛盾激化而酿成影响社会稳定的事件。

第三,对内部的个别失足人员不轻易推向社会,千方百计地进行挽救和帮教,涌现出了枫桥粮管所和征天综合开发公司等一批认真负责做好内部失足人员帮教工作的先进典型。

第四层是治保、调解为主体的群防群治队伍。"枫桥经验"之所以能在群众中长期扎下根来,其中很重要的一个原因,就是有一支素质好、有战斗力的以治保、调解会为主体的群防群治队伍。几十年来,他们一贯重视抓好这支队伍建设,并把它纳入农村以党支部为核心的村级组织建设,组织形式上采取治保、调解会交叉任职,实行一体化,既利于工作,又符合法律,增强了整体功能,每年进行一次调整充实,把那些工作能力强、年纪较轻、作风正派、敢抓敢管的同志充实到治保、调解组织里来,党委、政府和公安政法部门做到政治上关心、业务上指导、工作上支持、生活上照顾,做好后盾,提高其战斗性、权威性。同时,还加强退休工人委员会、治安联防队、义务消防队和移风易俗理事会等一批群众性的自治组织,形成了多元化群防群治队伍网络。

第五层是广大的人民群众。社会治安综合治理已得到人民群众的广泛支持、理解和投入。

这五个层次,形成有组织、有领导,上下结合,多方参与,又有广大人民群众作为坚强后盾的社会治安工作体系。

(3) 群众基础的广泛性。广大人民群众是搞好社会治安综合治理的强大依托和根基。坚持党的群众路线,依靠群众维护社会治安则是"枫桥经验"30年来贯穿始终的一条主线,也是枫桥的干部群众几十年来在搞好社会治安的实践中悟出的一条深刻的道理。

第一,"枫桥经验"已深深地扎根于广大群众之中。几十年来,虽然社会形势风云变幻,但枫桥的人民群众对自己创造出来的"枫桥经验"有着深厚的感情,真心实意拥护"枫桥经验"。他们深切地感受到只有社会治安稳定,才能有家庭的安宁,老百姓的幸福,因而有着强烈的社会责任感。在枫桥,维护治安,人人有责,不是一句空洞的口号,已成为广大人民群众自觉的行动。它已发展成为一种地域文化,形成了传统作风。

第二,群众性的学法、知法、守法活动广泛深入开展。"一五"普法期间,全区有5 000多名党员得到了法律业务的专门培训,有8.3万多群众接受了普法教育,有9 000多人参加了法律知识竞赛,有107个行政村和单位进入了市级以上文明村(单位)行列,占总户数84.7%的家庭被评为"双文明户""五好家庭户"和"爱国守法户",全区还有18个移风易俗理事会、婚丧喜事服务队和禁赌协会。

第三,群众敢于同违法犯罪作斗争。枫桥的群众有强烈的正义感,"路见不平,拔刀相助"的传统美德得以弘扬。只要遇上不公平的事,就会有人站出来讲公道话,伸张正义。对违法犯罪活动,更嫉恶如仇,涌现出一大批敢于检举揭发违法犯罪和警民合力擒凶犯等感人的人和事。

第四,群众理解、支持和关心公安政法部门的工作。群众配合、支持公安政法机关执法办案,基本杜绝了围攻公安政法人员、妨碍公务的事件,警民关系融洽。

(4) 内容和手段的系统性。几十年来,"枫桥经验"不断得到丰富、拓宽和发展,日趋完善成熟,已成为一个融"打、防、管、建、教、改"于一体的有效运行的系统工程。归纳起来为"五个依靠"和一个"结合"。

一是依靠群众就地消化矛盾纠纷。基本上做到了小事不出村,大事不出乡,矛盾不上交,避免了许多由民间纠纷、矛盾激化可能导致的恶性案件。他们通过建立和完善调解工作网络,健全工作制度,开展以防民间纠纷引起的非正常死亡、防民间纠纷转化为刑事案件、防民间纠纷发生为内容的"三防"红旗竞赛,遏制纠纷的发生,把矛盾纠纷解决在萌芽状态和初发阶段。

二是依靠群众就地挽救违法人员。"枫桥经验"说到底就是教育人、改造人的经验,他们历来把帮助教育违法人员作为一项主要工作来抓。社会、家庭、学校密切配合,共同做好轻微违法犯罪人员挽救工作,以党员、治调干部、离退休人员和民警等为主体,成立帮教小组,结成帮教对子,落实帮教措施,注意做好"两劳"回籍人员的安置工作和接茬教育。1980年以来,全区754名帮教对象已改好或基本改好的已占71%,其中113名已成为生产能手和专业户,有136名"两劳"回籍人员得到了较好安置。

三是依靠群众,加强公共复杂场所治安管理。商品经济的发展,枫桥的经济和治安环境发生了很大变化,社会由封闭走向开放,由静态转向动态。他们按照专业化、系统化的原则,加强了农村集镇的市场、娱乐场所、车站等公共复杂场所的管理;加强值班巡逻,严密社会面的控制;建立一支有35名暂住人口协管员队伍,加强对暂住人口管理;通过经常性检查、督促、指导,加强交通、消防、特种行业及危险物品的管理工作。

四是依靠群众,加强内部安全防范工作。建立企业保卫组织,村办企业、个体联户企业由村治保会干部进企业兼职,与企业共抓治安工作,派出所把年产值50万元以上的企业列入重点保卫单位。同时,在企业内部,从上到下建立了明确的治安保卫责任制。坚持预防为主,及时堵塞各种漏洞,防患于未然。

五是依靠群众,协助公安机关侦破刑事案件。枫桥的干部群众尤其基层干部已养成一种习惯,一旦发生案件,就会立即保护现场,想方设法提供案件线索;公安机关传讯、审查和拘捕人犯就会主动配合,做好其思想工作,不少群众协助把案犯送到派出所、看守所。

同时,把维护社会治安和加强社会主义精神文明建设紧密结合起来,把立足点放在提高群众素质上。他们重视对青少年的教育,在大力抓好学校教育的同时,积极与学生家长配合,抓好家庭教育;加强思想文化等阵地的控制,为青少年提供健康有益的精神食粮;在青少年中广泛开展学雷锋、学赖宁、读好书、唱好歌、做好事活动,有意识培养青少年的高尚道德和良好情操。在群众中广泛开展做社会主义"四有"新人教育和法制道德教育,提高全民的整体素质。

(5)工作目标的针对性。"枫桥经验"所达到的目标与社会治安综合治理的目标是相一致的。

第一,发案少捕人少。枫桥地区的发案数占总人口的比例一直保持在万分之四以下,捕人数占总人口的比例在万分之一点五至二左右。均大大低于浙江省的比例。

第二,群众有安全感。多年来,枫桥地区的治安一直很平稳。没有发生严重暴力案件和重大突发事件,也没有发生酿成严重后果的群众性治安事件,群众有安全感。

第三,经济发展快。1979年以来,枫桥区的经济一直保持了高速增长的势头。成为诸暨市工农业生产发展最快的地区之一。最近十年,全区工农业总产值增长了10倍多。

第四,社会风气得到净化。赌博、封建迷信、卖淫嫖娼等社会丑恶现象明显少于临近地区,遵纪守法、移风易俗、文明礼貌、助人为乐及见义勇为的社会主义新风尚得以弘扬。

二、"枫桥经验"的启示

"枫桥经验"作为社会治安综合治理的一个成功范例,其现实意义不仅在于它造就了枫桥区这样一方发案少、治安好、经济和社会发展较快的"净土",而且更深远的现实意义还在于它为新时期社会治安综合治理工作提供了有益的启示和借鉴:

(1)坚定了我们对社会治安综合治理的信心

社会治安综合治理既是建设有中国特色社会主义的不可缺少的组成部分,也是建设有中国特色社会主义的重要保证。"枫桥经验"用事实对社会治安综合治理这一方针的针对性、正确性、有效性作出了肯定的回答,提供了很有说服力的佐证。它使我们进一步坚信,社会治安的许多难题,只要有党委和政府的重视,全社会的高度共识并付之行动,是完全可以驾驭的,是完全可以使之走上一条良性循环的发展道路的。那种认为随着社会的开放、经济的发展,犯罪现象必然增加、社会无法避免失控、各种矛盾日益加剧的观点是没有根据的。它也使我们更加坚信,社会主义这样崭新的社会制度,有着极为强大的自我完善、自我发展能力,不但符合生产力发展的客观规律,也顺应社会进步的潮流,具有极大的优越性。

(2)社会治安综合治理必须持之以恒,常抓不懈

"枫桥经验"经历了30年的风雨考验,这是一条漫长、曲折的道路,之所以在今天放射出更加夺目的光彩,发挥更大的作用,是枫桥区的广大干部群众顺应历史发展的规律,矢志不移长期努力的结果。"枫桥经验"以事实说明,社会治安综合治理光靠一股子热情不行,仅停留在口头上不行,只抓一阵子不行,抓而不紧、不细、不深也不行。那种急功近利、形式主义、做表面文章的行为,正是社会治安综合治理的大忌。

(3)社会治安综合治理必须以广泛深入的宣传发动工作开路

社会治安综合治理要顺利进行,取得预期的效果,必须以各级、各部门、社

会各界的高度共识为前提条件。而共识的形成,需要做大量深入细致的宣传发动和组织工作。"群众中蕴藏着一种极大的社会主义积极性",群众中也蕴藏着制止违法犯罪、维护社会治安的无穷力量。宣传群众、发动群众、组织群众,最大限度地调动人民群众与违法犯罪作斗争的积极性,让千百万群众自觉参与维护社会治安工作,这是综合治理所要突破的关键所在。要把宣传发动工作贯穿综合治理工作的始终,真正形成"全民大合唱"的态势,并使社会治安综合治理各项工作不断形成高潮,波浪式向前推进。同时,要倾听群众的呼声、尊重群众的意愿、关心群众的疾苦,针对群众反映强烈的治安热点问题,及时进行治理,以取信于民,赢得人民群众的理解和支持。

(4)社会治安综合治理必须把落脚点放到基层

"枫桥经验"的一个显著特点,是就地解决治安问题,矛盾不上交。基层是社会的细胞,是我们搞好一切工作的基础。只有基层这个细胞有了活力,整个社会才能充满生机。中共绍兴市委在推广工作中提出把"枫桥经验"落到基层的六条标志:①乡镇(街道)党委、政府重视把综合治理工作列入议事日程;建立社会治安综合治理领导机构,有专门的办事人员;建立乡镇(街道)联村(居委会)干部抓治安的目标管理责任制。②以基层治保会、调解会为主体的群防群治队伍健全,形成网络;建立定期例会、培训等一套工作制度。③及时调处治安、民间纠纷,基本做到"小事不出村,大事不出乡,矛盾不上交"。④做好有轻微违法犯罪人员的帮教工作和"两劳"回籍人员的安置教育工作,重新违法犯罪得到有效控制。⑤防盗、防火、防破坏、防事故的"四防"安全措施落实,发案上升的势头得到控制,其他治安问题较少。⑥干部群众法制观念有所增强,敢于同违法犯罪作斗争。我们认为这几条是可行的,应把加强基层基础建设作为一项战略性的措施来抓,只有大力加强基层建设,把基层组织搞坚强,把基础工作搞扎实,推广落实"枫桥经验"才会有可靠的保证,社会治安综合治理工作就会有强大的依托。

(5) 社会治安综合治理工作必须随着历史的发展而发展,在发展中深化、完善

任何事物如果凝固不变,就不会进步和发展,就不会有生命力。社会治安综合治理工作也同样如此。"枫桥经验"之所以能经受风浪、长盛不衰,保持旺盛的生命活力,根本的原因是,它能随着历史的发展而发展,在发展中深化、完善。可以预见,在社会主义市场经济体制建立的过程中,各种新的社会矛盾将会不可避免地出现,人们的观念和行为又会发生新的变化,社会治安综合治理工作将面临许多新情况、新问题,以往社会治安综合治理的经验,包括"枫桥经验"都将面临新的挑战。只要我们坚持用建设有中国特色社会主义理论为指导,解放思想,积极探索,不断地去充实、发展、适应社会主义市场经济的社会治安综合治理的办法措施,那么,社会治安的长治久安的目标就一定能实现。

2.1.12　举办法制学习班,探索"帮教"新路子

提要:该文献是1995年召开的绍兴市第七次公安基层基础工作会议交流材料之一。主要介绍针对帮教对象难管、难教、难帮的实际情况,枫桥派出所成功地举办两期法制教育学习班的情况。学习班的做法是以人生观教育为先导,法律知识教育为主线,有针对性和形象化,重在启发悔悟,"听、看、讲"三结合。学习班的效果是使学员们学到一些必要的法律知识,对约束犯罪起到一定作用;促使个别学员主动交代自己违法犯罪的事实;引起学员深刻忏悔、反思过去行为对社会带来的危害;受到社会普遍欢迎,增强基层干部和干警进一步做好帮教工作的信心;顺应了学员家长和亲属的心愿;在干警和被帮教者之间建立了感情,为今后帮教工作的开展打下了扎实的基础。

举办法制学习班,探索"帮教"新路子[1]

我们枫桥派出所管辖二乡、一镇,共86个自然村,一个居委会,计75 000人口,现有帮教对象62名。这62名帮教对象虽然都建有帮教小组,由于种种原因,大多数在不同程度上有违法犯罪行为,基层干部和我们干警都感到难帮、难管、难教。去年十一月份我们按照市局统一部署,在开展以集中整治农村治安为重点的严打整治斗争的同时,针对帮教对象难管、难教、难帮的这一实际情况,我们在乡、镇政府的领导和有关部门的大力支持和配合下,先后成功地举办了两期为期十天的法制教育学习班,对辖区其中42名"大法不犯、小法不断"的帮教对象运用"枫桥经验"基本精神,本着教育、帮教、挽救的施教方针,采取人生观教育和法律知识灌输相结合的方法,动之以情、晓之以理,矫正他们的不规行为,收到了较好效果,这一做法得到上级领导充分肯定,基层干部、群众的欢迎,学员和家长的满意,探索了一条在新形势下维护农村治安,做好"帮教"工作新路子。我们的主要做法是:

一、统一认识,准备充分

对轻微违法犯罪人员要不要举办法制教育学习班,能否办好,开始全所干警思想认识也不够统一,针对这一情况,为了统一认识,端正办学习班的指导思想,我们专门召开了所务会,开展了如何运用"枫桥经验"基本精神,采取新方法、新措施,把绝大多数违法犯罪人员帮教好的专题讨论,开始少数同志也存在着法制学习班办不办无所谓的思想,认为平时工作做得不少,犯罪由他去,条件够捕起来;二是怕办不起来,怕学员不肯来,家长不要他们来,经费没地方开支;三是怕违反政策,办法制学习班是多想花头、多吃苦头。但大部分同志却认为:枫桥六十年代就地改造四类分子,出了闻名全国的"枫桥经验",

---

[1] 作者是诸暨市公安局枫桥派出所。编者根据会议原始材料整理。

七十年代建立帮教小组,帮教流窜犯又谱写"枫桥经验"新曲,随着农村经济体制的转化,以原来集体劳动改为家庭联产承包责任制,从单一经济逐步转化为多元经济,从而给帮教工作带来难度,帮教小组流于形式、工作不落实,出现这一情况也是难免的,但应该看到,"枫桥经验"的基本思想、基本做法在枫桥广大群众,尤其是广大基层干部中有着深厚的基础,用说理教育的方法挽救、帮助改造人的做法一直没有丢。举办轻微犯罪人员法制教育学习班,只要我们思想统一,注意政策,讲究方法,法制教育学习班一定能够办好,一定会受到干部群众的欢迎和支持,这样做既体现了社会治安综合治理一手抓打击、一手抓教育挽救的精神,又起到了预防和促进社会治安的良性循环的一项有效措施,这项工作做好了定能起到事半功倍的作用。在统一全所干警思想的基础上,我们把办法制教育学习班事宜向有关乡镇领导作了汇报,乡镇领导不但积极赞同,而且各乡、镇还抽调一名政法副镇(乡)长参加,并立即召开有关村、单位主要干部会议,要求配合派出所办好法制学习班。同时,还解决了学员和村干部午餐误工所需经费,司法局为学习班提供电化教育录像片、法律图片、教育挂图,还决定派员到班讲课,由于领导重视、各方支持,为办好法制教育学习班打下了良好的基础。

二、掌握政策,讲究方法

为了保证学员质量和防止个别基层干部借机搭船整人解恨的情况,我们对入班学员条件作了严格规定,前提是公开帮教对象必须是:在公开场合寻衅滋事、打架斗殴、扰乱地方社会秩序的;偷窃数额虽然不大,老百姓非常痛恨的;经常参聚赌博数额较大的或次数不多嫖娼的;有工不务,有家不归,游荡社会的,年龄大都在26周岁以下的青年,以及受过各种处罚后又重新进行轻微违法犯罪活动的人员。同时将在校学生,一般参与赌博,邻居家庭纠纷的,刚刑满释放的,及准备打击处理的等五种人列为不宜参加学习班的对象。凡参加学习班人员由派出所根据平时掌握的材料提出名单,经各乡镇研究筛选市综治委审核批准。对象确定后,针对学员到班这个难点,我们集中精力和人员,由民警和乡镇干部联合分片包干,责任到人,逐个逐户进行送通知书,动员学员到班接受教育,送通知中要求做到"三见面"(村干部见面、学员家长见面、学员本人见面),"三讲清"(党和政府关心爱护讲清,不影响入学、入伍、招工、政治不受歧视讲清,来与不来的利害关系讲清),"三到位"(思想动员工作到位,干部干警责任到位,参加人员到位)。由于方法对头、措施得力,两期学习班除个别早已外出打工外的,其余全部到班学习接受法制教育。为了保证学习班有秩序地正常进行,我们还制订了必要的制度,规定学习班工作人员不得借机整人解恨,实行文明教育、文明管理,禁止侮辱人格、搞逼供信、限制人身自由,对学员规定每天早出晚归,并进行考勤和请假等制度。两期学习班中,学员无一人缺课和迟到早退及违反纪律、损坏公物现象,工作人员也未发生打骂学员、侮辱人格之类的违纪行为。为了使学习班办得有声有色,我们始终贯彻"教育、帮助、挽救"的方针,以人生观教育为先导,法律知识教育为主线,给予针对性、形象化,突出强化灌输,重在启发悔悟,实行"听、看、讲"三结合方法。听主要是听有关乡镇领导动员讲话和教员讲授"树立正确人生观""刑事法律知识""治安管理处罚条例""民事法律知识"课程。看主要是结合法律知识内容,组织学员观看《打击盗窃犯罪》《黑色的诱惑》《醉与罪》等几部刑事、治安、民事与纠纷教育录像片和法制教育图片进行直观教育,使学员从中吸收教训,引以为戒。讲主要是听课和观看录像图片后,分组由民警参加开展讨论和个别谈心活动,然后集中选择有代表性的学员上台现身说法,联系实际控诉自身的违法行为,谈体会、表决心。学员们一致认为像这样系统地学习有关法律知识,是生平第一次,确实是政府对他们关心爱护和挽救,纷纷要求每年办两期,使他们经常受到教育,敲敲警钟,不使他们走上违法犯罪道路。

三、初见成效,抓好巩固

实践证明,运用"枫桥经验"基本精神,采取集中举办法制教育学习班与平时日常个别帮教相结合的方法是把绝大多数有轻微违法犯罪人员帮教好的有效途径，最近我们分别对参加法制学习班的42名学员进行了逐一考察，稳定转好的占92%，仍有轻微违法的占8%，这一现实既是对我们的鼓舞，也是对我们今后工作提出了更高要求。学习班半年来，使我们深深感到主要成效体会是：一是使学员们学到一些必要的法律知识，对约束犯罪起到一定作用。如枫桥镇一名因赌博贪污被判刑劳释人员说："过去不知道什么是累犯，释放后仍赌博，认为无所谓，通过学习感到大吃一惊，表示一定改正。"二是促使个别学员主动交代自己违法犯罪的事实。如东一乡一名学员在政策感化下，主动找干警交代偷窃东三乡电镀厂70公斤铜的案件，并愿意退赃和接受处罚。学习班后，我们还接到学员向我们报告有价值的各类治安线索9条，其中查获赌博五场。三是引起学员深刻忏悔，学习班的教育对学员思想触动很大，他们以法律为镜子，深刻反思过去行为对社会带来的危害，找到了不懂法、不守法的原因，表示要改恶从善做一个有益于人民的人；如今年刚满十八岁的学员何某某说："我平时让人一哄就去镇中舞厅饭店肇事打架，仅在拳头上赔掉的钱就有6 000多元，让人称为镇上有名的小流氓，自己不感到是违法犯罪，还感到别人家怕我而洋洋得意，通过这次学习今后一定改正。"他在学习班上这样说的，事后也确实这样做的，近半年来不但他自己没参与打一起架，还劝告过去的小兄弟今后要安分守己，从而还主动找小工做，帮助母亲做家务，我们在家访中，他父母心情非常激动，再三表示感谢政府挽救了他儿子，他儿子有希望了。四是已产生了明显的社会效应，受到社会普遍欢迎，增强了基层干部和干警进一步做好帮教工作的信心。过去基层干部对这些"大法不犯，小法不断"的人感到头痛，我们干警更头痛，不处理当地干部意见大，要处理法律够不上，想管想帮没法子，采用办法制学习班与个别帮教相结合的方法，收到明显效果，从而进一步增强我们干警和基层干部扎扎实实做好帮教工作的信心和决心。五是顺应了学员家长和亲属的呼唤，实现了他们的愿望，许多家长、妻子对自己的子女、丈夫就无法管,又怕他们闯大祸、蹲班房,要求派出所帮他们教育,经法制教育学习班后,许多家长、妻子看到自己子女、丈夫变好了、听话了,都认为学习班办得好,办得及时,救了他们子女和丈夫,从而为今后配合我们做好帮教工作增加了共识。六是建立了感情,为今后帮教工作开展打下了扎实的基础。在法制学习班上,我们严格依法,以情感人,在具体教育和管理过程中,我们对学员真诚相待,同桌用餐、倒水提壶,使学员产生了亲切感,学员与教员距离缩短了、心贴近了,原来有的学员怕到学习班被关起来,怕挨整、受歧视、坏名声的顾虑和恐惧心理很快消除,思想情绪逐步稳定,不但拴住了学员的心,稳定了学员到班率,还为以后帮教工作的开展打下了扎实的基础。

为了巩固学习班的教育成果,防止学员在思想上、行为上有反复,学习班最后一天,我们当场签订干警联村干部、村治保干部、家长"三联保"责任书,进一步落实了措施,做好接茬帮教工作。

2.1.13 运用"枫桥经验"基本精神 探索教育挽救轻微违法犯罪人员途径

提要:该文献是 1995 年 4 月 3 日召开的绍兴市社会治安综合治理工作会议的交流材料之二。介绍了诸暨市在开展以集中整治农村治安为重点的严打整治斗争中,把搞好轻微违法犯罪人员的法制教育作为维护农村治安稳定的重要工作,举办轻微违法犯罪人员法制教育学习班的尝试。法制教育学习班的基本做法是:统一认识,端正办班指导思想;搞好试点,摸索办班经验;建好班子,抓住办班重点难点;注重方法,讲究法制教育效果;掌握政策,严格管理制度。法制教育学习班的成功秘诀在于领导重视、各方配合、严格依法、以情感人、不断总结经验教训、努力提高教育质量。

运用"枫桥经验"基本精神　探索教育挽救轻微违法犯罪人员途径[1]

根据"吴江会议"精神,我市在开展以集中整治农村治安为重点的严打整治斗争中,把搞好轻微违法犯罪人员的法制教育作为维护农村治安稳定的重要课题,进行了举办轻微违法犯罪人员法制教育学习班的尝试。从去年10月下旬以来,我们先后在枫桥、赵家、城西、璜山、牌头等地举办了五期法制教育学习班,对一百二十余名"大法不犯,小法不断"的特殊对象,运用"枫桥经验"的基本精神,本着"教育、帮助、挽救"的施教方针,采取人生观教育和法律知识灌输相结合的方法,启迪良知、指点迷津,动之以情、晓之以理,矫正他们的不规行为,收到了较好的教育效果,受到了社会各界和基层干部、群众以及学员家长的欢迎,开始走出了一条新形势下维护农村治安、教育挽救轻微违法犯罪人员的路子。下面就我们举办法制教育学习班情况作一汇报。

一、法制教育学习班的基本做法

(一)统一认识,端正办班指导思想

去年下半年全省综合治理工作会议后,市委常委会分析了我市农村治安形势和影响农村治安稳定的主要因素,提出了开展集中整治农村治安斗争中,要一手抓打击严重危害农村治安的地痞流氓恶势力和严重危害农民群众生命财产安全的刑事犯罪分子,一手抓对轻微违法犯罪人员的教育挽救工作。市委决定把这项工作列为农村工作四大任务之一,作为农村"双基"教育的重要任务。市综治委根据这一要求,在广泛征求社会各方面意见的基础上,召开会议进行专题研究,统一认识,明确指导思想。认为要保持农村稳定、深化农村改革、保护农民群众合法权益、巩固和发展农村经济的大好形势,必须坚持两手抓方针,不仅要有硬办法,采取硬措施,而且还要有新花招、新实招,做到打

---

[1] 作者是诸暨市社会治安综合治理委员会。编者根据会议原始材料整理。

击、教育双管齐下。那些尚不够刑事处罚和劳动教养、治安违法行为轻微,但广大群众十分痛恨的人员是农村的不安定因素,是犯罪的"后备军"。只要我们在不违反宪法和法律的前提下,把他们集中起来,采用学习班的特殊手段,说理明法,促使其悔过自新、弃邪归正,对于预防和减少犯罪,促进社会治安的良性循环是一项有效措施,基层干部和群众一定会拥护和支持的。10月中旬,市委批转了市综治委《关于在开展集中整治农村治安斗争中对轻微违法犯罪人员进行法制教育的报告》,又在全市镇乡和部委办局主要领导干部会议上作了部署,从而使这项工作由点到面逐步推开。

(二)搞好试点,摸索办班经验

凡事开头难。举办法制教育学习班,是当前新形势下综合治理农村治安的一项新工作,政策性、法律性比较强,操作上又无现成的模式可借鉴。如果采取老的办法,既难以取得教育效果,也很可能重蹈"文革"时期"群众专政学习班"的覆辙,得不偿失,适得其反。对此,我们认为,只有通过试点,努力摸索,取得经验,才能逐步推开,因此确定枫桥先行一步。枫桥镇是"枫桥经验"的发源地,又是全国社会治安综合治理的先进典型。枫桥曾经因依靠基层干部和群众,用说理教育的方法挽救帮助改造人,就地解决矛盾而创造了闻名全国的"枫桥经验"。现在,新形势下,如何对轻微违法犯罪人员进行帮助、教育、挽救,运用"枫桥经验",办好法制教育学习班,仍然有其浓厚的思想基础、坚实的组织基础和良好的群众基础。选择枫桥为试点,既可以发挥这个优势,借鉴这方面的经验,也是在建立社会主义市场经济体制条件下对"枫桥经验"完善和深化。去年十一月五日至九日,举办了为期五天,有枫桥、东一、齐东一镇两乡二十多名学员参加的首期法制教育学习班。镇乡党委、政府十分重视,给予大力支持,枫桥中心派出所等基层政法部门密切配合,使学习班达到预期效果,实现了领导、基层干部、家长和学员"四满意"。在总结枫桥试点经验的基础上,市综治委又根据各地不同的地理环境和基础条件,进一步完善办班方法，先后在赵家、城西、璜山、牌头等地举办了四期学习班，每期都是成功的，受到了社会的普遍欢迎和支持，也得到了上级的肯定。

（三）建好班子，抓住办班重点难点

首先，建立由市综治委领导牵头的工作班子。市综治委从公检法司抽调了四位同志组成工作班子，这些同志既是学习班的工作人员，又是学习班的教员，并指定了一名具有一定基层工作经验和法律知识的同志具体负责学习班的日常工作；同时我们还邀请市关工委领导担任教员。市司法局提供了电化教育录像片、法律用书、制作教育挂图，做到上下配合、协调工作。

其次是抓好确定学员这个重点。筛选好学员对象，既要符合上级文件精神，又要根据各地治安状况实际，不可一刀切，这是办班能否成功的首要环节。我们掌握的重点是：经常在公开场合流氓滋事、结伙斗殴、称霸一方扰乱地方社会秩序的；偷盗数额虽然不大，老百姓非常痛恨的；经常参与赌博、数额较大的，或次数不多嫖娼的，年龄大都在25周岁以下的青年，以及受过各种处罚后又重新进行轻微违法犯罪活动的人员。够治安处罚或劳教条件的、在校学习的和因邻里纠纷引发打架的或有男女不正当关系等人员，一律不得作为进学习班的对象。确定对象由公安派出所通过摸排并根据平时掌握的材料，提出初定名单，经镇乡研究筛选，报市综治委审核批准。

再是抓好送通知书，保证学员到班率这个难点。对象确定后，我们集中精力和人员，由派出所民警和乡镇干部联合分片包干，责任到人，逐个逐户上门送通知书，动员学员到班接受教育。送通知中，要求做到"三见面"（村干部见面、学员家长见面、学员本人见面），三讲清（讲清党和政府对他的关心爱护；讲清政策，不影响入学、入伍、招工、政治上不受歧视；讲清参加与不参加的利害关系），三到位（思想动员工作到位，干部民警责任到位，参加对象到位）。由于方法对头，措施有力，保证了学员到班率，使每期学习班准时开办。

（四）注重方法，讲究法制教育效果

根据"教育、帮助、挽救"的方针，我们合理安排教育内容，以人生观教育为先导，法律知识教育为主线，注重针对性、形象化，突出强化灌输，重在启发悔悟，实行"听、看、讲"三结合方法。听：每期学习班都由市综治委领导作动员，人大、政协和绍兴市综治委领导讲话，反复讲明学习班的重要性。然后按日程由教员，讲好"树立正确的人生观""刑事法律知识""治安管理处罚条例""民事法律知识"，并辅之以现身说法。看：结合法律法规课内容，组织观看《打击盗窃犯罪》《黑色诱惑》《醉与罪》等几部刑事、治安、民间纠纷法制录像片以及典型刑事犯罪案例挂图进行直观教育。讲：通过听课、观看录像、图片，开展讨论，进行个别谈心，写出书面小结，上台谈学习体会，挖罪错根源，表遵纪守法决心。通过这些生动、形象的教育，学员不但消除了恐惧心理，放下了思想包袱，而且端正了学习态度，变"你们要我学"为"我自己需要学"。教员讲得认真，学员学得有味，学习班秩序井然，教育效果明显。一些旁听的干部民警也反映受到了教育，得到了启发。

（五）掌握政策，严格管理制度

法制教育学习班，由于教育对象特殊，家长不理解，本人有顾虑，少数基层干部也想借机对这些人整一整，解解恨、出出气。因此，我们在每期学习班的全过程中，明确参加学习人员不是专政对象，教育不是惩罚，也不能因为他们进过学习班而在入学、入伍、招工等合法权利受影响，受到政治上歧视。绝不允许擅自扩大教育对象的范围，借机整人。对学习班工作人员严明纪律，要求做到文明教育，文明管理，对教育对象统称"学员"。禁止侮辱人格，搞逼供信，限制人身自由，做到每天早出晚归，学员如遇特殊情况，经学习班领导批准，允许请假。乡镇政府还出钱解决午餐。同时，我们还针对这些对象法制观念淡薄、文明意识差、遇事无所顾忌等情况，用严格管理制度和纪律约束他们的放荡行为，实行点到考勤和请假等项制度。到目前为止，每期学习班中没有出现干部民警对学员打骂、侮辱人格之类的违法行为,也没有发生学员违反纪律、损坏公共财物的现象。

为了巩固学习班的教育成果,防止学员在思想上、行为上的反复,学习班最后一天,我们邀请镇乡、村干部和学员家长到班,签订联村干部、村治保干部、家长"三联保"责任书,落实相应的帮教措施,做好接茬帮教工作,真正在"帮心、帮根、帮实"上下功夫。

二、学习班的收获与体会

举办轻微违法犯罪人员法制教育学习班,是我市开展农村整治斗争中一项突破性的工作,得到各级领导的充分肯定,也引起了社会的强烈反响。最近,我们先后对枫桥、赵家两期学习班情况进行了回访调查,41名教育对象,明显好转的占73.2%,稳定的占17%,重新违法犯罪的占9.8%。实践证明,用学习班形式教育挽救轻微违法人员是一条有效途径。(1)已产生了明显的社会效应,受到社会普遍欢迎。许多基层干部反映,这批人,我们感到最头疼,要处理法律够不上,想管管苦于没有办法。枫桥镇党委书记宣张官同志说:看来办法制学习班是个好办法。枫桥镇上的一些饭店、舞厅个体经营者反映说,办了学习班,镇上秩序明显好转,伲做生意也感到安稳了。赵家镇有个女的学员,因经常打骂公婆,社会影响很大,通过学习班教育,有了明显转变。在她的影响下,另一户婆媳关系不和的家庭也有好转。(2)顺应了家长、亲属的呼唤,实现了他们的愿望。有许多家长说,以前怎么劝儿子,就是听勿进,经过几天学习班教育,人好像变了,还是政府的办法好。有位姓葛学员的母亲说:"我有两个儿子,大儿子争气,考上大学,现在省政法机关工作,给父母添光彩。小儿子淘气,经常小偷小摸,给家长丢脸,还每天为其担惊受怕,唯恐他受到法律处理,现经政府教育改好了,安心在家搞布机。这次他哥哥回家,也劝他要接受政府教育,好好做人。"在学习班期间,有的家长和亲属恐怕儿子、丈夫早上迟到,每天都提前把他们叫醒,要他们一定要遵守学习班的纪律制度。(3)引起学员的深刻忏悔。学习班的教育,绝大多数学员思想触动很大,以法律为镜子,深刻反思自己过去的行为对社会带来的危害,找到了原因是不懂法守法。有的说,法律的红灯不能闯,否则将是害人、害己、害家庭,表示要改恶从善,做一个有益于社会的人,感谢党和政府的关心和爱护。学员何某军在其与学习班工作人员谈心时说:"我平时被人一哄就去打架肇事,枫桥镇上每家饭店、每家舞厅都去闹过,被人称是镇上有名的小流氓,仅在我的拳头上赔掉的钱就有6 000多元。我的行为政府完全可以处理,但现在政府这样关心,我一定好好改。"他在学习班期间,有一天,因家里割晚稻,要迟到半小时来请假,骑摩托车撞倒路边一油煎点心摊,自己的手臂烫伤很厉害,他主动赔出200多元钱,并带伤坚持学习,几个"小兄弟"想帮他把钱要回来,被他断然拒绝。我们在回访时,他母亲感激地说:"何某军过去不喊爹娘,现在喊了,过去家里不困觉,现在困在家里了,过去不肯劳动,现在烧饭晒谷都肯来帮我了,全靠政府的教育。"有个学员由于经常参赌,妻子多次劝告不改,一气之下外出不归,经教育后,认识到再这样下去,一定要妻离子散,因此,他自己不但不参赌,还劝告其他人不要再去赌了,得到派出所同志的赞扬。

五期法制教育学习班的成功,使我们深深体会到:

一是领导重视,各方配合。为举办学习班,代市长何国梁、市委副书记杨胜都亲自参与商量研究,提出具体意见和要求。市人大、政协的领导每期都参加动员会。绍兴市综治委的领导也先后多次帮助指导。各镇乡都指定一位副书记或副镇长参与学习班工作。齐东乡书记、东一乡乡长,不仅同派出所摸排对象,还直接参与送通知,做学员和家长的思想工作。社会各方面在人、财、物上也给予了大力支持。每期学习班,镇乡政法办、派出所和学员所在村的干部做到全力以赴,配合工作。政法各部门不但帮助解决师资和教材,还调集车辆供学习班所用。举办地镇乡和一些企业千方百计提供场所和生活设施。市财税局和镇乡政府还拨出资金,解决学习班的经费和学员的午餐补贴。这都为我们办好学习班提供了方便、创造了条件。

二是严格依法，以情感人。学习班在具体教育和管理过程中，教员、工作人员对学员真诚相待，同学员促膝谈心、同桌用餐、倒水提壶，使学员产生亲切感，学员与教员之间的距离缩短了，心贴近了。原来有的学员怕到学习班被关起来，怕挨整、受歧视、丢名声的顾虑很快消除，思想情绪逐渐稳定，从而拴住了学员的心，稳定了学员的到班率。特别是在枫桥、赵家学习班期间，正逢秋收冬种大忙季节和连续寒冷下雨天气，学员都能按时到班参加学习。璜山学习班，由于涉及璜山、石壁、岭北、化泉四个镇乡，范围大，有的学员往返百余里，也没有发现缺课现象。

三是不断总结经验教训，努力提高教育质量。每期学习班结束，我们都要及时总结，做对的予以肯定，不足的加以改进，教育内容不断完善。如树立正确的人生观一课，教员都以丰富的历史知识，结合各地的历史名人，生动地阐述人的一生的价值观、人格观、道德观、幸福观，和现实贴得很近，使人颇受教育和启发。法律知识教育中，也能做到针对性强，对学员们所熟悉的案件和人，一一给予剖析，以利于学员对法律知识的理解。开始时学员一般不肯在众人面前谈自己的问题，更不愿检举揭发他人问题，我们就采用个别谈心方式，收到了较好的效果。运用图片进行直观教育方面，开始时针对性不强、效果不够好，我们就选择我市的一些典型案例，绘制成宣传牌，效果就更好了。在选择现身说法对象时也一个比一个有说服力。

此外，我们学习班的全体工作人员，大家为了办好学习班，不辞劳苦，克服各种困难，工作作风扎实。他们以每期学习班的成功为自己最大的欣慰。可以说，我们每期学习班无不凝结着他们的汗水和心血。

但是，我们开展对轻微违法犯罪人员的教育挽救工作仅仅是走出第一步，特别是如何巩固学习成果、落实对学员帮教措施方面有待于进一步探索，我们打算把做好帮教工作列入各级各部门综合治理年终考核的内容之一，真正把这项工作抓好抓实,以更好地体现法制教育学习班的社会效果。目前,我们根据市委领导的意见,继续在全市进行分流式办好法制教育学习班,力争在八月底前完成。我们的工作是点滴的,认识和体会是肤浅的,不妥之处,请领导和同志们批评指正。

2.1.14 关于浙江省诸暨市"枫桥经验"的调查报告

提要:该文献是"枫桥经验调研组"1998年11月12日的实地调研报告。报告指出,浙江省诸暨市始终坚持"教育人、改造人",坚持以人为本,减少犯罪因素,最大限度地降低重新犯罪的概率,实现经济发展与社会稳定的协调发展、共同进步。

关于浙江省诸暨市"枫桥经验"的调查报告[1]

11月5日至11日,由国家公安部治安局、办公厅、政治部组成的"枫桥经验调研组"一行5人赴浙江省诸暨市,就"枫桥经验"在社会主义市场经济条件下的新发展进行了实地调研。通过听取诸暨市党政领导介绍情况,与有关部门的负责同志、有关方面的代表和派出所民警进行座谈,总的印象是枫桥两镇一乡适应形势的发展,以全面贯彻落实党的农村政策为基础,坚持和发展"枫桥经验",实现了经济发展与社会稳定的协调发展共同进步。枫桥的实践向人们展示了一个两个文明同步发展的成功范例和光明前景,对于在经济快速发展、社会深刻变革的条件下能否保持治安稳定的疑问作出了肯定的回答。他们的经验对于当前贯彻落实党的十五届三中全会精神,搞好农村社会治安

---

[1] 载政协诸暨市文史资料委员会、诸暨市公安局编:《枫桥经验实录》,中共党史出版社2000年版,第62、65页。

综合治理和农村公安工作,有着重要的借鉴和指导作用。

…………

坚持以人为本,减少犯罪因素。贯穿"枫桥经验"35年的一个根本点是"教育人、改造人"。新形势下,枫桥党委政府仍然把它作为治本之策,着眼于提高农民觉悟和法律素质,广泛开展多种形式的法制宣传教育,开展"创文明村、文明户、做文明人"的活动。在企业狠抓职工教育,提出"既出产品又出人品"的口号,使每一个职工在企业是文明守法的员工,在社会是文明守法的公民。对外来民工坚持融关心、教育于管理之中,既严格管理,又注重维护他们的合法利益,尽力帮助解决实际困难。对违法青少年和"两劳"回籍人员,"不推一把拉一把,不帮一时帮一世",真情感化、真情教育、真心帮助,使他们能安居乐业。艰苦细致的工作取得了实实在在的成效。5 年来,枫桥年捕人率未超过万分之2,大大低于诸暨、绍兴和浙江省的平均水平。"两劳"回籍人员重新犯罪率只有 1.5%,3 年中 2 500 多外来人员犯罪的只有 7 人。

2.1.15 在浙江省司法行政系统学习推广"枫桥经验"动员大会上的讲话

提要:1999 年 4 月 21 日上午,浙江省委、省政府召开学习、推广"枫桥经验"现场会。当天下午,浙江省司法厅召开浙江省全省司法行政系统学习推广"枫桥经验"动员会。该文献记载了时任司法厅厅长的沈雷在动员会上的讲话。讲话要求各地司法行政机关要把深入学习推广"枫桥经验"变为自觉行动。提出支持司法所健全村、企调解网络和刑释解教人员安置帮教组织,为基层司法行政组织参与社会治安综合治理提供思想保证、组织基础和工作条件。讲话指出,要把握"枫桥经验"的基本特征:党委领导、部门负责;群众路线、群防群治;预防为主、就地化解;以人为本、重在教育。在学习和运用过程中着眼于创新和发展。

在浙江省司法行政系统学习推广"枫桥经验"动员大会上的讲话[1]

同志们：

最近，省委、省政府发出号召，要求各地、各部门学习推广"枫桥经验"，采取有力措施维护社会稳定、促进经济发展。厅党委积极响应省委、省政府的号召，及时作出了《关于在全省司法行政系统深入开展学习"枫桥经验"活动的决定》。召开这次动员会，是为了向全社会进一步表明我们大力推广"枫桥经验"的决心。新时期"枫桥经验"是在发展社会主义市场经济和实施依法治国方略的形势下，实行社会治安综合治理、依靠群众化解人民内部矛盾的先进典型。这个经验对维护社会稳定、促进经济发展发挥了重要作用，同时，对我们做好新时期司法行政工作也有很好的指导作用。因此，省厅要求各地司法行政机关，把省委、省政府的号召转化为深入学习推广"枫桥经验"的自觉行动。

一、学习推广"枫桥经验"，为司法行政机关发挥工作优势提供了广阔的舞台

"枫桥经验"是在六十年代初的社会主义教育运动中创造的，当时着重解决一个依靠群众的力量，把绝大多数"四类分子"改造成为"新人"的问题。党的十一届三中全会以后，党和国家的工作重点转移到经济建设上来，枫桥地区的干部群众坚持了依靠群众、维护治安的基本经验，着重做好化解社会矛盾、促进经济发展的工作，赋予了"枫桥经验"新的内涵。随着改革开放的不断深入和社会主义市场经济体制的建立，社会矛盾在新旧体制转化过程中显著增多，枫桥的干部群众在邓小平理论的指引下，坚持"两手抓，两手都要硬"的方针，在党委、政府的统一领导下，把社会治安综合治理作为系统工程纳入经济、

---

[1] 作者沈雷。编者根据会议原始材料整理。

社会发展的全局,预防化解了一大批可能影响社会稳定的人民内部矛盾,使"枫桥经验"又有了新的突破,创造了"党政动手,各负其责,依靠群众,化解矛盾,维护稳定,促进发展,做到小事不出村,大事不出镇,矛盾不上交"的新时期"枫桥经验",给枫桥带来了经济繁荣、社会稳定的良好局面。新时期"枫桥经验"具有鲜明的时代特色,对全省农村、城镇的稳定和发展都有现实的指导意义。

新时期"枫桥经验",是在党委政府统一领导下,坚持依靠群众,充分发挥职能部门的骨干作用,对社会治安进行综合治理的过程中形成的。枫桥地区的基层司法行政组织积极地参与了这个过程。枫桥地区的党委、政府十分重视对司法行政工作的领导,充分发挥他们在社会治安综合治理中的作用。他们根据枫桥地区经济发展和社会稳定的总目标,对司法行政工作提出了明确的要求,实行严格的考核,选调优秀干部承担司法行政工作。原枫桥司法所长杨茂夫同志是枫桥地区干部群众公认的优秀干部。随着形势的发展,他们根据上级的要求建立了枫桥司法所,充实工作力量,并派出驻片司法助理员,支持司法所健全了村、企调解网络和刑释解教人员安置帮教组织,为基层司法行政组织参与社会治安综合治理提供了思想保证、组织基础和工作条件。枫桥司法所、法律服务所的同志主动争取党委、政府的领导,自觉接受综治部门的指导、协调,与各政法单位积极配合,依靠广大群众,紧紧围绕经济、社会发展和稳定的全局开展创造性的工作,出色地履行了自己的职能,他们把自己的全部工作融入了社会治安综合治理和"枫桥经验"的形成过程之中,为经济的发展和社会的稳定作出了应有贡献。

枫桥司法所和法律服务所是我省基层司法行政组织的一个缩影。改革开放特别是进入九十年代以来,新时期"枫桥经验"就一直对我省基层司法行政工作产生着积极的影响,有力地推动了基层司法行政组织参加社会治安综合治理。随着社会主义市场机制的建立和依法治国方略的实施,司法行政职能在基层不断得到加强,逐步形成了自己的工作优势,成为维护社会稳定不可替代的重要力量。一是职能优势。调解民间纠纷,化解社会矛盾是基层司法行政工作最基本的职能。93年以来,全省基层司法行政组织预防和化解社会矛盾达430多万起,仅98年就达753 916起,其中,成功调解民间纠纷192 518起,通过律师、公证和基层法律服务工作预防和化解各类纠纷561 398起,还有效制止群体性械斗1 174次,劝阻群体性上访1 778次。根据形势的发展,基层司法行政组织又开展了法制宣传工作,深入进行"送法进农家"活动;指导法律服务工作,为3 340个乡镇政府、村(居)委会和23 081个企业担任了法律顾问;实施基层依法治理工作,在1 577个乡镇、18 795个村庄、67 933个企业开展了依法治理;组织指导刑释解教人员安置帮教工作,对16 000多名刑释解教人员进行了帮教,建立了56个过渡性安置基地。这些职能的拓展,形成了比较系统的工作体系,大大增强了基层司法行政组织在社会治安综合治理中的工作力度。二是网络优势。多年来,各地司法行政机关注重建立和健全预防、化解社会矛盾的组织网络,逐步形成了一支有战斗力的工作队伍。根据去年底统计,全省有乡镇司法所1 066家,人民调解委员会54 231个;11个市地、85个县区设立了刑释解教人员安置帮教机构,有乡镇一级安置帮教组织1 500多个;乡镇法律服务所989家。全省有调解人员227 868人,有法律服务工作人员8 898人。这些组织网络和司法行政工作队伍在社会治安综合治理中承担了艰巨任务,也是推广"枫桥经验"的重要力量。三是实践优势。多年来,基层司法行政组织一直进行着预防和化解人民内部矛盾的实践,这些富有成效的实践活动为学习和推广"枫桥经验",进一步参与社会治安综合治理积累了丰富的经验。实践证明,在新的历史时期,基层司法行政工作的任务同社会治安综合治理的目标是完全一致的,也是同"枫桥经验"的精神完全融合的。

省委、省政府号召学习、推广"枫桥经验",对新时期司法行政工作提出了更高的要求,也为司法行政事业的发展提供了新的机遇,我们要充分发挥自身优势,不断改进工作,为社会的发展、稳定作出新的贡献。

二、认清新时期"枫桥经验"的指导意义,进一步提高学习和运用的自觉性

治安稳定是社会政治稳定的重要条件,直接影响着改革开放和经济发展。诸暨枫桥在经济快速发展的同时,保持了治安良好,社会稳定,人民安居乐业。"枫桥经验"很好地体现了社会治安综合治理要"打防结合,预防为主"的方针,适应了当前社会矛盾复杂多变的新形势,符合中国的国情和浙江的省情,对我们做好新时期司法行政工作具有极其重要的指导意义。

1. "枫桥经验"是在社会主义市场经济条件下实现农村社会稳定的成功范例。我国将长期处于社会主义初级阶段,这一阶段的社会主要矛盾,是相对落后的社会生产力与人民群众日益增长的物质文化生活需要之间的矛盾,大力发展社会主义市场经济是解决这一矛盾的根本途径。市场经济的发展,要求政治、经济体制通过深化改革来与之相适应,各社会群体的利益格局由此不可避免地发生调整,各种类型的社会矛盾大量涌现。这些矛盾解决得好不好,关系到社会是否稳定,改革可否继续深入,经济能否持续发展。在西方国家,经济的高速发展一般都伴随着犯罪率的大幅上升,我国有的地方也出现过这种情况。但是,枫桥为我们提供了经济高速发展、犯罪率保持着低水平的范例。近五年间,枫桥的工业产值、国内生产总值和利润总额都增长了10倍以上,农民的人均收入增长了两倍多,而刑事案件发案数一直控制在万分之八左右,年捕人数没有超过万分之二,做到经济发展快、社会治安好。其基本经验是坚持党的基本路线,把维护社会稳定作为系统工程纳入党委政府工作的全局,正确处理改革、发展与稳定的关系,通过维护稳定为经济发展创造良好的环境,通过发展经济为维护稳定提供有力的物质保证,从而实现了经济发展与社会稳定的良性循环。司法行政机关是维护社会稳定的重要职能部门,在学习和推广"枫桥经验"中,要自觉把司法行政工作纳入党委政府工作的全局,把深化改革、促进发展同维护稳定有机地统一起来,主动为实现党在新时期的总任务服务,为党委政府的中心工作服务,为人民群众的法律需求服务,在服务过程中履行好维护稳定、促进发展的职能。

2. "枫桥经验"为做好新时期司法行政工作提供了重要启示。"枫桥经验"给我们最大的启示,是必须紧紧围绕维护社会稳定这个主题,突出正确处理人民内部矛盾这个重点,把预防和化解矛盾、防止矛盾激化作为做好新时期基层司法行政工作的关键环节。在枫桥,基层司法行政工作的各项职能都得到了很好的体现,并发挥了重要作用。人民调解工作 6 年中成功调处纠纷 2 188 起;刑释解教人员安置帮教率达到 100%,重新犯罪率控制在 1.5%;基层法律服务工作为全镇 30 多家骨干企业担任了法律顾问,有力地支持了支柱产业,仅 98 年度就为骨干企业代写、审查法律事务文书 107 件,代理诉讼 73 件,追回货款 463 万元;法制宣传教育和依法治理工作更是为维护社会稳定发挥了基础性作用。这些情况表明,司法行政机关在维护社会稳定中大有用武之地。

3. "枫桥经验"是依法治国方略在基层的积极实践。在枫桥,党委发挥了总揽全局、协调各方的领导核心作用,把坚持党的领导、充分发扬民主与严格依法办事有机统一起来,深入开展依法治理,化解各类社会矛盾。枫桥镇 96 年开始实施依法治镇。他们十分重视提高干部群众的法律意识,镇村干部带头学法用法。镇政府专门聘请了法律顾问,镇所属的集体资产经营公司、合作基金会等经济组织也聘请了法律顾问,有较强的依法管理、依法决策、依法行政和依法处理经济纠纷的意识。镇政府作出决策或出台有关规章制度,都先要司法所进行法律把关。实行政务公开,广泛接受监督,让群众来依法管"官"。依法治村也得到扎实开展,各村都进行了化法为规、依章建制、按照规章制度实施管理的工作,普遍实行村务公开,让农民群众对村干部依法进行监督,同时,也使农民群众自觉接受法律法规、村规民约的约束。在这里,实施依法治国方略的工作正在逐步推进。通过大量的法制宣传教育和依法治理实践,枫桥的干部群众积累了丰富的依法化解矛盾的经验。各地司法行政机关要把学习和推广"枫桥经验"的过程,作为推进依法治国、促进基层民主与法制建设的进程。

三、把握"枫桥经验"的基本特征

在学习和运用过程中着眼于创新和发展学习"枫桥经验",首先必须加深对"枫桥经验"的了解,准确把握其特征,建立和健全更加有效的工作机制。新时期"枫桥经验"的主要特征是:

1. 党委领导、部门负责。这一特征要求各地司法行政机关在学习"枫桥经验"过程中,要像枫桥司法所那样,摆正自己的位置,自觉置身于党委、政府的领导之下,紧紧围绕党委、政府的中心工作搞好服务,与其他工作部门密切协作,为维护社会稳定更好地发挥职能作用。

2. 群众路线、群防群治。把群众富裕以后求平安的期望转化成自我化解矛盾的能力,是"枫桥经验"的重要特征。各地司法行政机关要进一步加强基层法律服务、人民调解和安置帮教队伍的网络建设,充分调动他们的积极性,把他们的作用发挥好。

3. 预防为主、就地化解。枫桥有个"四前"工作制,即组织建设走在工作前,预测工作走在预防前,预防工作走在调解前,调解工作走在激化前。在此基础上,他们开展了"创四无,宁万家"活动,以"无民间纠纷激化酿成自杀事件、无刑事案件、无群众性械斗、无群体上访"为主要标准,深入开展预防和化解民间纠纷的工作。这种变事后处理为事前防范的工作机制,真正体现了"预防为主"的方针,是调处社会矛盾方式的重要创造。全省司法行政系统要全面学习、推广"四前"工作制,深入开展"创四无"活动,把握住工作主动权,把矛盾解决在萌芽状态,解决在基层。

4. 以人为本、重在教育。"枫桥经验"之所以取得成功,干部有好的形象、群众有好的素质,是非常重要的一个因素。各地司法行政机关在学习和推广"枫桥经验"中,要突出学习和推广枫桥人的精神,学习和推广枫桥加强精神文明建设和民主法制建设的做法,在提高人的素质,尤其是在提高干部群众的法制观念上认认真真做文章。

各地司法行政机关要把握新时期"枫桥经验"的基本特征,结合本地实际,把基础工作抓实。同时,要着眼于发展、创新,使"枫桥经验"在化解人民内部矛盾中发挥更加积极的作用。具体要求是:

1. 基础要夯实。首先要狠抓司法行政基本职能的落实。要把维护社会稳定、防止矛盾激化作为基层司法行政工作的重中之重。今年要结合经常性的民间纠纷排查和调解,在全省范围内集中开展四次排查和专项治理,全省民间纠纷调解率和调解成功率分别要达到95%和90%以上。要健全刑释解教人员安置帮教工作机制,安置帮教率要达到80%。其次要狠抓基层基础工作。要加快乡镇司法所的建设步伐,几万人以上的乡镇都要建司法所,要解决好司法所的立户和列编问题,同时明确其职责、权限,建立工作目标和考核制度,制定提高司法所工作人员素质的措施;上半年全省要有60%的县(市、区)完成建所任务,年底要有90%以上的县(市、区)完成建所任务。要进一步健全刑释解教人员安置帮教工作网络,县(市、区)要创造条件建立安置基地,所有乡镇、街道都要建立领导小组,在村、企建立帮教小组。加强规范化调委会建设,重视接边地区调解组织的建设,85%的调解组织要达到标准化调委会的要求。

2. 内容要拓展。一是从法律服务领域上拓展。通过提供优质高效的法律服务来预防和化解矛盾,是"枫桥经验"的重要内容。推广"枫桥经验"要重视拓展法律服务的新领域,着重是向为党委、政府等决策层提供优质高效的服务拓展;向改革开放的新领域拓展,做到改革深化到哪里,法律服务就拓展到哪里;向为"三农"服务的广阔领域拓展,广泛开展"法制宣传进万家""法律服务进农家"活动,尽最大的努力去满足农业、农村、农民的法律需求。二是从工作对象上拓展。通过深入普法和依法治理,使"枫桥经验"不仅适用于化解一般的民间纠纷,而且能适用于化解不同领域、不同层次、不同对象的人民内部矛盾。尤其要依法管"官",通过促进依法行政,来减少人民内部矛盾的发生。

3. 方法要创新。推广"枫桥经验",要按照"依法治国,建设社会主义法治国家"的总体目标,沿着民主与法制建设的轨道,不断改进化解人民内部矛盾的方式方法。按照司法部和省委的要求,我们要在明年6月底前全省开通"148"法律服务专用电话,这是化解人民内部矛盾的一种新形式。各地司法行政机关要认真落实省委领导关于"今年全省要有50%的市地、70%的县(市、区)开通'148'专线电话,为基层提供更为便捷高效的法律咨询和服务,引导群众通过正常的行政和法律程序解决矛盾纠纷"的指示,把开通"148"这件好事办好。

4. 范围要延伸。"枫桥经验"是在乡村创造的,但在城镇同样也适用。各地司法行政机关要充分发挥在城镇的网络优势和实践优势,把"枫桥经验"延伸到城镇的社区和厂矿、企事业单位、机关、学校,结合城镇的特点,认真做好化解人民内部矛盾的工作,为城镇的深化改革和经济发展创造良好的环境。

同志们,学习推广新时期"枫桥经验",为做好新时期的司法行政工作提供了新的机遇,我们要牢牢把握机遇,把我省的司法行政事业全面推向新世纪!

2.1.16　帮助改造违法犯罪人员

提要:该文献是学术著作的一部分,分析了改革开放30年运用"枫桥经验"帮教改造违法犯罪人员的实践。为了应对严峻的社会治安形势,需要预防犯罪,并对累犯、重犯人员进行改造和教育,完善帮教体系。

帮助改造违法犯罪人员[1]

当然,对于是否存在这样的空间,在当时的人们心里还是存在疑虑的,毕竟"枫桥经验"是阶级斗争年代产生的做法。这正如后来人们将"枫桥经验"又归于计划经济时代的做法,对于是否能够在市场经济条件下生存和发展产生疑虑是一样的。

不过,这样的疑虑很快就消除了。因为就在 1978 年,正准备迈上改革开放新道路的中国迎来了"文革"后的第一个犯罪高峰期,刑事犯罪尤其是青少年违法犯罪的情况相当严重,成为危害社会安定的突出问题。全国刑事案件发案数自 1979 年首次突破 60 万起大关后,1981 年一举跃升到 89 万起。就在整个执政党的工作重点转移到经济建设上来之初,如何扭转日益严峻的社会治安形势首先摆在了中共中央和中国政法部门的面前。

1983 年 7 月,改革开放的总设计师邓小平和当时主管政法工作的社会主义法制奠基人彭真谈话时曾就此问题进行过探讨,反映了当时决策高层对这个问题的重视程度。后来这次谈话在相当大的范围内被传达,其中的一句话让人们格外记忆深刻。邓小平当时对彭真说:"刑事案件、恶性案件大幅度增长,这种情况很不得人心。"而公安战线的干部们明白,一旦被改革开放的总设计师邓小平认为上升到了"不得人心"的高度,一定是有相当原因的。显然是当时社会治安恶化的形势,已经在相当程度上降低了公众的安全感,从而极大地影响了党和政府的威望。这对当时立志推动中国改革开放的决策层来说,是一件无法容忍的事情。而"枫桥经验"在这个时期因为其维护社会稳定的重要作用,再次浮出水面。

在彭真的亲自主持下,公安战线于 1979 年 11 月 22 日至 26 日召开了全国

---

[1] 载赵义:《枫桥经验:中国农村治理样板》,浙江人民出版社 2008 年版,第 59—63 页。

城市治安会议。就在这次会议上,两个扭转社会治安严峻形势的重要战略开始浮出水面,并且其影响一直延续到今天。一个是依法从重从严惩处的思想,一个是实现社会治安综合治理的思路。也就是说,对严重破坏社会秩序的"六类"案件的犯罪分子,要依法从重从快惩处,而长久之计在于实行专门机关与群众相结合,教育与惩办相结合,实现社会治安综合治理。

这次会议后不久,曾经是枫桥"四类分子"摘帽试点主持人的公安部那位副局长专门给公安部党组呈交了一份考察报告。这个报告再次把"枫桥经验"放到决策者面前,换言之,面临新的形势,副局长再次为"枫桥经验"请战:全党工作重点转移了,而在保卫新工作顺利进行的过程中,"枫桥经验"仍将发挥重要作用。

来自北京的要求很快被传达到了枫桥。对于这个历史上的治安先进地区,党和政府要求它在面临严峻的形势时拿出新的方法来供其他地区参考。从来不甘人后的枫桥区政法各系统迅速行动了起来。就在公安部的那位副局长为"枫桥经验"再次请战之后不到两个半月,枫桥区委就对怎样以过去的"枫桥经验"为本,在新的历史时期解决新问题给出了新的初步答案。

如果说过去"枫桥经验"是以监督改造"四类分子"为主,那么在70年代中后期,它的工作目标应该转移到帮教改造违法犯罪人员上来。其中的原因在于:越是在社会变化剧烈的时候,违法犯罪人员再犯罪的概率就越高。而事实上,在当时的社会治安领域里,还有这样一类违法群体让相关部门头疼不已,当时有一句顺口溜就是形容这类重复犯罪的不良群体的,叫"大法不犯,小法常犯,难煞公安,气煞法院"。

民谚在相当程度上反映了社会的现状,显然这种现状已经亟待强力手段来改变。正是因为如此,政法体系急切地需要一个切实可行的方案,"枫桥经验"再次抓住了一个和国家大战略嫁接的非常合适的切入口。并且刚刚从"四类分子"监督改造中走出来的"枫桥经验",也具备这样的干部和群众基础。"枫桥经验"的"捕人少,治安好,产量高"的特色,对于为治安形势严峻而焦虑的人们更是具有足够的吸引力。

那么,在改造"四类分子"和改变当时猖獗的犯罪形势之间,有什么必然的联系呢?事实上,从说理开始改造"四类分子"的"枫桥经验"里,包含着对社会边缘人群改造的思想与让他们回归社会主流的实践方法,这对于当时的中国来说,是减少犯罪人员再次重犯的重要手段。当时中国的治安形势严峻,有一大部分原因是大量下乡返城的知识青年回到了城市,而刚刚从"文革"中走出的城市,无法提供足够的就业岗位。因此这些青年中一小部分不良人员走上了犯罪道路。在这些人中,累犯、重犯者又占到了各种类型案件的相当一部分。在相当大的程度上,此时有着改造人和教育人的成功实践的"枫桥经验",对中国社会非常有用,因此它才有可能被公安部的那位副局长格外看重,推荐给高层决策者。

行动起来的枫桥,迅速启动了"枫桥经验"的历史记录在新时代的运用。在今天已经泛黄的历史档案里,我们仍然可以清楚地看到当时密密麻麻的帮教记录。枫桥在实践中逐渐摸索出了民警包尖子、乡镇干部包重点、其他人员包一半的方法,当时已经达到了一个帮教对象配备三种帮教力量的程度。

也许有人会质疑这样的配备程度是否具有可持续性。这和选择"严打"的逻辑是一样的,当时的历史条件并不具备孕育后来在经济发达情况下,枫桥培育出的社区对犯罪人员进行行为矫正的土壤,只能是一种雏形。正如当时主管政法工作的决策者们在谈到严打的必要性时说的:"这是形势决定的,形势不是主观意志。"

当然,这一时期帮教体系的完善只是"枫桥经验"探索应对社会治安严峻形势的一个方法。此时在枫桥,以公社为单位的三级调解组织,迅速建立了起来,把大量纠纷和治安事件解决在萌芽状态。农村治保会也健全了起来,对预防犯罪开始进行探索。由此,"枫桥经验"开始了在新时期运用老经验进行新发展的道路。

实践证明,枫桥的做法是颇有成效的。从1980年到1989年10年中,枫桥区刑事案件平均年发案率占总人口的万分之2.96,年平均捕人数占总人口的万分之1.46。全区754名帮教对象中,已经改好或基本改好的有535名,占71%,有113名成为各类专业户。1985年诸暨县出现了一个让方方面面激动不已的变化:当年,诸暨县刑事大案大幅度下降。在当时的一份总结材料中,浙江省公安厅给出了这样的结论:诸暨县治安形势稳定好转的主要经验是"严打"中不忘落实"枫桥经验",坚持一手抓"严打",一手抓综合治理。对于长期"严打"下犯罪率不降反升,除了社会变化规模巨大,人的主观力量难以控制这个原因之外,中央社会治安综合治理委员会在一次总结时也特别提到:"总的说来,不是'严打'无效,而是因为社会治安综合治理没有得到全面落实。一方面,一些地方存在一定程度打击不力的问题;另一方面根本的原因在于防范、教育、建设、管理、改造等措施没有相应跟上。"

1981年6月14日,中共中央21号文件批转了中央政法委《京、津、沪、穗、汉五大城市治安座谈会纪要》。这是中共中央第一次提出"综合治理"概念,正式把"综合治理"作为解决社会治安问题、实现长治久安的刑事政策。当然,该时期"综合治理"的概念尚不清楚,工作范围也不太明确,仅仅相当于一个工作方针,尚未形成完整的工作体系,实践中也没有普遍开展,和经济领域一样,带有"摸着石头过河"的明显痕迹。

而在枫桥,因为开始运用了"枫桥经验"来预防犯罪和对累犯、重犯人员的改造和教育,情况相对要主动得多,整个社区已经相对平静。据1986年下半年8个乡的统计,共调处各类治安纠纷900余起,派出所直属受理仅64起。由于各乡综治办把大量的治安纠纷解决在基层,派出所的工作压力得到极大的减轻。当然,在整个中央部署综合治理之时,枫桥也开始随之行动起来。1986年9月,枫桥区各乡镇相继成立了由乡长兼组长,公安、司法、人武部、共青团、妇联等干部参加的乡（镇）社会治安综合治理领导小组，同时成立了乡（镇）综合治理办公室。

从此，"枫桥经验"开始逐渐发展成"具有浙江特色的综合治理的典范"，逐步摸索出了一套以经济建设为中心的新时代下为整个治安大局保驾护航的工作格局。

1991年，时任浙江省委书记的李泽民来到枫桥区。在肯定"枫桥经验"所体现的对社会治安的综合治理，对浙江省乃至全国都有推广价值之后，他还透露了这样一个"幕后"的细节：这年的春节，李泽民给彭真汇报工作时，"枫桥经验"的这个发展受到了彭真的肯定，并且彭真还清楚地记得1963年毛泽东主席给"枫桥经验"的批示。此前的1990年11月24日，彭真还曾经给当时的中央政治局常委、中纪委书记，后来兼任中央综治委主任的一位领导写过一封信，特别提到：（整顿治安）从长远看，教育人、改造人是更重要和更根本的方面。可以考虑参考1963年中央指示推广的"枫桥（浙江诸暨）经验"，择其适合现状者推广之。

这样，"枫桥经验"再一次和国家大战略嫁接在一起，从而迅速在新的历史时期找到了自己发展的空间。这样的嫁接过程，是"枫桥经验"一次又一次进入中南海，进入中央政法委，进入公安部的原因所在，也是"枫桥经验"一直保持活力的一个原因。正是从改革开放之初的这次嫁接开始，"枫桥经验"拉开了和改革开放30年历史的交汇过程的序幕。这样的交汇内涵丰富，难以用一句话来概括，在不同的历史时期各有其精彩。但至少有一点是明确的，那就是："枫桥经验"的乡土智慧，或者乡土社会的治理模式的发育，和其与国家大战略的嫁接是紧密联系在一起的。从此，"枫桥经验"掀开了更加"激情燃烧"的篇章。

2.1.17　以人为本强化教育

提要： 该文献是1999年4月20日，中共浙江省委副书记周国富在全省学习推广"枫桥经验"现场会上发表讲话《以人为本强化教育，着力于提高人的素质，加强精神文明建设和民主法制建设》第四部分的摘录。

以人为本强化教育[1]

诸暨、枫桥一贯坚持"教育人、改造人"，充分发挥党的政治优势，加强思想政治教育工作。广泛开展创"文明村、文明户"，做"文明人"活动，倡导健康向上的文明风尚；对企业职工注重精神文明教育，"酒香衣香，更要书香"，"既出产品又出人品"；对外来民工实行情感式、公寓式管理，寓关心、教育于管理之中，对轻微违法犯罪人员和刑释解教人员教育、感化、挽救、帮助，"不推一把拉一把，帮一时更帮一世"，化消极因素为积极因素。重视加强基层民主政治建设，以公开促公平，以公平促稳定。初步建立村级民主选举、民主决策、民主监督制度，制定了上合国家大局、下合社情民意的村规民约，积极推行村务、财务公开，基层干部公正、公平、合法、合情、合理地调解纠纷、化解矛盾。"枫桥经验"之所以深深扎根于群众之中，与当地的群众觉悟高、文化气氛浓、民风正有着密切关系。"枫桥经验"告诉我们，要把广大人民群众中蕴藏着的维护稳定的积极性和强烈愿望转化为自觉的行动，必须着眼于提高人的素质，加强精神文明建设，加强思想道德教育，倡导良好风尚，树立社会正气，建设文明环境。必须发扬民主、依法办事，接受人民群众的监督，凡是群众应该知道的就

1　载政协诸暨市文史资料委员会、诸暨市公安局编：《枫桥经验实录》，中共党史出版社2000年版，第96—97页。题目为编者所加。

应该公开,凡是群众应该参与的就要让群众参与,努力形成一种既有民主又有法制的环境。只有这样,稳定才能持久,发展才能持续。

2.1.18 璜山镇《关于创新"枫桥经验" 创建"平安诸暨"的实施意见》

提要:该文献主题为镇级平安建设,是较早在镇层面出台的有关"双创"活动的文件。编者摘录了文件的部分内容:对安置帮教工作提出了当年归正人员无重新犯罪的目标,加强轻微违法青少年的思想教育和行为矫治工作,把青少年犯罪率控制在犯罪总数的35%以内。文件规定的相关工作措施有参考价值。

中共璜山镇委员会　璜山镇人民政府
关于创新"枫桥经验"　创建"平安诸暨"的实施意见[1]

为加速实现"三个提前""两个率先"目标,营造稳定和谐的社会环境,保障和促进经济社会持续、健康发展,经研究,决定在全镇开展创新"枫桥经验"、创建"平安诸暨"活动(以下简称"双创"活动)。现对"双创"活动提出如下意见:

一、指导思想

以"三个代表"重要思想和党的十六大精神为指导,全面贯彻落实市委十三届六次全会精神,紧紧围绕"三个提前""两个率先"奋斗目标,以创新发展"枫桥经验"为总抓手,以创建"枫桥式平安镇乡街道"为主载体,以着力打造"平安诸暨"为总目标,夯实基层基础工作,健全完善稳定工作机制,落实社会

---

[1] 璜党委〔2004〕13号,2004年3月10日印发。

治安综合治理各项措施,努力开创社会稳定工作新局面,为建设诸东重镇创造和谐稳定的社会环境和公正高效的法治环境。

二、工作目标

总体目标是:全力维护社会稳定,促进经济社会快速协调发展,使人民群众安居乐业。到年底达到市级"枫桥式平安镇乡(街道)"标准,力争达到绍兴市级"枫桥式平安镇乡(街道)"标准。人民群众对社会治安工作满意度达85%以上,人民群众的安全感达90%以上。

具体目标是:

…………

(四)教育管理到位,外来人口管理体制、管理制度和组织网络进一步健全,实行综合管理,暂住人口登记发证率达到95%以上,出租房登记率达95%以上,外来人口犯罪率控制在登记总数0.4%以下;完善归正人员回籍落户工作,安置帮教工作实行"三帮三延伸",当年回归的无重新犯罪;轻微违法青少年的思想教育和行为矫治工作有针对性,青少年犯罪率控制在犯罪总数35%以内,其中未成人犯罪率低于5%。

…………

三、组织领导

…………

四、工作措施

开展"双创"活动是营造长期和谐稳定的社会环境,确保人民群众安居乐业,促进经济社会协调快速发展的重要举措。各村、单位要切实加强领导,精心组织实施。健全创建机制、落实工作措施,认真抓好"双创"工作,努力提高"双创"活动的质量和水平。

(一)健全完善正确处理新时期人民内部矛盾疏导化解机制

1. 开展讨论活动。在全镇上下广泛深入开展"全国学诸暨,诸暨怎么办"

大讨论活动,通过集中学习、座谈讨论、开展调研、征集意见建议,撰写研讨文章等多种形式,进一步把思想统一到省、市领导对创新发展"枫桥经验"的要求上来,切实增强创新发展"枫桥经验"的责任感使命感。

2. 完善组织网络。形成镇、村联动的工作网络。全镇建立由主要领导挂帅,综合办、司法所、信访办、派出所、人民法庭、国土所城建办、民政办等参加的维稳中心;村建立由联村干部、两委班子主要成员,治保调解干部,村民代表参加的排稳工作组,企业(500万元以上)也要相应建立维稳工作组,大力加强以村党支部为核心的基层组织建设,充分发挥治保会、调解会在维护基层稳定中的作用。

3. 创新工作机制。全面落实"四前"工作法、"四先四早"工作机制和领导干部下访等行之有效的制度,进一步构建预防化解矛盾纠纷工作的新机制。(1)完善源头治理机制。通过加快经济社会发展,加强道德法制教育,推进基层依法治理,认真解决土地征用、房屋拆迁、企业改制、社会保障、就业再就业、涉法涉诉等涉及群众切身利益的问题,从根本上预防、减少和化解矛盾纠纷。(2)完善信息预警机制。健全信息网络,加强对信息情报的分析研究,及早掌握、及早预防、及早解决带有倾向性、苗头性问题,把握工作主动权,定期组织矛盾纠纷集中排查调处活动。及时解决影响社会稳定的突出性问题。(3)完善分级负责、归口调处,领导包案、督查督办等工作机制。村级维稳工作组要及时受理、调处本村范围内的各类矛盾纠纷,努力把矛盾解决在当地、化解在萌芽状态。对比较复杂的或跨区域自身无法解决的矛盾纠纷,须在3个工作日内移送镇维稳中心,并说明理由;镇维稳中心每月分析、通报稳定工作情况,受理、协调、指导、督促辖区内的各类矛盾纠纷,充分发挥人民调解委员会的作用,及时依法调处各类矛盾。对自身无法化解的重大、疑难纠纷须在7个工作日内移送市维稳联席会议。(4)完善群体性事件处置机制。建立健全统一指挥、反应灵敏、协调有序、运转高效的应急机制,把处置工作纳入规范化、制度化、法制化轨道,全面提高处置群体事件、突发事件和重大灾害事故的能力。(5)完善激励机制,全面开展"示范调委会""五星级"治调工作竞赛活动,鼓励治调组织和人员勤调多解矛盾纠纷。充分运用"四环指导法",全面提高调解的质量和效果。

4. 强化信访工作。进一步完善信访工作机制,落实信访"一把手责任",优化信访工作"五个一"制度。认真落实信访排查、约访下访、领导包案、督办督查、协调、考核等制度,积极开展创"三无"活动,畅通信息渠道,创新工作方法,变群众上访为领导下访,提高初信初访一次性处理的成功率,认真解决特殊和上访户问题,切实化解信访热点难点,努力减少信访总量和信访存量。

(二)健全完善打防控一体化工作机制

1. 提高"严打"实效。建立健全"严打"经常性工作机制。建立健全滚动排查、重点整治的长效工作机制,对治安重点地区实行重点整治,解决突出治安问题。加强治安管理,坚决扫除"黄赌毒"等丑恶现象,净化社会风气。依法严惩经济犯罪和职务犯罪,维护社会主义市场经济秩序,促进廉洁从政。

2. 严密防控体系。努力完善网络化巡防、电子监控、社会化防范的治安防控工程。进一步加强公复场所、特种行业和重点物品的治安管理,消除治安隐患,及时发现犯罪线索,预防、打击犯罪。

3. 深化"创安"活动。继续按照市委要求,深入开展创建"枫桥式平安镇乡(街道)"活动,不断提高创建活动的质量和水平。治安安全村、治安安全单位等基层"创安"系列活动和信访工作"三无"镇乡创建活动纳入"枫桥式平安镇乡(街道)"创建之中,真正做到以村、企业、单位的平安来保全镇平安。

(三)健全完善基层教育管理服务机制

1. 推进"四五"普法。加强以领导干部、企业经营管理者、外来人员、青少年特别是在校生为重点的全民法制教育,切实提高干部依法行政、企业依法经营、公民依法办事的素质。积极探索社会闲散青年的管理教育,形成有效的教育管理机制,预防和控制违法犯罪。深入推进"民主法治村"建设。到年底有20%以上的村达到"民主法治村"标准。全面实施"农民素质教育工程",不断提高农民素质,提高基层依法治理水平。

2. 优化管理服务,坚持教育、服务、维权、管理并重,推进外来人口管理社会化、市场化、信息化、人性化,推行流动人口网络管理,建立健全镇级培训点,加强外来人口的思想教育、公民道德教育、法制教育和职业技术培训。健全困难人员救助服务机构,建立外来人口维权服务中心,保护其合法权益。坚持和完善家庭、学校、社会三位一体工作机制,整体联动,加强对青少年的教育管理。坚持和完善"三帮三延伸"帮教机制,切实做好归正人员的安置帮教工作,努力减少重新违法犯罪。

3. 严格安全管理,建立健全安全生产规章制度,进一步提高安全生产管理水平,进一步抓好交通安全整治和管理,加强交通安全知识教育,切实维护交通安全,减少交通事故。集中整治火险隐患突出的公共聚集场所、娱乐服务场所、专业市场、轻纺行业,消除重点单位、家庭式作坊和"三合一"企业,消除火险隐患,防止重特大火灾事故的发生。

(四)健全完善规范化基层组织建设机制

配强配好人员。规范基层建设,配齐配强综治工作人员,合力抓好综治委、综治办(维稳中心、调解委员会、信访办)、公安派出所、人民法庭的规范化建设,进一步健全管理制度,规范工作程序,改善基础设施,提高整体素质,充分发挥政法综治组织在维护稳定中的骨干作用,抓好教育培训,不断提高业务素质和执法、办事水平。

(五)健全完善维护社会稳定的领导责任机制

1. 落实领导责任。要牢固树立"稳定压倒一切"的观念,切实把维护社会稳定工作作为一项突出的政治任务来抓。"一把手"要负总责,切实承担起第一责任人的责任。要按照"谁主管,谁负责"的原则,进一步落实工作责任,预防、化解、处置各类矛盾纠纷。

2. 落实经费保障,镇政法综治经费列入财政预算,保证足额到位,并按财政增长比率逐年增加。各单位要增加综治经费投入,提高有关工作人员的经济待遇。

3. 加大督查力度,镇党委、政府加强定期指导督查,狠抓措施落实,切实加强"双创"的组织推动工作;有关部门要切实发挥各自职能作用,积极协助党委、政府抓好相应工作;综治、政法部门要按照各自职责,认真做好对"双创"活动的督促、检查、指导和具体工作。努力营造良好氛围,进一步提高广大干部群众参与"双创"活动、合力维护社会稳定的自觉性。

五、方法步骤

…………

六、考核

…………

2.1.19 对违法违规青少年帮教工作的思考与探讨

提要:该文献是杨光照代表枫桥镇关工委"五老"志愿者,对创新"枫桥式"帮教模式、积极营造平安校园和谐环境做的经验介绍。总结了对违法违规青少年挽救教育的几种帮教方法:依法疏导、分层管理、跟踪式、组团、联动、亲情、特殊体验。对轻微违法违规的未成年人及在校的"问题"学生始终坚持教育、挽救、感化、改造的育人方针。实行"政府管理、网格运作、组团服务"落实帮教工作,充分运用社会资源,创新与推广"5+1"社会管理"枫桥式"帮教模式。推动"枫桥经验"进校实践活动,紧紧抓住教育阵地,努力实现"小事不出班,大事不出校,矛盾不上交"。

对违法违规青少年帮教工作的思考与探讨[1]

青少年是祖国的未来和希望,维护青少年的合法权益是全社会的共同政治责任,也是关心下一代工作委员会及广大"五老"志愿者的分内责任。少年强则国家强,少年智则国家智,少年富则国家富,少年进步则国家进步。为积极预防青少年违法犯罪、坚持以人为本,不断提高人文素质,创新发展"枫桥经验",推动枫桥经验进校实践活动。紧紧抓住"社会、学校、家庭"三大教育阵地,努力实现"小事不出班,大事不出校,矛盾不上交"的校园管理效果及社会管理效果。使法制宣传教育有序地走进家庭、走进学校、走进社区,并延伸至监狱。在新时期新形势下,如何做好违法违规青少年的关爱、帮教工作?结合多年关爱帮教工作的实践,今天,借此机会,我与大家共同思考与探讨,未成年人帮教工作的认识与方法。仅供大家参考。

一、青少年在校学生违法违规行为的主要表现形式

(一)违法类

①盗窃案;②殴打他人、致人伤害(残)案;③寻衅滋事案;④抢夺案;⑤抢劫案;⑥卖淫嫖娼、介绍卖淫案;⑦强奸、轮奸案;⑧吸毒及容留他人吸毒案;等等。

(二)违规类

①偷盗少量财物;②勒索少量财物;③早恋;④沉迷网吧QQ;⑤逃学(有学不上,有业不就,有家不归);⑥传销;⑦打架斗殴;⑧称兄道弟、仗势欺人、报复教训他人、结伙斗殴;⑨寻衅滋事;等等。

二、关工委及"五老"志愿者关爱帮教帮扶工作的主要对象

①失学青少年;②失业青少年;③失足青少年;④单亲失管青少年;⑤孤寡

---

[1] 杨光照写于2014年2月至4月3日,原材料保存在杨光照处。编者根据手稿整理。为保护帮教对象隐私,编者对帮教对象姓名及其家庭信息进行了必要的省略。

留守儿童;⑥在校"问题"学生;⑦涉毒涉恶青少年;⑧刑释回归青少年。

三、未成年人帮扶帮教工作的具体方案及对策

近年来,枫桥镇关工委对轻微违法违规的未成年人及在校的"问题"学生始终坚持教育、挽救、感化、改造的育人方针。实行"政府管理、网格运作、组团服务"落实帮教工作的四延伸,即:"帮教工作向家庭延伸,帮教工作向校园延伸,帮教工作向社会(企业)延伸,帮教工作向监狱延伸。"充分运用社会资源,创新与推广"5+1"社会管理"枫桥式"帮教模式,即:村、校、所(派出所、司法所)、社区、镇驻村指导员,加帮扶对象,经过多年帮教实践,取得较好的帮教效果。近年来,枫桥镇关工委归纳与总结了对违法违规青少年挽救教育的几种帮教方法与对策。

(一)依法疏导教育法

依法疏导教育法是针对违法违规青少年及在校"问题"学生进行学法说理的一种帮教方法。根据不同的对象、不同的环境、不同的犯案违规行为,采用不同的教育方式与教育内容,结合辖区及校园实际,开办多形式、多层次的"法制学校,家长学校,矫正学校,心理学校"。在教育方法上,灵活运用,可采用因地制宜、因事制宜、因人制宜教育手段。切合实际,以案说法,实施"听、记、写、谈、改"的五字教育法。要求学生仔细听课,认真记录,写心得体会,谈思想认识,善于剖析自己,改存在问题。从而使授课学生人人受到教育,个个得到提高。如:原枫桥镇中108班宣某等学生犯有早恋,为女生而引发打架斗殴等劣迹,我们及时组织"五老"志愿者等社会力量,展开联动帮教"法制教育课"。在帮教课堂上,"问题"学生汇报在校的表现及自身存在的问题,老师向家长汇报学生在校的表现及存在的主要问题,家长听取子女及学校老师汇报情况后及时了解子女在校表现及存在问题,主动配合学校提出家校共管的意见和建议。社区民警对违纪违规行为进行逐项法条教育,通过谈心型、交流式的法制教育课,使十余名"问题"学生认识得到提高、思想观念有了转变。在学习会上,分别表示不辜负民警、老师和父母对他们的期望,做到自觉弃邪归正。经实践检验,收到预期的整改效果。

(二)分层管理帮教法

分层管理帮教法是根据青少年违规违法的深浅程度等进行分类管理帮教的一种方法。

一般可分为管控、帮教、视线三大类:

管控,包括劳释等五类,即假释、缓刑、保外就医、管制、剥夺政治权利,矫正人员及吸毒人员,由司法所矫正办,采用"5+1"的矫正帮教法。

帮教,对有轻微违规违法的青少年实行教育、挽救、诱导、感化帮教措施,对在校学生实施优、良、差的分层管理模式。以优秀人物带动人,以优秀事迹感化人,以优秀品德教育人,抓一点,带一片。对差生实行一对一、多对一的帮教措施,做到定人、定位、定时、定责,走访谈心帮教活动。

视线,是将情绪不稳、表现一般、勿上勿下,随机可能转变为违规的青少年,列入视线管理,为确保青少年维权关爱的效果,帮教小组建议学校对"问题"学生不搞辞退、劝退单一化的处理,实行不记账、不进档、不咎往、不嫌弃、不冷落、不歧视的六不育人准则,真正使学生感受到社会、学校、家庭的温暖。如:原枫桥某职校学生陈某犯有早恋失控情绪,晚上擅自闯入女生宿舍睡觉,老师批评我不服,父母教育我不听,学生监督我离校。为此,帮教小组采用"心理学校"的帮教方法,通过心理疏导、谈心交流,使陈某深受教育,痛改前非。在回访中了解到早恋停了、酒不喝了、架不打了、上课也认真了,并表示今后一定做个好学生、好子女、好青年,在期末还考上了高等学校深造。

(三)跟踪式帮教法

跟踪式帮教法是对"有学不上、有业不就、有家不归"的单亲失管子女的跟踪式帮教方法,我们的实施方法是联系到村、走访到户、谈心到人,尊重家长的意愿保护未成年的隐私及名誉权。如B村的少女陈某香犯有卖淫及介绍卖淫罪被判处缓刑,我们在帮教过程中,采用单线联系、单个帮教、专人管理,书信联络的方法,使其弃邪归正,走上经商致富的轨道,并受到了家长的支持与好评。对个别结伙紧密、不务正业的违规少年,我们采用了"隔源、断线、稳心"的管理模式。如:A村的梁某、B村的陈某、C村的骆某,多次参与结伙打架斗殴,寻衅滋事。在校内校外造成较坏的影响。为使帮教工作取得成效,我们建议家长由其父母或亲属带离居住地,随机外出务工、就学,隔离团伙成员的源头。断线就是切断原有人员及团伙成员的接触与联系。稳心就是排除外界干扰,培养其独立思考、独立工作,稳住违规人员的心理状态。这一方法使对陈某、梁某、骆某的帮教都取得了较好的社会效果及家庭效果。

(四)组团矫正帮教法

组团矫正帮教法是对一案多人或多案多人的团伙违法青少年的帮教方法。如:2013年6月间,市关爱团成员对张某良、王某锋、黄某锋等五名抢劫未遂青少年实行组团帮教,在检察院的指导监督下,实行附条件不起诉的帮教工作。对涉及一案多人的未成年人,关爱团的"五老"志愿者实行了组团联合帮教,并落实了定点、定时、定人、定责的岗位责任制。关爱团"五老"志愿者分工明确,措施得力,对帮教对象实行一对一、多对一的帮教方法,并制订落实了八个一的帮教措施,即建立一份帮教档案,签订一份帮教责任书,每日写一篇工作日记,每周写一份思想汇报,帮教小组每季展开一次互动联系,帮教成员每月一次家庭走访,帮教对象每月参加一次义务劳动,帮教对象每季参加一次法制教育。经半年的矫正帮教达到了预期的效果,检察机关按期作出了附条件的不起诉的决定,目前五名帮教对象均无违法违规行为发生,各自都走上了自食其力的轨道,降低了重新犯罪的概率。

（五）联动帮教法

联动帮教法是实行群防群治、依靠群众预防和改造犯罪,实行多帮一级"5+1"枫桥模式的一种帮教方法。这种帮教法是对特殊对象采取特殊帮教的形式。如:枫桥镇单家甸村未满十八周岁的矫正对象谢某波被判了一年缓刑。我们采取了"6+1"的帮教形式,落实了一名五老志愿者、社区民警、驻村指导员、村治保干部、企业负责人、失足青年家长加失足青年,并在联动帮教"连心"会上,形成了"诚心、爱心、热心"的帮教共识。经过近二年的努力,失足青年谢某波已弃邪归正。经回访,现能安分守己、遵纪守法。目前,随父亲安心就业,做油漆工。

（六）亲情帮教法

亲情帮教法是充分运用亲情、友情、爱情等感情的一种情感式帮教方法。此方法对违法犯罪的青少年、在监狱高墙内的失足人员效果更佳。在帮教工作中我们要用亲情温暖人,用行动感化人。在帮教活动中,我们对原钟某村的骆某,现迪某村的楼某,多年来多次与村、镇、所、家长、组织亲情帮教小组进监狱实行面对面的亲情帮教、书信互动帮教,生活上送钱送物,思想上送情送谊,使骆某、楼某深受感化,促进改造,通过亲情帮教,首见成效,骆某被监狱一次性减刑20个月,提前释放,回归家乡,成为一名遵纪守法的好公民。楼某已多次减刑,还被监狱评为劳改积极分子,树为监狱改造先进典型,目前正在争取解释程序中。

（七）特殊体验感受法

特殊体验感受法是针对"大错不犯、小错不断,家长要求不严、管理不善"的犯有轻微违法违规的青少年。此帮教法仅限个别青少年,或家长有请求的违规少年。视情可到公、检、法、司机关体验生活,接受培训、夏令营等形式实践活动。如:原枫桥镇中学生金某在校表现较差,打架斗殴、欺诈弱小同学、自称老大,学校难管、家长烦恼、学生害怕。为规范金某的行为,在家长的请求下,要求他到派出所体验生活,规范行为。近 2 个月的暑期实习实践生活,他与民警、保安同吃、同住、同生活、同执勤,在执勤执法看管犯罪嫌疑人中体验到了什么叫犯法、什么叫违法、什么叫违规的法学理念。从管理中学法、从实践中知法、从行动中守法,通过实习与体验,使金某自身的违规行为得到了规正。目前本人已走向社会,自谋经商职业,成为社会无忧、家长放心、自己稳心的职业人才。

2.2 新时期罪犯和刑释人员的帮教工作

2.2.1 失足未必千古恨 各方面关心成新人

提要: 该文献是报纸文章。文献强调,进入八十年代,枫桥区干部群众在努力做好"两劳"释放人员安置工作的同时,采取"单位包职工,家长包子女,学校包学生"的措施,改造违法人员,帮助帮教对象劳动致富,为"枫桥经验"增添了新的内容。

失足未必千古恨 各方面关心成新人[1]

七十年代,枫桥区在改造流窜作案违法人员时,曾创造了一套"三管"经验,即"管头(思想)、管脚(行动)、管肚皮(吃、住)",从而成功地改造了一批流窜作案的违法人员。

进入八十年代,枫桥区干部群众在努力做好两劳释放人员的安置工作的同时,采取"单位包职工,家长包子女,学校包学生"的措施,改造违法人员,帮

---

[1] 作者宣飏,载《绍兴日报》1990 年 3 月 30 日,第 4 版。

助帮教对象劳动致富,为枫桥经验增添了新的内容。

赵家镇有位姓赵的青年,在中学读书时,就染上了赌博的恶习。高中毕业后,他四处流窜偷窃作案,曾被有关部门两次收容、三次审查。1981年,他回到镇里。怎样来稳住他的心,不让他再四处流窜呢?村干部和派出所民警动开了脑筋,先是手把手地教他干农活,化肥、农药等优先保证供给他。后来,派出所同志了解到他对机械有浓厚的兴趣,决意发挥他的一技之长,让他开拖拉机跑运输。村里帮他贷款1 700元,又担保让他承包了邻村的集体拖拉机,使他很快走上了勤劳致富的道路。村里又帮助他找对象,组织了一个温暖的小家庭。现在,他造了房,添了家具,买来了电视机,生活越过越红火。他一家还被评上了"爱国守法户"。

1980年以来,枫桥区全区754名帮教对象中,像这位青年一样成为各类专业户的有113名。

"单位包职工,家长包子女,学校包学生",这是枫桥区在面临帮教对象低龄化的新情况时,采取的又一新措施,让全社会都来做挽救违法人员的工作,从而形成了一个良好的帮教环境。枫桥粮管所有3名青工,因赌博在群众中造成极坏的影响。所里一些职工认为,应该把他们开除出去。但所领导则认为,企业是社会的一个组成部分,也要为社会治安尽一份力,把这样的青年推到社会上去,只会增加社会的不安定因素,对他们个人、家庭也不利。于是,所里对这3名青工只作出留用一年的处分,给予他们悔过自新的机会。在大家的帮助教育下,这3名青工逐步改变了恶习,工作表现也越来越好。

2.2.2 枫桥镇治保会、调委会的安置帮教制度

提要:该文献是有关镇级综治工作的文件,规定了八个方面的制度,其中之一就是安置帮教制度。具体包括把帮教情况及时登记入册、落实

帮教小组、经常性帮教、对帮教对象妥善安置、配合司法所工作等。

枫桥镇治保委员会、调解委员会若干工作制度[1]

为切实加强治调组织建设,规范工作制度,完善运行机制,提高工作效率,维护社会稳定,促进经济发展,根据我镇实际,特制以下各项制度。

一、学习例会制度

1. 治保会、调委会每月分别召开一次工作例会。主要是分析治理动态,排除不安定因素,商讨疑难纠纷的调处方案,组织开展群防群治活动。

2. 治保会、调委会每二个月召开一次联席会议,主要是总结分析前期工作情况,布置下阶段的工作任务,并组织学习上级文件、政治理论、法律法规等,不断提高自身的政治业务水平。

3. 积极参加上级有关部门举办的业务培训和镇党委、政府组织的分片治调干部活动。

4. 会议内容要在《会议记录簿》上详细记录。

二、请示报告制度

1. 治保会、调委会负责人应经常向村(企)党支部、村委会、包村干部、司法员、联片民警汇报工作,争取各级领导对治调工作的支持。

2. 发生突发性事件或重大案件除妥善处置外,应及时向上级有关部门报告。

3. 如实填报各类统计报表,按时完成上级交办的各项工作任务。

三、预测排查制度

1. 各村、企业应选配思想素质好、事业心强的治调信息员若干名,一般村

---

[1] 枫综治〔2000〕01号。载诸暨市社会治安综合治理委员会编:《枫桥经验工作手册》,第105—107页。

民小组或自然村至少配备一名以上,企业单位每个车间班组都须配备信息员,便于纠纷预测预防的信息反馈。

2. 经常性走访信息员,每半年至少召开一次治调信息员会议,充分发挥治调信息员的作用,搞好纠纷的预测反馈工作,减少纠纷发生,防止矛盾激化。

3. 重视不安定因素的摸排工作,按农时季节和社会治安状况,至少每月集中开展一次不安定因素的排查工作,做到底子清、情况明。

4. 对排查出来的不安定因素采取强有力的措施,及时予以解决,对较大不安定因素和信访隐患,要及时向村主要领导、包村干部和司法所汇报。

四、纠纷调处制度

1. 民间纠纷的调处应按枫政〔2000〕9号文件《枫桥镇民间纠纷调处若干规定》依法公正调处,保证纠纷调处率达100%,成功率达95%以上。

2. 一般民间纠纷应在村、企业一级得到解决,并在一个月内处理完毕。确实无法解决、需向上一级部门移送的民间纠纷,应按规定填写《纠纷移送单》,经移送单位负责人、包村干部签字后连同有关档案材料一并移送,并通知当事人向有关单位联系。

3. 易激化的民间纠纷,治调干部应主动调处,防止事态扩大,并及时向有关部门报告。

4. 每起纠纷调处后应跟踪回访,并做好协议的履行兑现工作。

五、安置帮教制度

1. 认真做好"两劳"回籍人员及轻微违法人员的安置帮教工作,建立《帮教对象登记簿》,把帮教情况及时登记入册。

2. 每个帮教对象落实3人以上的帮教小组,一般由司法员、联片民警、村干部和帮教对象家属等组成,实行"捆绑式"帮教。

3. 帮教小组要经常对帮教对象开展谈话教育,每月至少谈话一次,掌握其思想动态和社会活动情况,做好书面记录。

4. 对帮教对象要妥善安置。对工作无着落、生活有困难的对象应想方设法帮助解决实际问题,使其勤劳致富。

5. 积极配合司法所每季度对帮教对象开展一次考察工作。

六、依法治理、法制宣传教育制度

1. 各村(单位)应选配好 1—3 名法制宣传员,配合党支部、村委会开展依法治理宣传教育,宣传教育内容要有记录。

2. 健全法制教育阵地,各村、企业都要建好法制宣传栏。规模大的企业还应建立法制学校、外来人口学校、青年职工学校等,形式多样地开展法制教育。

3. 掌握有利时机,结合本地实际,利用广播、黑板报、宣传窗等多种宣传工具,每年至少开展四期法律知识宣传教育,增强全民的法律意识。

4. 发放宣传资料,组织法律知识考试、竞赛等活动,努力完成法制宣传教育任务。

七、安全防范制度

1. 加强群防群治组织建设。以治保会、调委会干部为基础,党团员、民兵为骨干,健全护村队、义务消防队、治调信息员队伍、帮教小组等群防群治队伍,指导他们经常性地开展工作。

2. 组织教育培训。护村队、义务消防队等群防群治队伍,每季度至少召开一次培训学习会,学习法律和业务知识,制订应急预案,组织演练,确保拉得出、打得响。

3. 加强值班巡逻。组织护村队员在节假日、农事大忙季节和治安复杂阶段进行巡逻值勤,集镇所属村要努力做到常年每夜巡逻。对巡逻中发现的可疑人员和情况及时同派出所联系,并依法采取措施,防治各类案件和事故的发生。值班情况要在登记簿上详细记录。

4. 开展安全检查。经常开展消防安全、生产安全教育,开展防火防盗、易爆物品管理、基础设施和房屋安全等检查,对发现的治安和安全隐患采取措施,并向村、单位领导汇报。

5. 协助公安机关搞好外来人口管理。对本村、企业的外来人口要建立登记簿,掌握动态。

6. 妥善保管好消防器械及其他工具。

八、突发性事件处置制度

1. 坚持"调防结合、以防为主"的方针,治调干部、治调信息员应经常了解民间纠纷的动态和信息,发现苗头及时采取措施,正确疏导,把矛盾化解在萌芽状态。

2. 发生突发性事件,治调干部必须及时赶到现场,采取果断措施,妥善稳定局势,防止事态恶化,同时立即向上级有关部门汇报。

3. 遇到人民群众的生命财产受到损害时,要全力组织抢救,属刑事或治安案件的,按规定保护现场,收集、提供线索,协助公安机关尽快侦破案件。

2.2.3 钟瑛村的帮教工作

提要: 该文献是钟瑛村治调委的经验材料。谈到了该村运用"三个延伸"的新机制认真做好帮教工作的经验,即事先向监所延伸、事中向家庭延伸、事后向巩固提高延伸。

高举"枫桥经验"旗帜　创造全面小康社会[1]

钟瑛村坐落在枫桥镇中心繁华地段,南濒枫桥江,北接绍大线,全村现有

---

[1] 作者是钟瑛村治调委,载钟瑛村党支部村委会:《关于深化枫桥经验事迹介绍及治调工作有关材料(2002年5月—2003年12月)》。

人口 1 401 人。长期以来,村民安居乐业,经济社会欣欣向荣。

钟瑛村是闻名全国的"枫桥经验"的发源地之一。在"枫桥经验"走过的四十年漫长历程中,通过历届干部和广大村民的共同努力,取得了一些好成绩。早在上个世纪六十年代,村治保会就成为全国治保战线上的一面旗帜,受到国家公安部的表彰。此后三十多年里,该村还获得了国家司法部授予的"模范人民调解委员会"的荣誉称号,以及其他从中央到地方的各种荣誉称号数十个。钟瑛村之所以受到上级的多次表彰,关键在于坚持"枫桥精神"几十年如一日,不断创新发展,与时俱进,认真做了以下几方面的工作。

一、发动群众,群防群治

钟瑛村地处枫桥镇中心交通要道,公共场所和企业众多,人口流动量大。随着经济社会各方面的快速发展,社会矛盾日益增多,治安形势相对复杂。村两委会认识到,要做到辖区内社会稳定,长治久安,把不安定因素消灭在萌芽状态。为此,该村专门建立了三支素质高、战斗力强的群防群治队伍,即护村队、义务消防队、民兵应急分队。这三支队伍的建立已有 18 年历史,队员们长年默默无闻、任劳任怨,义务值班巡逻,战斗在抗洪抢险、救火救灾的危险时刻,为保障人民群众的安居乐业做出了牺牲和贡献。在这三支队伍的建设上,村两委又做到了以下几点:

(一)组织健全,党、团、群相结合。村两委会成员全部加入到三支队伍中,还把年纪轻、素质好、责任心强的村民充实到队伍中来,共产党员、共青团员在其中起模范带头作用。

(二)制度落实,措施到位。队员每月进行一次集中学习,提高思想政治素质和业务水平;实行义务执勤巡逻制度,在国家重大活动、重要节假日期间和重大突发事件发生时,更是严格要求执行,一丝不苟。近几年钟瑛村还开展"平安志愿者活动",号召和引导广大村民积极参与,"我为村民守一夜,村民为我守一年"的响亮口号深入人心,治安形势更加平稳,使钟瑛村成了犯罪分子不敢逾越半步的"天网""雷池"。据不完全统计,近几年来,该村护村队共发现并配合公安机关抓获犯罪嫌疑人20余名,破获刑事案件20多起,有力地震慑了违法犯罪分子。1999年8月19日,根据枫桥派出所案情通报,该村某农户出租房内住有一何姓贵州籍逃犯。得知这一重要情报后,村里迅速组织护村队昼夜布控,严密监视,终于在第二天上午8点发现了罪犯的行踪。布控的护村队员一边报告派出所和村值班室,一边追踪罪犯,在警民联手的层层围捕下,终于将该罪犯抓获。市公安机关还以此为线索,深挖出一个以何某为首的重大盗窃犯罪团伙。

二、矛盾纠纷,就地消化

钟瑛村历来重视人民调解工作,一向把调解工作放在重要的议事日程上。为了做到纠纷不出村,矛盾不上交,钟瑛村几十年来踏踏实实做到以下几点:

(一)组织网络健全。由村主职干部兼任治调主任,其他二委会人员分别兼任治调副主任、调委员。建立治调信息员队伍,完善情报系统。如村中一旦发生纠纷,就像电脑、互联网一样,信息即反馈至各村办公室。治调干部立即赶赴现场了解第一手情况,制止事态的发展。

(二)牵头建立村与村之间的治调信息员制度。钟瑛村位于枫桥镇中心,与各相邻村联系紧密、交往频繁。针对这种特殊情况,我村率先提出治调工作村村联动的新思路,得到相邻各村的积极响应。现在每季度召开一次联动大会,互通信息,群策群力,村与村之间、不同村的村民之间的矛盾得到及时化解,使各村民和睦相处,亲如一家。

(三)创造和运用"三抓""三防""四前工作法"。把矛盾纠纷解决在基层,解决在萌芽状态是"枫桥经验"的精神所在,钟瑛村几十年来一直坚持自己的事情自己管,自家的矛盾自己解决,为做到这一目标,该村制订了一套预防和化解矛盾的制度,提出了"三抓""三防"目标,即抓重点、抓苗头、抓防范;防民间纠纷发生、防民间纠纷引起非正常死亡、防民间纠纷转化为刑事案件;

灵活运用"四前工作法",切实做到了组织建设走在激化前。由于制度落实、责任明确、方法有创新,加上历届治调干部的辛勤工作,钟瑛村近10年来没有1起纠纷上交,全部解决在基层。

三、创新方法,真心帮教

钟瑛村特殊的地理环境和相对复杂的治安形势,使得该村先后出现归正人员11人。在"枫桥经验"这面红旗的指引下,通过帮教干部和广大村民的共同努力,到目前为止,绝大部分归正人员已解除帮教,成了家,立了业,一人当上了村民代表,一位失足青年还光荣地加入中国共产党。钟瑛村之所以在帮教工作中取得了这些成绩,主要是村两委会十分重视,在依靠"枫桥经验"解决问题的同时,不忘进一步深化和发展"枫桥经验",运用"三个延伸"的新机制认真做好帮教工作。

(一)事先向监所延伸,即帮教进监所。从2000年起,村两委会每年会同镇司法所干部、派出所干警、联村干部、家属组成联合帮教小组到杭州乔司监狱、绍兴劳教所看望在押的帮教对象,签订三联保责任书。村两委会带去凝结全村父老殷切期望的生活补助费,鼓励他们树立重新做人的信心。乔司监狱领导感叹说:"像你们这样每年组织帮教到监狱帮教的,全省只有你们能做得到,别无二家。"罪犯骆某在帮教小组的教育鼓励下,思想上有了很大的转变,三年来坚持每月给村里写一封改造汇报信,从不间断。在这里摘取他来信中的几句话:"您对我的教诲就像盛夏的凉风,使我看到了新的希望,新的明天。我会把刑期当作学期,克服缺点,充实自己,树立正确的人生观。"骆某的积极改造得到了监狱领导的肯定。2001年底骆某被省监狱管理部门评为"劳动积极分子",有很大希望能减刑,提前释放。

(二)事中向家庭延伸。钟瑛村的帮教干部不仅对归正人员的生产生活予以帮助,思想上进行教育,而且也在亲属身上做工作,经常督促他们要管牢管好;对没有成家的归正人员,也非常关心。村民何某释放回家后谈了一个对象,不知什么原因关系破裂。村里知道后,当即派了两个干部到50里外的女方家,耐心细致地做思想工作,终于使他们重归于好。2003年元月两人已结婚,现在生活幸福。

(三)事后向巩固提高延伸。钟瑛村的帮教工作不仅在帮教期内尽心尽力,帮教期届满后,为了防止他们出现反弹甚至重新犯罪,也没有放松对他们的教育和帮助,而是一如既往地予以关心和支持。帮教干部仍然经常上门走访,了解生产生活情况。有困难的,继续帮助。另外,在几十年来的帮教过程中,村帮教工作者始终坚持思想改造是第一位,关心、帮助他们致富奔小康,以防止重新犯罪。为此,在帮教工作中,巩固树立了"三帮"理念,即思想上帮心、生活上帮扶、经济上帮富,并始终用以指导开展帮教工作。

四、加强外来人口管理,服务与维权并重

近几年来,随着枫桥镇社会经济等方面的迅猛发展,吸引了大量外地人员来枫桥镇务工经商,钟瑛也成了全镇外来人口、私房出租最多的村,全村约有外来人口800人,出租房300余户(间)。外来人口在促进本地经济发展的同时,也给管理带来了一定的难度。为了管好外来人口,实现发展与稳定的和谐统一,村两委会把这项工作摆在突出的位置,花大力气,动大脑筋,扎扎实实做到了以下几点:

(一)组织健全,制度落实。村两委会定期召开会议,就外来人口管理工作进行专项研究,制定计划,部署工作方案。专门成立了外来人口、出租私房登记站及领导小组,积极配合有关部门做好外来人口管理工作。

(二)措施到位,责任明确。坚持常年逐户逐人摸排登记,协助派出所为外来人口办理暂住证。对全村私房出租户发出通告,要求他们立即报告。近几年来,好几起外来人口盗窃案就是由出租房业主发现后及时报案而破获的。

(三)管理的同时不忘服务。特别是在计划生育方面,更是做到了管理不留情,服务献真情。一有管理对象入住钟瑛村,村妇女干部就和治保会干部一起上门登记,为育龄夫妇建立档案,做到情况明,底子清,并定期开展计生检查,提供计生服务。近年来,没有发生外来人口超生现象。在外来人口的合法权益受到侵害时,村干部也没有坐视不管,积极主动地为他们讨公道。针对外来人口与本地人之间的矛盾纠纷,村干部及时公平公正、合法合理地处理问题,坚决杜绝歧视和偏袒行为,取得了他们的信任和赞扬。

五、档案工作历久弥新

钟瑛村早在上个世纪五十年代就开始保存档案资料。现有从解放初期到2003年的治调档案40余卷,各类财务、文书、建房档案100多卷,每一卷都装订成册,细致保存。这些档案反映了该村50多年来的历史全貌,记录了"枫桥经验"诞生、发展的全过程,凝结着几代村干部的心血和汗水。特别是在十年内乱期间,更是经受了无数的严峻考验,为后人留下了一笔宝贵的财富。上级领导来钟瑛村视察,看过这些档案后,对该村提出表扬,认为保存有如此齐全的档案资料,至少在全省是出类拔萃的。

钟瑛村在几十年如一日的治调工作当中,始终高举"枫桥经验"伟大旗帜,为维护社会稳定,促进地方经济发展做出了贡献。但随着现代社会的飞速发展,新的社会矛盾层出不穷,钟瑛村继续坚持着"枫桥经验"的基本精神,进一步创新和发展着"枫桥经验",为保一方平安,促家乡发展,早日实现全面小康社会而努力奋斗!

2.2.4 绍兴市的社区矫正工作

提要:该文献记载了浙江省绍兴市相关部门开展的社区矫正工作。华舍街道落实"5+1"的监管措施,齐贤镇落实"6+1"的监管措施。2008年,绍兴市社区矫正工作委员会成立并试点扩大到其他县(区、市)11个乡镇(街道)。2009年,全市开展社区矫正规范落实年活动。2008年和

2009年,绍兴市重新犯罪率分别为0.17%和0.24%,均低于全省0.8%以下的要求。

绍兴市的社区矫正工作[1]

社区矫正是指将符合社区矫正条件的罪犯置于社区内,由专门的国家机关在相关社会团体、民间组织及社会志愿者的协助下,在判决、裁定或决定确定的限期内,矫正其犯罪心理和行为恶习,并促使其顺利回归社会的非监禁刑罚执行活动。2006年,浙江省绍兴市相关部门在诸暨市进行社区矫正工作试点。2007年初,社区矫正试点扩大到绍兴县,试点中,华舍街道和齐贤镇分别形成不同的管教模式。华舍街道落实"5+1"的监管措施,即司法所工作人员、辖区民警、驻村指导员、志愿者和矫正对象家属教育管理一名矫正对象;齐贤镇落实"6+1",即增加1名村(社区服务)监管负责人,并建立各有特色的思想教育、公益劳动和技能培训基地。

2008年2月,市社区矫正工作委员会成立。3月,制订社区矫正工作实施方案,规范社区矫正工作的基本流程、工作制度等规定。6月,全市社区矫正工作动员大会召开,总结社区矫正工作试点经验,部署全面铺开社区矫正工作。至年底,各县(区、市)均成立社区矫正工作委员会,社区矫正试点扩大到其他县(区、市)11个乡镇(街道)。并开始建立由社区矫正专业工作者、社区矫正辅助工作者和社会志愿者相结合的矫正工作队伍。

2009年,全市开展社区矫正规范落实年活动。4月,绍兴市女检察官协会社区矫正志愿帮教活动在越城区正式启动,女检察官代表、矫正对象及其家属、司法所等四方共同签订帮教协议。6月,市中级人民法院、市人民检察院、

---

[1] 载绍兴市地方志编纂委员会办公室编:《绍兴市志(1979~2010)》(第三册),浙江古籍出版社2018年版,第1503—1504页。题目为编者所拟。

市公安局和市司法局联合制订进一步加强社区矫正对象衔接工作若干规定，社区矫正对象违反监管规定惩处办法和社区矫正对象监督管理规定。8月，市司法局从市、县(区、市)、乡镇(街道)的公、检、法、司部门机构中，抽调15名具有理论素养和实务操作经验的人员，组建绍兴市社区矫正工作讲师团，开展社区矫正实务培训。是年，绍兴县在柯岩街道社区矫正试点中，摸索总结"三三系列监管法"，即建立"警、地、家"三方共管，实施"全员额、全方位、全内究"三全监管，采取"心理矫治、行为矫治、劳动矫治"三管齐下方法。新昌县在社区矫正工作试点中，按照"加强领导、建章立制、规范操作、务求实效"的工作思路，逐步建立起社区矫正衔接、矫正监督、管理考核和档案管理四大工作机制。2008年和2009年，全市先后接收社区矫正对象2 976名和3 201名，重新犯罪率分别为0.17%和0.24%，均低于全省0.8%以下的要求。

2010年，市社区矫正工作委员会提出"分工协作，部门各司其职；分级管理，点面上下联动；分类帮教，方法因人而异"为主要内容的"三分"工作方法。至年底，全市118个乡镇(街道)建立社区矫正工作领导小组，全市社区矫正中有社会工作者400人、社会志愿者3 155人、社会工作者管理机构14个。

2.2.5　绍兴市的安置帮教工作

提要：该文献记载了绍兴市社会治安综合治理委员会积极开展安置帮教工作建设的情况。绍兴市、绍兴县联合进行安置帮教工作试点；嵊州市对归正人员实行人性化、规范化帮教安置，实施"牵手工程"。

绍兴市的安置帮教工作[1]

安置帮教工作是指由各级人民政府组织相关部门和社会力量,对刑满释放、解除劳教的人员(简称"归正人员"),在国家规定的期间内进行就业安置和教育帮助的工作。此项工作由司法行政机关为主管理协调,公安机关配合协助。1998年10月,市社会治安综合治理委员会制订全市加强刑满释放、解除劳教人员安置帮教工作的实施意见,成立刑释解教人员安置帮教协调小组,召开全市刑释解教人员安置帮教工作会议,市、县(区、市)两级都成立刑释解教安置帮教协调小组。

1999年5月,绍兴市、绍兴县联合在皋埠镇进行安置帮教工作试点,建立安置帮教协调小组,司法所负责日常工作,村(居)企业建立帮教小组;先后建立报到登记、档案管理、了解考察例会分析、信息(情况)报告、目标责任及考核评比等制度,通过2至3名人员帮教1名回归人员的方法,因人制宜落实安置,使全镇被帮教人员的新违法犯罪率得到有效控制。帮教率和就业率分别达到100%和94%以上。2000年,此工作方法在全市推广,全市各乡镇(街道)全部建立安置帮教工作站,95%以上村(居)、企业建立了安置帮教小组。当年上半年,全市列管对象766名,安置739人,安置率为96.4%,帮教743人,帮教率为97%,重新犯罪率控制在0.5%以下。

2005年,嵊州市对归正人员实行人性化、规范化帮教安置,实施"真诚牵引,联手帮教""真情牵线,携手安置"工程(简称"牵手"工程)。而后全市推广嵊州"牵手"工程经验。是年10月,绍兴市归正人员安置帮教工作信息管理系统在全市6个县(区、市)全面启用,实现全市安置帮教工作网络化管理。

---

[1] 载绍兴市地方志编纂委员会办公室编:《绍兴市志(1979~2010)》(第三册),浙江古籍出版社2018年版,第1502—1503页。题目为编者所拟。

2009年3月,嵊州市三界镇成立全省首个社会帮教志愿者协会。至2010年,市、县(区、市)建立和完善安置帮教工作领导(协调)小组7个,乡镇(街道)安置帮教工作站120个,村(居)、企业共建立安置帮教小组1.07万个。全市累计接收刑释解教人员1万余人,其中,接受帮教9 688人,帮教率为96.1%;得到安置9 234人,安置率为91.6%。对生活暂无出路的归正人员,从实际出发因地因人制宜进行安置,同时注重过渡性安置基地的建设。2004年,市司法行政部门在浙江天宇集团进行归正人员安置帮教基地的试点。2006年7月,嵊州市第一家归正人员过渡性安置帮教基地在嵊州市国安房屋拆迁有限公司挂牌成立,当年安置归正人员16名。至2008年12月,企业安置归正人员39名。至2010年,全市累计建安置帮教基地51个,累计安置归正人员183人。

2.2.6 因地制宜做好特殊人群的教育、帮教工作

提要:该文献是枫桥镇司法所经验材料《做好司法行政工作 切实维护社会稳定》中的一部分。枫桥镇司法所创造了"三帮三延伸"的工作机制:帮教进监狱,事先向监狱延伸;帮教重实效,事中向生产生活延伸;帮教讲长效,事后向巩固提高延伸。重点是加强对失足青少年、轻微违法人员和归正人员的教育管理。坚持"四必访四谈心"活动,即归正人员婚丧必访、有病痛必访、有纠纷必访、遇突发情况必访;归正人员犯错谈心,帮其端正态度,受到挫折谈心,鼓其信心,思想有疙瘩谈心,促其放下包袱,对重点对象经常谈心,了解其思想动态。健全帮教组织网络,落实"三帮一"帮扶措施,即一名村干部、一名党员、一名致富能人帮带一名归正人员。落实帮教对象一人一档和一年两次的走访考评,并把考评结果记入归正人员的帮教档案,作为归正人员帮教期满脱帮的重要依据。

因地制宜做好特殊人群的教育、帮教工作[1]

重点是加强对失足青少年、轻微违法人员和归正人员的教育管理。在教育管理上，经过多年的积累和总结，创造出了"三帮三延伸"的工作机制。即：帮教进监狱，事先向监狱延伸；帮教重实效，事中向生产生活延伸；帮教讲长效，事后向巩固提高延伸。

帮教进监狱，事先向监狱延伸。镇司法所把帮教工作从转变归正人员的思想、重树做人信心入手，把帮教触角延伸至服刑人员的监所，每年会同公安、法庭、村两委会班子以及服刑人员的家属赴监所看望服刑人员，签订"三联保"责任制，为他们送去有关法律书籍和生活费用。提前介入帮教，提高帮教成效。钟瑛村骆某某，三年前因抢劫罪被判入狱，镇司法所每年都组织人员赴监狱看望，鼓励他积极改造，告别昨天。在真情感化下，骆某某思想发生了很大变化，变被动改造为主动改造，三年来还坚持每月给帮教小组写一封改造汇报信，从不间断，由于思想稳定，改造积极，得到了监狱领导的肯定，2001年被评为劳动积极分子，有望得到减刑、提前释放。

帮教重实效，事中向生产生活延伸。对归正人员在生活中进行重点帮扶，为他们解决一些生产、生活中的实际困难，积极创造条件，拓宽安置帮教渠道。坚持"四必访四谈心"活动（即：归正人员婚丧必访、有病痛必访、有纠纷必访、遇突发情况必访；归正人员犯错谈心帮其端正态度，受到挫折谈心鼓其信心，思想有疙瘩谈心促其放下包袱，对重点对象经常谈心了解其思想动态），坚持把思想工作做到帮教对象的亲属身上。经常关心照顾帮教对象，使帮教对象从中感受到社会、家庭的温暖，从而安心接受帮教或改造。例银杏村葛某是位

---

[1] 载中共诸暨市委、诸暨市人民政府编：《与时俱进的枫桥经验》，浙内图准字（2003）第190号内部资料，第132—137页。题目为文中小标题。

典型的"二进宫"人员,经镇帮教干部的耐心帮教、疏导,帮助解决生活、生产中的实际问题,帮其促成婚事,筹资为他置办了两台布机。目前,办了布机、做了父亲的葛某不仅自己已成为一名守法、勤劳的好公民,还积极关心帮助别人摆脱困境,乐于好善,深受村民好评。

帮教讲长效,事后向巩固提高延伸。在归正人员帮教期满脱帮后,镇司法所仍一如既往地予以关心和支持,定期上门走访,了解情况,及时进行帮助。充分利用归正人员的特点,进行现身说法,用身边的典型事例说服人、教育人,从而达到其他归正人员端正思想态度、加快融入社会、回报社会的目的。

健全帮教组织网络,落实"三帮一"帮扶措施(即:一名村干部、一名党员、一名致富能人帮带一名归正人员),司法所每年初都要对帮教工作情况作一次全面调查走访,梳理归正人员总体情况,落实帮教措施,每季度末组织重点检查,及时调整帮教对象,年末开展回头复查,及时做好查漏补缺,做到底子清、情况明、不漏管、不脱管。落实帮教对象一人一档和一年两次的走访考评,并把考评结果记入归正人员的帮教档案,作为归正人员帮教期满脱帮的重要依据。及时调整帮教人员,落实结对帮教措施,建立镇、村(居)、公安及家庭四位一体的立体式帮教体系。现全镇共有帮教小组175个,帮教人员238人,社会帮教志愿人士300余人,在帮教工作中,真正实现了组织建设网络化、档案管理规范化、帮教工作制度化、安置就业多元化。通过努力,使许多帮教对象不但没有重新滑入犯罪深渊,有些还当上了村干部、致了富。如钟瑛村归正人员谢某某,经过帮教小组的帮心、帮扶,转化了思想,积极上进,被村党支部吸收为中共党员,担任了村团支部书记,工作有声有色。又如毛家村归正人员毛某某已是村里屈指可数的致富能人。5年来,司法所共对217名归正人员实行了帮教,其中37人步入小康之列,占帮教对象的17%,有89人达到一般生活水平,其余人员都已解决了生活困难问题,生活稳定,心态良好。全镇安置帮教率达到100%,好转率为99.15%。年重新犯罪率仅占0.85%。

2.2.7 大力加强规范化建设 全面推进警务机制创新

提要： 该文献是诸暨市公安局枫桥派出所经验材料《扬优良传统 创一流业绩》的一部分。诸暨市公安局枫桥派出所形成了一套既符合当地实际，又充分体现时代特色的工作方法：预防化解矛盾的"四前"工作法，即组织建设走在工作前、预测工作走在预防前、预防工作走在调解前、调解工作走在激化前。社区民警"六字工作法"：勤、帮、靠、快、公、活。对违法青少年和归正人员实行"三帮""三延伸"工作法，即帮人要帮心、帮人要帮富、帮人要帮到底，帮教工作事先向监所延伸、事中向家庭延伸、事后向巩固和提高延伸。

大力加强规范化建设　全面推进警务机制创新[1]

在长期的工作实践中，我所坚持从有利于社会稳定、有利于群众利益、有利于化解消极因素的角度出发，不断探索警务工作方法，逐步形成了一套既符合当地实际，又充分体现当前时代特色的工作方法。一是预防化解矛盾的"四前"工作法。"组织建设走在工作前"，就是协助镇乡从建立组织着手，保证预防化解工作有人抓、有人管；"预测工作走在预防前"，就是建立一个反应灵敏、能及时发现矛盾纠纷的预警体系；"预防工作走在调解前"，就是通过各种预防措施，努力减少矛盾，尽可能避免纠纷的发生；"调解工作走在激化前"，就是按照大事不出镇、小事不出村、矛盾不上交的要求，及时调处各类纠纷矛盾，力争把矛盾纠纷解决在基层、解决在萌芽状态。我所按照"四前"工作法，

---

[1] 载中共诸暨市委、诸暨市人民政府编：《与时俱进的枫桥经验》，浙内图准字（2003）第190号内部资料，第126—128页。题目为编者所拟。

积极争取党政重视，联合建立了由公安、司法为主，法庭、土管、工商等部门参与的镇乡、管理处两级治安民事纠纷调解中心，制订了调处矛盾纠纷工作制度，提高调处纠纷矛盾的及时性和成功率。二是社区民警"六字工作法"。我所的全国优秀民警杨光照在工作实践中总结出了"勤、帮、靠、快、公、活"的六字工作法。"勤"，就是做到"勤走"，民警每周应走访1名贫困对象，联络2名治调干部，走访3名归正人员和20户农户；"勤问"，以普通身份串门拉家常，倾听群众意见，了解社情民情，收集各种信息；"勤记"，对了解掌握的各种情况随时作好记录，事后分门别类登记归档；"勤查"，在走村串户时不忘安全防范检查和宣传教育，发现漏洞，指导整改；"勤学"，就是加强自身学习，更新观念，掌握新知识、新技能。"帮"，就是尽力帮助基层组织、企业、群众解决困难，尽力帮助违法人员、归正人员、法轮功人员走上正道，把服务工作寓于警务活动之中。"靠"，就是紧紧依靠基层组织、发动群众开展警务工作。"快"，就是社区发生各类案件、重大纠纷矛盾或群众出现险、灾、急、难等情况时，快到现场、及时调查取证、及时依法查处。"公"，就是处事、办案坚持公正、公平、公开，以理服人、依法办事，树立威信。"活"，就是工作要有思路，多策并举、有机结合、灵活运用、注重实效。"六字工作法"，充分体现了专门工作与群众工作相结合的特点，抓住了基层基础工作的要领，我所已在全体民警中大力推广。三是帮教工作法。对违法青少年和归正人员坚持实行"三帮""三延伸"的工作方法，即"帮人要帮心""帮人要帮富""帮人要帮到底"，帮教工作"事先向监所延伸、事中向家庭延伸、事后向巩固和提高延伸"，依靠群众就地教育挽救违法人员。对法轮功人员实行社区民警、镇村干部、练习者亲属"3+1"帮教方法，联合社会力量真心教育劝导法轮功人员归入正道。近年来，枫桥地区的法轮功人员全部得到教育转化。通过"四前"工作法的积极指导，民警找到了一把巧解矛盾纠纷的"钥匙"，近年来，枫桥有82.5%的民间纠纷在村一级得到解决，有97.2%的民间纠纷在镇一级得到解决，真正实现了"小事不出村、大事不出镇、矛盾不上交"。通过"帮教"工作法的积极指导,枫桥镇的归正人员重新犯罪率下降到2.7%,归正人员过上小康生活的占17%,37名"法轮功"人员全部得到转化。通过推广"六字工作法",民警的基础工作能力明显增强,警民关系明显改善,群众满意率年年在95%以上。

2.2.8 拓宽安置帮教工作路子

> 提要:该文献是诸暨市司法局《与时俱进 维护稳定 全力构筑司法行政社会化格局》一文的部分内容。诸暨市司法局在实际工作中摸索出了"三个延伸"的帮教工作新机制:一是帮教进监狱——事先向监狱延伸;二是帮教重实效——事中向生产生活延伸,帮教干部对归正人员做到"四必访、四谈心";三是帮教讲长效——事后向巩固提高延伸,重点是做好"三个一",建立一本台账,每年举行一次法制讲座,定期进行一次上门走访,及时了解归正人员的思想生活情况并及时予以帮助提高。

拓宽安置帮教工作路子[1]

针对新时期归正人员活动性大、外界诱惑更多、思想反复性更高等特点,我们在实际工作中摸索出了一套"三个延伸"的帮教工作新机制,切实有效地开展安帮工作。

几年来,全市归正人员安置率达到95.2%,帮教率达到96%,脱管率控制在3%之内,重新犯罪率控制在2%以下。

一是帮教进监狱——事先向监狱延伸。镇司法所、派出所、村两委班子以

---

[1] 载中共诸暨市委、诸暨市人民政府编:《与时俱进的枫桥经验》,浙内图准字(2003)第190号内部资料,第52—55页。题目为编者所拟。

及服刑人家属,主动会同监所对本镇乡的服刑人员进行帮助改造。枫桥钟瑛村,每年都组织联合帮教小组到杭州乔司监狱、绍兴劳教所看望在押的帮教对象,签订"三联保"责任书。镇司法所送去各种法律书籍,村两委会送去生活补助费,帮助他们重新树立对生活的信心。

二是帮教重实效——事中向生产生活延伸。帮教干部十分关心归正人员的生产生活情况,积极创造条件,拓宽安置帮教渠道。对归正人员做到"四必访、四谈心",即归正人员婚丧必访、有病痛必访、有纠纷必访、遇突发性情况必访;归正人员犯错谈心帮其端正态度,受到挫折谈心鼓其信心,思想有疙瘩谈心促其放下包袱,对重点对象经常谈心了解其思想动态,跟踪帮教。店口镇还专门建立安置帮教基地,帮助归正人员发展开发农业,增强归正人员的归属感。同时,不放松对帮教人员的思想教育,通过亲属做工作,对没有成家的归正人员,更是倾注爱心,勤做"红娘",稳定归正人员的"后方"。让归正人员及其家属在一个没有歧视,充满关怀的社会大环境中生活,从思想源头上和物质保障上减少归正人员的反复因素。

三是帮教讲长效——事后向巩固提高延伸。对帮教期满的归正人员,我们并不是放手不管,而是一如既往地予以关心和支持。重点是做好"三个一",建立一本台账,每年举行一次法制讲座,定期进行一次上门走访,及时了解归正人员的思想生活情况并及时予以帮助提高。如草塔镇安置帮教工作站在做好日常安置帮教工作的同时,积极帮助归正人员致富,已有3名归正人员年收入超过10万元。特别是草塔镇张淮村的一名归正人员在镇、村两级帮教组织的努力下,不仅重新办起家庭工厂走上勤劳致富的道路,还当上了村里的调委会主任。

2.2.9 探索帮教新路 助力融入社会——嵊州市安置帮教工作综述

提要：该文献为报纸文章。嵊州市各级帮教组织探索新时期安置帮教工作新路子，构筑一张安置帮教网，"牵手工程"拓宽帮教路，开辟多种渠道助回归，全面提升安置帮教工作水平。坚持普遍帮教和重点帮教相结合；由专门的单位和部门开展特色帮教；探索延伸帮教；以工、青、妇和关心下一代协会为依托，加强"牵手"志愿者队伍建设。广泛开展多种形式的社会化帮教。依托市场，广开渠道，采取多种形式多种方法，尽力解决刑释解教人员的就业问题。

探索帮教新路 助力融入社会——我市安置帮教工作综述[1]

不久前，嵊州市三界镇安置帮教协会设立了10万元安置帮教基金，这是我市安置帮教工作接受的首笔社会捐赠。

近年来，我市按照"衔接工作规范化，帮教工作社会化，安置工作市场化，管理工作信息化"要求，深化创新"牵手工程"活动，不断探索新时期安置帮教工作新路子，全面提升安置帮教工作水平，安置帮教工作走在全省前列。

构筑一张安置帮教网

我市在开展安置帮教工作中，注重规范工作管理，着重抓好两个网络的建设，充分发挥网络功能作用。目前市、县两级共建立完善安置帮教工作领导（协调）小组7个，县级安帮工作总站一个，乡镇安帮工作站118个，村、居、企帮教小组8 580个，形成较完善的四级安置帮教工作网络化体系，充分发挥了各级帮教组织的作用。自去年下半年开始，全市启用了刑释解教人员新的管

---

[1] 作者晓何、尧守江，载《绍兴日报》2011年8月30日，第7版。

理软件,基层乡镇司法所根据每月各监狱、劳教单位提供的信息,对刑释解教人员分别建立一人一袋(件)的书面档案和电子档案,基本实行信息电子化、网络化管理,把原来静态的帮教管理工作变成实时的、动态的管理,较大地提高了管理工作成效。我市各级帮教组织以坚持发展"枫桥经验"为载体,以完善和落实安置帮教工作制度为抓手,逐步推进安置帮教工作的制度化、规范化建设。

"牵手工程"拓宽帮教路

我市不断摸索和实践帮教工作新路子,广泛开展多种形式的社会化帮教。一是坚持普遍帮教和重点帮教相结合。在开展刑释解教人员全面帮教的基础上,对生活无着的"三无"人员或有重新犯罪倾向的人员实行重点帮扶,普遍落实了"多对一"帮教措施,安排镇、村干部、企业家(或农村致富能手)等从思想、生活上对其帮扶。二是由专门的单位和部门开展特色帮教。市司法局协同有关部门,在上虞市、新昌县开展部分刑释解教人员帮教试点工作,针对四类帮教对象,制订并采取了相应的帮教措施,20余名受教育对象均达到了预期的思想转化目的,效果良好。三是探索延伸帮教。在全市推广"事先向监所延伸,帮教进监所;事中向生产生活延伸,帮教重实效;事后向巩固提高延伸,帮教讲长效"的安置帮教"三个延伸"方法,在实践中取得较好的帮教效果。四是以工、青、妇和关心下一代协会为依托,加强"牵手"志愿者队伍建设,定期或不定期开展各种形式的社会化帮教。目前,全市已有安置帮教志愿者12 000余人。

开辟多种渠道助回归

我市依托社会化市场,广开渠道,采取多种形式多种方法,尽力解决刑释解教人员的就业困难。一是与劳动部门联手,对刑释解教人员开展技能培训,提高他们的就业技能和基本素质。二是充分利用安帮机构成员单位优势,整合司法、工商、劳动等相关职能部门的有关资源,为刑释解教人员的就业安置和经商渠道提供政策和信息支持,指导其"找对路、找准路"。如去年嵊州市安帮办和劳动社保局组织部分服装企业到监狱开展就业问题咨询活动,并当场签订意向性协议,解决30多人日后的就业问题。三是鼓励扶持刑释解教人员利用一技之长创办各类经济实体,实现自我就业。四是建立过渡性安置基地。各相关部门和帮教组织主动联系企业和经济实体,建立过渡性安置基地,签订帮教协议,解决了部分刑释解教人员的谋生、就业问题。各级帮教组织还积极想办法帮助刑释解教人员尤其是"三无"刑释解教人员解决"第一口饭"问题,对符合享受失业、养老保险、低保条件的刑释解教人员,帮助落实失业、养老保险和生活低保待遇,维护他们的正当权益。

2.2.10　春风化雨润心田——诸暨市社区矫正工作综述

提要: 该文献为报纸文章。2004年绍兴市在诸暨市枫桥镇进行社区矫正工作试点。社区矫正工作按照试点先行、全面推行、依法推进三个阶段逐步展开,先后出台了若干规范性文件,为基层司法所开展社区矫正工作提供了政策平台。同时,结合工作实际,做好社区矫正衔接工作,抓好"三个交接"(人员交接、资料交接、思想底数交接),建立了联席会议制度等工作机制,完善无缝对接制度,建立"矫前防漏"工作体系。四年后,全市全面推行社区矫正工作,通过建章立制、夯实基础,帮困解难、注重帮教,形成"矫前防漏、矫中防脱、矫后防松、注重合力"的全方位立体式安全监管体系。以"春风化雨润心田"的工作理念解决社区服刑人员的实际问题与困难,帮助他们树立生活的信心、生活的希望。

春风化雨润心田——我市社区矫正工作综述[1]

两年前,刑满释放的张某面对空空荡荡的房子和遗留下来的一堆债务,几近绝望。列入社区矫正对象后,司法所与居委会协调,发动群众向他伸出援助之手,并且帮助他开起了"废品收购站",来自四面八方的关爱温暖着张某的心,张某的脸上终于露出了久违的笑容。以"春风化雨润心田"的工作理念解决社区服刑人员的实际问题与困难,帮助他们树立生活的信心、生活的希望,这是绍兴市社区矫正教育成果的一个缩影。

2004年,我市在"枫桥经验"发祥地的诸暨市枫桥镇进行社区矫正工作试点,四年后,全市全面推行社区矫正工作。七年来,我市不断探索创新,逐步建立起一套"矫前防漏、矫中防脱、矫后防松、注重合力"的全方位立体式安全监管体系,形成了具有"绍兴特色"的社区矫正管理模式。

建章立制夯实基础矫前防漏

我市社区矫正工作从试点先行、全面推行、依法推进三个阶段逐步展开,先后制定出台了《社区矫正工作实施意见》《绍兴市社区矫正对象监督管理规定》《绍兴市社区矫正对象违反监督管理规定处罚办法》《绍兴市关于进一步加强社区矫正衔接工作的若干规定》等若干规范性文件,为基层司法所开展社区矫正工作提供了政策平台。同时,结合工作实际,做好社区矫正衔接工作,抓好"三个交接"(人员交接、资料交接、思想底数交接),建立了联席会议制度等工作机制,完善无缝对接制度,建立"矫前防漏"工作体系。

我市夯实基层社区矫正基础,着力抓好组织保障、思想保障、队伍保障、经费保障等"四项保障",为社区矫正工作开展创造条件。截至目前,全市各级均成立了相应的组织,乡镇(街道)成立了相应的领导小组,基本形成了市委、

---

[1] 作者晓何、陶忠法,载《绍兴日报》2011年8月30日,第7版。

市政府统一领导,司法局组织实施,相关部门协作配合,乡镇(街道)司法所具体管理的三级组织机构。

创新模式加强监管矫中防脱

我市加强对社区服刑人员的管理和社区矫正工作者的监督,创新发展社区矫正管理模式,积极探索社区矫正教育矫治新方法,加强心理矫治与行为矫治的综合运用,建立健全社区矫正风险(质量)评估体系,完善社区服刑人员接收、管理、教育、考核、奖惩、解矫等制度体系,促进社区矫正工作规范运行,提高矫正工作的针对性、实效性,切实提高矫正质量,严防社区服刑人员脱管漏管和重新违法犯罪。

我市充分发挥社区矫正信息监管系统的作用,着力构建社区矫正"政策法规搜索平台、教育资料管理平台、安全管理监控平台、业务工作交流平台、日常数据处理平台"五大工作平台,确保工作及时高效、监控准确到位、信息快捷顺畅、资源有效整合,全面推动社区矫正工作规范化建设。

帮困解难注重帮教矫后防松

全市司法等部门和社会基层组织以"春风化雨,司法帮扶"的工作理念,建立社区矫正帮扶体系,帮助社区服刑人员树立生活的信心,勤劳致富,融合社会,回归社区。如:新昌县社区服刑人员石某,因故意伤害罪被判处有期徒刑一年,缓刑二年。2007年接受社区矫正,司法所工作人员通过走访了解后,制订了有针对性的矫正方案,鼓励其自主创业,发展种养殖业,还专门给他送上励志创业书籍,并牵线搭桥,为他解答创业过程中碰到的政策法律问题,同时,帮助其申请了创业贷款5万元,创办"兴峰种养殖业示范基地",还正式挂牌为"社区服刑人员创业基地"。为新昌县社区服刑人员公益劳动、职业技术培训、就业过渡等提供了学习交流的场所,有效推动了社区矫正工作,真正做到了"浪子回头金不换"!

各方参与积极协作注重合力

随着经济形势和整体环境的变化,社区矫正工作时常面临新问题、新困难。7年来,作为社区矫正工作直接责任主体的公安、检察、法院、司法行政等职能部门各尽其能,在做好本职工作的同时,由司法局牵头,各单位相互补台、协调合作,不断克服各种困难,增强了工作的整体效益。社区矫正最大优势就是运用社会的力量,各类社会团体、各个社会阶层、各种社会资源、各个社会方面都可以成为社区矫正工作有形或者无形的力量,在社区矫正工作中充分发挥各方优势,形成合力。

2.3 新时代青少年的帮教工作

2.3.1 诸暨市公安局:构建社会联动体系 创新综合管理模式——特殊人群服务管理

提要:该文献是诸暨市公安局的工作报告,主要介绍公安局强化管理教育、社会联动、服务保障的情况。文献强调,通过严格把控"调查、监管、协作、教育"四关,力促刑释解教人员矫正工作;通过集中力量,部门协同,力促社区吸毒人员戒毒工作;通过实施"五个一"工程,实行网格式管理和联防联控机制,保障患者权益,力促重性精神病人防治工作。构建社会联动体系,创新落实帮教措施,为特殊人群服务。

构建社会联动体系　创新综合管理模式——特殊人群服务管理[1]

近年来,我市以"枫桥经验"为依托,坚持以人为本,服务在先,综合施策,建立分类分级管理、动态常态结合、服务管控并重的依法综合管理机制,形成源头预防、主体落实、协调联动的工作格局。

一、强化管理教育,力促刑释解教人员矫正工作

近年来,我市通过严把社区矫正工作四个关,切实做好社区矫正人员的矫前防漏、矫中防脱、矫后防松和源头帮教、过渡帮教、日常帮教、难点帮教,最大限度降低了社区矫正人员重新犯罪率。2013年以来,全市共接收社区矫正人员 X 名,解矫 X 名,现有社区矫正人员 X 名,重新获罪率仅为 0.09%,远低于全省、全国平均水平。一是严把"调查关"。《浙江省社区矫正审前社会调查实施办法》,开展审(诉、假释、保外就医)前社会调查,创新实行社会调查员资格证制度和异地指派制度,建立58人组成的专职社会调查员队伍,确保社会调查真实、公正。今年以来,完成法院审前社会调查335件、监狱假释前调查70件、保外就医前调查4件。二是严把"监管关"。在坚持社区矫正"5+1"监管模式的基础上,启用社区矫正人员手机定位监控系统,对全市符合条件的社区矫正人员均实施了手机定位监控,进一步掌控社区矫正人员的动向和行踪;严格按照《社区矫正实施办法》,规范社区矫正操作流程,落实请销假、违规处罚等制度,进一步加强社区矫正人员监督。三是严把"协作关"。每年召开全市社区矫正工作联席会议,协调落实《社区矫正实施办法》有关具体操作问题。市矫正办与法院建立"一周一交接"制度,与检察院建立每月核对制度,各司法所与所在地派出所建立半月核对制度,切实做到"信息互通、资源共

---

[1] 作者是诸暨市公安局,载诸暨市社会管理综合治理委员会编印:《共创和谐——诸暨市社会管理创新纪实》,2013年9月,第44—47页。编者对文中部分数字做了技术处理。

享、情况明了"。四是严把"教育关"。出台并下发《诸暨市社区矫正人员教育学习和社区劳动暂行规定》,要求社区矫正人员每月参加教育学习时间不少于八小时,在册的有劳动能力的社区矫正人员每月参加社区劳动不少于八小时,每年两次会同各司法所在全市各镇(街)开展集中教育,通过现场点名、上法制课等方式,使社区矫正人员明确自己的身份和应当遵守的监管规定,取得了良好的法律效果。

二、强化社会联动,力促社区吸毒人员戒毒工作

由禁毒委牵头,在全市所有27个乡镇街道建立禁毒办,按本地籍吸毒人员20∶1的比例足额招聘禁毒社工,实行本地籍吸毒人员落地管控、动态管控管理模式。一是集中力量,点上做样。在枫桥镇试点,实行禁毒工作人员、社区民警、社工、村居干部、志愿者、医疗工作人员、吸毒人员家属等多对一网格化管控模式,禁毒人员每月一次谈话,医疗人员每年二次以上咨询,志愿者或其他工作人员每年五次以上走访家庭,按要求每三个28次、12次以上尿检[1],给他以人文关怀,为他们解决就业等生活上的问题,使辖区内的12名现社区戒毒与康复人员都得到了扎实有效的管理,没有一名复吸人员,有效执行率达100%,取得了很好的成效。被推荐到省禁毒委,并拟向国家禁毒委推送,报全国社区戒毒与康复创建示范点。二是部门协同,面上推广。在全市范围内加强戒毒医疗机构建设,建立覆盖全社会的咨询与沟通体系,公布电话与服务内容,为戒毒人员提供药物治疗、心理咨询、身体康复等服务;建立禁毒志愿者网络,为吸毒人员提供咨询、援助等在线服务;妥善解决戒毒人员的就业安置、分散安置、自主择业等形式,安置率达50%以上,对符合最低生活保障条件的戒毒康复人员督促办理低保,并对所有美沙酮药物维持治疗人员提供全额免费治疗及交通费用。

---

[1] 此处语句有误,为尊重原文,不做改动。

三、强化服务保障,力促重性精神病人防治工作

我市专门立项,致力于精神病人社区康复工作,尤其是对重性精神病人实行"五个一"管理模式,落实相关措施,切实保障了重性精神病人的及时治疗和全面康复。一是创新管理模式,加强患者管理。对重性精神病患者管理模式实施"五个一"工程,即每名患者由5人负责管理(一名派出所片警、一名驻村指导员、一名村干部、一名社区责任医生和一名家属),实行网格式管理和联防联控机制。二是出台政策措施,保障患者权益。2010年7月,市委办专门制定《诸暨市预防处置精神病人肇事肇祸行为实施意见》,规定重性精神病人危险性评估3级及3级以上均需进行住院治疗,住院期间医疗费用其家庭无力承担的,由市、镇乡(街道)、村(社区)按照5∶4∶1比例分别承担;2011年5月,又制定了《关于落实重性精神病人住院治疗费用补助的补充意见》,重性精神病人住院治疗费用经新农合或社保报销后的有效费用剩余部分,由市财政和当地镇乡(街道)政府部门给予90%的补助;2012年,又出台多项优抚政策,将利培酮片(索乐)纳入免费抗精神病药品目录,为全市4 000多名重性精神病人开通特殊新农合(社保)系统,重性精神病人在特殊门诊就诊配药时可享受80%的报销,每年2次为住院病人提供农保、社保报销后有效部分的医药费用报销;2013年,争取到慈善总会和市经十字会的资助,建立重性精神病人专项基金,所有重性精神病人门诊治疗费用报销达90%以上,自负部分不足10%,住院病人经新农合(社保)报销、大病医疗救助和镇乡(街道)政府补助后,自负部分更是不到2%。至此,我市的重性精神病人已基本实现了"免费治疗",切实降低了患者的肇事肇祸率,为保障社会稳定起了非常积极的作用。三是上门送医送药,服务弱势群体。积极组织相关专家进村入户,访视重性精神病人,2012年为282名患者上门诊治服务,为39位病人及时调整了治疗方案,对8位药物不良反应病人,进行了应急医疗处置,现病人情况良好。市卫生局根据新医改的政策规定,与人社局协商,由市精防办为全市登记在册的

4 175位参保重性精神病人代办《重性精神病人特殊病种门诊医疗卡》,病人到定点医院就医时,除去起付线300元,剩余费用的80%可直接刷卡报销,使更多的患者能够得到及时专业的治疗。

项目:特殊人群服务管理

牵头市领导	谢建平	牵头部门	公安局	责任单位	司法局、卫生局、各镇乡、街道
概述与特色	坚持以人为本,服务在先,综合施策,健全政府、社会、家庭联动的关怀帮扶体系,形成源头预防、主体落实、协调联动的工作格局。				
进展与效果	创新实施社区矫正"三防",禁毒工作分级预防,重性精神病人社区指导等依法干预管理措施,建立分类分级管理,动态常态结合,服务管控并重的综合管理机制,努力增加积极因素。 1. 实施社区矫正人员"三防管理"。深化"5+1"监管模式,"矫前防漏"即实施审前社会调查制度,规范与本地法院对接;加强与外地法院、监狱沟通,建立矫正对象核查制度。"矫中防脱"即集中点验排摸重点对象,建立定位监管平台,分类管理。"矫后防松"即严把期满解矫关。对刑释解教人员落实"四项帮教",即源头帮教、过渡帮教、日常帮教、难点帮教。 2. 实施社区戒毒分级防控工作。乡镇街道都建立禁毒办,并按本地籍吸毒人员20∶1的比例招聘禁毒社工,配备专职禁毒社工229人。建立全覆盖社会咨询与沟通体系,公布电话与服务内容,为戒毒人员提供药物治疗、心理咨询、身体康复等服务。建立了禁毒志愿者网络,为吸毒人员提供咨询、援助等在线服务。帮助戒毒人员解决困难,对符合条件的督促办理低保,对所有美沙酮药物维持治疗人员提供免费治疗及交通费用。 3. 实施重性精神病患者"五个一"管理。出台控防处置、分级归口管理政策措施。建立重精神病人管理信息系统,实行网格式管理和联防联控机制。实行免费施药、办理特殊病种医疗卡、住院费用补助、疾控社区指导等措施,保障患者权益。 至12年底,全市在册社区矫正对象X名,归正人员X名,重性精神病患者X名,登记吸毒人数X人,通过衔接、管控、教育、关怀、帮扶等系统化服务管理,防止漏管脱管和失管失控。				
基本评估	完成较好,管理有成效。进一步创新管理提升实效,加强信息化平台和联防联控机制建设,防止脱管失控;推进志愿队伍建设,建立教育培训基地,创新落实帮教措施,杜绝案件发生。				

2.3.2 "枫桥式"司法所创建实施意见

提要：该文献是中共绍兴市委政法委员会、绍兴市司法局文件。文件要求开展"枫桥式"司法所创建活动,把司法所建设成基层社会治理的主阵地。文件从指导思想、创建目标等方面,确立了加强基础建设、推进业务建设、加强队伍建设的主要工作。具体工作内容包括理顺机制,配置力量,强化保障,加强法治宣传、人民调解、矫正帮教等。文件要求创建"枫桥式"矫正帮教,按照"立足社区、社会参与、矫正修心、融入社会"的要求,坚持"浇树浇根、育人育心",健全落实教育、帮扶、监管工作机制和措施,坚持依法矫正,全面落实治本安全观,加快推进矫正帮教社会化进程,"大帮教"工作格局基本形成。日常帮教社会化,实施特殊人群社会融入工程,社会化教育地方特色突出。日常管理规范化,严格按照法律法规和规章制度对社区服刑人员开展教育、帮扶、监管。该文件专门规定,30%以上的社区服刑人员须参加过技能培训;所在乡镇(街道)要有一个以上的社会组织和志愿者团队参与对特殊人群的日常教育,一个以上的企(事)业单位参与对"三无"特殊人群的帮扶。

关于印发《"枫桥式"司法所创建实施意见》的通知[1]

各区、县(市)党委政法委、司法局,市直开发区综治办：

为贯彻落实习近平新时代中国特色社会主义政法思想,坚持发展新时代"枫桥经验",进一步推进法治绍兴建设,打造共建共治共享的社会治理格局,决定在全市开展"枫桥式"司法所创建活动。现将《"枫桥式"司法所创建实施

---

[1] 绍司发〔2018〕4号,2018年2月12日印发。

意见》印发给你们，请结合实际，认真贯彻实施。

中共绍兴市委政法委员会

绍兴市司法局

2018年2月12日

为全面贯彻落实党的十九大精神，坚持好发展好"枫桥经验"，充分发挥基层司法行政工作在基层社会治理中的作用，决定在全市司法行政系统开展"枫桥式"司法所创建活动。

一、指导思想

以习近平新时代中国特色社会主义思想为指导，按照法治绍兴建设的总体部署和平安绍兴建设的总体要求，坚持党的领导，坚持群众路线，坚持"三治"融合，坚持预防为主，使"枫桥经验"在司法行政工作中得到坚持和发展，把司法所建设成为基层社会治理的主阵地，基层司法行政体制机制更加顺畅，基层法治宣传更加有效，基层人民调解更加高效，基层矫正帮教更加规范，基层法律服务更加便捷，为绍兴打造共建共治共享的社会治理格局作出贡献。

二、创建目标

通过"枫桥式"司法所创建活动，以点带面，进一步推动和夯实全市司法行政基层基础。法治宣传面向群众，家家都有法律明白人，法治氛围更加浓厚；人民调解依靠群众，事事都有专业调解人，矛盾纠纷就地化解；矫正帮教发动群众，个个成为合格社会人，特殊人群顺利融入社会；法律服务为了群众，村村都有服务贴心人，法治获得感明显增强；基层司法行政队伍扎根群众，人人都是法治模范人，基层法治基础得到巩固。

三、主要工作

"枫桥式"司法所的创建，要坚持基础建设、业务建设和队伍建设一起抓，既要根植"枫桥经验"的精髓和元素，又要体现新时代司法行政工作的特点和要求,同时要重视解决司法所建设中的薄弱环节和突出问题。

(一)不断加强司法所的基础建设

一是理顺体制机制。积极融入乡镇(街道)"四个平台"建设,全面落实"双重管理、以司法局为主"的管理体制,确保机构独立、编制单列和专编专用。司法所所长、副所长的任命和调整,由司法局商所在乡镇(街道)党委并由司法局决定;司法所工作人员原则上不再担任所在乡镇(街道)有关部门的主要负责人,确有需要的应征得司法局的同意;专职社区矫正工作人员和专职人民调解员由司法局统一购买服务、统一招聘、统一管理。

二是加强力量配置。司法所的工作人员应当包括政法专项编制人员、专职社区矫正工作人员和专职人民调解员。其中,政法专项编制人员2人以上;专职社区矫正工作人员严格按20∶1的要求配备,最少不得少于1人;驻所专职人民调解员2人以上。司法所可根据公共法律服务站窗口设置的需要,聘用窗口临时工作人员。

三是强化基本保障。司法所的基本保障,由司法局和所在乡镇(街道)共同保障,同时要积极争取党委政府和相关职能部门的支持。按照《司法业务用房建设标准》和《浙江省政法基础设施建设"十三五"规划》的规定和当前开展司法行政工作的需要,提供满足工作需要的办公业务用房,未经司法局同意,不得变动、挤占、挪用,推进落实基层司法所信息化建设,配备开展执法监管工作需要的先进装备和设施设备。全面落实司法所工作人员乡镇同职级待遇,确保"同工同酬"。

(二)全面推进司法所的业务建设

一是"枫桥式"法治宣传。要坚持面向群众,按照"责任明晰、创建多元、送法精准、氛围浓厚"的要求,坚持"看菜吃饭、量体裁衣",完善普法体制机制,丰富普法形式,拓展普法载体,深化法治创建,"大普法"工作格局基本形成。完善落实乡镇(街道)和村(社区)普法责任制体系。所在乡镇(街道)要有一支包括法官、检察官、警官、律师、教师等在内的10人以上的普法队伍,有一个适当规模的普法阵地,所在乡镇(街道)所有村(社区)创建成为民主法治村(社区),其中绍兴市级以上民主法治村(社区)占比达到30%。法治宣传效果明显,近三年来年度信访量、民间矛盾纠纷数和刑事案件数呈现逐年下降趋势。

二是"枫桥式"人民调解。要坚持依靠群众,按照矛盾纠纷"全面排查、及时介入、依法调处、就地化解"的要求,坚持"晓之以理、动之以情",健全调解组织,完善调解网络,创新调解方法,提高调解效能,有效促进人民调解、司法调解、行政调解和民间调解良性互动,"大调解"工作格局基本形成。所在乡镇(街道)要织密一张矛盾纠纷信息排查网,组建一支人民调解信息员队伍,搭建一个矛盾纠纷互联网上报平台,确保矛盾纠纷信息第一时间上报和掌握;组建一支包括专业人才、律师、法律服务工作者、志愿者等在内的人民调解志愿者队伍;积极引入专业性行业性调解组织;要有一个品牌调解工作室驻所,结对一个律师事务所或基层法律服务所,成立一个律师调解工作室,确保第一时间介入调解,调解成功率达到99%以上,减少和防止矛盾纠纷变性转向,创建期间,所在乡镇(街道)没有发生民间矛盾因调处不及时转化为信访、刑事案件和群体性事件的情况。

三是"枫桥式"矫正帮教。要坚持发动群众,按照"立足社区、社会参与、矫正修心、融入社会"的要求,坚持"浇树浇根、育人育心",健全落实教育、帮扶、监管工作机制和措施,坚持依法矫正,全面落实治本安全观,加快推进矫正帮教社会化进程,"大帮教"工作格局基本形成。日常帮教社会化,实施特殊人群社会融入工程,社会化教育地方特色突出;30%以上的社区服刑人员参加过技能培训;所在乡镇(街道)要有一个以上的社会组织和志愿者团队参与对特殊人群的日常教育,一个以上的企(事)业单位参与对"三无"特殊人群的帮扶。日常管理规范化,严格按照法律法规和规章制度对社区服刑人员开展教育、帮扶、监管,近五年来,社区服刑人员没有发生脱管漏管和重新犯罪。

四是"枫桥式"法律服务。要坚持为了群众,按照"覆盖全域、功能完备、便捷高效、普惠百姓"的要求,坚持"以人为本、均等普惠",公共法律服务站建设和服务进一步规范,公共法律服务点全面建成,公共法律服务网实现全覆盖。法律咨询有问必答,法律援助应援尽援,法律顾问勤勉履职,实现公共法律服务从"有形覆盖"到"有效覆盖"、从"组织覆盖"到"工作覆盖","大服务"工作格局基本形成。公共法律服务站依托司法所设立;组建一支包括律师、基层法律服务工作者、公证员等在内的5人以上的法律服务志愿者队伍;加强和规范基层微信塔群建设,法律微服务全面推广,创建期内人民群众的获得感满意率逐年提高。

(三)切实加强司法所的队伍建设

一是加强思想政治建设。学习贯彻习近平新时代中国特色社会主义思想,坚持党的领导,强化党建引领,把支部建在所上,为司法所全面履职和工作人员依法履职提供政治保障。符合条件的所,要建立党支部;完善党建各项制度,严格执行"三会一课制度",扎实推进"两学一做"学习教育活动常态化、制度化。

二是突出能力素质建设。坚持专职专业,把全面提升司法所工作人员的履职能力和水平,作为司法所建设的核心,以政治引领能力建设为根本,以基础能力提高为重点,以专业化能力提升为核心。政法专项编制人员具备行政执法资格,至少一名专职人民调解员具备一级人民调解员资格,专职社区矫正工作人员都参加过专业培训。

三是强化纪律作风建设。坚持以人民为中心,联系群众,深入群众,不断提高群众工作的水平,切实改进群众工作的方式,群众观念进一步增强,宗旨意识进一步牢固,党群干群关系进一步密切。司法所所长严格履行"双岗双责"主体责任,严守党纪,严格贯彻上级指示精神,抓好党风廉政建设。近三年,司法所工作人员没有违纪违法行为或重大工作失误受到党纪、政纪处分或刑事处罚,群众满意度达到98%以上。

四、工作要求

(一)提高认识。要统一思想,坚持把"枫桥式"司法所创建作为贯彻落实党的十九大精神的重要举措、坚持和发展"枫桥经验"的重要载体,推动社会治理重心向基层下移的重要途径,全面加强司法所的基础建设,把司法所建设成为基层社会治理体系中的主阵地。

(二)加强领导。要高度重视、切实增强"枫桥式"司法所创建的责任感和紧迫感。同时要积极争取各级党委政府加大对"枫桥式"司法所建设的支持力度,切实解决创建中的突出问题。

(三)重视过程。对"枫桥式"司法所的创建,要坚持创建过程重于结果的理念。准备创建的所,要提前一年申报创建计划,制定创建方案,计划和方案,要得到所在乡镇(街道)和市县两级司法局的同意,列入年度工作计划。

(四)严格考核。坚持成熟一个,命名一个,严格按照创建要求和标准进行评选。建立健全"枫桥式"司法所全程动态化管理机制,确保创建工作有序推进,取得实效。对创建成功的所,两年进行全面复查,随时开展抽查,不符合要求的,取消命名。

抄送:省委政法委、省司法厅

绍兴市司法局办公室
2018年2月12日印发

2.3.3 建立"N+社区矫正"新模式

提要:该文献是《虞舜大地谱写基层依法治理新篇章》一文的部分内容。强调借助社会化力量推行"N+社区矫正"新模式,介绍了"律师+社区矫正""公益+社区矫正""网格+社区矫正""团委+社区矫正"。

建立"N+社区矫正"新模式[1]

"律师+社区矫正""公益+社区矫正""网格+社区矫正""团委+社区矫正"……年初以来,上虞区司法局与上虞区"点亮一盏灯"爱心服务社等联手,借助社会化力量,推行"N+社区矫正"新模式,成了一大亮点。

"律师+社区矫正"。和律师联手,确立"一月一讲"授课形式,讲堂授课,学法修心。法治课堂以"端正社区服刑人员对社区矫正制度的错误认识,明确严重违反监督管理制度及再犯罪的法律后果以及社区服刑人员必须远离涉黑涉恶、涉赌、寻衅滋事、聚众斗殴"等为切入点,充实社区矫正政策法规、婚姻法、反家暴法、劳动法、民间借贷、新型诈骗防范等授课内容。

目前,上虞区司法局与全区14家律师事务所和区律师协会对接,签订合作协议,精选28名专业的优秀律师参与社区服刑人员的修心教育。

"公益+社区矫正"。与上虞区"点亮一盏灯"爱心服务社签约合作,将社区服刑人员纳入爱心服务社志愿者队伍,参加社会公益活动,着力解决社区服刑人员8小时公益劳动难落实的问题。通过爱心、善举、助力等活动形式,引导社区服务人员树立正确的世界观、人生观和价值观。

截至目前,"点亮一盏灯"公益组织已走访困难社区服刑人员30余次,发起公益捐款万余元,让社区服刑人员进一步感受到来自社会的爱心和关怀。

"网格+社区矫正"。在百官街道开展全科网格参与社区矫正试点工作。通过社区服刑人员名单录入、专人对接"四个平台"、社工分片联系网格、网格员微信塔群汇报工作等形式,完成信息上传下达及下情上报,加强对重点人员的管控,同时出台《百官街道网格员管理考核办法》,加强网格管理工作考评。

---

[1] 作者范文、沈月娥、沈萍,载《绍兴日报》2018年11月11日,第14版。题目为编者所拟。

截至目前,网格员累计走访社区服刑人员百余人次,有力地提升社区矫正走访工作的科学化、精细化和社会化水平。

"团委+社区矫正"。与团区委合作,出台《建立35周岁以下青年社区服刑人员社区矫正帮教工作机制的意见》,通过对青少年人员的各类政策支持,加大对全区35周岁以下青年社区服刑人员的教育帮扶,建立社区矫正平安志愿者与青年社区服刑人员"一对一"帮教机制,每月开展走访活动。截至目前,团区委为青年社区服刑人员的就学、就业提供了各类政策帮扶,参与青年社区服刑人员帮教400余人次。

2.3.4 坚持新时代"枫桥经验"引领创新发展邪教人员教育转化机制——运用"四个一"工作法对邪教人员开展教育转化

> 提要:该文献是诸暨市公安局2019年的工作报告之一。诸暨市存在邪教种类多、邪教人员多、入邪高风险人员多的问题,在分析思想、政策、亲属、转化等方面的困难与原因后,报告提出教育转化的具体工作措施:集中教育、教育转化、帮教措施、定期回访。集中教育需多部门合作,统一组织邪教人员学习、开展谈话、签署保证书等。教育转化机制包括成立工作领导小组、建立帮教小组和每月会商机制。此外,邀请社会组织参与开展社会公益活动、运用亲情进行感化以及开展析事明理式帮教。

坚持新时代"枫桥经验"引领创新发展邪教人员教育转化机制
——运用"四个一"工作法对邪教人员开展教育转化[1]

近年来,诸暨市局国保大队始终秉承科学发展理念,在新时代"枫桥经

---

[1] 作者陈则平。编者对文中部分数字和姓名做了技术处理。

验"引领下,以"矛盾不上交、平安不出事、服务不缺位"为目标,以警务创新为动力,立足本地国保工作实际及难点,积极探索邪教人员教育转化机制,逐步摸索出实践证明行之有效的"四个一"工作机制,即一次集中教育审查、一套教育转化机制、一系列帮教措施、定期一次回访评估。

一、全市邪教组织及人员概况

改革开放以来,随着经济的迅速发展,群众对意识形态的需求日渐增长,随之而来的是宗教信仰、宗教场所等的快速发展。普通群众对于宗教、邪教的认知不到位,导致部分群众因此被邪教组织、邪教人员拉拢腐蚀同化。上世纪八十年代邪教组织"呼喊派"传入诸暨以来,先后有"法轮功""全能神""会道门"等多种邪教传入本地,荼毒蒙蔽无知群众。当前,全市邪教概括起来为"三多":一是邪教种类多。据目前已掌握的邪教人员底册显示,目前传入本地的邪教有 X 种。二是邪教人员多。从近年来开展的"清风"等专项工作摸底排查显示,全市共有邪教在册人员 X 人,遍布全市 26 个镇乡(街道)。三是入邪高风险人员多。全市共有宗教场所 X 家,其中合法宗教场所 429 家,非法宗教场所 X 家,有民间宗教信仰点 392 处,信教人数众多。以类邪教组织"心灵法门"为例,近年来有针对性通过佛教寺庙等处拉拢吸收组织成员 20 余人。由此可见,宗教信仰群众系入邪高风险人员。

二、邪教人员教育转化中的困难及原因

从维护社会政治稳定的角度看,邪教人员教育转化工作,既是一种方法手段,更是一种政策策略。对于一般邪教人员的教育转化工作应当界定为人民内部矛盾范畴,如果教育转化得当,不仅能够缓解有关职能部门的工作压力、降低维稳成本、提升工作效能,更为重要的是可以以点带面,团结教育争取大量群众、夯实政权基础。但在邪教人员教育转化工作中,特别是邪教痴迷人员,往往存在着"四难"现象,导致教育转化工作事倍功半,甚至无从下手。

(一)转变思想难。由于邪教人员思想上长期深受邪教组织侵蚀,从内心深处抵制、排斥政府工作人员,认为政府工作人员将对其实施所谓的"迫害"行为。这些思想在邪教人员头脑中根深蒂固,如不转变很难开展教育转化工作,因此转变邪教人员思想成为教育转化工作的首要难点。

(二)政策宣传难。多数邪教人员文化水平较低,中老年妇女居多,思想僵化、偏执,封建迷信思想严重,缺乏科学知识,理解能力差,很难改变原先的初衷。在邪教人员教育转化中,政策宣传攻势手段收效甚微,导致邪教人员对我"打击处理极少数,教育挽救大多数"等教育转化政策不理解、不信任。

(三)亲属配合难。多数邪教人员加入组织的原因在于身体上存在病患、感情上不和谐或不被社会认同。多数邪教人员是家中长辈,部分家属担心邪教人员身体健康;部分家属对教育转化工作理解有偏差;部分家属本身对邪教人员感情淡薄、漠不关心;部分家属认为参与教育转化影响不好,导致家属对政府教育转化工作不配合或者配合不到位。

(四)彻底转化难。精神控制宛如毒瘾,短期易戒,长期难戒。邪教人员要彻底摆脱邪教精神控制,往往需要经历一定时期的巩固。三分转化,七分巩固。在现实工作中,部分邪教人员表面服从政府管理,声称与邪教组织决裂,但内心深处仍未真正转化。一旦有同类人员进行鼓动,就会前功尽弃,重新加入邪教组织。

三、邪教人员教育转化的工作措施

诸暨国保大队立足做强"国保战略支撑点",大力推广国保基层基础规范化建设,依托正在开展的"无邪教村(社区)"创建工作,针对邪教人员教育转化"四难"问题,创新探索出邪教人员教育转化"四个一"工作机制,教育转化工作取得了显著效果。

(一)一次集中教育审查。2012年以来,随着邪教组织及人员的活动加剧,在侦办"全能神邪教""9509""1227""Q18"等邪教专案过程中,对于新发现的一批邪教人员,提请市委政法委牵头,乡镇(街道)为主,公安配合的模式，开展邪教人员集中审查和教育转化班。一是组织反邪教学习。由政法委根据反邪教教育转化要求，每日对邪教人员播放教学视频，通过视频资料揭露邪教组织的反动本质和丑陋面目。通过由浅入深、由表及内的视频教学，初步动摇邪教人员的思想根基。二是开展反邪教教育谈话。根据邪教人员的思想转变情况，及时安排工作人员开展反邪教教育谈话，通过解读、辩论宗教、邪教内容，从气势上压倒邪教人员。依据邪教人员提出的不同疑问，适时组织开展教育谈话予以解答，使其逐步对邪教组织产生怀疑。三是签订决裂保证书。通过一段时间的理论学习和教育谈话，结合感化措施，使其在思想上彻底向我靠拢。同时需要通过多种手段打消其退出邪教组织的顾虑，例如：组织人员欺凌、害怕遭到报应等。根据邪教人员思想转变情况，适时提出签订《保证书》《悔过书》《决裂书》要求，同时动之以情、晓之以理，使其彻底与邪教组织决裂。四是开展集中揭批会活动。对于签订"三书"解脱的邪教人员，组织开展集中揭批会活动，一方面以现身说法控诉邪教危害，对其余在班人员起到震慑教育作用，另一方面通过揭批会活动可以使邪教人员从心理上彻底解脱。

（二）一套教育转化机制。一分部署，九分落实。为更好开展邪教人员教育转化工作，落实各项工作措施，建立一套教育转化机制，确保工作取得实效。一是成立工作领导小组。针对邪教人员教育转化工作，要求成立由包村领导为组长，综治办负责人、派出所分管领导为组员的教育转化工作领导小组，专门负责制定教育转化工作计划及各项措施的落实。二是建立"3+X"的帮教小组。"3"是指由驻村指导员、社区民警、村主要干部组成的帮教小组，具体负责教育转化措施的落实。"X"是指根据邪教人员的实际，选择其家属、亲友等社会关系帮助开展教育转化工作。三是建立每月会商机制。根据教育转化工作的实施情况，每月召集小组成员进行会商，分析研讨邪教人员当月思想动态情况，研究制定下一步教育转化方向及措施。

（三）一系列帮教措施。依托正在开展的"无邪教村（社区）"创建工作，诸暨国保大队及时制定工作计划,梳理在册未解脱人员,开展"门诊式"研判,制定个性化措施,确保帮教工作取得实效。一是充分发挥党建优势。在邪教人员教育转化中,坚持党建统领,充分利用党建优势,运用建立红色帮教小分队、宣扬党建知识、参观红色基地等多种形式,从根源上教育感化,达到彻底教育转化的效果。诸暨某镇"全能神"邪教人员汤某母女,2013年开始信"全能神"邪教后母女二人离家出走,后被公安机关查获并教育释放。自教释后,大队会同派出所向党委政府报告,成立教育转化专班,并制定帮教计划。同时,组织村干部成立红色帮教小分队,定期上门帮教,宣传红色党建知识,了解掌握困难状况及思想动态。通过宣传及帮助,使该母女彻底转变思想,向组织靠拢。2019年10月,红色帮教小分队组织该母女观看中华人民共和国成立70周年阅兵活动及到红色教育基地参观学习,取得较好感化效果。其女儿某某(16岁)已通过学校向组织递交入团申请书。二是利用社会组织帮扶。充分发挥"枫桥经验"依靠群众的精髓,积极利用社会化组织帮扶作用,以上门帮助及邀请参与社会公益活动的方式开展教育转化工作。某镇邪教人员杨某于2017年参与邪教组织活动被查处后,帮教小组依靠"红枫义警""枫桥大妈"等社会组织上门进行帮扶教育,解决其生活困难,促使其回归社会。目前,该杨已能主动参与"枫桥大妈"组织的一些社会公益活动。三是运用亲情进行感化。暂住某街道的某籍"全能神"邪教人员徐某,自2015年来诸后,曾为"全能神"诸暨小区骨干人员,思想较为顽固。通过对该人员的家庭、经济等状况进行分析,制定以亲情感化为手段的帮教措施。通过对徐某的丈夫刘某及父母亲开展工作,取得家属支持配合后,帮教小组成员会同家属定期对徐某开展教育谈话、宣传教育等形式,动之以情晓之以理,逐步转变其思想,同时,由家属对其活动状况进行实时监管,发现异常及时报告,帮教小组对其活动进行分析后开展对应措施。通过"政府+家属"的捆绑式帮教,该徐于2017年正式脱离邪教组织,安心务工。四是析事明理开展帮教。部分邪教人员虽被"洗脑"教育,但长期从事邪教活动后,思想上有所变化动摇。针对该部分人员,以析事明理式开展帮扶。某镇邪教人员俞某因参与邪教活动长期离家出走,去年被查获后在集中审查教育中交代转好、态度转变转快。为巩固教育效果,帮教小组持续对其进行家庭伦理道德等教育,促使其彻底转化,使她从一个离家出走不顾家庭的邪教人员转变为主动赡养照顾年老生病父母的孝顺女。

(四)一次定期回访评估。教育转化工作是一项长期性工作,邪教人员解脱后,如不加以巩固,很容易再次误入邪教组织。为确保长效,我们专门成立回访评估工作组,设计一份"教育转化评估调测卷",每年对教育转化邪教人员开展一次评估调测,检测教育转化的实际效果,调测卷分十项内容,主要测试教育转化邪教人员的现状、认识、态度、决心等,让邪教人员自由选择填写。按照预先设计,分析研判调测结果。一旦发现邪教人员思想存在问题,及时制定教育转化再巩固措施。问卷调测的做法,不仅能够多方面观察邪教人员的思想、表现,比要求邪教人员写"三书"或直接"谈认识"更显人性化,也更有利于长效跟进和巩固教育转化人员的思想状况。

2.3.5 践行保护性司法 打造未成年人社会治理新模式

提要: 该文献是宁波市鄞州区人民检察院有关未成年人社会治理工作案例的二、三部分。强调以谦抑宽容的司法处遇和严密的观护帮教,形成未成年人犯罪社会化治理体系。大力推行以案释法、校园普法、未成年人检察"白皮书"制度,推进青少年法治教育基地建设,通过源头预防打造未成年人社会治理新模式。

践行保护性司法 打造未成年人社会治理新模式[1]

谦抑宽容,创建涉罪未成年人多元化观护帮教模式

充分运用不批捕、不起诉、附条件不起诉、诉讼监督等法定手段措施,最大限度落实对未成年人少捕、慎诉、少监禁的要求,避免羁押、监禁带来的"交叉感染"和标签效应。以谦抑宽容的司法处遇和严密的观护帮教,促使涉罪未成年人迷途知返,实现自新。充分调动专业社工、公益组织和社会力量对不捕、不诉的未成年人,开展个性化观护帮教。联合相关职能部门出台《关于推进鄞州区未成年人保护一体化工作的实施意见》,构建涵盖刑事、民事、行政、预防、救助等多层次保护的未成年人一体化网格化保护体系。借助"互联网+",构建囊括社会调查、合适成年人、观护帮教、心理疏导、社会救助、线索举报和预防教育七大板块在内的"鄞州智慧未检"数字应用平台。探索帮教基地建设新途径,在东钱湖钱湖人家社区、长丰社区设立未成年人社区帮教基地——青春护航站,招募大学生组建"青春护航队",对未成年人作出附条件不起诉,开展以思想教育、心理辅导、技能培训为一体的观护帮教,教育挽救一大批失足少年。

源头预防,推动完善未成年人犯罪社会化治理体系

一是大力推行以案释法、校园普法。联合教育局开展法治教育微电影进校园、法治进校园巡讲等活动,覆盖师生和家长 8.2 万人,覆盖学校 30 余所,发放法治教育手册近万册。二是推行未成年人检察"白皮书"制度,积极向党委、政府建言献策。抓住"六一"等节点,举办未成年人司法保护新闻发布会和检察开放日活动。立足检察办案职能,制作《未成年人检察白皮书》,系统分析未成年人案件动向特点和成因,积极向党委、政府和相关职能部门提出完

---

[1] 载朱晨主编:《新时代"枫桥经验"实践100例》,中共浙江省委政法委员会2018年印,第68—69页。

善社会治理对策建议,争取最大支持。三是推进青少年法治教育基地建设。在东钱湖检察室创办全市第一家集普法宣传教育、预防违法犯罪、心理健康辅导、警示教育、亲职教育等多功能为一体的综合性法治教育基地,为广大青少年创建法治教育大本营。目前,已先后接待学生20批次1 000余人。

2.3.6 绍兴首个"家居式"未成年人观护帮教基地成立

提要: 该文献为报纸文章。绍兴市首个"家居式"未成年人观护帮教基地在浣东街道东盛社区建立,基地以社区为基础,并组建专业的司法社工团队,聘请专业的心理老师,充分发挥"枫桥经验"专群结合、群防群治的理念。

绍兴首个"家居式"未成年人观护帮教基地成立[1]

近日,市检察院未成年人检察工作办公室(简称未检办)在浣东街道东盛社区建立了绍兴市首个"家居式"未成年人观护帮教基地,并举行了授牌仪式。

什么是"家居式"帮教?就是在坚持保密原则的基础上,检察官对涉刑事案件的未成年人就近进行观护,使他们能够在自己熟悉的环境中接受观护,并早日走出歧途,重新回到正常的学习生活中。此外,由于能够"面对面"地接触涉刑事案件未成年人,有助于检察官更深入了解他们的生活环境和心态,为帮教展开提供便利,也能让他们在一个相对安全的环境中接受教育。

据了解,该基地设立以社区为基础,并组建了一支专业的司法社工团队,还聘请专业的心理老师,为涉刑事案件未成年人制定个性化的帮教计划,从心理辅导、行为矫正、社会实践、公益活动等各个方面对观护对象开展综合性帮

---

[1] 作者杨彬、何若愚,载《诸暨日报》2018年4月19日,第1版。

教,这不仅为检察机关最终作出司法处理提供依据,更为观护对象之后的心理健康成长"护航"。

"观护帮教基地的设立是市检察院充分发挥'枫桥经验'专群结合、群防群治理念的重要举措,下一步,将全面推广这项工作。"市检察院相关负责人告诉记者,希望社会各方力量都能参与到涉刑事案件未成年人的观护帮教工作中来,共同帮助迷途少年回归正常的学习生活。

2.3.7 特殊人群服务管理的新时代"枫桥经验"

提要: 该文献为研究论文。诸暨市积极探索不断创新社会治理方式,强化特殊人群服务管理,加强帮扶教育,有针对性地区别、评估、解决不同特殊群体的问题及需求,在社区矫正人员、重点青少年群体、吸毒人员、严重精神障碍患者、艾滋病感染者等特殊人群服务管理方面取得了显著成效。

特殊人群服务管理的新时代"枫桥经验"[1]

"枫桥经验"是毛泽东同志肯定,习近平新时代中国特色社会主义思想孕育的,依靠和发动群众,就地化解社会矛盾,解决群众最关心、最直接利益问题,促进社会和谐发展,实现社会共建共治共享的社会治理经验。"枫桥经验"中对特殊人群的服务管理,最早可追溯到上世纪六十年代对"四类分子"(地、富、反、坏)的社会主义教育改造,即把非捕不可的"四类分子"就地改造,创造出"少捕,矛盾不上交,依靠群众,以说理斗争的形式把绝大多数'四类分子'改造成为新人"的经验,纠正了极左的思想和做法。同时,还创造出就地

---

[1] 作者褚宸舸、史凯强,载《人民法治》2018年第3—4月号(4月20日)。

改造流窜犯、帮教失足青年和一般违法人员的成功做法。在改革开放初期,率先对"四类分子"摘帽,"摘掉一顶帽,调动几代人",极大推动当时的思想解放运动,为中国创出一条人民民主专政的新路。20世纪80年代,大力加强社会治安综合治理工作,坚持"组织建设走在工作前、预测工作走在预防前、预防工作走在调解前、调解工作走在激化前",创造"党政动手,各负其责,依靠群众、化解矛盾、维护稳定,促进发展,做到小事不出村,大事不出镇,矛盾不上交"的成功经验。1998年诸暨市人民群众最先开展平安创建活动,提出创建平安小区、平安企业、平安学校、平安路段,到2002年拓展成平安乡镇。把人民群众满意不满意、高兴不高兴、答应不答应作为平安建设的根本目标。这为后来"平安浙江"理念乃至"平安中国"建设工作的提出,提供了基层创新的范例。

特殊人群在过去被看作是"敌人""坏人",现在虽然也作为公民平等对待,但因为其人身危险性大、行为方式特殊、人员类型复杂多样、管理难度高等因素,成为新时期社会治安综合治理的重点和难点。我国在综治委下设置特殊人群专项组,由司法行政部门作为组长单位,主抓特殊人群的服务管理,负责刑释解教人员、社区矫正人员、有肇事肇祸危险的精神病人、艾滋病感染者、吸毒人员五类人员。2018年1月的全国司法厅(局)长会议上,司法部提出全面深化、落实治本安全观,实现"治标"向"治本"的转变。综治委还设置预防青少年违法犯罪专项组,由共青团作为组长单位,针对重点青少年群体,按照《预防未成年人犯罪法》进行"预青"工作。

党的十八大以来,诸暨市积极探索不断创新社会治理方式,强化特殊人群服务管理,加强帮扶教育,有针对性地区别、评估、解决不同特殊群体的问题及需求,在社区矫正人员、重点青少年群体、吸毒人员、严重精神障碍患者、艾滋病感染者等特殊人群服务管理方面取得了显著成效。

诸暨市特殊人群的基本情况

第一,社区矫正人员。近年来,诸暨市在册社区矫正人员数总体呈下降趋势。2017年底,诸暨市共有在册社区矫正人员900人,重新犯罪2人,重新犯罪率0.22%,无脱管漏管人员。

第二,重点青少年群体。截至2016年底,诸暨市共有在册闲散青少年168人,不良行为青少年34人,服刑在教人员未成年子女76人,农村留守儿童225人。2012—2017年,诸暨市保持流浪乞讨青少年零出现,但农村留守儿童人数有逐年增加的问题。

第三,吸毒人员。随着禁毒工作力度的加强,诸暨市抓获的吸毒人员及强制隔离戒毒人员总体呈上升趋势,未来需要进一步做好源头预防工作。2013年,诸暨市抓获吸毒人员293名,强制隔离戒毒40人。2017年,抓获涉毒违法犯罪人员494人,强制隔离戒毒108人。

第四,严重精神病患者。2013以来,诸暨市不断加强严重精神病患者的信息登记、监测和治疗,全市严重精神病患者登记人数、规范管理人数、治疗人数以及检出率、治疗率等各项指标都逐年增加,成效明显。2013年底,诸暨市共登记有严重精神病患者4 410人,检出率4.10‰,规范管理3 116人,治疗2 930人。2017年底,诸暨市共登记有严重精神病患者6 240人,检出率5.77‰,规范管理5 060人,治疗4 538人。

第五,艾滋病感染者。艾滋病疫情总体上保持低流行水平。传播途径以性接触传播为主,同性传播比例迅速增加。本地和外地户籍并重,农民、民工比例增加。2013年,新报告患者39例,随访患者160人。2014年,新报告患者33例,随访患者198人。2015年,新报告患者45例,随访患者236人。2016年,新报告患者45例,随访患者270人。2017年,诸暨市检测艾滋病166 816人次,新报告患者45例。

运用"枫桥经验"有效开展服务管理工作

(一)坚持治本的治理理念

从社会治理的角度看,特殊人群服务管理工作具有双重性和特殊性。所谓双重性，是指有关部门针对这部分人群，必须采取管理和服务并存并重。既要进行严格的管理教育，又要进行真诚的帮扶改造。所谓特殊性，是指针对这些特殊人群采取的管理措施，在手段和方法上要依法进行，更加严格、更加规范。不仅要提高预知预测预警预防各类风险的治理能力，还要让特殊人群体验到人性的尊重，感受到社会的温暖，消除心理的障碍。总之，针对这类特殊公民，既要保障其公民权利，维护社会平安，又要限制其部分权利行使，把限制权利作为保障权利维护平安的手段。坚持管理与服务并重，融管理于服务，以服务促和谐。最大限度地激发社会活力，真正帮助特殊人群回归社会、融入社会、回报社会，从而实现"治本"安全。

例如，诸暨市针对社区矫正人员，为其融入社会和再社会化提供帮助并创造有利条件。推进"三帮三延伸"工作方法，即"思想上帮心、生活上帮扶、经济上帮富，事先向监狱延伸、事中向生产活动延伸、事后向巩固提高延伸"。

又如，诸暨市针对有创业意愿的闲散青少年，开展农技培训、就业讯息介绍，并跟进了解创业情况，对青少年在创业中遇到的困难和问题，帮助联系专业人士或有经验的人员进行解答和实地操作，及时排除创业障碍。针对思想偏差、行为失足的重点青少年，开展行为干预，加强正面力量引导，开展社会实践和感恩教育，通过网上交流、网下活动的形式，组织动员重点青少年参与志愿服务等各类社会公益活动，引导他们摆脱不良行为、主动融入社会。

(二)形成多元联动的治理格局

新时代以来，诸暨市强化群众参与理念，健全群众参与机制，坚持以群众工作统领社会治理，把"专群结合"作为核心优势，建立起了多元主体参与中心工作的治理格局。在社区矫正工作中，实行"5+1"监管模式，每名矫正对象由镇司法员、驻村干部、社区民警、村干部、矫正对象亲属五方面力量结对进行监管帮教。组建由律师、教师、社会工作师、法官、检察官、警官等"三官三师"组成的"社区矫正讲师团"，定期对社区服刑人员开展法律、道德、心理和形势政策教育,专业化抓心理矫治。在"预青"工作中,积极探索创新学校+家庭+社区+社会团体+镇乡街道+部门单位"六位一体"的青少年法制教育模式,建立和完善学校、社会、家庭"三位一体"的法制教育网络,充分利用各种教育阵地,增强青少年法制宣传教育。针对严重精神病患者,诸暨市建立由驻村干部、片警、村干部、社区医生、患者家属等成员组成的"五人看护小组"。

(三)培育并推动社会组织参与治理

近年来,诸暨市通过"社工+社区服务中心+社会组织"的模式,有效助推社区事务有序开展。2016年以来,通过政府购买服务的方式,诸暨市先后与"一米阳光"爱心服务社等专业社会组织合作,开展项目化、专业化教育矫正,有效提升教育矫正质量。2017年3月,在枫桥镇政府的支持下,诸暨市心理卫生协会在枫桥镇成立首个乡镇心理咨询工作室——"心语心苑",积极参与枫桥司法所社区服刑人员心理辅导,对枫桥镇社区矫正人员、留守儿童等进行心理干预,集中训练社区服刑人员注意力、反应灵敏性等问题,提高其接受信息与传递信息的能力,培养他们良好的团队合作能力和意识,引导他们耐心、细心解决问题,并感受集体活动的乐趣。市心理卫生协会2014年开始开展"点亮生命 创造未来"留守儿童心灵关怀项目,已经连续举办了四年。诸暨爱心蚂蚁义工服务队和义工团志愿者开展"梦想改造家",带着留守儿童一起动手改造他们的小屋,帮贫困留守儿童圆"新房梦"。

(四)管理精细化和服务人性化相结合

第一,扎实工作,做好风险排查。例如,经常组织各派出所、乡镇街道对娱乐场所、中小旅馆、出租房屋、吸毒人员集中地区的大唐、店口等重点区域展开重点毒情排查,对原在册的吸毒人员逐一进行梳理排查。又如,实行责任医生每日面访、社区工作人员随访、公安人员巡访等措施,强化精神病患者的排查和访查工作力度,及时发现重性精神病患者肇事肇祸行为倾向,精确评估危险性等级,随时联防联控。至2018年2月28日,新排查出疑似严重精神障碍患者200余人。再如,在舆情监测方面,诸暨市在市、乡镇(街道)、村(社区)建立三级舆情监测网络。在村(社区)探索"三长(楼长、片长、村民小组长)、三员(物业管理员、联防队员和计生信息员)"的舆情监测模式。2017年年初,诸暨市出台了《社区矫正专项考核办法》《诸暨市社区矫正工作"三不四严禁"》,明确了社区矫正工作的职责和要求。2017年,诸暨市对450名2016年已认定符合以奖代补条件的精神病人的监护人签订以奖代补协议,明确监护责任。对有肇事肇祸行为和危险性评估在3级以上的严重精神障碍患者明确其监护人,实施以奖代补监护。

第二,通过智慧手段,做好精细化管理。例如,社区矫正执法方面,诸暨市为从事矫正工作者配备了司法E通手机,实现对社区服刑人员24小时不间断的信息化核查。又如,针对吸毒人员管理,诸暨市布建智能感知网络,即在全市主要路段、重点区域布建了RFID、WIFIMAC地址采集系统,在旅馆、网吧、车站等重点场所安装人脸识别系统。在全市主要宾馆全部安装了上网审计设备,对手机等终端上网采用"手机号码+房间密码"方式认证,实时获得吸毒人员的相关信息。建立网格化服务管理体系,把吸毒人员服务管理纳入本级综治网格,依托网格指导员→禁毒社工→网格长→网格员的工作网络,最大限度排查隐性吸毒人员。全面推广视频采集和信息倒查机制,在全市各镇街建立了27个视频谈话室。视频谈话室运行以来,共谈话、尿检吸毒人员1万余人次,采集微信号1 285个、QQ号1 356个,采集信息准确率达100%。

第三,服务人性化,尊重服务对象。例如,2014年7月,诸暨市出台了《关于进一步加强肇事肇祸等严重精神障碍患者救治救助工作的实施意见》,对严重精神障碍患者医保参保全额资助;严重精神障碍患者住院、门诊治疗全额救助,同时免除严重精神障碍患者特殊门诊起付费;对纳入社区管理的精神障碍患者免费提供安全、疗效好、副作用小的第二代抗精神病药品。又如,2017年,诸暨市打造"亲青系列"活动品牌,开展了2次"亲青筹"助困救急服务,筹集资金近 5 万元;常态化开展"亲青创"创业服务 3 场,共发放青年创业贷款 17 笔,发放金额共计 335 万元;举办"轻松备战中考""维和精神进校园""让孝心活起来"等"亲青讲"讲座 10 场;开设"高考志愿填报服务站",为高三毕业生免费提供志愿填报辅导。再如,2017 年,诸暨市推进市、镇、村三级青少年综合服务平台建设。目前分别在城东志愿服务中心和城西 U-do 创客中心打造 3 家市级青年之家,在每个镇乡(街道)建立了 1 家青年之家。

五十五年前,诸暨市枫桥镇人民群众创造了"枫桥经验","枫桥经验"经受了历史的检验,并随着时代发展不断地丰富和完善。新时代以来,诸暨市关于特殊人群服务管理工作的探索与实践,呈现了"枫桥经验"的一个重要面向。要实现有效治理,源头治理,必须依靠群众,做好"人"的工作,化消极因素为积极因素,创新治理手段,有针对性地对不同人群分类治理,同时,还应保障得力,措施合理合法,强化服务。

2.3.8　公安局巡特警大队坚持创新发展"枫桥经验"　用关爱机制感化"边缘未成年人"

提要: 该文献为报纸文章。介绍了诸暨市公安局巡特警大队从盗窃车内物品案件入手,建立"未成年人关爱机制"的情况。

公安局巡特警大队坚持创新发展"枫桥经验"
用关爱机制感化"边缘未成年人"[1]

未成年人小偷小摸、涉嫌违法犯罪,是一个沉重的话题。"民警同志,我们家的孩子真的管不下来了,天天不回家。"这是民警在走访这些家庭中,最常听

---

[1] 作者杜萌颖、王晶,载《诸暨日报》2019 年 10 月 22 日,第 4 版。

到的话。如何重塑他们对权威的敬畏，纠正他们在成长过程中的种种不良行为，让他们远离犯罪的诱惑？今年以来，市公安局巡特警大队从盗窃车内物品案件入手，坚持和创新发展"枫桥经验"，建立了一整套的"未成年人关爱机制"，在着力重塑"边缘未成年人"人生起跑线的路上，走出了一条诸暨路径。

车内盗窃案件背后的问题

今年三四月，巡特警大队队员们发现，主城区车内物品盗窃案件发生率提高了，有一段时间，大队经常接到关于车内物品被盗的报警。民警很快发现，这些"拉车门的盗贼"，有近半都是未成年人。

"这些人还未满16周岁，我们要上门走访，与他们父母共同督促，加强管教。此外，这类案件的发案率必须有明显下降。此项工作由巡特警大队副大队长吴培林牵头落实。"巡特警大队大队长张顺说，大家达成一致意见："哪怕是调教好一个孩子，也能拯救一个家庭、降低发案率，为平安建设减轻负担，这事值得做。"

很快，一支十余人的专案小分队成立了，怎么帮？从何帮起？"我们想到，上世纪60年代，老一辈公安人就已经立足枫桥经验，总结提炼出'浇花要浇根、帮人要帮心'的未成年人教育关爱工作法。"吴培林说，走近他们、了解他们，为这批未成年人建立专门的关爱机制，是第一步。

很快，大队"便衣班"的民警就出动，掌握未成年人经常出入的酒吧、KTV、奶茶店、浴室等地，来到他们家中，了解他们的家庭背景、学习情况、生活圈子，并在两个月内，筛查并不断完善出一份数十人的重点关爱对象清单。

以不良行为的多寡分类

"开展这项工作后，我们才发现要管的这摊事并不轻松。因为一些未成年人平日不上课，白天睡觉，夜晚活动，他们身上或多或少都有打架斗殴、小偷小摸这些不良行为。"全程参与走访的巡特警大队队员黄飞说。

在共同的摸排走访后，大队经过研究，为这组未成年人建立了一人一档的数据库,根据不良行为的多寡、管理难度的强弱,将他们分为 ABCD 四大类。其中,AB 两类为家庭情况复杂、父母明确表态无法管教的,不良行为特别多;CD 两类则为家庭尚可管教,需要注意回访的。自此,对 AB 两类未成年人的关爱,成了工作的重点。

6月18日,大队联系了市关工委,周雪芬主任听完这个项目,就明确表示会大力支持,并立刻拟定了系列心理关爱计划;6月底,大队又联系市检察院的青少年法治教育基地参观工作。一切就绪后,暑期的大型系列行动开始了。

"8月5日,在关工委的支持下,我们邀请了心理专家蔡领悦老师给民警们上课,教大家如何以正确的方式与未成年人沟通;8月11日,我们组织了23名未成年人的家长座谈听课,共同探讨如何加强对未成年人管理以及警民联动;8月18日,我们又集中组织了30名未成年人前来上课,教他们如何树立自信、加强自我管理,并带他们参观了检察院的青少年法治教育基地等。"吴培林说,这些举措是关爱机制的重要抓手,统一了民警、家庭、未成年人三方的目标,从自我管理、协助预防、法治帮教三个层面,扎稳了马步,也获得了家长们的大力支持和感谢。

作案曲线图彰显的成效

按照分工,专案小组里的每位民警都结对了四五名未成年人。为了让他们逐渐摆脱不良行为,民警们几乎充当了他们的"半个父母"。

比如民警方敏结对的未成年人小张,原本正是上高中的年纪,但因他不愿再回学校,又无力支持各项消费,才开始了小偷小摸。随后,方敏和小张的父母想了不少办法,方敏自己也经常与他沟通、谈心。"你年纪那么小,学点一技之长才可以自食其力,获得真正的自由。"终于,方敏的一番话说动了小张,很快,在家长的协助下,小张进入中专开始了全新的学业。

这样的事还有不少,有的家长半夜给民警打电话说孩子还没回家,民警就帮他们一起找一找;有的未成年人又出现盗窃行为了,民警一次又一次地把人喊来做思想工作。今年10月,民警朱寅把最新的统计数据交到了吴培林的手上,高兴地说:"经过关爱以后,从今年6月至今,全市盗窃车内物品发案率大幅度下降。关爱帮教的几十个未成年中除一人以外,其他人员均未作案。"

对此,吴培林说:"新时代'枫桥经验'的四个统一,其中就包含了'坚持自律和他律相统一'。法是他律,德是自律,需要二者并用。固效要固本,下一步,我们还要将这一指导思想,继续渗透至未成年人关爱的工作中去。"

2.3.9 扣好那粒松开的扣子

提要:该文献为报纸文章。主要论述"警暖少年"工作室的意义:践行"枫桥经验",创建"枫桥式"帮教法,通过谈心谈话、共同爱好,文体互动、公益参与,联动共教、多方共治,帮助少年扣好那粒松开的扣子。

扣好那粒松开的扣子[1]

在"警暖少年"工作室最显眼的位置有一张照片,5名年轻人与民警拥抱在一起。

这是去年夏天拍的,年轻人相约来到"警暖少年"工作室,感谢曾经的帮扶者。那一天,他们在一起聊学校生活、职业规划、人生理想后,有人一声感慨,怎么也没想到,自己会变成一个对社会有用的人!

这5名第一批帮扶帮教的少年,如今都上了大学。这场景一再提醒你,这里是"枫桥经验"发源地。上世纪70年代,枫桥率先提出"帮教"理念,帮助教育失足青年和一般违法人员,实现"少捕,矛盾不上交",开了全国帮教工作的先河。

---

[1] 作者郦润其,载《诸暨日报》2022年5月27日,第2版。

经过半个多世纪的发展,"枫桥经验"历久弥新,而帮教两字,重逾千斤!特别是这两年,关爱边缘化未成年人的话题总被反复提及,他们因各种各样的原因,游走在法律和道德的边界,苛责与刑求都不完全适用,常规化法制教育又太过生硬,往往会引发少年的抵触心理。

当我们总是痛心于一些未成年人犯罪后未吸取教训,时隔不久又再次走上犯罪道路;当我们无奈于"抓了放,放了抓"的现实,吞咽着家庭的悲剧和人生的灰暗;当我们用问题少年的简单粗暴来定义并解释所有,我们理应拿起传家宝,以"枫桥经验"的帮扶与教化,以群众力量的汇聚,以"不能因为有反复就失去对改造的信心"的实践真知,来挽救边缘化未成年人,让他们成为理应成为的人!

说到底,少年的问题,最终是社会的问题,也应当在社会中解决。正如习近平总书记期许的那样,要引导和帮助青少年学生扣好人生的第一粒扣子,"警暖少年"工作室践行"枫桥经验",创建"枫桥式"帮教法,通过谈心谈话、共同爱好,通过文体互动、公益参与,通过联动共教、多方共治,帮助这些少年们,扣好那粒松开的扣子。

一套帮扶机制,挽救百余少年。我们总是说,孩子是家庭的希望,也是社会的未来,这是何等功德!

2.3.10 "警暖少年"帮教工作的基本做法

提要:该文献是研究报告《罪错未成年人帮教工作的"枫桥经验"研究》的一部分。浙江省诸暨市公安局巡特警大队成立"警暖少年"工作室,探索罪错未成年人的帮教转化,总结提炼出"浇花要浇根,帮人要帮心,固效要固志"的帮教理念,形成"五小五帮"工作方法和"五个一"工作机制。

"警暖少年"帮教工作的基本做法[1]

一、坚持"浇花要浇根,帮人要帮心,固效要固志"的帮教理念

第一,强调帮教时要找到根本问题,深入分析每个未成年人的罪错形成原因,分类处置,因类施策,因人施策。实施有针对性的帮教工作。强调深入罪错未成年人的内心进行教育帮教,制定了一系列工作要求:一是坚持换位思考。要求民警站在对方的立场上思考问题,分析罪错未成年人内心真实想法,在情感上达成共鸣,有的放矢地开展工作。二是注重保护隐私。要求民警在走访时穿着便衣,注重方式方法,尽量控制知晓面,充分保护对方隐私。三是定期警营帮教。设立"警营开放日",通过集体谈话、参观训练科目、集中授课辅导、参观法治教育基地等活动进行帮教工作。四是组织公益活动。大队积极组织帮教对象,参加敬老院慰问、普法宣传、送资助金、篮球赛等公益、娱乐活动,使其感受到大家庭的温暖和自身的价值,进而唤醒帮教对象的爱心,使其重新认识自身的存在感和价值感。五是开展心理辅导。邀请国家二级心理咨询师、青少年心理辅导专家等为罪错未成年人进行心理辅导,使罪错少年敞开心扉,谈认识、谈感悟、谈理想,从灵魂深处反思过错、检视行为。

第二,形成"各方参与,多方共治,常态固志"的教育引导体系,帮助未成年人树立正确志向,彻底改正不良嗜好,杜绝出现不良行为。巡特警大队积极与帮教对象的家庭、学校以及关工委、检察院、心理辅导室等多方合作。在走访过程中,民警发现罪错未成年人的家庭情况相对比较复杂,80%以上的人员为单亲、留守少年,大多数家长疏忽管教。针对这种情况,帮教民警在引导过程中注重原生家庭对罪错未成年人的影响,积极与家长相配合,通过与家长定

---

[1] 作者褚宸舸、李明升。李明升撰写初稿,褚宸舸修改定稿。载西北政法大学枫桥经验与社会治理研究院、中共诸暨市委政法委编印:《诸暨市基层社会治理系列研究报告——西北政法大学研究生诸暨实训报告选》,2022年7月,第29—34页。

期沟通交流,邀请家长参加座谈会、参观法治基地等主题活动,拉近与家长的距离,增加信任,增强家长的责任意识和法治意识。

二、探索建立"五小五帮"帮教工作模式

针对罪错未成年人"年龄小、案件小、后果小"的特点,借鉴"枫桥警务模式""五小"警务理念,建立"五小五帮"帮教归正新模式。

第一,组建小团队开展专业化帮教。巡特警大队建立起由大队长为组长,教导员、副大队长为副队长,4个民警和10个辅警参与的工作专班,组织开展罪错未成年人的帮教转化工作。

第二,建立小档案落实责任化帮教。对重点帮教人员建档立卡,整理出全面的个人信息,形成帮教工作档案,落实责任化帮教。划定帮教对象,结成关爱对子。通过系统摸排,分两批次共梳理出101名帮教对象,结合具体案件进一步梳理出重点人员52人,每个民警负责5—6名未成年人。

第三,实行小分类针对性帮教。将帮教对象划分为放心人员、可控人员、不可控人员和失控人员四类。放心人员曾经发生过违法行为,但现在能够正常参加学习,近期未再参与违法行为,父母也能够加强管教,不会再发生违法行为。可控人员偶尔夜不归宿,与社会闲散人员仍有联系,主观上仍然存在作案可能性。不可控人员经常夜不归宿,与社会闲散人员联系频繁,经常出现不良行为,家长想管却无法管理。失控人员行踪隐蔽,无法找到,长期与社会闲散人员接触,有时到附近县市流窜作案,家庭情况复杂,家长明确表态无法管教,未成年人主观上抗拒帮教。对放心人员采取不定期电话回访;对可控人员保持一个月回访一次,一季度面谈一次;对不可控人员坚持一周回访一次,一个月面谈一次,通过频繁走访帮教,实时掌握动态;对失控人员,加强巡逻防控,盯死看牢,不给其作案机会。自实施分类帮扶以来,四类人员均未再发生过违反治安管理处罚以上的作案行为。

第四,搭建小桥梁进行沟通化帮教。帮教民警通过打电话、建立重点人员及其家庭成员的联系微信群、上门走访等方式,线上线下相结合,与未成年人及家庭成员开展深度沟通,积极主动开展法制谈话,引导家长切实担负起管教责任,教育罪错未成年人改邪归正,警营与家庭双桥梁、民警与家人齐协力,共筑帮教罪错少年"同心圆"。

第五,整合小资源实施联动化帮教。"警暖少年"工作室与市检察院"检馨"未成年人检察工作室建立长期联系,巡特警大队主要负责对不满16周岁罪错未成年人的帮教工作,检察院则主要负责对满16周岁不满18周岁附条件不起诉和相对不起诉未成年人的帮教工作,形成优势互补、联动互助、资源共享"警检"帮教新模式。

三、形成"五个一"工作机制

第一,强化一个组织("警暖少年"工作组),公、检、法、司机关积极与关工委、团委、妇联、教育等部门协商共建,联合成立"警暖少年"工作组,群策群力帮扶帮教罪错少年。

第二,完善一套制度。建立从纳入关爱、责任捆绑、走访沟通、帮扶解忧、信息台账、考察评估、回归家庭或社会的一整套机制。

第三,建好一个基地。成立"警暖少年工作室"提供罪错未成年人心理辅导、法律咨询等服务,作为心灵沟通的桥梁、法制学习的场所、社会庇护的港湾、帮教转化的基地。

第四,整合一批资源。进一步加强与政法委、关工委、检察院、法院、司法局、卫健局、教体局的联系。

第五,创新一套方法,在深入帮教工作的基础上,梳理典型、探讨经验,总结出因类施策、分类施教的工作方法。

2.3.11　以新时代"枫桥经验"引领未成年人检察工作

提要：在新时代需要不断探索以帮教为中心的未成年人司法保护工作。该文献明确提出未检工作要落实"少捕慎诉少监禁",对未成年被害人要给予司法救助;寻求社会支持,构建群策群力的矫治帮护体系;把握预防核心,从源头防控未成年人犯罪风险。

以新时代"枫桥经验"引领未成年人检察工作[1]

上世纪70年代,枫桥率先提出"帮教"理念,意为帮助教育失足青少年,促使其成功转化,更有效地实现少捕,矛盾不上交。新的时代背景下,市检察院对"枫桥经验"融合、创新,不断探索以帮教为中心的未成年人司法保护工作,提出了"将保护开展在前头,将矛盾化解在源头,将风险防控在萌芽"的未检工作模式,在打造新时代"枫桥经验"的未检工作品牌之路上迈出了坚实的步伐。

传承人本理念,注重保障未成年人权益。未检工作的初衷即为未成年人提供专业化的保护,这与"枫桥经验"以人为本的价值理念十分契合。未成年人作为一个特殊的社会群体,其身心特性决定了未检工作要坚持权益特殊保护,且必须是双向的保护。落实到具体工作中,可以从以下两方面着手。首先,"少捕慎诉少监禁"要落实。虽然打击刑事犯罪是最后一道防线,但是为避免监禁对未成年人带来的"交叉感染"和其他不良负面影响,仍然可以在"少捕慎诉"方面寻求对于未成年人保护的方向。如我市未检在实践中采取

---

[1] 作者是时任诸暨市人民检察院检察长(现任绍兴市人民检察院党组成员、副检察长)谢剑,载《诸暨日报》2018年6月14日,第3版。

的,逮捕、起诉必要性审查及不捕、不诉告诫制度等,成效显著,在未成年人犯罪案件受理人数呈总体下降趋势的情况下,不捕率从2013年的20%上升至2017年的58.7%,不诉率从2013年的9.8%上升至2017年的23.5%。其次,对未成年被害人要给予司法救助。可以通过法律援助、心理疏导等多方位入手,寻求专业力量和社会志愿团体的合作,如诸暨法律援助中心检察院工作站,为经济困难的未成年被害人提供诉讼服务;联合市人民医院、市心理卫生协会,共同组建"涉案未成年人心理援助中心",开展心理疏导等均为有益的尝试。

寻求社会支持,构建群策群力的矫治帮护体系。对于心智尚未成熟的未成年人,关护帮教是未检工作的重中之重。但是,未检工作是一项系统性工程,非检察一家之力可以完成。在政府机关购买公共服务力量有限的情况下,相关单位和社会团体应当予以支持。加强与拥有婚姻家庭、未成年教育等"公益创投"项目基金支持的社会团体的合作,为涉罪未成年人、未成年被害人提供生理、心理等方面的救助,特别是需要长期进行心理治疗或者身体康复的未成年人,更需要长期帮扶。如发放的救助资金因监护人的原因不能有针对性地用于未成年人,则可以由社会团体直接将救助资金支付给治疗单位,由检察或民政部门监督实施。充分利用青少年事务社工人才建设专项经费,协调共青团积极推动青少年事务社工参与不捕、相对不起诉、附条件不起诉未成年人的帮教观护工作。依托司法行政部门,推动开展社区服刑未成年人个性化帮教工作等。得益于"枫桥经验"提供的基层网格化治理,我市的青少年司法工作在社会支持体系构建上具有得天独厚的优势。以未检为例,在成立未检办提供专业力量的基础上,引入"一米阳光"志愿服务队、"德林"心理教育机构、"红枫义警"公益团队等社会组织,在未成年人犯罪的教育惩戒、感化挽救方面发挥了重要作用。

把握预防核心,从源头防控未成年人犯罪风险。"防患于未然"是"枫桥经验"的精髓之一,且在发展中体现出"立足预防、重在治本"的成熟刑事控制规律。未检工作需紧扣"预防"要义,如何有效将未成年人违法犯罪风险扼杀于萌芽之中是努力的方向。在司法实践中,可以针对未成年人犯罪和被侵害的多发领域、执法司法的盲点和"浅水区",通过白皮书、检察建议等形式,加强情况研判和风险预警,有针对性地提出强化特殊司法保护的有效措施和建议。同时,要依托"大数据",构筑网上网下一体化预防机制,建设集法治宣传、警示教育、自我保护等为一体的专业化青少年法治教育基地,建立亲职教育、学校教育、社区教育三道防线,加大对"临界预防"的探索力度,使预防关口前移,建立起"枫桥式"的法律预防与服务体系。

2.3.12 隐患矛盾不过夜　思想情绪不出室　问题症结不上交 沐阳疏教工作室为在押人员解心结

提要: 该文献是报纸文章。主要介绍诸暨市看守所成立"沐阳疏导教育工作室",及时对在押人员和留所服刑犯开展有针对性的思想教育和心理疏导的情况。

隐患矛盾不过夜　思想情绪不出室　问题症结不上交
沐阳疏教工作室为在押人员解心结[1]

在押人员王某某焦躁不安、满脸愁容、眼神恍惚。市看守所副所长戚彭君动之以情、晓之以理,终于让王某某紧锁的眉头舒展开。这是日前市看守所"沐阳疏导教育工作室"的一个镜头。

"看守所在押人员和留所服刑犯存在着思想情绪、心理压力等方面的问题,一旦波动,极易引发同室之间斗嘴、吵架等事故。"戚彭君说。为此,看守所

---

[1] 作者胡子昂、吕煜明,载《诸暨日报》2019年7月16日,第2版。

借鉴"枫桥经验",把及时解压和调处纠纷作为创建平安监所的重要内容,打造"枫桥式监所"。

今年4月,市看守所将原先设在民警办公楼的一间管教办公室前移到与监室仅一墙之隔的小房间,用于开展疏导教育。至今,由所领导、管教民警、心理咨询师等组成的工作室,已接受40多名在押人员和留所服刑犯的心理咨询,并对20余名具有重疾及其他风险人员进行了针对性的思想教育和心理疏导。一名因妨害公务、寻衅滋事"二进宫"在押人员,提出给其一个人加菜等无理要求,因得不到满足而多次闹情绪并对抗管理。戚彭君在耐心听取该名在押人员倾诉后,教育、引导他如何适应监所生活,并说明不能"开小灶"、搞特殊的原因,使其平复了对抗情绪。

随着管教民警教育感化工作经验的不断积累,市看守所成立"沐阳疏导教育工作室",并指定一名副所长专门负责。"成立工作室主要目的是为了及时解开在押人员和留所服刑犯的'心结',让他们摆正心态,接受管教,走向新生。"市看守所所长楼忠民说,通过规范化执法和以人为本的感化帮教,该所基本实现了"隐患矛盾不过夜、思想情绪不出室、问题症结不上交"的监管目标,既维护了在押人员和留所服刑犯的权益,同时也有力地保障了监区安全。

2.3.13 诸暨市看守所重视心理帮扶 疗愈失足青年"心理病"

提要:该文献是报纸文章。主要介绍诸暨市看守所采用"监管民警+心理咨询师+志愿者"的模式开展帮教的情况。

诸暨市看守所重视心理帮扶 疗愈失足青年"心理病"[1]

近日,刑满释放不久的何某来到诸暨市看守所,感谢关心和帮助他度过人生低谷的心理咨询师和监管民警。他还主动加入一个志愿服务组织,投身社会公益服务。

何某被羁押前,多次与人打架,且有自残迹象。被羁押后,暴露出消极、厌世情绪。对此,诸暨市看守所专门请心理咨询师有针对性地为他制订了心理疗愈方案。从打开心结入手循循善诱。还让同监室在押人员现身说法,劝导他端正思想、改过自新。通过疏导、交心干预,何某内心的负面情绪慢慢消除了。

为做好失足青年的教育转化工作,充分保障这部分群体合法权益,引导和帮助其认识错误,重建科学健康的"三观",诸暨市看守所积极探索新时代"枫桥经验"在监所的应用与实践,法情共融,采用"监管民警+心理咨询师+志愿者"的模式开展帮教。

"通过专业心理评估、个案心理咨询辅导、团体心理辅导,以及'玩'游戏等形式,对失足青年开展正面引导教育,既增强了帮教、纠错的效果,也保障了监所的全面建设与安全稳定。"诸暨市看守所有关负责人说,已有近50名失足青年在该所接受心理矫正,使他们增强了重新做人、回归社会的信心。

2.3.14 诸暨市人民法院2020年度未成年人审判工作基本情况

提要: 该文献为工作报告。诸暨市人民法院在对未成年人案件的审理中,坚持贯彻教育、感化、挽救的方针,坚持教育为主,惩罚为辅的原则,

---

[1] 作者翁佳美、吕煜明、许哲,载《绍兴日报》2020年12月29日,第3版。

加强对未成年人的特殊保护。为完善多部门有效衔接的未成年人综合保护工作体系,加强对未成年人的全面综合保护,最大限度地挽救、预防未成年人违法犯罪,诸暨市人民法院参与制定了《诸暨市罪错未成年人社会教育计划实施意见》。将未成年人及其监护人纳入计划,通过集中培训教育、日常观护帮教、监护人申领服务相结合的方式,对罪错未成年人开展社会化教育。

诸暨市人民法院2020年度未成年人审判工作调研报告[1]

一、少年法庭机构设置及队伍建设情况

诸暨法院未设置独立建制的未成年人案件审判庭,针对未成年人案件的特殊性,指定相对固定的女性审判人员专门办理未成年人案件。

二、审理情况

在未成年人案件的审理中,坚持贯彻教育、感化、挽救的方针,坚持教育为主,惩罚为辅的原则,加强对未成年人的特殊保护。

2020年度,诸暨法院判决生效未成年人案件25件35人(占比1.66%),对其中19人判处非监禁刑,判决生效25周岁以下被告人案件308件543人(占比25.72%)。

三、未成年人审判特色工作机制

在工作亮点上,2020年为完善多部门有效衔接的未成年人综合保护工作体系,加强未成年人全面综合保护,最大限度地挽救、预防未成年人违法犯罪,我院参与制定了《诸暨市罪错未成年人社会教育计划实施意见》。针对已经实施违法犯罪性质行为,但因未达到刑事责任年龄或犯罪情节显著轻微,不予追究刑事责任的未成年人,统一建库,分级管理,将未成年人及其监护人纳入

---

[1] 由诸暨市人民法院刑事审判庭员额法官傅筱云提供。

计划，通过集中培训教育、日常观护帮教、监护人申领服务相结合的方式，对罪错未成年人开展社会化教育，形成"枫桥式"罪错未成年人社会教育机制。我院主要配合做好典型案例收集、推送，指派人员参加集中培训教育活动的教学工作；做好集中培训教育期间旁听庭审的准备工作，开发向监护人提供的公共服务，向平台提供优质公开课资源，接到平台移交的私课申请后，及时指派专人与申请人对接等。

诸暨法院对于部分外省籍未成年被告人的法定代理人无法通知或者经联系不能到场的，与诸暨市关心下一代工作委员会联系，由关工委指派工作人员参加诉讼。2020年度共计为2名无法通知成年亲属到场的未成年人被告人邀请关工委工作人员到庭，为其提供法律帮助，保障其合法权益。

四、存在的困难、问题

目前诸暨法院刑事审判庭有7名员额法官和2名法官助理，所承担的一般刑事审判工作任务较重，因此只能指派相对固定的员额法官担任未成年人案件的审理工作，未建立专职的未成年人审判团队。

在未成年人审判工作中，员额法官更多地只是关注案件的审理、宣判，而缺乏对未成年人案件审判向前、向后的司法延伸与服务，使得未成年人刑事审判在预防和减少犯罪方面的效果下降。

对审判时未满十八周岁的被告人没有委托辩护人的，通知法律援助机构指派律师为其辩护。但司法部门指派的律师并不专精于未成年人刑辩工作，导致部分指定辩护走过场，未能充分发挥作用。

回访、帮教工作未落实，虽然多次计划开展未成年罪犯的帮教回访，延伸审判职能，但因种种原因而未能落实下去。

五、意见、建议

加强教育培训，对专门负责未成年人刑事审判工作的员额法官进行集中培训，学习交流先进的经验做法。

落实未成年人犯罪案件的心理干预、指导和帮教回访工作。会同司法局,建立起判处刑罚的未成年人回访帮教制度,随时了解思想动态,真正体现司法的人文关怀。

2.3.15　未成年人违法犯罪预防治理平台上线

提要:该文献是报纸文章。主要介绍诸暨市检察院联合十多个相关部门和社会组织,共同建立诸暨市未成年人违法犯罪预防治理平台,将附条件不起诉、相对不起诉的未成年人,实施违法行为的未成年人,以及因未达刑事责任年龄或犯罪情节显著轻微、不予追究刑事责任的未成年人统一纳入平台进行预防矫治工作。

未成年人违法犯罪预防治理平台上线[1]

昨天上午,诸暨市未成年人违法犯罪预防治理平台正式启动。即日起,检察机关作出附条件不起诉、相对不起诉的未成年人,实施违法行为的未成年人,以及因未达刑事责任年龄或犯罪情节显著轻微,不予追究刑事责任的未成年人将统一纳入该平台进行预防矫治工作。

浙江省检察院第九检察部副主任王亮,绍兴市检察院党组成员、副检察长周慧娟,及我市市委副书记、政法委书记潘超英,市检察院检察长谢剑参加启动仪式。

潘超英在启动仪式上指出,未成年人违法犯罪预防治理平台是创新发展新时代"枫桥经验"的重要举措,也是坚持数字赋能,推进未成年人违法犯罪预防治理的积极探索。平台启动后要进一步提高思想认识,加强部门协作,各

---

[1] 作者杨凌燕、何若愚,载《诸暨日报》2021年1月29日,第1版。

有关部门要站在以人为本、维护社会大局稳定的高度,将未成年人违法犯罪预防列入日常工作日程;要坚持智治引领,推动转型升级,积极探索司法工作与互联网技术的深度融合,依托科技助力,全力把数字经济的先发优势转化为数字治理的先行实践;要强化平台运用,确保实用高效,在建好平台的基础上,建强复合式帮教团队,完善线上学习监督激励机制,强化心理健康辅导,加强未成年人重点群体教育、矫治、转化,真正打造集"帮教矫治、家庭教育、公共服务、综合治理"于一体的预防治理系统。

2020年,市检察院联合十多个相关部门和社会组织,启动"诸暨市罪错未成年人社会教育计划",并在此基础上,打造了集"帮教矫治、家庭教育、公共服务、综合治理"于一体的诸暨市未成年人违法犯罪预防治理平台。

平台围绕复犯率这一预防违法犯罪的核心指标对罪错未成年人进行分级干预,明确监护人的主体责任,以家庭为单位确定帮教对象,用基础德育和特殊帮扶相结合的模式,为每个帮教家庭配备一名老党员、一名社工、一名义警的帮教团队。平台建立了线上法治学习监督、激励机制,引导未成年人认真学习、主动学习。平台还特别设置了时间管理功能,未成年人的监护人可根据需要向平台免费申领配合系统使用的定制手表,根据未成年人的情况定制作息时间表,帮助其在正常作息中逐步回归正轨。

此外,平台还接入大数据治安防控网,通过场所定位、人脸识别相结合的方式,以监督场所的形式预防未成年人进入不宜进入场所,构建预防、治理一体化平台,实现未成年人违法犯罪预防从"数字预防"向"数治预防"转型升级。

2.3.16　数字未检,诸暨迭代升级"星海守望"

提要: 该文献是报纸文章。主要介绍诸暨市检察院打造集"帮教矫治、家庭教育、公共服务、综合治理"四大功能于一体的"星海守望"未成年人违法犯罪预防治理平台,构建起党委统一领导、部门联动协作、社会力量共同参与的未成年人违法犯罪预防工作体系。

数字未检,诸暨迭代升级"星海守望"[1]

为最大限度挽救、预防未成年人犯罪,2021年以来,浙江省绍兴诸暨市人民检察院以新时代"枫桥经验"为引领,融合数字化改革理念,打造集"帮教矫治、家庭教育、公共服务、综合治理"四大功能于一体的"星海守望"未成年人违法犯罪预防治理平台,构建起党委统一领导、部门联动协作、社会力量共同参与的未成年人违法犯罪预防工作体系。通过数字化驱动、体制机制变革、业务流程再造,打破以往未成年人犯罪预防工作中多部门各自为政、信息不通、治理断层等问题,有效降低罪错未成年人的复犯率。

"平台运行后,办案监督更加智能、犯罪防控更加精准、数据研判更加便利、决策指挥更加科学,真正实现未成年人违法犯罪预防工作向'数字预防''数治预防'转型升级。"诸暨市人民检察院党组书记、检察长张芸告诉《法治日报》记者:"目前,平台即将在全省范围内推广运用,我们还在此基础上迭代升级'浙里预防青少年新型违法犯罪应用',进一步推进'枫桥式'数字未检,守护星海。"

整合资源 构建"枫桥式"工作模式

"您的孩子周××于22时16分进入未成年人禁入区域,定位于……请尽快核实并带离。"2022年4月一天夜晚,老周收到一条提醒短信,他立即赶到定位酒吧,与此同时,小周的帮教义警也匆匆赶到,两人将小周带离酒吧,并对其进行教育。

---

[1] 作者王春、何若愚,载《法治日报》2022年7月3日,第5版。

小周今年16岁，不久前因参与打架斗殴被诸暨市人民检察院审查起诉，综合考量后，检察机关决定对其附条件不起诉，并将其纳入"星海守望"未成年人违法犯罪预防治理平台管理。平台自动分析小周的罪错行为，将其确定为二级人员，同时，老周还为小周申请了配套手表，一旦发现定位异常情形，便会发出实时预警。

"我们分析了近年来全市未成年人违法犯罪基本数据，发现有违法犯罪和不良生活方式密切相关、复犯率较成年人明显偏高等显著特征，而相关职能部门和社会力量缺乏协调配合的组织合力，导致未成年人犯罪预防工作效果有限，我们觉得有必要利用数字化手段，打通协作壁垒，群防群治，提升预防实效，于是我们构建了'星海守望'平台。"诸暨市人民检察院第六检察部主任钱路璐向记者介绍。

该平台打通跨部门、跨系统的数据壁垒，共享全市未成年人违法犯罪数据，依托大数据融合，对罪错未成年人统一建库管理、精准智能分级干预、个性化定向教育矫治。平台数据库自动分析罪错行为，以复犯为核心指标精准智能分级分类，设置阶梯式教育矫治措施，明确监护人的主体责任，统一纳入平台。平台还特别设置了重点场所监管功能，以监督场所的形式防止未成年人进入不宜进入场所，净化未成年人成长环境，促进源头治理。

平台自2021年上线以来，全市罪错未成年人教育矫治率同比上升300%，纳入平台管理后的罪错未成年人再犯率下降59%。

数字赋能　建立"共享式"治理体系

日前，诸暨市人民检察院联合公安、文广等相关部门再次对全市电竞酒店进行"回头看"，全市11家电竞酒店共480台电脑均安装了上网登记管理软件，严格实行"住宿+上网"双登记制度，禁止接纳未成年人上网，检察建议内容得到有效落实。

此前，诸暨检察院检察官在办理案件中了解到，辖区内电竞酒店存在接纳未成年人上网的情况。之后,检察官通过"星海守望"平台对全市涉未刑事、治安案件进行梳理,发现多起案件发生在电竞酒店。该院随即启动公益诉讼立案、调查程序。经数据分析和实地走访调查,检察官发现电竞酒店均以酒店住宿业务办理营业执照,但接纳大量未成年人上网,且一房多人、他人代开等情况多发,成为未成年人保护和监管盲区。2022年2月,该院召开公益诉讼公开听证会共商对策,并向相关部门制发公益诉讼诉前检察建议,督促加强监管,确保经营者规范经营,促进电竞酒店新业态长效治理。

相关部门积极落实检察建议内容,目前,全市电竞酒店均整改到位。同时,检察机关丰富"星海守望"平台,创新研发电竞酒店数字化监管功能,实现电竞酒店接纳未成年人入住、上网异常情形实时预警。全市十部门联合出台多个文件机制,形成检察先行、部门联动、齐抓共管的治理格局。

"星海守望"平台破除以往单打独斗、数据孤岛的旧格局,梳理各职能部门在预防未成年人犯罪工作中的基本任务,统一融入平台,打通多个跨部门系统,发挥数字融合共享的乘数效应。到目前,通过分析研判平台大数据,批量发现监督线索,办理多起涉未监督案件;实现对未成年人案件发生地点等要素的精准确定,发现公益诉讼线索十余条,成功办理行政公益诉讼案件3例。

教育矫治　首创"浸润式"帮教模式

"再次回到学校的感觉,真像重生了一样,感谢大家对我的帮助和付出。"前不久,辍学一年多后的小宣终于重返校园,开始投入忙碌的学习,备战高考。

2021年,小宣因为和父母关系不和等原因,患上双向情感障碍并辍学,在烦躁情绪影响下,小宣多次实施偷窃,并有故意伤害行为。承办检察官在全面了解小宣的情况后,为其量身定制个性化帮教方案,通过"星海守望"平台集成各职能部门、各社会组织的力量,联合开展帮教。检馨未成年人司法保护中心指派司法社工、心理咨询师对小宣进行全方位跟踪帮教,线上派发学习任务,线下参与各种形式多样的活动;关工委指派老教师为小宣及家人开展思想道德教育、家庭教育家风建设,引导其树立正确的人生观;公安局指派辖区派出所义警监管督促小宣完成帮教任务、规范日常行为。在复合式帮教团队的共同努力下,小宣日益开朗,与家人关系越来越和谐,他重新回到学校开始正常的学习生活,顺利度过了一年的帮教考察期。

依托"星海守望"平台,诸暨市检察院积极开展罪错未成年人社会教育工作,联合全市十部门出台机制,将"线下分散职能"转化为"线上一体供给"。吸纳专业社会力量、志愿者等帮教人员加入平台,作为罪错未成年人的"智治"挽救者,在平台设置全方面的线上学习资料库,并实行考核积分制排名,增强学习主动性。根据分级规则,平台会为罪错未成年人配备由五老同志、司法社工、义警及专业人士组成的"3+1"复合式帮教团队,制定个性化、特色化帮教方案,开展线上+线下的浸润式帮教活动,全方位教育矫治未成年人行为。

目前,平台已吸纳70余名帮教团队人员,开展线上、线下各类帮教活动640余次,帮教罪错未成年人730余人次。

第三章
改革开放以来青少年帮教工作典型案例

提要：本章分三节。第一节选取"谢某晓的故事""真情温暖着浪子心——先进村帮教帮扶工作二三事""教育·感化""'帮教'帮到心里头""帮贫扶困，做好归正人员的安置帮教工作""真情感化促和谐"等新时期帮教工作典型案例。第二节选取新时代浙江省、诸暨市的检察机关帮教工作典型案例。分别是"未成年人齐某某盗窃案""未成年人小龙抢劫案""未成年人小甲等四人强制猥亵、非法拘禁案""'分期付款'促和解 '回归帮教'暖人心——蔡某某诈骗案""帮人帮心 矫正转角遇到爱——社区服刑人员郦某帮扶案""多措并举 亲情帮扶未成年被害人——王某某强奸、抢劫案""重拳打击使用童工行为 全力保障未成年人合法权益——肖某某、陈某某强迫劳动案""开展'定制式'亲职帮教教育 感化挽救涉罪未成年人——汪某某、周某某聚众斗殴案""探索'家居式'未成年人帮教基地——赵某某盗窃案"等司法案例，展示新时代"枫桥经验"在未成年人司法工作中的独特作用和时代价值，这是动员和依靠群众、就地化解社会矛盾、促进社会和谐发展、实现共建共治共享的时代"缩影"。第三节选取2009—2019年10年间全国优秀警察、全国人民调解专家杨光照的4个帮教典型案例。诸暨市枫桥镇基层民警杨光照同志运用群众工作方法、坚持群众路线、依靠群众,对罪犯和"迷途"少年进行帮教案例,全景式呈现了运用"枫桥经验"帮教的过程和效果。有道是"十年磨一剑",杨光照对在监人员楼某均、刑释少年谢某波、小学生陈甲等人、A中学陈某杰的全程帮教,真实呈现了"枫桥经验"在教育、挽救、改造人中的独特作用,彰显出"枫桥经验"历久弥新的时代魅力。

3.1 新时期帮教工作典型案例

3.1.1 谢某晓的故事

提要:该案例讲述了 20 世纪 80 年代后期,钟瑛村青年谢某晓迷恋赌博,经过村里的帮教,成了青年榜样的故事。

谢某晓的故事[1]

28 岁的谢某晓,1987 年技校毕业后就协助母亲经营一家小吃店,父亲搞个体运输,家中经济收入较为可观,一家人日子过得很是甜美。然而好景不长,在一些赌徒怂恿、引诱下,年轻的谢某晓逐渐走上赌博这条"邪道"。起先是伍元、拾元"小搞搞",时间长了,瘾头便越来越大,几百、几千甚至上万元屡屡出手,赌博的方式也由麻将发展到翻别什、沙蟹、牌九等。群众称他"年纪虽小,精通赌道,大赌小赌样样来,麻将牌九全都会"。面对亲人的劝说,谢某晓不屑一顾,认为不是偷,不是抢,赌博有什么大不了,丝毫没有悔改之心。一次

---

[1] 载政协诸暨市文史资料委员会、诸暨市公安局编:《枫桥经验实录》,中共党史出版社 2000 年版,第 205—209 页。

在邻村朋友家,一赌便是两天两夜。家中父母急煞了,在亲戚、朋友家到处寻找,四处打听。好不容易找到,父母既好气又心痛,谢某晓却无所谓地说:"两日两夜算什么,伢中途还有10分钟休息呢!"气得父母差点当场昏倒。

进了赌博这个"无底洞",父母多年含辛茹苦的积蓄都如沙田里灌水,"日日三百桶,夜夜归原洞"。不光如此,谢某晓借遍亲朋好友,不到三年就欠下三万多元债。眼看未来的女婿无希望,谢某晓女友的父母急匆匆赶到钟瑛村,硬是拖回了在小吃店帮忙的女儿。一个好端端的青年在赌博歧途上越滑越远,钟瑛村的干部心急如焚。

对这样一个十斧头也劈不进的"大赌棍",如何实施教训呢?村里专门为此召开了一次特别的村委会,并邀请派出所干警参加。在会上有人认为像谢某晓这样屡教不改的赌徒应上交公安机关严肃处理;但大多数人却认为谢某晓胆子大、心思活,善于动脑子,如果工作做到家是能改好的,而且还是块好料子。枫桥派出所的干警也表示,谢某晓年纪轻,可塑性大,教育好的潜力很大,应多从教育人、改造人、培训人的方面考虑。究竟是推一把还是拉一把,村党支书骆银泉果断拍板:我们要继承和发扬"枫桥经验"的传统,大家齐心协力教育挽救谢某晓。

像谢某晓这样以赌为业的人,心中毕竟是虚的。村里首先给他吃上"定心丸",指出:赌博是要受法律制裁的,触犯刑法就得依法处理,你应该尽快悬崖勒马,洗手上岸。同时,村支骆银泉多次跟他讲明赌博的危害性,列举别人因赌博家破人亡的事例。村主任骆希年设身处地地跟其谈心,谢某晓颇有感触地说:"赌时心浮起,输掉心肉痛,日夜心不安。"派出所组织参加法制学习班,使其懂得赌博的违法性,致富就得靠辛勤的劳动。

"鸟有窝不闹,家有女则安",考虑到谢某晓在恋爱上遇到挫折,如果能促成婚姻,对巩固谢某晓的稳定是十分有利的,于是村里专门派治保主任骆传锋、妇女主任骆彩珍前往他的女友家做工作。为表明村里重视,还特意包了出租车,带上近三百元的聘礼上门。女方父母没想到"村里介看得起他",态度开始有所转变。骆传锋与骆彩珍趁热打铁说:谢某晓只是一时糊涂,现正在改好,以青年前途为重,配合教育。一番劝说,终于使女方父转变看法。成婚后,村领导进一步引导其妻"吹好枕边风"。

结了婚的谢某晓春风满面,他感激有这么多人对他的关心教育,一门心思要痛改前非。然而此时的谢某晓似刚上岸的鸭,一不小心就会重新下河戏水。谢某晓会做厨师,经常接触一些热闹的场面,一些赌徒便死拉活拽叫他推牌九、搓麻将,起先谢某晓拒绝了。他们便转弯抹角拉他围观,次数一多,越看越来劲,越来劲手越痒,谢某晓忍不住又赌上了。一次,谢某晓在朋友家四楼打麻将,得到消息后,其母亲立即赶去,看到正赌在兴头上的儿子,母亲冲上去,抓起麻将牌,就朝谢某晓没头没脑地打去。

村里有人议论:谢某晓是"出窑的砖,钉好的秤,横竖改不了",对其的帮教都是瞎子点灯白费蜡。但村领导却没有因此而泄气,村支书骆银泉严父慈母般对他讲:"戒赌如戒烟,不能停停抽抽,要有恒心,有自制力。"派出所团支部书记郑军多次上门与谢某晓谈心,坚定了谢某晓痛改前非的决心。

从此,谢某晓果断断绝与那些好赌之徒的来往,村领导当机立断,及时吸引谢某晓进护村队。通过护村队 12 名党员的"传、帮、带",谢某晓积极性很高。1995 年 7 月,枫桥镇出现特大洪水,谢某晓主动请战,放弃家中小吃店不顾,连续 7 天 7 夜奋战在抗洪大堤上。大家都说:"某晓的劲用到了正道上,真是浪子回头金不换。"

谢某晓有了较大进步,成了青年的榜样。为促使其更好发展,同时考虑到他有一定的办事能力,经村提议,1995 年 8 月团员选举并经镇团委批准,谢某晓为钟瑛村的团支部书记。

改变生产环境后的谢某晓,以一种发自内心的情和一片火热的心迎接新的工作。他担任团支书后,做的第一件事是现身说法,鼓励广大青年进行法律、科技知识学习,让他们知道懂法才能守法,知识就是财富,积极引导青年做一个踏踏实实的人。他们不光自己学,还通过黑板报、法律知识竞赛等方式,把学法守法活动推向全村。为响应镇发出"创建文明集镇"的号召,谢某晓带领团员们在街道两旁植树1 100多棵,清沟500多米,使得村容村貌有了明显改善。团支部还发起了"尊老爱幼,助残帮困"活动。村残疾人骆楚定因为行走不便,没人照料,生活很艰苦,其居住的房子被人们形容为"空气流通,窗门直弄通。"面对骆楚定的困境,谢某晓经与村商定,决定由团支部与其结对帮困。他们不光从送煤气、送米等日常琐事上定期轮流帮助,还捐资购买衣裤、鞋袜等将骆楚定装扮一新。生活充满了温暖,骆楚定感动地说:"伢村里的青年个个都是大好人啊。"村民们看到自己孩子在谢某晓带领下变得充实能干,都打心眼里喜欢,"在团部里锻炼,伢放心"。

谢某晓已改好了,投资7万元,开办海鲜馆。谢某晓富起来后,没有忘记自己走过的路,没有忘记村里的其他青年。

同村有一青年叫何某军,曾因敲诈被劳动教养。出狱后仍不务正业,游手好闲。其对象的父母看他实在翻不了身,坚决要女儿与其断绝关系,何某军干脆赖倒做,东游西荡,做一天和尚撞一天钟。

面对越滑越远的何某军,谢某晓把决定帮教何某军的想法告诉了派出所团支部书记郑军,要求两个支部联合对何某军结对帮教。谢某晓首先从感情上去接近他,利用都是青年人,同样走过弯路的特点,与何某军白天一起到村里办事,晚上一起聊天,沉重地诉说自己的过去,使何某军打开心扉,说出心病,"我是劳改犯,别人看不起,想做事又没本钱,干脆混日子算了"。搞清了何某军情绪低落的原因,谢某晓以"进步青年"的要求对何某军进行培养,让他靠近组织这个大熔炉。其他的青年团员也对其一视同仁,一起生活,一起学习。渐渐地何某军心变热了,工作积极性很高,还光荣地加入了共青团。何某军有了转变,谢某晓抓住时机,联合村领导和派出所团支书郑军共同做好其女友父母的工作,使有情人终成眷属。环环紧扣引导着何某军走上正道。

在社会的大学里,谢某晓经受了一个又一个锻炼,逐步成熟,今年7月1日光荣地加入了中国共产党。

3.1.2 真情温暖着浪子心——先进村帮教帮扶工作二三事

提要: 该案例讲述了20世纪90年代中期,枫桥镇先进村以治保主任陈铁祥为首的帮教小组,对于青年胡某、村民陈某的帮教故事。事例体现了真诚挽救、真情感化的枫桥镇帮教帮扶工作的基本原则:"不是推一把,而是拉一把,不是帮一时,而是帮一世。"

真情温暖着浪子心——先进村帮教帮扶工作二三事[1]

"不是推一把,而是拉一把,不是帮一时,而是帮一世",真诚挽救、真情感化,是枫桥镇帮教帮扶工作的基本准则,也是"枫桥经验"的重要内容。枫桥镇先进村以治保主任陈铁祥为主的帮教小组,就是用自己的真情和行动去温暖失足人员和"归正"人员的心,使他们重新树立起生活的信心。

青年胡某,家境贫困,初中毕业后就浪迹社会。因没有工作,整天游手好闲,久而久之,便养成了好逸恶劳、不务正业的习性,小偷小摸也因而成为其谋生的"职业"。

1994年,胡某因偷窃被公安局刑事拘留。回村后,胡某虽痛下决心要靠着自己的双手重新生活,勤劳致富,但面对乡邻、亲戚、朋友鄙视的目光和社会上流言蜚语,他又自卑了。于是,他把脆弱的希望寄托在女友身上,而女友兜

---

[1] 载中共诸暨市委、诸暨市人民政府编:《与时俱进的枫桥经验》,浙内图准字(2003)第190号内部资料,第176—178页。

头给他浇了一盆冷水,因为他的偷窃要和其分手。胡某满怀希望的心又凉了,于是产生了"破罐破摔",想"重操旧业"。这一情况,引起了村帮教小组的密切关注。

村治保主任陈铁祥马上组织人员,一方面上门做胡某的思想工作,不分昼夜,耐心地和他谈人生、谈理想,用一些典型的事例来激励他正视眼前的困难,树立重新做人的信心和勇气。另一方面,陈铁祥又冒着冬天的严寒,骑摩托车三进东和乡某村,做女方和女方父母亲的思想工作。为表诚意,陈铁祥还自掏腰包替胡某送上礼品。精诚所至,金石为开。陈铁祥的真诚,终于打动了女方和女方父母亲的心。结婚后,胡家一贫如洗,生活上发生了困难。帮教小组帮人帮到底,马上组织召开会议,研究办法。通过分析,决定依托枫桥千家万户搞纺织品加工的优势,帮助其从事织布加工,但没有资金怎么办?陈铁祥把自己向亲朋好友借的15 000元和多年的积蓄6 000元送到胡某手中。村帮教组火热的心融化了胡某心中的冰,2000年,胡某终于办起了布机,生活困难的实际问题解决了。同年,在村帮教小组的帮助下,胡某又在建培纺织厂找到了一份满意工作。随着经济收入的不断增加,胡家的生活一天比一天好。

村民陈某,1994年因犯罪被判刑五年。入狱后家里留下一个多病的妻子和两个读书的小孩,三人吃喝拉撒都在一间40平方米的平房里,家庭极度贫困。在陈某服刑期间,由于经受不住贫穷的煎熬,陈某的妻子卖掉了房子,一度想离家出走。知道了这一事情后,陈某更是从头凉到了脚,思想上背起了沉重的包袱,以致改造态度消极。村帮教小组就马上写信给他,进行安慰、教育、劝导,并向他保证做好其妻子的思想工作、尽力解决其家庭困难,以此稳定他的情绪。陈铁祥还多次赶往监狱探望他,希望他能静下心来自觉接受改造,争取减刑,早日获得重生。对此,陈某感激得热泪盈眶,他表示:"感谢村里对我的关心、帮助,我一定洗刷以前的罪过,重新做人。"同时,村帮教小组又不厌其烦地做陈某妻子的思想工作,向她解释:陈某只是一时糊涂,现在正在真心改好,双方应多为感情和儿女着想。一番苦劝后,陈某妻子终于同意留下。为解决陈某妻儿的实际生活困难,村帮教小组又多次与学校取得联系,申请减免陈某两个孩子的学杂费;与镇、村取得联系,帮助解决住房问题。功夫不负有心人,村帮教小组的一片真情,彻底地感悟了陈某。在狱中,陈某积极改造,年年被评为改造积极分子,减刑1年,并于1998年提前释放。归乡后,陈某没有辜负村里的一片苦心,勤勤恳恳地搞起了运输业,日子一天比一天过得甜美。

3.1.3 教育·感化

提要: 该文献为报纸文章。介绍了枫桥镇坚持用真诚去挽救、真情去感化失足青年,对失足青年实行帮教。致力于"多一个球场,少一个赌场",强调对外来人员实行"情感式"管理。

教育·感化[1]

"枫桥经验"发展到今天,已经不是一个狭隘的、静态的地域概念。它之所以能在35年前诞生于枫桥这方热土,之所以能在35年后仍然保持强大的生命力,关键在于35年来,枫桥的党政领导始终坚持"两手抓",以人为本,采用形式多样的教育和感化手段,着力提高农民觉悟,使他们的治安意识和整体素质明显提高。

多一个球场 少一个赌场

农民的素质高低直接关系到农村的稳定。多年来,枫桥一直致力于抓好农村文化设施建设,舍得在"硬件"上搞投入。按他们的话来说,就是"多一个球场,少一个赌场"。在枫桥,许多村都建有阅览室、活动室,有的还专为老年

---

[1] 作者吴旭东,载《诸暨日报》1998年11月17日。

人建了门球场，为村民开展健康的文体活动提供了便利，充实了村民的闲暇生活。

枫桥个私经济发达，众多的个私企业吸纳了大量青年农民。但当地党委、政府没有因为这些企业姓"私"而放弃这块教育"官地"。他们积极引导企业搞职工文化设施建设。许多企业办起了阅览室、图书馆等，营造了浓厚的企业文化教育氛围。

真诚去挽救　真情去感化

对失足青年实行帮教是"枫桥经验"的老传统。多年来，枫桥的镇、村干部以及派出所干警经常对一些失足青年实行帮教，"不推一把拉一把，不帮一时帮一世"。真诚挽救，真情感化。5年来，共对427名失足青年实施了帮教，其中好转率达94.5%，两劳回籍人员重新犯罪率仅为1.5%。而且不少还入了团、入了党、成了家、致了富，成为经济发展的有用之才。

钟瑛村青年谢某晓因沉溺于赌博泥潭不能自拔，以致父母都对其失去信心。村干部和民警一起对他开展联手帮教，有意让他参加一些村务活动，使其认识错误，彻底改掉恶习。如今，谢某晓不但入了党，担任了村团支书，还主动和村里另一名失足青年结对帮教。

枫桥不但对失足青年实施帮教，更难能可贵的是，对正在服刑人员也给予满腔热情，把帮教工作做到了狱内。郭店村青年郭某永幼年父亡母改嫁，去年又因流窜作案被判刑，在安徽军王湖监狱改造。镇、村干部获悉后，专门组成联系帮教小组，行程千里，前往探监。临走时，看到郭某永没有皮带，村主任从自己腰上解下皮带给他。倔强的郭某永顿时激动得热泪盈眶，哽咽表示一定要痛改前非、重新做人。目前在监狱表现积极、屡受表扬。

"枫桥月也明　枫桥人也亲"

随着衬衫、轻纺等块状经济的崛起，外来人员大量涌入枫桥。这弥补了当地劳动力的不足，但也带来更加严峻的治安形势。如何加强对外来人员的教育和管理？枫桥的做法是：既严格管理，又真情感化。

派出所加强日常性登记、发证管理，做到来一个发证一个。有外来人员的村和企业也建立暂住人口管理组织，加强对他们的教育。

与此同时，当地还尽力帮助解决外来人员的实际困难，对外来人员实行"情感式"管理。逢年过节，用车接送外地人回家，使来枫桥打工的人没有距离感。迭山村外来打工人员较多，村里专门划出一定数量的农田让他们耕种，让适龄外地子女到村小学读书，腾出空房让外地人住宿，送衣送物，问寒问暖，使外地人深受感动。每逢"双抢"农忙，外地人员主动上阵，帮助抢收抢种，相处极为融洽。

步森、海魄等企业本着"既要出产品，又要出人品"的原则，不仅让外来人员学技术，而且要他们学文化、学法律。海魄公司今年还经市教委批准，正式成立了海魄职业学校，已有50多名外来青工入学。同时还经常与枫桥镇团委联合举办外来人员务工培训，提高外来人员的素质。许多外来人员现已把枫桥当成了自己的家。一名在步森公司打工多年的安徽青工深有感触地说："人们常说'月是故乡明，人是故乡亲'，但我们感受到的是'枫桥人也亲，枫桥月也明'，因为枫桥已是我们的'第二故乡'。"

3.1.4 "帮教"帮到心里头

提要：该文献是报纸文章。通过三个故事来诠释新时期"帮教"工作"不推一把拉一把，不帮一时帮一世"的真谛。这三个故事分别是派出所民警、村干部、家长三方共同帮教冯某芬儿子，钟瑛村四位村干部爱心帮助"两劳"回籍人员阿冯安家，派出所公正处理假释人员小楼和邻居的邻里纠纷。

"帮教"帮到心里头[1]

"不推一把拉一把,不帮一时帮一世。"这两句在枫桥流传甚广的新时期"帮教"工作的概括性语言,形象地说明枫桥镇帮教工作的细致入微。正是一颗颗高尚的心灵以真诚、真情感化了一个个犯罪人员和"两劳"回籍人员,使他们走上了一条重新做人的阳光大道。

故事之一:一份特殊的《责任书》

摊在冯某芬面前的是一份《三联保帮教责任书》,上面清楚地写着由派出所民警、村干部、家长三方共同帮教冯某芬那失足儿子的责任。眼下民警和村支书都已签了名,现在该由做母亲的来签了,此时的冯某芬提起了笔……"签吧,我和老杨加上你共同帮教他。"在村支书老王的鼓励下,冯某芬含泪点头,在"家长责任"一栏上签上了自己的名字。

某芬怎能不感激,自从儿子小郭犯法进了监狱,为了挽救他,郭店村的村干部去高墙内探望他;儿子刑满释放的当天,村支书王朱龙和村委主任郭七斤等村干部就到家探望,并想方设法给小郭寻找工作;出狱第二天,枫桥派出所民警杨光照就送来了这份《三联保帮教责任书》,为了儿子的明天,有多少人操碎了心。

故事之二:四位村干部的爱心

去年12月的一天,钟瑛村"两劳"回籍人员阿冯沮丧地回到了老家,他身无分文,当他徘徊在天竺街时,他的眼睛蓦地一亮,那不是钟瑛村的村委吗?于是他大步流星地直奔村委办公室。

说来也巧,这天村干部正在开会。阿冯推门而入,劈头就说:"哟,你们都在,蛮好,我向村里借笔钱,怎么样?"还未等村干部问清情况,阿冯已报出数

---

[1] 作者纪阳、杨小白、孟焕国,载《绍兴日报》1999年4月20日,第1版。

额,一张口要借 5 000 元。

钟瑛村的村干部都是善于帮教的高手,这十几年中经他们帮教的 5 名对象都已成为有用之人,有的还入党成了村里骨干。对阿冯的帮教工作自然也不会放松,不过帮教也要相互配合,而眼前的阿冯大有"破罐头破摔"的味道,要这笔钱派何用途?帮教就从这事入手。

"阿冯,你是狮子大开口,晓勿晓得如今是村务公开,钱可不能乱借的呢?""我在坐牢,晓得啥?""你要 5 000 元钱派啥用场?""喏,房屋修修,东西添添。""那也勿用 5 000 元钱。"大家七嘴八舌给他估算了一下,2 000 元即可。

"阿冯,你安家后可以安心,你安心了我就可放心,这样吧,我出 500 元。"村支书率先慷慨解囊。

"书记,你自己收入只有 300 块钱一个月,我勿能要。"

"这有啥,你可以出借据,有钱时还我嘛。"

此时,另三位村干部也纷纷掏腰包,凑齐了 2 000 元钱给阿冯做安家费。

其实,阿冯在找村委前是抱着试试看的念头,料想村里也不一定肯借给他,如今看到 4 位村干部自己掏钱,他的心里好不激动:"各位领导,我今天算是服帖了,这 2 000 元钱我暂时借着,一部分用于安家,余下的用来买工具。我一定要自食其力,给你们争口气。"

阿冯揣着这笔钱回家了。如今,他已重操木工旧业,踏上了一条勤劳致富之路。

故事之三:拉一把尽释前嫌

3 月 23 日上午,一位青年男子来到枫桥派出所找乐山片的责任民警郑军,他开口的第一句话便是:"我们的事到底解决勿解决?不解决我只好再去闯祸了。"说这话的是刚刚从监狱假释出来的小楼,家住乐山单家甸村。刚回家不久就发现自家的房屋被隔壁家的织机飞梭捅破了墙窗,在上门"论理"时两家因发生争执而伤了人,伤者住进了医院。而在这起邻里纠纷中,小楼的思想上多一层顾虑,想自己判过刑会吃亏,所以气鼓鼓找到派出所,要求能得到公正对待。

郑军也是个血气方刚的年轻人,按理说对方出言不逊完全可以训斥,但他不仅没有这样,反而劝慰小楼说:"你不能乱来,你是假释出来的,再闯祸会新老账一起算,邻里纠纷,我们会尽快解决的,相信我。"郑军送走小楼后,一面催促村干部尽快做好双方当事人的旁证笔录,一面又通过亲属劝说轻伤者出院。这起邻里纠纷引起了多方重视,两天后,枫桥镇司法所、村治调委和两家当事人坐了下来。通过一番深入细致的思想工作,双方达成和解,重归于好。

3.1.5 帮贫扶困,做好归正人员的安置帮教工作

提要: 该文献是公安基层基础工作会议材料《继承和发扬"枫桥经验"优良传统,努力当好基层治保主任》的一部分。文献举例说明,如何在帮心、帮富上下功夫。

帮贫扶困,做好归正人员的安置帮教工作[1]

为使归正人员重新成为社会的有用之人,努力减少重新犯罪,本人在定期走访归正人员、了解情况、掌握动态的基础上,帮助解决一些实际困难,着力在帮心、帮富上下功夫。

如村民骆某楚是二进宫,村里没有因此鄙视他,并由我对他进行1对1帮教,我在帮助他解决生活困难的同时,向村两委会提议让其上山看管集体山林,村里发工资,使其有了固定职业,其间,我多次上山对其进行帮教考察,发

---

1 节选自绍兴市公安局于2003年12月18日、19日召开的全市第十一次公安基层基础工作会议材料之十。作者是诸暨市枫桥镇枫溪村治保主任骆伟。

现他能尽心尽职,得到了村民的好评。村民骆某新打架斗殴成性,是派出所的常客,其为打架而付出的赔款已有好几万,父母为此伤透了心,曾对我说:"这人我们管不了了,也不要管了。"我得知后,对其"不是推一把,而是拉一把",苦口婆心对其进行耐心教育,动之以情,晓之以理,三番五次找他谈心,他也对我吐了心声:"其实我也不想这样,只是社会上都认为我是流氓,我也认为反正没有人看得起我。"我以真诚终于感动了他一颗冰冷的心,使他不仅没有滑向犯罪的深渊,现在办起了小厂,做起了小老板,父母脸上露出了笑容。

在本人的带领下,我村治保、民兵、共青团、妇联等组织多次为村民骆宝佳、骆德金困难户捐款、捐物、割稻等。如本村孤儿祝经伟,从小失去双亲,在村及社会各界的帮助下成长。去年他患脑瘤需要治疗,经济困难,我得知这一情况后,自己首先带头捐款,同时发动治保会、民兵、共青团、妇联组织捐助,共捐得现金1万多元,使祝经伟得到及时医治。病情康复后,本人又为其生活着想,帮助他寻找好力所能及的工作,现在他本人的生活已得到稳定、保障。

3.1.6　真情感化促和谐

提要: 该文献是报纸文章。主要介绍诸暨市关工委发挥"五老"作用,推广"四延伸"的帮教工作的实例。

真情感化促和谐[1]

浬浦镇浬浦村一青年在金华劳教,村关工委副主任毕可正一边走访他的家庭,让家庭减轻压力;另一方面以关工委名义写信给他,鼓励他树立正确的人生观,一心归正,重新做人,争取早日出来。青年接到信后,痛哭流涕,表示

---

[1] 载《诸暨日报》2011年4月11日,第2版。

一定好好改造,痛改前非,最终提前释放。

心只有用心才能唤醒。做帮教工作,需要怀着一份仁爱之心。广大"五老"不计报酬,奉献真情,走进监狱、社区、农村、学校、工厂和家庭,针对不同人群的特点,结合自己的人生经历和经验,联合法院、司法等部门,采取法制教育巡回学习班等方法,实践"枫桥经验",从"治"为主转向"预防"为主,帮助失足青少年树立正确的人生价值观,重新认识自我,经过各"关爱工作团"长期坚持的帮教活动,大批失足青少年有了明显的进步和改善。

关工委关爱工作团成员杨光照成为"枫桥经验"帮教的典型代表,对青少年的关爱,勇于创新管理模式,主动与家长、社区干部联系,落实以家长管人、警务室控点、社区干部护面,实行点、线、面有机结合的防控工作机制。深化创新"枫桥经验"。做到帮教工作"四延伸"。枫桥镇钟瑛村有名失足青年小骆,为达到对其教育、挽救、改造成为新人的目的,枫桥派出所牵头,及时组织亲属和村、镇干部,组成联合帮教组赴监狱帮教,从2000年至2004年,连续四次赴监狱做好小骆的帮教工作,及时送去精神食粮(法律书籍)和生活用品,从而使小骆及其亲属深受感动,终因改造成绩突出,被一次性减刑20个月,于2005年春节提前释放回归,并走上了安定之路,致富之家。

在帮教结对上,市关工委推广"四延伸",即向家庭延伸,向学校延伸,向社会、企业延伸,向监所延伸,以及对每一名失足青少年,由一位村干部、一名司法所人员、一名干警、一名致富能手和一位亲戚进行"五加一"跟踪帮助,使失足青少年在精神上得到关心爱护,促使他们心理转变,健康成长。全市现有252个帮教小组,1 000余名"五老"参与帮教结对,帮教失足青少年和有劣迹青少年500余人,通过帮教,近400人明显好转,转化率达76%以上。

3.2 新时代检察机关帮教工作典型案例

3.2.1 未成年人齐某某盗窃案

提要：该文献记载了2015年台州市路桥区检察机关协同社会力量，依托企业观护帮教基地，对外来涉罪未成年人开展教育矫治的典型案例。于世忠教授评价该案例：在基地观护帮教过程中，路桥区检察院探索多元帮教方式，以"挽救其心，改变其行，融入回归"为目标，重点实施了"文化学习、心理疏导、技能培训、亲情感化"等帮教措施，注重未成年人心灵的蜕变、生存能力的培养、家庭亲情的感化，用心做好每一个帮教细节，成功挽救了一个失足少年，充分诠释了"法律有刻度、司法有温度"。依托企业进行观护帮教的模式，较好解决了外来涉罪未成年人观护帮教中帮教基地选择难和就业回归难的两大难题，有效促进了外来涉罪未成年人的平等保护。同时，该机制紧紧依靠党委、政府和社会力量支持，避免了检察机关单打独斗，在创新外来涉罪人员管理模式、推进基层治理综合体系建设等方面，具有典型意义，是基层检察机关践行新时代"枫桥经验"的生动实践。

未成年人齐某某盗窃案[1]

案件基本情况

齐某某,系未成年人,于2014年5月20日至31日期间,与田某某、胡某某结伙,分四次窃取被害人陈某某机械厂里的废铜、不锈钢等财物,共计人民币4960元。被抓获后,台州市公安局路桥区分局向路桥区检察院提请批准逮捕。

审查批捕过程中,路桥区检察院对齐某某开展社会调查发现,齐某某系外地人,父母均在老家务农,兄弟姐妹4人均在校就读。为分担家庭负担,齐某某初三下学期辍学,并于2013年1月与母亲至台州路桥谋生,在被害人陈某某的机械厂务工,工资用于分担家用。齐某某在工作中吃苦耐劳,表现突出,深受老板赏识。后母亲回家治病,齐某某不幸遭受工伤,雇佣双方未妥善处理工伤关系。休养期间,齐某某在网吧结交社会不良人员,在同伙教唆下,对雇主心生怨恨,走上盗窃之路。案发后,其母亲表示,因回老家治病,让孩子一人留在台州,自己负有管教责任,愿意赔偿被害人损失,以求得谅解,而且家中三个孩子就学压力重,希望给齐某某一次自新的机会。综合考虑齐某某的犯罪事实、情节、认罪悔罪态度和监护条件等因素后,路桥区检察院于2014年8月15日对齐某某作出不批准逮捕决定,并将其移送涉罪外来未成年人观护教育基地接受观护教育。同年9月15日,台州市公安局路桥区分局将该案移送路桥区检察院审查起诉。

路桥区检察院经审查认为,齐某某实施了《中华人民共和国刑法》第二百六十四条规定的行为,可能判处一年有期徒刑以下刑罚,符合起诉条件,但有

---

[1] 浙江省台州市路桥区检察院一级检察官马剑剑撰写,浙江省人民检察院检察官助理杨云伟编审,载贾宇主编:《新时代"枫桥经验"检察实践案例精选》,浙江人民出版社2018年,第170—173页。

悔罪表现,依据《中华人民共和国刑事诉讼法》第二百七十一条第一款的规定,决定对齐某某附条件不起诉,考验期为六个月。2015年4月15日考验期满,该院依据帮教小组的评估意见,对齐某某作出不起诉决定。之后,帮教小组继续对齐某某跟踪回访六个月,协助其在结案初期顺利回归社会。齐某某因在观护帮教期间表现良好,成为该基地成立以来,首个在诉讼终结后仍继续留在基地就业的未成年人,实现了自食其力,成为家庭的经济支柱。

办理成效与经验提炼

该案被评为2015年度浙江省检察机关未成年人司法保护精品案例。

一、修复犯罪伤害,化解社会矛盾

通过积极沟通协调,依法促成当事人双方和解。一方面促使齐某某深刻认识自己犯罪行为的严重性和对被害人造成的伤害,激发其认罪悔罪态度和改过自新的意志,为其获得被害人谅解、重新赢得家人的信任与支持创造条件。另一方面,使被害人认识到齐某某的行为虽对其造成了伤害,但与工伤关系未妥善处理、齐某某辨别能力有限、受人教唆等因素有关,被害人最终表示谅解并为其求情,双方达成和解。

二、实践温情司法,探索多元帮教

以"挽救其心,改变其行,融入回归"为目标,注重"心灵的蜕变、生存能力的培养和亲情的感化",实施"文化学习、心理疏导、技能培训、亲情感化"等帮教措施,确保管教尽心、对象安心、家人放心,最终使浪子回头。一是职业技术培训。企业缴纳工伤保险,签订劳动合同,要求考察期间帮教对象至少轮换两个岗位、精通一门技术,由专人指导,提升就业能力。二是心理成长辅导。注重行为矫正,引导心灵修复,通过"一对一"结对谈心、心理疏导、励志教育、检察官寄语等形式,坚持少年成长日记和检察官手记互动,鼓励信心的同时,促进自我探索和成长;并邀请志愿者及关工委等共建成员开展礼义亲孝等传统文化知识学习。三是亲情温暖感化,齐某某成长于一个窘迫但温暖团结的家

庭,案发后其因愧疚而鲜与家人联系,为此,帮教小组引导其打亲情电话,接受家人的关爱和包容。母亲两赴台州探望孩子,齐某某逐渐走出自我封闭,重新回归家庭怀抱。同时,严格考勤评议制度,禁止其进入特定场所。引导齐某某遵纪守法,感恩社会,珍惜人生。

三、落实同城待遇,助推社会善治

始终坚持依靠党委、政府和社会力量支持,发挥检察机关主导作用,实现外来人员本地化帮教矫正,努力做到既平等有效维护外来涉罪未成年人合法权益,又避免检察机关单打独斗或大包大揽。该案中,充分发挥观护帮教基地作用,实现了外来涉罪未成年人的平等保护。一是由企业作保证人,解决外来人员取保候审担保条件的问题;二是企业提供食宿、人身意外伤害保险等,解决取保候审固定场所的问题;三是落实以企业为主、其他组织共同参与的社会帮教,解决帮教力量的问题;四是企业无偿教授劳动技能,加强帮教对象文化学习、技能培训,对其心理疏导和结对帮教,提高涉罪未成年人回归社会的信心和能力。

相关法律文书摘要

台州市路桥区人民检察院附条件不起诉决定书

路检未检附不诉〔2014〕1002号

被附条件不起诉人齐某某多次结伙盗窃他人财物,数额较大,犯罪情节较轻,归案后如实供述其犯罪事实,认罪态度较好,有悔罪表现,作案时未满18周岁,并赔偿被害人损失,获得谅解。

本院认为,被附条件不起诉人齐某某实施了《中华人民共和国刑法》第二百六十四条规定的行为,可能判处一年有期徒刑以下刑罚,符合起诉条件,但有悔罪表现,依据《中华人民共和国刑事诉讼法》第二百七十一条第一款的规定,决定对齐某某附条件不起诉。考验期为六个月(从2014年10月15日起至2015年4月14日止)。

被附条件不起诉人齐某某应当遵守《中华人民共和国刑事诉讼法》第二百七十二条第三款的规定：

（一）遵守法律法规，服从监督；

（二）按照考察机关的规定报告自己的活动情况；

（三）离开所居住的市、县或者迁居，应当报经考察机关批准；

（四）按照考察机关的要求接受矫治和教育。

在考验期内有《中华人民共和国刑事诉讼法》第二百七十三条第一款规定情形之一的，本院将撤销附条件不起诉的决定，提起公诉。在考验期内没有上述情形，考验期满的，本院将作出不起诉的决定。

3.2.2 未成年人小龙抢劫案

提要： 该文献介绍了2017年湖州市南浔区检察机关对流动儿童开展观护帮教，实现其与本地儿童平等保护的案例。杭州市人民检察院三级高级检察官桑涛评价该案例：在办理小龙一案中，检察机关以未成年人保护性司法理念为引领，以给予更多关爱为出发点，充分利用亲情会见、社会调查、心理测评、指导阅读、温情谈话等未检特殊办案举措，同时注重整合社会力量，创新推出流动儿童网格化立体观护模式，给予流动儿童稳定的生活和工作环境，实现对未成年人的平等保护。该案的办理让涉罪流动儿童在学会敬畏法律的同时亦能感受到人性的温暖和司法的温度，并让其重新燃起对生活的希望。对犯罪成年人的教育、感化和挽救，无疑就是"枫桥经验"的具体实践。

未成年人小龙抢劫案[1]

案件基本情况

年仅15周岁的小龙(化名,系未成年人)因想要一部苹果手机遂产生抢手机的念头。2015年8月18日22时许,小龙在湖州市南浔区某镇某村尾随正在玩手机的被害人陆某某,采用勒脖子方式将其勒倒在地,掰开手指抢走其手上的苹果5S手机1部。经湖州市价格认定中心鉴定,该手机价值人民币800元。案发后,小龙被抓获归案,到案后如实供述自己的犯罪事实,并取得被害人谅解。

2015年12月14日,该案由湖州市公安局南浔区分局向南浔区检察院移送审查起诉。南浔区检察院受理后,对小龙开展社会调查,发现出生于贵州偏远农村的小龙案发前的生活颠沛流离,父母在其出生后不久即双双外出打工,其与年幼的弟弟长年处于留守状态。2015年,小龙辍学离开家乡,先后跟随父母在江苏、浙江两地流动打工,居无定所,成长过程中长期无成人监护,情感关爱严重缺失。小龙是因为第一次见到苹果手机,为手机的各种功能所吸引,受强烈的好奇心、占有欲驱使实施了抢劫行为。其在抢劫手机后又因害怕一直不敢使用,将手机藏匿于床底,直至被抓。

南浔区检察院经审查认为,小龙实施了《中华人民共和国刑法》第二百六十三条规定的行为,构成抢劫罪,可能判处一年有期徒刑以下刑罚,符合起诉条件,但有悔罪表现,依据《中华人民共和国刑事诉讼法》第二百七十一条第一款规定,于2016年3月28日决定对小龙附条件不起诉,考验期为九个月。同年12月28日,小龙考验期届满,南浔区检察院依法对其作出不起诉决定。

---

[1] 浙江省湖州市南浔区人民检察院检察官助理周思娟撰写,浙江省人民检察院检察官助理杨云伟编审,载贾宇主编:《新时代"枫桥经验"检察实践案例精选》,浙江人民出版社2018年,第178—181页。

目前,小龙已被江苏一家企业录用,获得了一份稳定的工作,开启了新的生活。

办理成效与经验提炼

该案被评为2017年度浙江省检察机关未成年人司法保护精品案例。

一、积极参与矛盾化解,依法促成刑事和解

在该案审查起诉初期,被害人因身心遭受了一定的创伤,对小龙的行为并不谅解。南浔区检察院本着"坚持矛盾不上交,就地解决"的理念,一方面,通过对小龙的教育,督促劝告其主动联系被害人,向被害人赔偿经济损失、登门赔礼道歉。另一方面,再次主动联系被害人,开展释法说理,告知其小龙的具体情况,及该案发生的原因,并安排心理医生对其进行心理疏导。最终,被害人接受了小龙的赔礼道歉,双方达成和解。

二、采取多样化举措,创造稳定观护帮教条件

南浔区检察院通过综合评判认为,该案如果只是简单对小龙起诉,不仅无法降低小龙将来再犯罪的可能性,甚至可能使原本就缺乏关爱的小龙产生仇恨社会的人格。为此,该院充分利用未检特殊办案举措,从心理、家庭、社会等多方面对其实施引导,并为其观护帮教创造条件。一是多次组织亲情会见,通过耐心分析、教育引导,让小龙的监护人充分认识监管缺失对小龙的巨大不良影响,并建议对小龙加强管教,给予关爱。二是与监护人商定,帮助其保持工作和居所的稳定性,为进一步联合观护提供条件。三是帮助小龙联系某服装加工厂学习劳动技能,锻炼其自食其力的能力,为其更好回归社会打下基础。

三、创新帮教模式,实施个性化帮教

依托南浔基层网格化管理平台,利用南浔区检察院在农村、社区等基层组织创建的雏燕观护基地,充分整合社会资源,创建"1+3"(案件承办人+密切联系人、社会观护员、安心守护员)的立体观护模式,对小龙开展个性化帮教。一方面,以小龙租在地所属的网格长为密切联系人,随时掌握小龙动向;另一方面,通过聘请具有心理、教育等方面专业特长的社会观护员、爱心守护员,针对小龙制定个性化的帮教方案,为其设计"精读一本好书、参加一次公益活动、参加一次义务劳动、学习一项劳动技能"的观护方案。经观护帮教,小龙深刻反思了自己的错误行为,端正了生活态度,重新燃起对生活的信心。高质量完成各项任务,与父母关系得到明显改善,顺利通过考察。在办理该案基础上,南浔区检察院于2017年5月将不起诉涉罪未成年人纳入网格化管理平台,从制度层面确认了对涉罪流动儿童网格化的"1+3"立体观护模式。

相关法律文书摘要

湖州市南浔区人民检察院不起诉决定书

浔检未检刑不诉〔2017〕13

被不起诉人小龙因涉嫌抢劫罪,于2016年3月28日经南浔区检察院决定附条件不起诉,由南浔区检察院对其进行监督考察,考验期为9个月。

被不起诉人小龙在考验期内没有《刑事诉讼法》第二百七十三条第一款规定的情形,依据《中华人民共和国刑事诉讼法》第二百七十三条第二款的规定,决定对小龙不起诉。

3.2.3 未成年人小甲等四人强制侮辱、非法拘禁案

提要: 该文献介绍了2018年温州市鹿城区检察院关于未成年人司法保护的案例。杭州市人民检察院三级高级检察官桑涛评价该案例:该案办理过程中,针对涉案未成年人的心理状况,及时采取心理干预手段,纠正其认知偏差,积极促进矛盾化解、家庭关系修复;同时,结合案件办理深入分析案发原因,督促有关部门开展专项整治,参与社会综合治理,为未成年人成长营造良好的社会环境。该案是检察机关综合运用打击、监督、预防和保护检察职能,加强未成年人司法保护、积极践行"枫桥经验"的典型案例。

未成年人小甲等四人强制侮辱、非法拘禁案[1]
案件基本情况

2016年2月18日凌晨1时许,小甲(化名,系未成年人)、小乙(化名,系未成年人)伙同小骞、小徐、小肖、小陈(均另案处理)等人以被害人小花(化名,系未成年人)搂了小徐的男朋友为由,在公共场所对小花轮流扇耳光、用脚踢踹,强迫小花脱光上衣裸体跳舞,并拍摄裸体视频上传至某微信群。

2016年2月18日晚10时许,小甲伙同小徐等人将被害人小竹(化名,系未成年人)强行带至某酒店房间,在房间内小甲、小乙、小丙(化名,系未成年人)伙同小骞、小徐、小肖分别对被害人小竹以扇耳光、踹肚子、用扫把敲打等方式进行殴打,还用水淋湿小竹身体,之后又以小竹与小丙男友有暧昧关系为由强迫小竹向小丙下跪磕头道歉。当晚11时许,小甲等人带上小竹一同到某KTV唱歌,到次日凌晨1时许,由小乙等人将小竹带回某酒店房间看管。随后,小甲、小丙、小丁(化名,系未成年人)伙同小骞、小徐、小肖来到某KTV门口,以小华、小李与小甲的男神微信聊天为由,以扇耳光、用脚踢踹等方式对其进行殴打,并将两人的手机砸掉。事后小甲等人将小华、小李带至某宾馆,再次对小竹进行殴打,其间小骞、小徐要求小竹脱光上衣,使用手机将殴打过程及小竹裸体进行拍摄并上传至某微信群。直到2016年2月19日上午9时许,小甲等人才让小竹离开。经法医鉴定,小竹面部、左肩部及四肢多处皮肤软组织损伤,该伤势被评定为轻微伤。

2016年2月23日凌晨2时许,小甲、小乙、小丁伙同小骞、小徐、小华等人以被害人小云(化名,系未成年人)与小骞男友有暧昧关系为由,在某宾馆房

---

1 浙江省温州市鹿城区人民检察院二级检察官金琳撰写,浙江省人民检察院检察官助理杨云伟编审,载贾宇主编:《新时代"枫桥经验"检察实践案例精选》,浙江人民出版社2018年,第186—189页。

间,对小云以扇耳光、用脚踢踹等方式进行殴打。之后小甲等人又将小云带至某宾馆一房间,由小蹇、小徐、小甲、小丁等人继续对小云进行殴打。直到凌晨3时30分许,小云才得以离开。经法医鉴定,被害人小云眼部、手背、下肢皮肤软组织损伤,该伤势被评定为轻微伤。

2016年5月17日,温州市公安局鹿城区分局将该案移送温州市鹿城区检察院审查起诉。

温州市鹿城区检察院经审查认为,小乙结伙以暴力、胁迫手段聚众在公共场所侮辱妇女,其行为触犯了《中华人民共和国刑法》第二百三十七条第一款、第二款,第二十五条第一款,犯罪事实清楚,证据确实、充分,应当以强制侮辱罪追究其刑事责任。小甲、小乙、小丙、小丁结伙非法拘禁并殴打他人,其行为均触犯了《中华人民共和国刑法》第二百三十八条第一款、第二十五条第一款,犯罪事实清楚,证据确实、充分,应当以非法拘禁罪追究其刑事责任。鉴于小甲、小乙、小丙、小丁在犯罪时年龄已满十六周岁不满十八周岁,是未成年人,其四人在归案后均如实供述自己的罪行,是坦白,应分别根据《中华人民共和国刑法》第十七条第一款、第三款、第六十七条第三款之规定予以处罚,且小乙应根据《中华人民共和国刑法》第六十九条之规定予以数罪并罚。根据《中华人民共和国刑事诉讼法》第一百七十二条之规定,于2016年9月9日向温州市鹿城区法院提起公诉。在该案审理过程中,检察机关发现新的证据证实小甲参与强制侮辱被害人小花的犯罪事实,根据《中华人民共和国刑事诉讼法》第一百七十二条之规定,于同年11月2日以小甲构成强制侮辱罪予以追加起诉。同年12月5日,温州市鹿城区法院认定小甲和小乙均构成强制侮辱罪和非法拘禁罪,分别数罪并罚合并判处有期徒刑四年和有期徒刑三年六个月;以小丙和小丁构成非法拘禁罪,分别判处有期徒刑十个月和有期徒刑九个月。判决宣告后,四名被告人均表示认罪服法。

办理成效与经验提炼

该案被评为2018年度浙江省检察机关未成年人司法保护精品案例。

一、社会调查作铺垫，开启帮扶保护的大门

充分开展社会调查，全方位了解案件发生的起因经过，为准确处理案件打下基础。审查起诉期间，鹿城区检察院对四名涉案未成年人的成长经历、家庭背景及家庭成员情况进行了细致调查，发现几名涉罪人员都没有意识到自己的行为已触犯法律，她们大多出身于离异家庭，父母没有在孩子成长的道路上扮演好指引者的角色，甚至没有给予应有的关心，致使她们缺乏同情心，在交友过程中随意盲从，最终导致了案件的发生。

二、心理疏导为良药，扫除心灵深处的阴霾

始终坚持未成年人保护性司法理念，将对涉罪未成年人的教育感化挽救贯彻办案始终。为了解涉案人员犯罪时及到案后的心理状况，纠正其认知偏差，办案过程中，鹿城区检察院邀请温州医科大学心理专家为四名涉案未成年人进行心理测评和疏导，并安排对测评结果属于高危的小丙进行每周一次的系统心理疏导，由心理咨询师进入看守所对其进行心理干预。经过疏导，几名涉案未成年人逐步建立起正确的是非观念，意识到青春期的茫然冲动不仅不能解决问题，而且这种逾越法律规制的任性还会导致严重的后果，同时也意识到尊重父母、听从父母教诲的重要性。该院还以此为契机，建立未成年涉案人员心理干预工作机制，邀请16位心理专家组成专家团队，参与对未成年犯罪嫌疑人和未成年被害人心理疏导矫治工作，以实现对犯罪嫌疑人和被害人的双向保护。

三、亲情会见为桥梁，修复家庭关系的裂痕

在履行本职工作的同时，重视社会矛盾化解和社会关系修复，以实现法律效果和社会效果的有机统一。审查起诉期间，鹿城区检察院为四名未成年人，安排了与家人30分钟至1个小时的亲情会见时间，在会见过程中，涉案未成年人均流下了悔恨的泪水,亲情缺失下的疏离感逐步得到缓解,由此产生的情感的淡漠也逐渐得到消除。这为他们重建健康乐观的心态和回归家庭、回归社会创造了有利条件,也为涉案未成年人家庭关系的修复和重建打下了坚实的基础。

四、综合施策作保障,搭好社会共建的平台

审查起诉期间,鹿城区检察院向当地公安、工商、文化部门发出检察建议,督促加强对网吧、酒吧等娱乐场所的监管,同时以检察建议的方式建议教育部门常态化开设法治教育和心理辅导课程,并加强对学生的日常管理,力求推动形成多部门联动共同参与未成年人司法保护的工作机制。同时,该院应邀到多个学校、社区,开展以防范校园欺凌为主题的法治宣讲,并通过"两微一端"等网络新媒体平台,积极呼吁社会各界广泛关注未成年人犯罪问题,重视未成年人成长过程中可能产生的心理和家庭问题。该案承办人接受央视新闻频道《新闻调查》栏目专访录制的节目先后在央视、央视手机客户端、腾讯视频、百度视频等处播出,引发较大社会关注,为促进全社会共建未成年人成长的良好环境起到了积极的引导作用。

3.2.4 "分期付款"促和解 "回归帮教"暖人心——蔡某某诈骗案

提要:该文献介绍了诸暨市人民检察院帮教罪犯的案例。案例表明,对罪犯科以刑罚固然可以彰显法治的权威,但是,在办案中修复被破坏的社会关系,使得刑事被害人得到切实的"获得感",让罪犯回归并融入社会,同样是事关社会稳定的大事。建立调解与帮教同步机制,将刑事和解与帮教工作有机结合,并运用帮助就业、心理疏导等方法让罪犯通过诚实劳动履行和解协议,不仅解决了赔偿能力与被害人诉求的矛盾,还帮助罪犯回归社会。

"分期付款"促和解 "回归帮教"暖人心——蔡某某诈骗案[1]

2016年10月,蔡某某通过微信"查找附近的人"添加王某为好友,并假冒机关干部与王某进行交往。2017年5—8月,蔡某某以帮助王某儿子找工作为由,先后三次骗取王某人民币共计36 000元。2017年10月,蔡某某以不接电话、不回微信的方式逃避与王某联系,后王某报警。2017年11月16日,蔡某某被警方抓获。在侦查阶段蔡某某答应退还被害人钱款,被害人出具了谅解书,蔡某某于11月24日被侦查机关采取取保候审的强制措施。

该案移送至我院审查起诉后,蔡某某始终没有归还王某钱款,王某意见很大,强烈要求检察机关严肃处理,帮其追回被骗钱款,双方矛盾升级。在办理该案过程中,检察官深入群众,详细了解蔡某某家庭情况,发现蔡某某因妻儿先后亡散,深受打击,已经五年没有工作,几乎与外界没有任何联系。如果只是简单进行法律惩罚,对其放任不管,对社会的潜在危害性还是不能消除。如果能促成双方和解,不仅蔡某某有望获得从轻处罚,也可以更好地弥补被害人损失。办案检察官经与蔡某某沟通,蔡某某表示希望与王某和解,但其没有经济来源,无力赔偿王某损失。为破解这一难题,我院探索建立调解与帮教同步机制,案件进入和解程序后,根据当事人的不同情况量身制定不同的和解帮教方案,多方联动司法局、社区、企业、公益组织、专业机构等社会力量,将促进就业、心理疏导、分期赔付等纳入和解帮教协议。承办检察官为蔡某某量身制定心理疏导和协助就业帮教方案,专业评估师对蔡某某进行心理测评和疏导,帮助蔡某某打开了心结。根据蔡某某有熟练操作电脑设备的特长,承办检察官介绍其到诸暨一家机械公司做起了数控车床操作工,并定期跟踪了解蔡某某

---

[1] 作者俞智慧,载诸暨市人民检察院编:《枫收(案例精选)》,2018年11月,第75—77页。

工作、生活情况,规劝其遵守各项规定。蔡某某工作后再次向被害人诚恳道歉,在检察官的主持下,蔡某某与王某签订和解协议书,约定蔡某某每月支付王某 2 000 元,分 18 个月付清。蔡某某工作认真,不久月工资就涨到 5 000 余元,其主动将支付款项由每月 2 000 元提高至 3 000 元,积极履行赔偿约定。2018 年 4 月,蔡某某被诸暨市人民法院以犯诈骗罪判处有期徒刑 1 年,缓刑 1 年 6 个月,并处罚金人民币 1.5 万元。

3.2.5 帮人帮心 矫正转角遇到爱——社区服刑人员郦某帮扶案

提要:该文献介绍了诸暨市人民检察院帮教社区服刑人员的案例。社区矫正工作各成员单位强化协调配合,做好日常的监督管理,帮助服刑人员顺利回归社会;同时,也要求每一名社区服刑人员理解并自觉遵守相关规定,服从管理。

帮人帮心 矫正转角遇到爱——社区服刑人员郦某帮扶案[1]

2014 年 2 月 10 日,郦某与王某两家因邻里搭建围墙一事发生争执,继而发生互殴。其间,郦某推倒王某的妻子王某甲,致其左侧肩袖损伤,左侧冈上肌腱部分断裂,左侧肩锁关节损伤,构成轻伤。2015 年 4 月 21 日,郦某被诸暨市人民法院以故意伤害罪判处有期徒刑七个月,缓刑一年。社区矫正单位系诸暨市王家井司法所,矫正日期为 2015 年 5 月 3 日至 2016 年 5 月 2 日。

2015 年 5 月,我院检察官在参与入矫谈话中了解到,郦某由于工作性质原因,常年需要在外地出差,难以按照规定在诸暨完成社区矫正。检察官秉持

---

[1] 作者屠嘉华,载诸暨市人民检察院编:《枫收(案例精选)》,2018 年 11 月,第 115—116 页。

"帮人要帮心,浇树要浇根"的帮教理念,一方面开展教育谈话,告知郦某在社区矫正期间应当遵守的相关规定,帮其树立法治理念,让其认识到法律是神圣不可侵犯的,促使其自觉遵守社区矫正的相关规定;另一方面,帮助郦某与所在工作单位进行沟通,说服单位对郦某的工作岗位进行调整,使郦某在矫正期间能够安心在诸暨工作。

在这段"不得不"留在诸暨工作的日子里,郦某遇见了人生的另一半张某。张某对郦某不肯陪其外出游玩一直心存不满,检察官了解到这一情况,主动帮助郦某向张某解释,告知张某如果违反社区矫正管理规定会带来的后果,最终取得了张某的理解。最后,郦某顺利完成社区矫正,并在解矫之日迎娶女友张某。

3.2.6 多措并举 亲情帮扶未成年被害人——王某某强奸、抢劫案

> 提要:该文献介绍了诸暨市人民检察院帮教未成年被害人的案例。案例表明,未成年被害人救助工作是一项系统的社会工程,需要家庭、学校、政府部门乃至全社会的广泛参与,给予他们特殊的帮助和关爱。

多措并举 亲情帮扶未成年被害人——王某某强奸、抢劫案[1]

案件基本情况:2017年12月,王某某尾随外地籍未成年人李某某(化姓)至其租房,趁其不备,窜入室内,以持菜刀威胁等暴力手段强行与李某某发生性关系,并抢走李某某一部价值2 000余元的手机后逃离现场。

该案系一起性质极为恶劣的侵害未成年人合法权益的案件。我院在依法

---

[1] 作者金纯盈,载诸暨市人民检察院编:《枫收(案例精选)》,2018年11月,第149—150页。

从严从快批捕、起诉犯罪嫌疑人王某某,及时有效惩治犯罪的同时,从心理健康、爱心帮扶、生活保障、司法救助等方面入手,全方位帮扶未成年被害人,助其走出阴影、健康成长。

案发后,我院提前介入侦查,与侦查机关对李某某进行"一站式"询问,避免不当询问、多次询问对其心理产生不良影响,并将李某某带至指定医院绿色通道专门诊室,由经验丰富的妇科医生一次性完成证据提取工作。在接触中,办案检察官发现李某某存在自我封闭、恐惧害怕等不良情绪,已经影响其正常生活,经李某某父母同意,遂依托与诸暨市人民医院、心理协会的合作平台,安排了专业的心理医生对李某某进行心理诊断,确认其患有创伤性应激障碍。因李某某亲友不在身边,由我院青年检察干警组成的"检馨"志愿者主动轮流陪同李某某参加读书会、义卖等活动,帮助其修复心理创伤,重塑人际交往能力。同时,在李某某自身经济困难,缺少后续治疗费用,王某某无力进行经济赔偿的情况下,我院认为李某某符合司法救助条件,便帮其申请了司法救助。市政府审核后依法向李某某发放了1.5万元的司法救助款,基本解决了李某某后续的治疗费用。目前,经过一系列的帮扶救助,李某某已经从被侵害的阴影中走出来,脸上重新绽放笑容,开始了新的生活。

3.2.7 重拳打击使用童工行为 全力保障未成年人合法权益——肖某某、陈某某强迫劳动案

提要:该文献介绍了诸暨市人民检察院保障未成年人权益的案例。非法使用童工危及未成年人的健康成长,一旦被查实涉及虐待、非法拘禁、强迫劳动、雇用童工从事危重劳动等犯罪行为,将会被依法追究刑事责任。用工单位应规范用工、守法经营,相关单位须加强对劳动密集型行业、小微企业、餐饮娱乐等行业的监管力度。积极开展依法用工、守法经

营的宣讲活动,努力营造良好的用工氛围。

重拳打击使用童工行为　全力保障未成年人合法权益
——肖某某、陈某某强迫劳动案[1]

未成年人是国家的未来,身心发育正处于由不成熟走向成熟的过渡时期,需要家庭、学校、社会等方面给予特别的关心、爱护、引导与帮助。我国法律明确规定,为保护未成年人的身心健康,促进义务教育制度的实施,维护未成年人的合法权益,禁止使用童工。但仍有部分企业,为降低用工成本、攫取非法利益,非法雇用童工。非法使用童工危及未成年人的健康成长,一旦被查实涉及虐待、非法拘禁、强迫劳动、雇用童工从事危重劳动等犯罪行为,将会被依法追究刑事责任。广大用工单位应规范用工、守法经营,切莫为了眼前蝇头小利,让自己和家人身陷囹圄,断送了苦心经营企业的发展前景。

案件基本情况:肖某某、陈某某系夫妻,2015年至2016年6月期间,肖某某、陈某某夫妻二人在本市陶朱街道开了一家袜子缝头作坊,并从云南老家雇用了张某、刘某某、郦某、朱某、黄某某、赵某某、汪某某、郭某某(均化姓,系未成年人)等人到作坊做工。肖某某、陈某某对张某等人规定了每日的工作量,白天完不成就必须晚上加班完成,同时采用殴打、加装防盗窗、反锁大门、扣留身份证以及手机等手段限制其外出。2016年3—5月期间,张某、刘某某因不堪工作重压先后两次从作坊二楼厕所跳窗逃跑,被肖某某抓回后遭到殴打。同年6月,张某成功从作坊二楼厕所跳窗逃跑,找到亲属并报警。

该案发生后,我院第一时间掌握案件信息,及时派员提前介入,引导公安机关侦查取证,在综合分析案件社会危害性的基础上,从严从快批准逮捕了嫌疑人。同时,在该案犯罪持续时间长、涉案被害人多、部分证据取证困难的情

1　作者金纯盈,载诸暨市人民检察院编:《枫收(案例精选)》,2018年11月,第153—155页。

况下，加快案件审查速度，以最短时间对肖某某、陈某某以涉嫌强迫劳动罪提起公诉，后诸暨市人民法院以犯强迫劳动罪判处肖某某有期徒刑三年，并处罚金人民币二万元；判处陈某某有期徒刑三年，缓刑三年，并处罚金人民币一万元。

在办案过程中，检察官了解到最小的被害人年仅13岁，被强迫劳动时间最久的长达5年多，被害人日工作时间长达15小时以上，全年无休，饮食及居住环境卫生状况极差，身心遭受了极大的创伤。对此，检察官邀请专业心理老师对被害人开展心理干预，疏导不良情绪；并联合公安机关对涉案未成年被害人进行安置，或联系家长、亲戚前来接回，或购买车票帮助其返回家乡。同时，针对强迫劳动期间被害人部分工资因案发而未能结算的问题，我院及时联合劳动行政部门，督促两名嫌疑人以转账方式向被害人支付了剩余工资。

为避免类似案件再次发生，我院针对办案过程中发现的劳动行政部门管理漏洞，依法向劳动行政部门发送检察建议，要求加强监管力度，建立禁用童工、保护未成年人合法权益的长效监督机制。相关部门收到检察建议后，迅速组织执法检查，在全市范围内对非法用工问题进行排查整治，尤其加强了对劳动密集型行业、小微企业、餐饮娱乐等行业的监管力度。我院还积极开展依法用工、守法经营的宣讲活动，努力营造良好的用工氛围。

该案的相关做法被正义网、浙江新闻客户端、网易新闻等多家媒体宣传报道，取得了良好的法律和社会效果。

3.2.8 开展"定制式"亲职帮教教育 感化挽救涉罪未成年人——汪某某、周某某聚众斗殴案

提要：该文献介绍了诸暨市人民检察院帮教涉罪未成年人的案例。在涉罪未成年人帮教工作中应当积极推动建立亲职教育机制。针对涉罪

未成年人的父母开设亲职教育课堂,帮助其纠正养而不教、重养轻教、教而无方等问题,从源头预防未成年人犯罪的发生。

开展"定制式"亲职帮教教育　感化挽救涉罪未成年人
—— 汪某某、周某某聚众斗殴案[1]

2017年8月,社会人员余某某与金某某因琐事发生矛盾并相约当天下午在某废弃工厂内斗殴。两人各自纠集人员,金某某纠集了应某某等5人赶往现场,余某某纠集了汪某某、周某某(均化姓,系未成年人、在校学生)等6人前来"支援"。后双方拳脚相见,汪某某、周某某也积极参与殴打。其间,余某某、应某某被殴打致轻伤。

我院受理该案后,对纠集人员余某某、金某某等依法提起公诉。针对涉案未成年人汪某某、周某某坚持"教育、感化、挽救"的方针,委托关工委对汪某某、周某某进行了社会调查,会同市心理协会开展心理测评,充分了解两人的成长经历、就学情况、家庭情况、社区评价、犯罪原因、监护帮教条件等情况,并邀请汪某某、周某某及其父母、辩护律师、侦查人员、学校老师、帮教单位人员等通过不公开听证方式征询案件处理意见。经综合考虑二人的犯罪情节及监护条件,我院依法对二人作出附条件不起诉决定,并量身定制帮教方案。

针对汪某某平时与家庭沟通不够、父母教育方式简单粗暴等问题,我院制定"重塑亲子关系帮教方案",侧重培养汪某某的家庭亲子意识和良好的学习生活习惯,要求汪某某父母共同参加亲职教育活动和公益活动,使亲情缺失下的疏离感逐步得到缓解,情感上的淡漠也逐渐消除。经过一段时间的帮教后,汪某某与父母相处融洽,学习主动性明显提高,还成功考取大学。针对周某某系单亲家庭、经济困难的情况,我院制定"困难家庭未成年联动帮教方案",发

---

[1] 作者丁佳爱,载诸暨市人民检察院编:《枫收(案例精选)》,2018年11月,第158—160页。

动公益组织、社区工作人员等参与帮教,安排司法社工、志愿者全程指导、陪伴周某某参与公益活动和技能培训,并介绍周某某母亲到某物业中心上班,要求其定期参加亲职教育。周某某经帮教进步明显,家庭生活也得到明显改善。最终,汪某某、周某某均因在帮教考察期内表现优异被我院作出不起诉决定。

针对案件反映出的部分学校对学生管理不严、法治教育薄弱以及学校对涉罪未成年人基本采用单一粗暴的劝退处理手段等问题,我院联合教育局等部门,就青少年犯罪预防、学校参与涉罪学生帮教、涉罪学生在就学就业等方面享有同等权利等问题出台工作机制。同时开展"检察官进校园"法治宣讲活动,并通过"1963法润"网络直播平台、"两微一端"等新媒体平台,呼吁社会各界广泛关注未成年人犯罪问题,重视未成年人成长过程中可能产生的心理和家庭问题。

3.2.9 探索"家居式"未成年人帮教基地——赵某某盗窃案

提要: 该文献介绍了诸暨市人民检察院探索建立"家居式"帮教机制的案例。打造"家居式"观护基地,让涉罪未成年人就近在自己熟悉的环境中,与熟悉自己的社区工作人员一起参加活动,使得帮教工作更具有针对性和及时性,也有利于未成年人放松身心,更好地融入社会。

探索"家居式"未成年人帮教基地——赵某某盗窃案[1]

2017年8月至9月期间,赵某某(化姓,系未成年人)在其上班的店内,趁顾客不注意,分四次窃取顾客钱包内的现金,共计人民币7 000余元。

---

[1] 作者郭滢姗,载诸暨市人民检察院编:《枫收(案例精选)》,2018年11月,第163—164页。

该案移送我院审查起诉后,经社会调查并综合考虑赵某某的犯罪情节及监护条件等,我院依法对赵某某作出附条件不起诉决定,并确定6个月的帮教考察期。

2018年2月,赵某某被安排到某帮教基地帮教。在4月初一次定期谈话中,赵某某无意间说起帮教地点离家较远,平时往来不便,其父母也因路程较远经常无法参加亲子活动。检察官掌握到这些信息后,分析了对涉罪未成年人按照居住地开展就近帮教的实际条件和可行性,决定探索以村、社区为帮教基地的"家居式"帮教机制,在保密的基础上使涉罪未成年人在自己熟悉的环境中接受帮教。后检察官主动联系了赵某某居住地的社区,与社区合作共同对赵某某开展帮教工作。赵某某的父母可以和社区里其他家长一起参与社区开展的亲子教育活动,不存在"标签化"问题,其父母参与活动的积极性也十分高涨。在帮教过程中,心理教育专家根据赵某某的个性特点制定帮教方案,司法社工全程指导、陪伴赵某某参与帮教活动并记录其活动表现。检察官不定期与被帮教未成年人谈话、走访,主动了解帮教情况。6个月帮教考察期间,赵某某的父母除参加亲子教育学习之外,还与赵某某一起参加了社区的垃圾分类志愿服务、缅怀先烈等多个活动,亲子关系也有了明显改善。

赵某某在整个帮教考察期间表现优秀,考察期满后,我院根据其帮教表现和司法社工的评估意见,依法对其作出不起诉决定。

3.3 杨光照帮教工作典型案例

3.3.1 杨光照帮教在监人员楼某均

提要： 该文献包含反映帮教过程的一组材料，按时间先后排序。包括杨光照与在监人员楼某均的19封书信，其中有楼某均写给杨光照的11封信，杨光照写给楼某均的8封信。此外还有楼某均致杨光照的1封节日贺卡，这期间的联合（动）帮教责任书2份，楼某均致父母的信，杨光照致监狱管教科的信，杨光照的帮教笔记、记录，关于楼某均减刑的刑事裁定书等。这些文献详细记录了杨光照耐心细致开展帮教工作的过程，以及楼某均改造归正过程中的思想和情绪变化。

杨光照帮教在监人员楼某均[1]
联动帮教责任书（之一）

枫桥派出所本着人性化的育人理念，对违法违规人员实行"帮助、教育、挽救"的工作方针，为青少年、家庭、学校、社会负责，让更多的不规人员弃邪归正。使社会各界共同参与联合。帮教工作特签订由派出所、学校、社区、家长等方代表的帮教责任书。

---

[1] 编者根据杨光照提供的档案原始记录和手稿录入，对脱漏笔误之处，在[ ]内注明正确的文字、标点。原档案保存在诸暨市枫桥镇老杨调解中心杨光照处。为保护帮教对象隐私，编者对帮教对象姓名及其家庭地址、家人姓名等信息进行了必要的省略。

一、派出所民警职责

1. 每季对被帮教对象进行一次走访谈心。

2. 对被帮教对象遇到的一些实际困难,应会同有[关]部门帮助解决,及时与家庭联系。

3. 民警发现被帮教对象出现违法苗头,应及时进行教育。对被帮教对象提供各类信息及举报有功的,及时建议有关部门给予表扬和奖励。

二、社区及学校的职责

1. 社区驻村干部及学校(政教处或班主任)对被帮教对象的活动情况每月向驻校民警或法制副校长进行一次汇报。

2. 经常对被帮教对象进行谈心教育,了解其思想动态。

3. 发现被帮教对象出现违法苗头和违法行为,社区干部和学校老师,及时与民警取得联系。

三、家长职责

1. 每月向社区干部、学校老师汇报反映帮教对象的活动和表现情况。

2. 家长发现被帮教对象出现思想情绪后应及时向村帮教干部、社区干部和驻村民警进行汇报。

3. 家长发现被帮教对象出现违法行为,不能纵容、包庇,应积极配合治保干部、学校老师和社区民警对其进行教育、帮助,监督其及时改正。

责任人 民警:杨光照(签字)　　　责任人 司法所:楼仲本(签字)

责任人:楼某均(签字) 家长:楼某根(签字) 社区干部:马禄苗(签字)

学校老师:

2009 年 2 月 17 日

帮教记录(之一)

时间:2009 年 2 月 17 日

地点：衢州市闹桥浙江省第一监狱

帮教小组成员：

钟某村干部、村书记：何开英　村主任：马乐[禄]苗

镇干部、驻村指导员：完全新　司法所：楼仲本

枫桥派出所民警：杨光照、魏坚

家长：父亲　楼某根　　母亲　王某萍

服刑人员：楼某均　盗窃　判无期徒刑　减为有期徒刑18年9个月

根据服刑人员家长的请求及钟某村干部的支持与关心，为发扬枫桥经验的传统，维护一人一村的治安稳定。关心、帮助服刑人员弃邪归正，真正把关心青少年的工作做到人民群众的心坎上，将帮教工[作]延伸到监狱，为确实做好这一项民心暖心工程，把帮教工作做细、做实、做出成效来，枫桥派出所民警杨光照接到家长、村干部的请求后，立即牵头联与[系]落实具体工作。一、给绍兴市局监管处处长周永明联系，由周永明于[与]衢州市闹桥浙江省第一监狱狱侦支队长陈国生取得联系，联动枫桥帮教小组前去落实楼某均的帮教工作。二、与钟某村干部联系，落实村干部、村书记何开英，村主任马禄苗为帮教小组成员，与镇司法所联系落实司法员楼仲本、驻镇指导员为帮教小组成员。家长：父亲楼某根、母亲王某萍为帮教成员。枫桥派出所民警杨光照、魏坚共8人，组建一支联合帮教工作组，实于2009年2月17日由枫桥派出所派专车前往衢州市浙江省第一监狱开展帮教工作。

帮教工作的日程安排是：1.由监狱管教干部（指导员）向帮教小组成员介绍楼某均在监狱的改造表现情况。2.由服刑人员楼某均本人向帮教小组汇报改造情况及思想工作情况，表示自己改造的决心态度。3.派出所民警杨光照对楼某均提出改造的希望和要求，帮教人员对楼某均提出希望和要求。4.帮教小组面对楼某均签订联动帮教责任书。5.由司法所楼仲本代表当地政府赠送法律书籍（精神食粮），希望楼某均认真学习，改造自己，早日归正，反[返]

回家乡,做一名遵纪守法的良民。6. 从生活上关心,父母送给楼某均方便面一箱,现金 7 000[1 000]元。村主任送现金人民币 500 元,何开英代表村委会送给楼某均现金 500 元。体现家乡人民对其生活、政治上的关心。促进其在监狱好好改造,力争多减刑,争取早日返回家乡。最后,服刑人员楼某均从心底里表示感激,并当场面对帮教小组成员表示,讲在嘴上没有用,看其实际行动来落实,帮教小组要求楼某均每 2 个月向帮教小组写一份思想工作、改造表现和自身情况的汇报信。

杨光照致楼某均的信(之一)

楼某均:

你好,你的来信及一份启迪报已收到,因忙于工作,没有及时回信,请谅解。

从来信得知你在监改造的成绩和进步,帮教小组成员阅信后都感到很高兴。我们来监落实帮教工作得到监狱领导的关心和支持。我们表示十分感谢。在此,我们委托你代表我们帮教小组向协助我们工作的郑警官、张教导员以及协助我们工作的所有警官、领导表示感谢,并向他们问好。

楼某均,"一个人犯错误并不可怕,可怕的是知错不改"。但从你的汇报信中看到你的希望,我们希望你深刻认识与悔恨你昨天的过失,也真诚希望你今天在高墙内刻苦改造、悔过自信[新],成为时代的新人。同时,我们家乡的人民更期望你能在监狱警官的教育下,认真学习科学知识,遵守监规、监纪,自觉接受改造。应以自己的实际行动来回报家乡人民及父母亲对你的关心和爱护、培养与教育。你的明天将是光辉灿烂的人生道路,我们枫桥人民欢迎你。

你在 2009 年 3 月 15 日的启迪报上,《枫桥镇来监开展新型帮教活动》的报道文章,我全文已阅。5 帮 1 的新型帮教模式,也是我们枫桥"人性化帮教"工作的体现。帮教工作是"枫桥经验"教育人、改造人、感化人的重要内容之一。你主动给监狱报投稿,并录用了你的稿件,你也为宣传"枫桥经验"作了一分[份]贡献。

最近,你从你母亲的信中夹来的汇报信,当时经过其他民警转交途中,把你的信件遗失,你如果有电脑底稿的话,请再次补寄一份。直寄枫桥派出所杨光照收。

你姐近日已去你爸工作地方——桐芦[庐],你父亲要我代笔问候,请你保重身体,多和家庭联络,谈谈思想工作情况。

楼某均,如果[在]监狱许可的情况下,你能否坚持每2个月或每季写一份思想工作汇报信?目前你的帮教工作情况,我已给诸暨市关工委联系。关工委对你的帮教工作也很关心。最后祝你在09年度能交上一份满意的成绩单。

枫桥派出所
民警:杨光照
2009年8月19日

联合帮教责任书(之二)

枫桥派出所本着人性化的育人理念,对违法违规人员实行"帮助、教育、挽救"工作方针,为青少年、家庭、学校、社会负责,让更多的不规人员弃邪归正。使社会各界共同参与联合。帮教工作特签订由派出所、学校、社区、家长等方代[表]的帮教责任书。

一、派出所民警职责

1. 每季对被帮教对象进行一次走访谈心。

2. 对被帮教对象遇到的一些实际困难,应会同有[关]部门帮助解决,及时与家庭联系。

3. 民警发现被帮教对象出现违法苗头,应及时进行教育。对被帮教对象提供各类信息及举报有功的,及时建议有关部门给予表扬和奖励。

二、社区及学校的职责

1. 社区驻村干部及学校(政教处或班主任)对被帮教对象的活动情况每月向驻校民警或法制副校长进行一次汇报。

2. 经常对被帮教对象进行谈心教育,了解其思想动态。

3. 发现被帮教对象出现违法苗头和违法行为,社区干部和学校老师,及时与民警取得联系。

三、家长职责

1. 每月向社区干部、学校老师汇报反映帮教对象的活动和表现情况。

2. 家长发现被帮教对象出现思想情绪后应及时向村帮教干部、社区干部和驻村民警进行汇报。

3. 家长发现被帮教对象出现违法行为,不能纵容、包庇,应积极配合治保干部、学校老师和社区民警对其进行教育、帮助,监督其及时改正。

责任人:王佳科　　　责任人:何开英　　　责任人:楼某均

民　警:杨光照　　　　　　　　　　　　家　长:楼某根

2010 年 3 月 3 日

楼某均致帮教小组的信(之一)

王教导员、杨警官及帮教小组叔叔、阿姨们:

展信好!

时间过的[得]很快,自从元宵帮教会后匆匆一别已一月有余,本想一早给你们写信,可每次提笔想写信时,眼前就会出现帮教会上那一幕幕感人的场景,让我内心久久不能平静。

时间就像流水,总在人不经意中过去。去年 2 月 17 日杨警官等人第一次来监帮教我的场景历历在目,还记得当我第一时间得知家乡政府来监帮教的消息后,那心情是激动的[得]好几个晚上没睡着觉,特别是帮教那天看到那么多陌生而又熟悉的脸孔,带着浓浓的家乡口音,让人真的感觉好温暖。亲切的交谈问候,我尝试着多从帮教人员口中去了解家乡每一点变化,那一刻我才发现自己是多么的[地]想念家乡一草一木,只是那一份思念被我深深的[地]埋藏在内心深处,不敢去触及它而已。

说句心里话,从被捕到入狱改造很长一段时间我从未考虑过自己将来该何去何从,囚禁的生活认[使]我变的[得]麻木,只知道如何度过这漫长的刑期,没有思想,一切生活好像除了吃饭、干活、睡觉就没有别的事情可做,因为面对漫漫无期陡[徒]刑我总认为我的人生就这样了。然而家乡帮教小组叔叔、阿姨们不远千里赴监帮教的行为,深深的[地]触痛[动]了我,面对如此乡情,我还有什么理由不好好改造,从在帮教协议签字的那一刻起我就发誓要用成绩回报关心和帮助我的人,2009年全年总体改造成绩相对提高,不但得到政府警官的认可和肯定,并在年终双评时取得改造积极分子这一前所未有的荣誉。

在成绩面前我没有沾沾自喜,2009年双评结束后在分监区重新确立改积会成员时,我有幸成为分监区改积会中的一员,这一点上次帮教时我已经说过,作为分监区一名事务犯,既能让我的改造成绩更上一个台阶,同时还能更多的[地]学习人与人之间相处的方式和处理各类事情的方法,从而为今后工作创业打好基础。

只是天不随[遂]人愿,在2010年第一季度改造生活中,发现由于自己学识浅薄和人生阅历不足原因,在协助分监区管理各项事务中多次碰钉,不顺心的事经常发生,很多时候碰到个别不可理喻的同犯更是不知到[道]如果[何]处理事情,时常是管也不好,不管也不好,搞的[得]自己人际关系很紧张,不过对于以上不足,我想我会在今后的工作中有所改进,特别是在处理事情中尽量免于[与]人正面发生冲突,以和为贵。为此我希望你们能在回信时也能多讲解讲解一些如何于[与]人相处的方法,也好让我在改造中有长足的进步,力争更好成绩。

写了那么多感想和牢骚话语,真怕您[你]们看烦了,下面还是说说我这几个月的改造成绩吧?我现在主要劳动岗位仍然从事仓库保管这一工种,监舍内主要负责生活卫生和文体娱乐两方面工作,生产改造两项考核分加起来每月考核分都在15分左右。2010年前三个月平均考核分都在16分以上,加上自考电脑中级三本证书获奖分12分和30分议积奖分,到目前为止2010年我的考核累计分又有90分,我今年目标拿分230分。如果政策不变,力争在两年考核期内拿减1年6个月的考核分。

另外,王教导员我有件事想麻烦您帮我到网上查询一下,主要是有关于法制日报2010年3月26日第5版特别关注专栏上刊登了一篇名为《延长重刑犯狱中执行期严控减刑》一文相关内容,如果可以,在回信时给我讲解一下具体情况或相关内容。

想说的话还有很多,但文笔有限不知道如何畅谈心中所想,所以写的不对或不好的地方,请多指教。对于上次帮教会您[你]们讲到的写一篇现身说法的文章,我打算结合去年监狱开展的忏悔活动向曾经因为我的年少无知而扰乱正常学习秩序的学勉中学的领导及老师写一封道歉信,同时也给所有在校生写一点我是如何从一名学生走上犯罪道路的,这样既向学校道了歉,还可以通过我的现身说法,给现在真[正]在走我走过路的同学提个醒,以免重蹈覆辙,不知你们意下如何。

最后,向所有关心和帮助我的人表示再次感谢!祝愿他们好人一生平安。

就此搁笔。

祝:工作顺利

  身体健康

  合家欢乐

楼某均

2010年4月

杨光照致楼某均的信(之二)

楼某均:

  你好!

  你的来信收到,并由你母亲前来派出所阅读。你母亲阅信后,只有一点深切的希望,她再三叮嘱:希望你自觉改造,服从监管,真诚改造成为"新人",能早日走向社会,早日回归家乡。

一时失足百日怨,几年的监狱生活,失去了家爱、母爱和亲人的团聚,更艰难的是你亲身尝到了"高墙",失去自由的痛苦,同时又感受到了帮教小组及家乡人民对你的关爱和帮助,管教干部对你的教育和启迪。使你在新的航站从[重]新起航,看到了光明,看到了前程。帮教小组对你的期望,使你更感受到了"乡情"的温暖。因此,更希望你面对现实,面对未来,能正确认识,正确对待自己,积极努力改造,用自己的汗水洗掉自己身上的污泥,洗掉自己头脑里的污点,彻底改造成为"新人",家乡人民欢迎你。

至于,来信反映改造中的不足,我想人贵有自知知[之]明,在各项工作及社会实践中,要严格要求自己,要严于律己宽以待人,在掌握原则的前提下,主动协调好人际关系,这样才能受到人尊重,"要让人尊重,首先要尊重人",这是一条做人的基本原则。

关于你提到《延长重刑犯狱中执行期严控减刑》一文相关内容。目前,尚属征求意见稿,故在此不作一一解答,到试行阶段会全文公布,但其中有一款规定(被判处18年有期徒刑的罪犯,其实际执行的最低期限为13年)。

关于你能自愿写一篇现身说法的文章,我们表示十分欢迎。既是你个人失足的一种忏悔,也是对在校学生的一次警示。我想,文章不在于长短,关键在于结合自身思想实际,找出失足的原因,反思失足的教训,谈内心深处的改教认识,并给在校同学一个呼唤和提醒。使广大青少年同学远离你曾走过的历程。化痛惜为前程,争做一名尊[遵]纪守法的好学生、好青年。最后,希望你自尊、自重、自爱,不食自言。真正以实际行动来回报家乡亲人对你的关爱。切记董监狱长及监狱其他领导对你的关心和免[勉]励。

枫桥派出所　杨光照
2010年4月26月

楼某均致杨光照的信（之二）

杨警官：

展信好！

又从一个炎热的夏天到又一个秋高气爽的秋天，年复一年，时间仿佛流水，总在我不经意间从我身边经过。都说岁月是人类文明发展进步的见证者，有时候我也在想，时间同样也是我从犯罪入狱后消极面对生活转化到为早日新生积极改造的"证明人"。

自我从感恩中醒悟的那天起，生活中每一天我始终铭记家乡政府帮教时的淳淳[谆谆]教导和深切期望，也从未忘记亲人朋友盼我早日回家的愿望，时刻都在忏悔自己犯罪给社会、亲人、被害人所带去的伤害。特别是学习了今年监狱开展的"平安、责任、明理"主题教育活动，更是让我受益非[匪]浅。今年主题教育活动它根据当前社会发展形势，同时结合了监狱现有教育体系，并将家庭亲情融入我们日常改造中去，经过多方面学习教育，让我进一步认识到自己以往的不足之处。

比如说在学习"平安"教育篇过程中，监狱以上海世博会为背景，开展了一系列活动，不但让我从侧面了解到世博文化，更是让我明白平安是构建和谐社会的前提，曾经的我就是缺少对平安的理解，才给构建和谐社会带去了不稳定因素，通过学习我认识到构建和谐社会必要性和重要性。其次在"责任""明理"教育中，同样让自己能更深刻的[地]理解"责任"两字的真意和明理处事、诚信做人的重要性。回想当初就是因为自己忘记了为人子应尽的责任和遇事不冷静、做人不诚信的原因才一步步走向犯罪，现今的我在不断的[地]学习和进取，从认清自己过去不足开始，力争在有限的改造时间中，完成无限的自我转变。

2010年又将在迎来祖国生日中进入最后一个季度，我们监狱第三届动漫艺术节也将在9月20号开幕，有[又]是中秋佳节，我作为分监区的文体组长，既要制作动漫卡通玩偶,又要制作中秋节的灯笼,可真是忙的[得]不亦乐乎,一天忙到晚感觉时间过的[得]很快,整个人也充实了很多,不过最高兴的还是每个月都能看到自己的考核总分是直线上涨,自 2009 年 3 月份呈报减刑之后,经过一年五个月的累计考核,截至 8 月份我考核分已有 291 分了,平均每月考核分也在 16 分左右,与去年同期相比有所提高。如果按现有政策计算,到明年 7 月份应该可以减刑一年六个月左右。

另外也没什么事情,我在监狱一切都很好,敬请放心。在[再]过二个月又要开始一年一次的双评了,我想在你们的关心和帮助,以及监狱警官的教育下我一定会有更好的成绩。

同时随着中华民族传统佳节"中秋"到来,还请你代我向所有关心和帮助我的人问好。祝愿他们节日快乐、身体健康、合家欢乐。由于条件受限也只能借此向你们问好。

就此搁笔。

祝:工作顺利

　　心想事成

楼某均

2010 年 9 月 11 日

帮教笔记(之一):给帮教对象的一封信

2011 年 9 月 6 日下午,枫桥派出所退休老民警杨光照偶然收到了一份特殊的礼物。当拆开包裹细读时,才知悉这份礼物来之不易,是浙江衢州闹桥监狱服刑人员楼某均邮寄来的"感恩月饼"。

看到这份礼物,老杨内心激动不已,数年的付出终得到了厚实的回报。楼某均因年少无知造成自己的过失,走进了人生的沼泽,跌进了犯罪的深渊,陷进了牢狱的灾难。在监狱里,囚禁的生活,使楼某均曾经失望过、反悔过,用他自己的话说:"人生最大的痛苦莫过于失去自由,从被告到罪犯的那一天起,自以为我的人生就这样结束了,女友远去,前途迷茫,面对漫长的刑期,真有那种人生在世,生死前途两茫茫的感觉。"在悔悟与失望之时,2009年2月楼某均的父母抱着十分痛惜的心情,泪流满面来到了枫桥派出所寻找驻村民警杨光照,在老杨面前诉说了他们的悲痛与心愿,并从内心深处发出了恳切的请求,要求民警与家长共同前去监狱探望其子楼某均,做好疏导和帮教工作,使其儿子早日改造成为新人,回归家乡,重返社会。

老杨听完楼某均父母的请求后,当机立断,将楼某均父母的请求事项向派出所领导作了汇报,并向所领导提出了建议,由派出所牵头组成联合帮教小组前往闹桥监狱落实帮教,这一建议得到了派出所领导和枫桥镇政府领导的全力支持。为弘扬、传承"枫桥经验",创新帮教工作新机制,落实以人为本育人理念,主动实施挽救、教育、感化、改造违法青少年。为改造罪犯,构建和谐社会,发挥帮教工作的积极作用,2009年2月17日,我们首次组织了由家长、村镇干部、镇司法所、派出所干警等人参加的9人联合帮教小组赴衢州市闹桥浙江省第一监狱对服刑人员楼某均进行面对面座谈帮教,在监狱领导及帮教人员的支持合作下,当场签订了联合帮教协议书。通过法、理、情的疏导教育,亲情化的心灵交流,使人犯楼某均受到了内心感化,并表示要用实际行动与实绩来回报家乡人民,从而使他失望的心理受到了强烈的震动与苏醒,从帮教小组身上看到了"命运"的希望,感受到了亲人的亲情,家乡人民关爱的温暖,从而使他沉默的心神再次激扬起了重做新人的"风帆"。从此后,枫桥派出所每年对部分枫桥籍服刑人员落实探监帮教一次,已成为枫桥派出所帮教工作一项不变的制度,并得到了服刑人员亲属及管教单位的支持与认可。

经过连续数年的真情帮教,楼某均在监狱取得了较大成绩,近年来多次受到监狱嘉奖,2010年被评为省级劳改积极分子,经过多次减刑,使楼某均树立了自觉改造的信心,并以实际行动回报了家乡人民与帮教小组对他的关爱。

虽然楼某均邮寄的是一盒"感恩月饼",礼物虽小,但意义深长,却使老杨内心深处感受到付出的回报,楼某均所寄的是一份礼品,但更是映射出他重做新人的一份希望,真诚改造的一份成果,帮教规[归]正的一种心愿,也是激发出他内心的一份真情。小楼,好好改造,好好做人,我们期盼着,我们等待着,希望你早日回归家乡,早日与亲人团聚,在我退休的余年,我将继续关爱着你,惦记着你,期盼你自由、幸福的未来。

杨光照

2011年9月7日

楼某均致杨光照的贺卡

To:杨警官

感谢您一直以来对我的关心和帮助。让我在新生的路上不再迷茫,借中秋佳节祝身体健康,工作顺利。

楼某均

2012年9月18日

杨光照致楼某均的信(之三)

楼某均:

你好!

看到你真心悔改的坚强态度,我很欣慰。这是你对当地政府、帮教小组、家乡人民及你的父母一种责任与回报。我作为一名帮教小组人员,我从内心感激与支持。希望你在改造自我、悔过自新的新生路上做出更大努力,取得更大成绩。并用实际行动回报当地政府、家乡人民对你的关爱,争取早日回归社会。

中秋之际,在你学[的]父母及村主任马禄苗的提议请求下,我作为退休民警,又是诸暨市关心下一代工作委员会的关爱团成员,怀着对青少年的关怀与健康成长,对违法犯罪的在监人员担负起帮教工作的社会职责和义务,为教育、挽救、感化改造违法违规人员,尽我最大的一份社会责任。这次我组织有关人员来监帮教,是进行一次"亲情"交流的帮教活动,虽没有事先联系,但受到了监狱领导和狱侦队长及管教干部等干事的热情接待和大力支持,专程为我们安排抽调干警接待,为我们的活动暂时开了"绿灯"。特意安排我们给你会见。我们的来监帮教活动,所取得的成绩与特色得到监狱领导和机关工作人员的充分肯定和较高评价,是传承与发扬"枫桥经验"帮教工作延伸工作机制创新做法。同时也是给你楼某均脸上争[增]光添彩的实际行动,这一行动扩大了在监人犯中你的政治影响,也可给你在改造规[归]正路上增添了无形的内心动力。为你今后减刑及提前释放创造良好的工作条件。当然外因是客观条件,内因才是主观因素,最后还得看你自己的努力与奋斗。

小楼,在我们近一小时的面对面交流中,你亲眼见到了你父母亲面额上濑濑[簌簌]流下的心酸泪水,"可怜天下父母心"啊。做父母亲只希望你遵纪守法,静心改造,悔过自新,服[获]得新生。争取早日和家人团圆,我们也同样期盼你遵守自己诺言。"用你的实际行动,看你的实际效果。"来感恩你的父母,忠诚于长辈,孝敬父母。这就是你终身最大的回报。

这次我专门邀请枫桥派出所社区民警毛宇超警官一起前来监狱帮教,也是一次对你生命和前途的关心和呵护,同时,也是一次新老交接,更是一次人员传、帮、带的工作交接。希望你在今后改造规[归]正的路途中,发生[遇到]不同的人和事,多与毛宇超警官联系请教。目前,我尚在枫桥派出所工作,有事提前和我联系,我会尽最大努力协调的。在监狱里一定要遵纪守法。服从管理,无条件听从管教民警指挥,积极改造,学会宽容,做一名让人尊敬的合格新人。最后,希望你多与我们及家人书信联系。交流思想、汇报工作、促进改造,力争早日回归家乡,家乡人民欢迎你。

枫桥派出所退休民警:杨光照

枫桥派出所社区民警:毛宇超

2012年10月11日

楼某均致杨光照的信(之三)

杨警官：

展信好！

您的来信已收很久，但前段时间一直忙于一年一次年终政治考试准备，为此不能及时回信，还望您好[老]见谅。

在写这封信的开头让我再次由衷地对您说声"谢谢"。首先，是感谢您多年来对我无私的帮助让我在改造路上不再孤单和迷茫，能安心踏实的[地]走在积极改造的道路上；其次，是感谢您多年来对我的谆谆教诲让我明白做人的真正道理，面对困境却不放弃重新树立了正确的世界观、人生观和价值观，为回归社会做一名合格的公民打下扎实的基础；再次，是感谢您圆了我一家人多年的未能圆的中秋团圆梦，让我一家在大墙之内度过了一个特殊的中秋节；本阶段应该做的事[是]，克服一切困难，不辜负您和所有关心我的人。

回望今年改造成绩与往年相比存在一定差距，这当中也许有客观的原因，也有主观的原因，但最关键的还是自己，所以结果如何我都会在差距中查找真正原因，及时调整好自己，做到有则改之，无则加勉，力争来年的成绩有长足的进步。对于我目前的改造总体上来说还是可以的，每月基准分都能保持在12分左右，至去年10月份以来到今年9月份合计拿了200分考核分，如果按照排名的话估计排在分监区15名左右。不过接下去我将担任车间生产线长，在考核上可能会有所提升，同时我也将利用空余时间学习相关技术，希望将自己造就成一个多面手，也算是不辜负您[你]们对我的期望！一种对亲人和关心我的人[的]回报吧？

最后，还是那句老话，"我会用行动和成绩证明自己的改变"，同时还劳烦您向所有关心和呵护我的人说声"谢谢"，问声好，祝愿他们工作顺利，身体健康。

就此搁笔，余言后叙。

祝：身体健康
　　心想事成
　　合家欢乐

省一监服刑人员：楼某均
2012 年 10 月 28 日

楼某均致杨光照的信（之四）

杨警官：

　　展信好！

　　时间在不知不觉中又过去一年，年龄长了一岁，离回家也近了一年，回首过去一年，总体成绩不错，全年共拿考核分 260 多分，这也是我改造 9 年来成绩最好的一年了。

　　面对取得成绩和所有收获，关键还是离不开监内警官细心的教育，家中亲人的关心和你们默默无闻的帮助，也真［正］是因为有你们这么多人的关心、帮助，让我不断坚定信念，放下思想包袱，面对坎坷改造路，从一个不负责的人到学会了做一个敢于担当、负责的人。为此我想借此机会让我再次对所有关心、帮助我的人说一声"谢谢，你们辛苦了"。

　　原本前阵子就想给你们写信，但看到前段时间报纸、新闻等媒体，了解到全国上下铺天盖地的［地］都在学习"枫桥经验"消息，深怕打扰你们正常工作，所以迟迟没写，但作为"枫桥经验"发源地的公民，我由衷的［地］为家乡感到自豪，为此我想我也会以此为契机，不断加速自己的本质思想改造，争取早日回到家乡，为建设家乡贡献自己的一份绵薄之力。

　　浅谈自己过去的一年，心情可以用"丰收"后的喜悦来形容内心想法，因为在过去的一年中，我除了担任事务员一职的同时，上半年还从事裁剪车间片区长一职，让我学会如何安排生产进度及组员间关系处理；下半年又因生产结构调整，分监区将我安排到面料总负责人岗位上，经过数月的熟悉和适应，现已基本上掌控所有面料的进出及裁剪明细,对于我的工作分监区警官还是比较满意,现在每月的考核分还是和上半年一样每个月13分基准分,另外加事务员额外加分和刊稿加分,总分在17—18分之间,不过这个月我的考核分会比以往要高一点,因为在10月份时我参加了高等自学考试,并以80分的成绩通过了《毛泽东思想、邓小平理论和"三个代表"》这一门,为此在本月可以额外加考核分3分,也就是说本月我的考核总分是21分。目前考核分500多分,如按原计划到2014年1月份呈报减刑时将会有一年九个月的核分值。

展望过去我没有让自己留下太多遗憾,立足当下我会更加努力获取更好的成绩回报所有人。

最后,时光又将进入监狱一年一度的双评了,我想经过我一年的努力,年终双评成绩一定不会差,届时我与减刑结果一并另行告知。

就此搁笔。

祝:身体健康,工作顺利

楼某均
2013年11月25日

关于楼某均减刑的刑事裁定书

浙江省衢州市中级人民法院刑事裁定书

(2014)浙衢刑执字第1568号

罪犯楼某均,男,1983年12月9日出生,汉族,出生于浙江省诸暨市,现押浙江省第一监狱服刑。

浙江省绍兴市中级人民法院于2004年6月8日作出了(2004)绍中刑初字第51号刑事判决,以被告人楼某均犯盗窃罪,判处其无期徒刑,剥夺政治权利终身,并处没收个人全部财产。判决发生法律效力后,交付执行。经浙江省高级人民法院裁定,于2006年9月28日减为有期徒刑十八年九个月,剥夺政治权利期限改为八年。经本院裁定,于2009年5月,2011年11月共减刑二年一个月。

执行机关浙江省第一监狱于2014年3月6日向本院提请对罪犯楼某均减刑一年八个月,剥夺政治权利期限改为五年。本院依法组成合议庭进行了审理,现已审理终结。

执行机关认为,罪犯楼某均在本次服刑考核期间能认罪服法,服从管教,参加政治、文化、技术学习,劳动积极,完成生产任务。悔改表现突出。

经审理查明,罪犯楼某均在本次服刑期间,经过教育能认罪伏法,遵守监规,接受教育改造,学习努力,劳动积极,完成生产任务,受到2011年度监狱级改造积极分子,2012年度省级改造积极分子奖励。上述事实有监狱对该犯的《罪犯评审鉴定表》《罪犯改造表现考核汇总表》《罪犯考核加、扣分表》及《奖励审批表》等材料在案佐证。

本院认为,罪犯楼某均在本次服刑期间,悔改表现突出,符合减刑条件,酌情减刑。依照《中华人民共和国刑法》第七十八条之规定,裁定如下:

对罪犯楼某均予以减刑一年五个月,剥夺政治权利期限改为五年(刑期至2021年2月27日止)。

本裁定送达后即发生法律效力。

审判长 刘云耀

审判员 周海燕

审判员 庄向东

二〇一四年四月一日

本件与原本核对无异。

书记员 姜晓晟

杨光照致楼某均的信(之四)

楼某均:

你好!你给做父母的来信他们已收悉,你牵挂他们,父母及亲属更牵挂于你呢。前些日,你外公专程来到我处探讨你们家庭及你的前程以及你的人生路等问题,同样的心情盼你早日回归,合家欢聚。当然最后的定论还是取决于你本人的努力。

你来信反映你本人的宿[夙]愿,途径有三,经探讨后家中认为三种方式均可取用,关键在于你自己的努力成果,按照你的意向,靠最近的目标努力。总而言之,家中的亲人盼你早一点回归,就是早一天,也是心愿所盼。用你母亲的话表述:"假如可用金钱买刑期,就是十万、二十万,也想办法给你赎回。"可怜天下父母心啊!按照你父母的意愿,你不能用[有]任何轻视而放松对自己的要求,应当以积极的姿态努力改造,用自己的汗水冲洗污点,用法律的意识规范行为,用辛勤的劳动多争积分,争取早日减刑或假释。

关于减刑与假释问题,按司法部的要求与条件,更为严格,条件更加提高,比例更加缩小,争取难度更加大,所以最后能否实现你本人的意向,关键就要看你本人的努力。如果,你能创造条件,符合减刑或假释,当地政府接收问题我们都会帮助你创造条件,给予方便。但愿你把牵挂成为心愿,等待你的实现,欢迎你早日回归。方便之时,请你代向你们监的领导,队长教导员及管教警官问好,有机会时请领导代转向懂[董]监狱长问好,懂[董]监狱长一贯来,对我们的帮教工作给予的支持与关心,表示衷心的谢意。

此外,你母亲转告,前几日汇给你的钱作生活零用,你有否收到。请你回个音。他们在牵挂之中。此信本应由你父母回复,因他们主张不定,你母亲特来我处联系,托我给你复信,接信后给你父母回音,使父母及长辈能安心。

共同心愿,愿你关爱自己,保重身体,尊重孝敬父母及一切身边的人,争取早日回归。

诸暨市关工委:杨光照
2014 年 9 月 20 日

楼某均致杨光照的信(之五)

杨叔:

您好!

第一次这样对您称呼,不知会不会太唐突,如有不敬,还望见谅。但在我内心只有这样才能体现对您的尊敬,同时也显得更加亲切。

很久没有提笔给您汇报改造成绩了,不是因为改造太忙,而是每次提笔之际却发现不知写点什么,从何说起。虽说2014年度改造成绩不差,全年共计拿考核分230左右,但各方面成绩综合与往年相比还是存在差距。这可能跟我个人改造有关,十余年的改造碰到了一个瓶颈,就好比武侠剧中练武之人功力练到九层时,没有机缘巧合,很难突破十层。现在的我就是这种状态,为此今年2月我申请调换单位,在一个新的单位中,一切重新开始,不给自己留下太多退路,不知这样算不算废而后立。

还记得你们第一次来监看我时的场景,所里的指导员和我说过一个成语叫"厚积薄发",以前我还模棱两可,不是很明白。经过这次换单位后,我一直在思考,反思。终于明白以前的我,无论做事还是做人,都太高调,往往给不了解我的人留下不好的印象,这也是成为我改造瓶颈的一个原因。为此在接下去的改造中我会一改以往做事作风,慢慢积蓄,充分准备,然后少量的[地]放出。做到做人低调,做事踏实。

对于我假释时间,原本打算2016年3月呈报,因去年政策变动,需往后拖一年左右。同时因政策变动,我将在5月份呈报一次减刑,按分数大概可以减一年左右,具体等减刑裁决拿到后我会单独写信告知。

其他一切安好,请放心。代我向关委会领导问好。

就此搁笔。

祝:身体健康

工作顺利

合家欢乐

侄:某均

2015 年 5 月 2 日

杨光照致楼某均的信(之五)

某均:

你好!你父亲转交之信收到,虽有数月未知信息,你母亲对你的牵挂,已有多次来过我处,一直在惦记和关心着你,可怜天下父母心啊!

见信知情,获悉你在改造中取得较好业绩,向你表示祝贺,但也看到你的思想波动较大,必须要坚定信念,努力改造,诚心做人诚心待人,尊重领导,严格遵守监规,你的前途与命运都由你自己掌控,切勿时冷时热,要正确对待自己,正确对待同事,正确对待领导,以自己的实际行动,做出成绩,争取减刑或假释,早日回归家乡,孝敬父母,做一名新时期的有公德公民。

至于解[假]释的事,就要靠你自己的努力,如要当地政府的有关手续,我们都会给你争取办理,做好接纳工作,关键还是要看你改造的业绩,及监狱方面意见与条件。你要自信、自尊、自律。积极争取早日回归,我们既是希望,又是欢迎。

在此,我也代表诸暨市关工委,对你的改造成绩表示祝贺,更希望你记住承诺,用心改造。在监做一名改造积极分子,回归社会做一名新时代的好公民、家庭的好成员、父母亲的好儿子,改过自信[新],重创新业的社会新人,最后祝你成功!

诸几[暨]市关工委:杨光照

2015 年 5 月 25 日夜于诸暨

楼某均致父母的信

爸妈:

展信好!

很抱歉,因病情急发住院,未能如期给你们写信,还望原谅。5月30日打电话得知妈的膝盖不舒服,说去医院检查,不知结果如何,虽不能在妈身边照料尽孝,但牵挂之心不曾减轻,希望妈能安心养病,早日康复。

今写信主要是想将我大至[致]病情告知你们,以勉[免]你们担心。经过前段时间的肠、胃镜检查,基本确诊为溃疡性直肠炎和慢性糜烂性胃炎,其中溃疡性直肠炎较为严重,同时治疗也比较麻烦,就算外面,一般医院也没什么好的治疗方案,最多就是控制一下病情,这也是取消去杭州看病的主要原因,必经[毕竟]是在监狱内服刑,想要得到多大的医治不太现实。按目前病情稳定期每天三顿药不能停,有时急性期就受用各类激素灌肠治疗,但此方法对身体伤害很大,所以一般情况下以吃药为主,尽量控制病情恶化而引发的其他并发症。

想要根治只有等回家后到好一点的医院进行肠道菌群重新培植手术,所以请你们不要过多担心。由于这种病跟自身免疫力下降及肠道菌群失调有很大关系,所以我想请你们买点里面没有的药物,一种是"双歧三联活菌片"买个5瓶,另一种是"蛋白粉",买2瓶。到时可以邮寄给我,如不行,就麻烦爸送过来,放到监狱门口邮局,另外买20张邮票和药放在一起。如果是爸送来,就接见我一下。

另外还有一件事是,我有个朋友近期可能会打电话到妈那里,说一些事情,不过很多事情你们知道就好,了解一下情况,至于怎么做,我会联系你们的。假释的事情可能还需要老杨和六[禄]苗叔他们,有机会还是要过来最后一次,必经[毕竟]绍兴中院的事情要去办一下。不能像上次一样办过来没有用。具体等来了再说。

其他也没什么事情,你们二老要注意身体,有事我给你们写信。

就此搁笔。

祝:身体健康

开心快乐

工作顺利

儿：楼某均

2015 年 6 月 15 日

楼某均致杨光照的信（之六）

杨叔：

展信好！

转眼间，又到丹桂飘香、万家团圆的中秋佳节了，不能登门说声祝福，唯有通过书信说声："中秋节快乐！"

上次收到你的信后，一直想写封信，汇报一下改造成绩和思想动态。但就目前的改造情况总感觉"无颜见江东父老"。所以迟迟未提笔给你写信。其实到新单位 8 个月了，改造并没有太大起色，我也一直在努力，希望改变现状，但许多事情开始就注定结局。所以，现在的我也没有什么想法了，4 年多刑期，说长不长，说短不短，过一天算一天。唯一感觉就是对不起父母和辜负了您[你]们对我的期望。

当然无论什么时候我都不会忘记，你对我的教育。因此，在现有的改造环境中，我尽最大努力，这一点还请你们放心。另外，我目前改造考核每月 10 分左右，比前几个月要好一点，同时，我还参加了成人自考，下个月 18 号、19 号考试，应该没有太大问题，去年考 8 门合格 7 门，还拿了一个单项奖励。今年争取也考 4 到 5 门合格。

另外，也没什么事情，希望您过一个快乐的中秋节。

祝：身体健康

合家欢乐

侄：楼某均

2015 年 9 月 20 日

杨光照致楼某均的信(之六)

某均:

你好!你的信件由你母亲转交于我,阅信[知]你的工作思想情况。千言万语,汇成一个词:"安心改造",用行动回报长久的岁月,你父母及亲人等待你的是早日回归,话不多说。一切都靠你自己的努力,遵纪守法,诚心改造。

至于能否办理解[假]释,一要靠政策,二要靠监狱方面的努力,三要靠你自己改造业绩。只要监狱及当地法院认可,家乡的接收及监管我都能帮助联系办理,目的就是你能改造成新时期的"新人"。光讲不做没用,要从心底里改造悔悟,才能成为真正的"新人"。祝愿你早日回归。保重身体。

诸暨市关工委:杨光照
2015.10.13

楼某均致杨光照的信(之七)

杨叔:

您好!

来信已收,感谢您百忙之中给我回信。炎炎夏日,您的信,仿佛一丝凉风,让我原本烦燥[躁]不安的内心有了片刻宁静。同时,也让我再次感到来自家乡政府的温暖。

您在信中提到我近期改造情绪不稳定一事,确实如此。自从被调入到新单位,从事帐篷加工劳动后,我的改造可以用四个字概括:"一塌糊涂"。我是真没想到会从熟悉的服装生产领域调到陌生的帐篷加工单位,其中存在的人为因素,我不想多说,四个多月来,我一直让自己静心,重新开始,可不长的刑期、陌生的警官和环境,以及多病的身体,成为我无法跨越的鸿沟。我多次找领导谈心,都因种种原因被否定,6月份分监区安排我看门,每月7.5分考核分,由于是最后一个考核期,什么时候拿到290分,什么时候报假释,所以给自己定了一个每月12—13分的目标,但现在看着与计[既]定目标差距太大时,内心很着急,同时想到家中父母的期盼就更加难过。

面对现在改造我迷茫了,不知道接下去的改造路怎么走,如果按目前改造情况,我将多坐一年半左右。所以为了自己,为了家人,为了不辜负您的一片希望,我打算打破僵局,前几日我向监区、分监区领导报告,申请重新调到服装单位改造,最后努力一把,争取早日回归。在此希望得到您的理解和支持,就此搁笔,余言后叙。

祝:身体健康

　　工作顺利

侄:楼某均

[此处未注明时间]

违规违法青少年帮教考察记录

爱心帮教人	杨光照	帮教考察时间	2016年6月16日上午
被帮教人	楼某均	帮教考察地点	闹桥监狱
考察记录: 帮教小组:司法所长:张敢　　村主任:马禄苗　　民警:陈超　　关爱团:杨光照 赴闹桥对服刑人员楼某均进行亲情帮教谈话教育。 帮教内容: 监狱管教民警及指导员反馈楼某均改造情况及思想表现情况。 帮教对象楼某均汇报思想及在监表现情况。 帮教小组对楼某均面对面教育,提出:一要摆正位置;二要懂得感恩;三要珍惜改造成绩;四要积极改造,争取早日回归;五要遵纪守法,服从监管。 监狱宣教科(启迪电视台)作采访报道,拍摄亲近帮教专题片。			
备注: (1)帮教人为:五老、社区民警、司法所干部、驻村指导员、辖区(村、居委会)干部。 (2)被帮教对象为:违法违规被帮教人员。			

楼某均致杨光照的信(之八)

杨叔:

　　您好!

　　写信之初,先说对不起,因为在挫折和困难面前,我没能坚定自己积极改造的信念,而是选择了一条相对消极的改造道路。为此,还望你能谅解。

其实在过去的一年多时间里确实被改造环境和身体疾病等外在因素影响了新生的脚步,但从我个人的角度来说,我能争取我还是在努力争取。只是方式方法不同而以[已]。最终目的还是想早点回家。

不过帮教会上,你们的一番话对我触动很大,特别是那段"一个连自己过错或者别人的误解都不能正视的人,算不上真正的新生,面对别人的误解和指责,更多的是从自身查找原因,而不是去埋怨别人"。事后我想了很久,对照自己所做的一切,很多事情确实是自己处理的[得]不够好,才会给别人留下说闲话的把柄。所以说经过了这一次我会重新审视如何处理人际关系这一问题,必经[毕竟]要回到社会这个大家庭中去的,面对的将是更加复杂的人际交往,如果像现在一样处理的[得]一塌糊涂,那到时"摔到[倒]了"将会是更加严重的后果和结局。

回看过去几年改造,真的很感谢您年复一年的关心和帮助,让我能在改造路上获得一定成绩。是您的无私关爱让我一次次从挫折中坚持过来,也是你如春雨般的帮助,让我看到新生的希望。而今新生在即,我却放松自我思想改造,至少您听到的、了解到的都是这样。而我无论说什么都将是为自己开脱理由,所以说多余的话我就不讲了,还是以前的那句"用行动和成绩证明自己"。

最后,请您放心,在不长的改造路上,我会一步一个脚印走完。同时也请您帮我感谢一下张所等一行帮教成员,感谢他们不远百里,冒雨来监看我。

祝:身体健康

  合家欢乐

  万事如意

侄:楼某均
2016 年 6 月 20 日

帮教笔记(之二):不帮一时,乐帮一世

最近,枫桥镇钟某村村干部反映,该村原帮教对象在监服刑人犯楼某均,因身体患病与岗位调整产生思想波动较大,对监管干警出现思想偏见,改造表现不尽如人意。为促进人犯楼某均的改造意志,端正改造态度,稳定思想情绪,配合支持监狱管理,发扬"枫桥帮教"精神,传承"枫桥帮教"模式,支持家长与村委会的请求,由枫桥镇司法所所长张敢与监狱取得联系后,枫桥镇关工委杨光照等同志专门组织"亲情帮教团"。司法所长张敢、社区民警陈超、村主任马禄苗等4人,于2016年6月16日专程赴浙江省第一监狱对服刑人犯楼某均进行帮教活动。我们的帮教活动,受到监狱领导及监狱管教干警的热情接待与全力支持。进入监区时,管教干警向帮教小组如实详细反馈了楼某均在监的改造成绩与存在问题,人犯楼某均汇报了在监近年的改造成绩及现实思想;帮教小组向楼某均提出三点希望及要求:

(1)要摆正位置,遵纪守规,服从管教;

(2)要懂得感恩,潜心改造,回报亲人;

(3)要反思失足,珍惜未来。

经过帮教组面对面的沟通交流,楼某均从悔恨的泪水中露出了微笑。坚定了诚实改造的信心,思想认识有了明显提高,失落情绪得到了改变,从内心解除了对管教干部的误解,帮教活动取得了明显的成效。我们帮教活动的全程,监狱启迪电视台再次作了采访报道并制作专题片,监狱领导对帮教工作给予了充分肯定与认可,也得到了监狱广大干警与领导的好评。

枫桥镇关工委

杨光照

2016年6月21日

杨光照致楼某均的信(之七)

某均:

你好!今年进监帮教后的二次来信均已收悉。放心!因工作忙,未及时复信,请谅解。

来信知你知错改错,思想认识有较大转变,为你而感到高兴。同时也希望你切勿时冷时热,重于一贯表现。路要靠你自己走。世上无难事,只要肯登攀。前途是光明的,道路是曲折的。只有你安下心来,诚心改造,前面的曙光即将来临。家乡的亲人期待你,早日出狱的希望已将来迎。

中秋佳节已消逝而过,"十一"国庆节即将到来,祝你节日愉快,身体健康。最后,希望你用实际行动兑现诺言,争取早日返回家乡,重新做人。

诸暨市关工委:杨光照

2016 年 9 月 27 日

杨光照致楼某均的信(之八)

某均好!

你联系二次来信均收到,有关情况及信件由你母亲取回,你母亲已从不理解到理解,从不接受到接受。目前情绪基本安定,你亦可放心。

关于你[的]解[假]释问题,虽然做了很大努力,由于条件尚欠缺,法院没有裁定,你应正确对待,安心在监改造。如能争取减刑,尽最大努力,切勿时冷时热,学法知理、踏定[实]改造、遵纪守规、服从管理。以实际行动做出成绩,争取早日回归。回报父母养育之恩,政府关爱之情。帮教团队多年进监帮教,唯一希望就是让你弃邪规[归]正,重做新人。高楼大厦在于基,贤仕良民在于己。长言短说,常理自解。愿你如心似愿,祝早日回归。

诸暨市关爱团:杨光照

2017 年 5 月 12 日

杨光照致楼某均的信(之九)

某均好!

你的来信早收到,喜迎十九大,各级媒体多有采访,故无法及时回复。

明年是"枫桥经验"五十五周年庆典,"枫桥经验"主要内容就是以人为本。帮助人、改造人、服务人就是其中的内容之一,希望人[你]在狱内认真改造,重做新人。

随着时间推进,你的刑期也将越来越近。思想切勿波动,安心改造,争取早日回归。同父母及亲人多多沟通,增加亲近感。在监也要注意保护身体健康,尊[遵]守监规,服从管理。愿你早日回归。

祝好!

诸暨市关工委:杨光照

2017年10月9日

杨光照致楼某均的信(之十)

某均好!

最近,你母亲给我联系,获悉你近期将办理解[假]释事宜,这是你本人积极改造及监狱领导对你的关心。希望你不辜负家乡人民对你的期望,一如既往地诚恳改造,真正成为尊[遵]纪守法的良民。

解[假]释事宜已给枫桥镇司法所矫正办联系,有关手续正在办理中,不管能否批准解[假]释都要正确对待。安心改造,并希望你早日回归家乡,和亲人团聚,争做一名社会的有用之才。

祝好!

诸暨市关工委关爱团

杨光照

2018年6月3日

杨光照致楼某均的信（之十一）

某均：

你好！十一月上旬，应一监领导邀请，我来过一监作过"枫桥经验"矛盾化解与帮教工作方法等内容的工作交流，当时因时间紧张，尚无机会与你交流见面。只是在会上提起你通过监管人员的教育和帮教团队的多次进监帮教，你所取得的成绩，你所在（单位）监狱领导听了后点头示意！

听你母亲反映，上个月监狱通知你母亲参加亲情帮教，并和你一起交流吃饭。这是监狱领导对你的最大关爱，最大信任。也是监狱领导对你改造成绩的肯定与认可，你要十分珍惜特殊待遇。同时也要在接近改造"尾声"的新时期努力拼博［搏］，一如既往认真改造，不辜负家庭、社会对你的深情期望，争取早日回归家乡，回归社会。做一名遵纪守法，积极向上新时代社会主义建设的好公民。用实际行动报答父母大人和家乡人民的关爱之心，关爱之情，努力吧！家乡人民欢迎你！

诸暨市关工委关爱团

杨光照

2018 年 11 月 30 日

杨光照致监狱管教科的信

一监管教科：

各位领导，大家好！

你监服刑人员楼某均，多年来是诸暨市枫桥镇司法所、诸暨关心下一代工作委员会关爱团的在监帮教对象。楼某均在管教干部的热心关怀和热心的教育管理下，在家乡亲情帮教团的真心感悟下，帮教团连续六次进监帮教，每次楼某均都有不同的感悟，在每次因不同原因发生情绪的低落时，我们都通过书信帮教使他稳定情绪，促进改造，在亲情帮教的感悟下，使他在监改造也取得了较好的成绩。经过多次减刑，还获得了监狱的多次嘉奖。监狱启迪报、启迪电视台还作过报道,为将知[失]足者改造成为"新人",我们关爱团帮教小组还得一如既往地关心帮助他走出阴影,走向社会,将他改造成为一名新时代的社会主义建设者,遵纪守法的好公民。

前些日子,其母亲王某萍被邀参与了本监组织的亲情帮教活动,这是监狱领导对楼某均的最大关爱与促进,也是对家长的最大鼓励与安慰。

鉴于楼某均母亲反映与请求,据反映楼某均刑期将满,还需交纳部分罚款之事,因我们不了解监狱内部的管理规程,我们不能随意答复与解答,目前贵[其]家庭实际经济情况较困难,尚要考虑楼某均出狱后的成家立业,家长请求监狱在政策许可的情况下,请领导酌情考虑"减轻或从轻处罚"。我们的改造方针是:教育、改造、挽救、感化。我们的帮教规则是:"帮人帮心,弃邪归正。"

最后,衷心感谢监狱领导的关心与支持!

诸暨市关工委关爱团:杨光照
[此处未注明时间]

3.3.2 杨光照帮教刑释少年谢某波

提要: 该文献是介绍杨光照帮教刑释少年过程的一组材料。诸暨市团委启动关爱下一代阳光志愿者帮教行动,落实"5+1"的帮教形式。关爱团将枫桥镇单某某村刑释少年谢某波确立为重点帮教对象,上门走访调查谈话,开展面对面零距离、以情换心的法制道德教育。通过法纪和形势教育,使帮教对象认识到遵纪守法的重要性,树立起健康文明的世界观和人生观。

杨光照帮教刑释少年谢某波[1]
帮教工作简要情况

时间:2009年6月19日下午14:30

地点:枫桥派出所(老杨调解工作室内)

谈话人:杨光照、魏坚、张琼(团书记)

被谈话人:谢某波 母:章某梅

家庭简况:

父:谢某虎,身份证号:略,48岁,枫桥镇单某某村某号,农民,原做轻纺,离婚。

章某梅,身份证号:略,41岁,离婚,现住:枫桥某局某楼某室,租房(母子同住)。

自述:主要职业与先进村陈某林做废铁生意,平时有赌博、搓麻将等爱好,无生活问题,社会舆论"不同凡响",现经济收入、生活条件亦可。儿谢某波,身份证号:略,无正当固定职业。2008年10月3日,因犯强奸罪判半年(6个月)缓刑一年,监改期08年10月3日至09年10月2日,现列为归正对象考察,09年度被市关工委列为关爱青少年现行犯罪帮教(结对)对象。谢某波平时表现一般,经常进出网吧等公众场所活动,无固定职业,目前以帮二爹谢某中处押为业。平时草号称为"老虎",手机联系电话:略,同伙"狮子"毛某丰(毛家人)、楼某祥(单某某村人)在诸暨技校读书。2009年6月18日诸暨市关工委、关爱团会议以后,诸暨市团委启动(关鹏峰传达)关爱下一代阳光志愿者帮教行动,落实"五帮一"活动。关爱团会议内容及帮教工作情况以及重

---

1 编者根据杨光照提供的档案原始记录和手稿录入。原档案保存在诸暨市枫桥镇老杨调解中心杨光照处。为保护帮教对象隐私,编者对帮教对象的工作单位、家庭地址、联系方式、身份证号码、家人姓名等进行了必要的省略。

点帮教对象(枫桥镇单某某村谢某波、未满18岁)和枫桥派出所团支部书记张琼及所领导将其汇报情况及工作展开联系,并提出落实于2009年6月19日对本镇、本所辖区重点未成年青少年、失足青年、帮教对象谢某波家庭、家长及其本人进行一次上门走访调查谈话活动,实行面对面零距离、以情换心的法制道德教育。为确保帮教工作组织、措施、效果的三落实,枫桥派出所于2009年6月19日下午,在所领导的重视下,由市关爱团成员杨光照同志组织牵头,枫桥派出所团支部书记张琼等五名团员组成阳光志愿者帮教小组,具体组织实施对帮教对象谢某波的帮教工作,并于6月14日下午特约帮教对象及其家长来枫桥派出所落实帮教仪式,明确实行"5+1"的帮教形式,即:对每名失足青少年,有一名关爱团成员、团支部团员、社区民警、驻村指导员、失足青少年家长进行跟踪帮教。为取得帮教工作的实效,在帮教连心会上失足青少年及家长达成了诚心、爱心、热心帮教的共识,并共同落实了"六个一"的帮教措施,即:建立一份帮教对象档案、签订一份联动帮教责任书、帮教对象每月书写思想汇报书、帮教小组每月一次互动联系、帮教成员每季一次家庭走访、帮教小组每一年进监狱进行一次情感式的帮教,使帮教工作真正落到实处。通过走访到户、联系到村、谈心到人、帮教帮心,根据不同对象,采用单线联系、单人谈话、单个走访等方法,失足青少年帮教工作起到了较好的效果。

<h2 style="text-align:center">帮教工作记录</h2>

时间:2009年7月23日下午14:00

地点:枫桥派出所办公室

谈话人:杨光照 张景景

被帮教人:谢某波

内容:

1. 提交每月思想工作汇报,并要求按规定要求完成并于每月20日前上交。

2. 对谢某波进行人生观、道德观、法纪规范等内容的思想教育。

3. 对谢某波就业问题,提出意见和建议,其堂二爹谢某坊已做过联系,并做过思想工作,能够接纳谢某波(堂侄子)在该企业工作,并给予提供就业稳定的安生之地,建议谢某波慎重考虑,并给予电话联系。谈话后谢某波点头表示接受。

2009 年 7 月 23 日

谢某波思想汇报

这段时间我在家里,有空就去二爸他的场里帮忙,虽然我人在外面,但是我知道我自己的身份,通过家长、公安干警的帮教,我认识到自己思想急需提高,我会加强努力,做一个有益于社会的良好公民,我会认真配合公安机关的工作,等待缓刑期的结束。

谢某波

2009 年 7 月 23 日

谢某波表现情况

2009 年 8 月 26 日中午 11:00,谢某波母亲章某梅来此求助,称其子谢某波在丰和网吧,有事求助,请求到网吧内去一趟。到网吧了解情况,章某梅反映前几个月其子参与赌博输款 10 000 元。并于 8 月 24—25 日,又将章某梅房内的一台手提电脑到枫桥镇老三寄售商店抵押为 2 000 元,用于上网等消费。平时每天上网不愿参加劳动,表现较差,对谢某波进行谈话教育,并督促其参加就业,参加工作,并要求其立即取回手提电脑。谢某波当时表示接受管教,愿意到其小爹处上班工作。

2009 年 8 月 26 日中午丰和网吧内

谢某波的情况反映

2009 年 9 月 7 日上午,谢某波母亲章某梅报警。谢某波经常上网,不务正业,对其母亲章某梅管理教育不服,报警后要求派出所教育。出警民警杨颖对谢某波进行教育批评,并规劝其正常就业,弃邪归正。当时谢某波表示接受教育,但不见效果。于当天下午,杨颖与我联系反馈帮教工作情况及管教工作对策。

1. 对网吧进出情况给予监督管理。

2. 发现该对象不务正业,长期上网及时传唤教育。

3. 与家庭成员联合落实管理教育,必要时带进派出所教育,规正其行为规范。

杨颖　杨光照
2009 年 9 月 7 日下午

帮教对象谈话记录

时间:2009 年 10 月 9 日中午

地点:枫北路建设银行门口

谈话人:杨光照

被谈话人:帮教对象谢某波　其母:章某梅

1. 了解谢某波目前思想工作情况了。据了解反映最近谢某波已落实工作,在其小爹谢某夫处做工,每月工资 1 500 元。谢某波因监改归正期已满,今天到枫桥镇规定办理撤管手续,并提送思想汇报。

2. 对谢某波进行法治道德教育及人生观、世界观、价值观等方向的道德法制教育,并明确做人的道理及讲明撤改还需继续管理,在 5 年内仍为公安机关管理对象。

3. 对其母亲章某梅提出监管监护责任,并对章某梅赌博劣迹提出批评教育,并要求做好子女的表率作用,规范自身的行为。

杨光照
2009 年 10 月 9 日

谢某波基本情况

2010 年 3 月 26 日,其母章某梅来电,其子谢某波要参加工作,因身份证遗失需补做身份证前来找我办理或证明谢某波的真实身份,出具证明。对谢某波谈话,进行法纪教育后为方便其谋职业,到诸暨市某大酒店工作,负责监控工作,月工资1000余元,于3月27日前去报到应聘。前期谢某波一直在其小爹谢某夫处打工,并开过棋牌室,表现一般,无严重违法行为发生。

2010年3月26日

思想汇报

我最近已经在某酒店正式上班了,不会再像以前那样游手好闲了,我会遵纪守法,安心上班,多做对社会有益的事,做一个良好的公民。

谢某波

2010年4月8日

帮教对象谈话记录

时间:2010年5月10日下午4:30

地点:枫桥肯德基店内

谈话人:杨光照 2010年5月10日下午

被谈话人:帮教对象谢某波 其母:章某梅

谈话内容:

1. 了解谢某波目前的表现情况:目前仍无正常职业,据其母反映,经常在电子游戏室打电子游戏。思想变动较大,时好时差,但谋职观点较差,怕吃苦,怕劳累。

2. 对谢某波进行面对面的人生观、法律观、价值观、世界观的人生道德和精神文明教育;爱学习、爱科学、爱劳动,尊老敬老教育;青年人的社会形象教育;经过谈话教育,谢某波态度有所触动,表示改进。

3. 经过法纪教育,使其充分认识遵纪守法的重要性,自由放任有害新犯罪的危险性,希望其在人生的道路上接受教训,三思而行,彻底弃邪归正。

3.3.3 杨光照帮教小学生陈甲等人

提要：该文献是反映杨光照帮教小学生过程的一组材料。2010年12月,杨光照对枫桥镇偷拿家中钱的三名学生进行面对面的谈话教育,使学生认识错误,面对学生、老师、家长落实了家校互管的新举措。关爱青少年重在教育,教育从严、处理从宽,让孩子认错、知错、改错。实行不记账、不进档、不咎往、不嫌弃、不冷落、不歧视的"六不"育人原则。对家校联合提出要求,严加管理,观察动态,加强情报互通、信息共享、管理同步。

杨光照帮教小学生陈甲等人[1]
情况反映记录

时间:2010年12月10日上午

地点:枫桥派出所老杨调解中心

采访人:甲村乙自然村周某某 女 76岁

接待人:枫桥调解中心　杨光照

2010年12月10日上午,甲村乙自然村一位70多岁性格很好的老村妇女主任周某某特意来老杨调解中心求助杨光照同志,反映其孙子陈甲,12岁,枫桥镇小A班学生。孙女陈乙,11岁,枫桥镇小B班读书。同村同学骆乙,12岁,枫桥镇小C班读书。在此陈述了其孙子孙女及同村同学骆甲、骆乙等一起偷拿陈某伟家现金2 000—3 000余元,与同学一起消费。请求对其孙子陈甲、孙女陈乙做一次教育谈话并问清偷拿现金次数及金额和消费

---

[1] 编者根据杨光照提供的2012年12月档案原始记录和手稿录入。原档案保存在杨光照处。为保护帮教对象隐私,编者对帮教对象姓名及其学校、家庭地址、联系方式、家人姓名进行了必要的省略。

情况。

①避免影响,不到村谈话。

②近期到学校对陈甲、陈乙谈话教育,尽量不扩大影响。

③对孩子进行理性教育,不该打骂。

④谈话后做一次反馈。

杨光照

2010.12.10

谈话法纪教育记录

时间:2010年12月13日上午10:30

地点:枫桥镇小校长接待室

谈话对象:A班学生,陈甲,男,12岁,6年级学生,父:陈某成。B班学生,陈乙,女,11岁,镇小4年级,父:陈某伟,母:王某丽。联系电话:略(娘娘:周某某)。骆乙,12岁,C班学生,甲村人(涉及人:骆甲,镇中初二学生来谈话)。

谈话参与人:杨光照 陈甲班主任:何青儿

陈乙班主任:陈丽英 骆乙班主任:陈丽丽 镇小校长:王保东

谈话内容:

①向陈甲、陈乙讲解拿家中钱的时间、地点、数量及消费情况。(见2010.12.13日记)

②对陈甲、陈乙、骆乙三人谈话,进行耐心的法纪教育,道德教育,说老实话,办老实事,做老实人。

③以谈认识,写保证,促整改的认错书。

④向学校班主任老师通报情况,提出要求,严加管理,掌握信息,观察动态,加强学生、学校、家长、老师情报互通有无、信息共享、管理同步。促进校园管理的新起点,落实校园管理的新措施,使学校更为安全、学生行为更加规范

打下基础。

杨光照

2010 年 12 月 13 日

保证书

我保证不再拿家里的钱,我会改正不会拿钱,我以后不会偷钱。

保证人:骆乙

2010 年 12 月 13 日

我和妹妹偷了家里的钱,我保证以后再也不偷家里的钱。保证以后好好读书,不再偷家里的钱了。

保证人:陈甲

2010 年 12 月 13 日

保证以后我不拿家里的钱,我会改正不会拿钱,我以后再也不偷钱了。

保证人:陈乙

2010 年 12 月 13 日

了解偷拿父母钱的经过情况

今年下半年以来,甲村小学生,陈甲、陈乙、骆乙等人(陈甲与陈乙是堂兄妹)已十多次合伙偷拿陈乙父母亲房间柜台抽屉内的现金 2 000—3 000 元左右。与同村初二学生骆甲等五[人]先后消费,给骆甲 800 余元,买手机、充值卡、手表等物,已追回。其余被以上 4 人多次用于肯德基店内消费,买游戏机、游戏机卡等物。现与学校老师、学生父母都做了沟通,并要求各户家长加强对自己孩子的监护管理,避免其他违法行为及纠纷矛盾的产生。

2010 年 12 月 13 日

一点一滴总关情

2010 年 12 月中旬的一天,枫桥镇彩仙自然村的周大妈(周某某)无意中发现自己的孙子陈甲(12 岁)、孙女陈乙(11 岁)、同村的同学骆乙(12 岁)与另一名同村的初中学生,合伙十多次偷拿陈乙父母家中柜台抽屉内的现金约3 000余元。当陈乙父母发现钞票失少后,追问二个孩子均未讲实话。祖母得知后,感到自己平时教养孩子的责任重大,如不及时管理教育,孩子有可能胆子越来越大,失足的道路越走越远,最后有可能走向社会的犯罪之路。周大妈内心充满了担心、焦虑,为了孩子的前程,最终,周大妈理性地选择了求助。2010年12月13日,周大妈在村里群众的指点下:有困难,找老杨。她就抱着焦虑的心情,于当日上午专程来到枫桥派出所老杨调解中心。周大妈找到老杨后,受到老杨的热情接待。当老杨问清周大妈的来意后,周大妈把孙子、孙女的轻微违规行为真实地告诉老杨,并真诚请求给其孙子、孙女做一次上门封闭式"爱心"教育。根据周大妈的热切请求,老杨抱着对青少年的关爱之情,力尽社会之职,育青少年之心,让孩子认错、知错、改错,达到教育孩子、拯救孩子、弃邪归正的目的。适时,抓住时机,立即与相关学校领导班主任老师作了联系,并对三名有轻微违法行为的未成年学生分别进行面对面谈心,谈话教育,使违规学生,陈甲、陈乙、骆乙同学在老师家长面前,认识错误,如实讲清了偷拿钱物的数量、次数,及消费情况,并当场表示改正错误的决心,还写了书面保证书。在现场面对学生、老师、家长,落实了一对一、一帮一,家、校管理的新措施,并在学校落实了对未成年或"问题学生"的违规行为贯彻教育从严、处理从宽的育人理念。坚持实行不记账、不进档、不咎往、不嫌弃、不冷落、不歧视的"六不"育人原则,使在校学生与家长真正感受到了社会和家庭的温暖。这次关爱活动受到了家长的感激,学校和老师的好评,在2011年1月上旬到周大妈家回访时,家长反映孩子的劣迹改了,学习用功了,成绩进步了,行为规范了,我们家长更放心了。

3.3.4 杨光照帮教 A 中学陈某杰

提要:该文献是反映杨光照帮教中学生过程的一组材料。杨光照对陈某某村"问题"学生陈某杰进行法纪教育,加强教育引导,落实帮教工作。村、镇、校、家长四方共同签订联动帮教责任书。联合教育引导,陈某杰有所悔悟,并保证遵守校规校纪。妥善制订帮教计划和及时开展约谈工作,对帮教问题学生作用明显。

杨光照帮教 A 中学陈某杰[1]
帮教记录

时间:2009 年 2 月 10 日 上午

地点:A 中学政教处

联系人:政教老师 王建君、郦海峰

自学校了解陈某某村"问题"学生陈某杰(逃学、打架斗殴等)在校的表现情况。郦海峰老师反映陈某杰在校表现较差:①学生形象差,养长头发;②纪律观念差,不遵守校规校纪;③有打架斗殴行为。对陈某杰的违规行为,学校意见,其行为影响全班同学,学校倾向于劝退。

根据陈某杰家长陈某锋、楼某英,镇驻村干部杨小华,村书记陈乐琴的意见和建议,学校将青少年推向社会是一种不安定因素,也是对青少年不负责。根据家长、村镇干部的建议,要求派出所干警出面对陈某杰加强教育引导,落实归正帮教工作。2009 年 2 月 10 日上午杨光照前去学校政教处联系,落实对

---

[1] 编者根据枫桥派出所老民警杨光照提供的档案原始记录和手稿录入。原档案保存在诸暨市枫桥镇老杨调解中心杨光照处。为保护帮教对象隐私,编者对帮教对象姓名及其学校、家庭地址、联系方式、家人姓名进行了必要的省略。

陈某杰的帮教,学校表示再研究商定。

为落实为民办实事见实效,确实把帮教工作做到人民群众的心坎上,2009年2月13日上午再次到A中学走访帮教老师王建君、郦海峰并提出帮教要实行村、镇、校、家长共同参与帮教的联动帮教工作,并与学校、家长、村干部出面共同签订一份联动帮教责任书。在校还有班主任老师参加对陈某杰进行一次面对面的法纪教育。陈某杰写出一份书面保证书,保证在学校遵纪守法,好好学习,不打架斗殴的书面保证。然后由其父母、祖父陈某明谈话联系。陈某杰全家亲人表示支持配合。陈某杰母亲楼某英联系电话:略。

1. 问题学生陈某杰 男 17岁 陈某某村 A中学102班 班主任 周鑫栋

2. 父亲:陈某锋 母亲:楼某英 祖父:陈某明 联系电话:略

3. 帮教人员 父母:陈某锋 楼某英 村书记:陈乐然

镇联村干部:杨小华　学校:班主任 周鑫栋 政教老师:郦海峰 民警:杨光照

2009年2月13日

保证书

保证在校期间绝对不违反学校的规定,不打架斗殴。保证听老师的话,争取把成绩提上去。

保证人:陈某杰

2009年2月10日

第四章
有关青少年帮教的教育、关爱和维权工作

提要： 本章共两节，分别涉及青少年教育、关爱和维权。第一节围绕青少年社区教育及其实现路径，绍兴市青少年思想道德建设特别是"香溢"基金、"春泥计划"等具体实践。沿着时代脉络，逐项探寻绍兴市未成年人思想道德建设协调委员会加强未成年人思想道德建设，诸暨市教育系统和关工委开展未成年人法制教育，市文明办实施"春泥计划"，诸暨市关工委、政法委、教体局、文旅集团联合实施青少年"枫桥经验"传承基地研学项目等做法。同时，列举诸暨市山下湖镇、安华镇，枫桥镇枫源村、王家井镇凤仪村结合各自实际，因地制宜、整合资源、创新载体、丰富形式、完善机制，创新实施"春泥计划"、合力加强未成年人保护的实践经验。第二节介绍绍兴市的青少年维权工作，关工委的关心下一代工作，以及诸暨市关工委、检察院关爱、维权工作。记载2001、2003、2005年诸暨青少年工作概况，诸暨市人民检察院、人民法院联合下发的相关文件报告。

4.1 青少年教育

4.1.1 加强青少年教育

提要：该文献节选自1994年11月17日《绍兴市社会治安综合治理工作情况汇报》的第三部分"加强调查研究，以组织攻关的形式，切实解决在社会治安综合治理中的重点、难点问题"。文献提出从四个方面加强青少年教育：加强青少年德育基地建设；在青少年中广泛开展法制教育、爱国主义教育；形成社会、家庭、学校一体化的青少年社区教育机制；加强帮教工作。

加强青少年教育[1]

加强青少年教育。去年下半年，五个责任单位抽调11名人员，分成4个小组，走访了乡镇、街道、工厂、学校等27个单位，与140名各级领导和干部进行座谈，还对224名在押青少年人犯进行了问卷调查。在此基础上，召开了全市综治会议进行专题研究，市委批转了市综治委、关工委关于加强青少年教育预防和减少青少年违法犯罪的意见，青少年教育进一步引起了全社会的重视和关心。一是加强青少年德育基地建设，在原有基础上，今年市委市政府又公布28个德育阵地。目前全市共有130多处德育基地向青少年开放。二是在青少年中广泛开展法制教育、爱国主义教育，组织开展看百部优秀影视片、读

---

[1] 作者为时任绍兴市委常委、政法委书记、综治委副主任应勇（现为最高人民检察院党组书记、检察长）。题目为编者所加。

百本好书、唱百首好歌的"三百"系列活动。去年以来,读书活动中共获全国奖71个,省级奖308个。三是探索社区教育新路子。全市成立了家庭教育研究会和关心下一代工作委员会,共有120多个乡镇(街道)成立了关心下一代协会,1900多个村(居委会)建立了"关协"小组,有会员6.8万多人,有家长学校700多所。目前市区基本形成社会、家庭、学校一体化的青少年社区教育机制,近两年来,市区中小学生中未发现严重罪错行为,这在全省处于领先地位。四是加强帮教工作。近两年来,全市共组织帮教小组4500多个,成员9800多人,对7505名帮教对象落实帮教措施,基本改好或停止违法活动的达5987名,占总数的79.8%。

4.1.2 社区教育及其实施途径

提要:该文献节选自《城镇社区青少年教育与犯罪控制》一文。社区教育有教育主体的社会化、组织成员的多元化、教育形式的多样化三个基本特征。社区教育对于控制青少年犯罪具有导向、矫正、保护、防范功能。学校、家庭、社会参与社区教育,预防、控制青少年犯罪主要有四条途径:建立学校、家庭、社会相结合的帮教工作网络;努力开发德育资源,壮大校外教育队伍;采取多种形式,丰富青少年的精神生活;公安政法部门应成为社区教育的重要力量。

社区教育及其实施途径[1]

一、社区教育的基本特征与功能

李鹏总理指出:"把学校教育、家庭教育和社会教育紧密地结合起来,共同

---

1 作者王少华、张幼良,载应勇、周长康主编:《当代中国小城镇社区犯罪控制》,中国发展出版社1995年版,第105—112页。

努力,培育一代又一代社会主义新人。"这段话精辟地阐述了社区教育的"三结合"的教育管理体系。一些大城市通过几年的实践,形成了"地区为主、政府协调、社会参与、双向服务、共建文明、同育新人"的社区教育的基本模式,从而打破了传统的封闭的教学模式,代之以符合我国国情的优化的教育结构。与传统的教育模式相比较,社区教育呈现这样三个基本特征:

教育主体的社会化。由于社区教育的辐射面广泛,社区内的每一个成员都是受教育的主体,虽然教育的重点是青少年学生,但社区成员接受教育都跟青少年教育息息相关。社区成员的思想品德、行为举止无不对青少年产生重大影响。这就决定了社区教育的主体有别于传统的学校教育,而呈现出社会化的特征。

组织成员的多元化。社会参与决定了社区教育组织成员的多元化。社区教育组织(社区教育委员会或社区教育办公室等)是在当地党委、政府(办事处)领导下,起协调作用的领导机构。城区一级社区教育委员会由党委、人大、政府关心下一代工作委员会和工、青、妇群众组织及有关部门的负责人,部队、企事业单位负责人和社会知名人士等参加。街道一级社区教育委员会或社区教育办公室,由党委,办事处,派出所和关心下一代协会,青、妇群众组织,文化站负责人以及学校(幼儿园),部队,企事业单位负责人和社会知名人士等参加,由此形成了多层次、多方面的社区教育的组织体系。

教育形式的多样化。社区教育以青少年学生的德、智、体、美、劳为基点,引导青少年参与社会公益事业(如治安、环境卫生等)。教育形式上采取厂校挂钩、警校共建、建立活动中心,开展假期活动(夏、冬令营),建立关心、帮教小组和业余家长学校、婚姻家庭学校等等,融革命传统、爱国主义、伦理道德、遵纪守法、尊老爱幼等德育教育为一体,一方面弘扬社会主义道德新风尚,一方面关心帮助失足青少年和"双差生"摒弃劣迹陋习,奋发向上。在此基础上,积极开发社区内德育资源,以丰富多彩的形式开展社区教育。

社区教育主体的社会化、组织成员的多元化和教育形式的多样化特征是由社区文化决定和派生的,社区文化是社区的灵魂和核心,其深层的精神文化(或称观念文化)直接作用于社区成员的思想观念和行为准则,也作用于社区的治安形势。因此,社区教育对于控制青少年犯罪具有特殊的功能。

导向功能。青少年特别是在校学生可塑性很大,缺乏辨别是非的能力,在社会不良风气和不良环境的侵蚀和影响下,很可能走上犯罪道路,有的甚至受从众意识和行为的影响,发展为群体犯罪。社区教育能够最大限度地创造一个浓厚的抑恶扬善的精神氛围,不断吸收、消化积极因素,抵制排斥消极因素,引导青少年树立正确的人生观、世界观和价值观,树立遵纪守法的良好风尚,杜绝青少年犯罪的各种诱因,塑造出一大批"四有"新人。

矫正功能。对一些沾染了不良风气或有劣迹的青少年,社区教育以其独特的方式,学校、家庭、社会三结合的方式,充分发挥帮教小组、关心小组等群众性组织的积极作用,运用正反两方面的典型事例开展教育,把握其思想脉搏,规范其行为举止,断绝其不良交往,这种"人帮人""背靠背"的"战术",对于矫正不良青少年的思想品德和行为规范的作用不可低估。

保护功能。社区教育以《未成年人保护法》和《义务教育法》为法律依据,最大限度地保护青少年的合法权益,严厉打击危害青少年身心健康的犯罪活动,杜绝诱发青少年犯罪的各种消极因素,保护青少年健康成长。

防范功能。预防和控制犯罪是社区教育的最终目标,通过加强社区教育,使社区成员特别是青少年参与社会治安管理、同犯罪行为作斗争的主动性和自觉性得到提高,群众性治安防范组织的形成和发展有了思想基础,从而促进邻里团结互助,减少和控制犯罪,达到社区治安稳定的目的。

二、社区教育的实施途径

社区教育作为社会主义精神文明建设的一项重要内容,其目的是关心、保护青少年健康成长,为四化建设输送德才兼备的接班人,消除刑事犯罪的"后备军",维护社会治安的稳定。学校、家庭、社会教育无疑是十分重要的,但如果三者自成一体,缺乏应有的联系,势必影响教育效果。只有把三者有机结合起来,才能收到最充分的教育效果。因此,各级党委政府必须从战略的高度来认识开展社区教育的重大意义,全社会要共同关心,共同参与,形成全方位、多层次的系统工程。具体地讲,学校、家庭、社会参与社区教育,预防、控制青少年犯罪主要有以下四条途径:

(1)建立学校、家庭、社会相结合的帮教工作网络

实践证明,建立违法青少年帮教组织,并形成学校、家庭、社会三结合的帮教网络,对促使失足青少年的好转、控制青少年犯罪的作用是不可低估的。在这个帮教网络中,学校主要由校领导、班主任和品学兼优的学生共同组成;家庭主要由帮教对象的父母或监护人负责;社会方面主要是由街道、居委会干部、社区内的党员干部等承担帮教责任。此外,还可通过厂(军、警)校挂钩等形式,对失足青少年既做细致的思想政治教育、法制教育,又帮助解决工作、生活和学习等实际困难。绍兴市越城区府山街道社区教育办公室在区社区教办的指导下,由街道党群副书记分管帮教工作,成立了由街道、司法办、派出所、团委、妇联、居委会等组成的关心青少年工作指导小组,通过努力,全街道建立了居委会关心青少年小组、地区共建单位参加社教的网络,文化站与群众文化网络和派出所、司法办教育青少年网络,为帮教工作的全面展开提供了组织保证。经过帮教网络成员的共同努力,全街道67名有各种劣迹的青少年和"双差生",除一名有违法行为外,其余表现都较好,没有发现违法犯罪的苗头。

(2)努力开发德育资源,壮大校外教育队伍

社区教育的社会性决定了青少年教育需要一支素质高、热心于青少年教育事业的师资队伍。学校教育力量是远远不够的,开发社区德育资源,壮大校外教育队伍是一条必由之路。校外德育教育队伍的成分主要有:具有光荣革命历史的离退休干部、老工人,教委、劳动局干部,工、青、妇组织干部,公安、司

法干警、心理专家、医生、在职和离退休教师、文艺工作者、居民干部、厂矿企业领导和个别失足青年的家长等等，教育主要围绕革命传统、理想情操、遵纪守法、就学就业辅导、心理生理健康教育等等。此外，有条件的街道、居委会要建立青少年活动中心，作为青少年参加社会实践、接受德育教育的主要活动场所。越城区社区教育委员会为开发社区德育资源，选配了数百名热心于教育的各有专长的在校老师、居民干部、离退休干部、工人等，组成了一支有较高素质的校外教育队伍。他们当中有的已臻高龄，有的行动不便，但他们对青少年学生倾注了满腔的爱心，他们不仅言传身教，还带领学生参观诸如劳教所等场所，组织社会调查，他们的辛勤劳动得到了学校、家长和青少年学生的拥护和支持。

(3) 采取多种形式，丰富青少年学生的精神生活

强烈的求知欲和对丰富多彩的文化活动的渴望是青少年学生的天性，也是开展青少年道德法制教育的基础。社区教育的形式丰富多彩，诸如组织学生参与社会活动（环境卫生、治安巡逻等），开办青少年假期活动中心，组织各种比赛、第二课堂培训班、成果展览和不同形式的夏令营，成立业余家长学校，社区组织模拟法庭等等。通过这些形式，能够紧密衔接学校教育、家庭教育和社会教育，特别是填补青少年学生假期教育的空白，从而抵制社会不良风气和不健康文化活动对青少年学生的侵蚀和诱惑。越城区社区教育委员会自1991年以来，每年暑假组织11所学校、20所小学的15 000余名青少年学生开展暑期教育活动，建立了66个暑期活动中心、9个暑期乐园，125个棋类、球类、图书、录像等活动内容的场所，组织了20余个不同类型的"夏令营"，100余期书法、美术等培训班，吸引了城区20余万人次的青少年参加。通过教育活动，假期基本没有发生在校青少年违法犯罪行为，没有发生意外伤亡事故，没有发生因青少年行为不良而引起的不正常事件；还涌现了不少青少年学生舍己救人、见义勇为、拾金不昧和助人为乐的典型事例。不仅使广大青少年学生度过了

一个个安全愉快、有意义的假期,促进了社会稳定,也为社区教育的扩大和延伸作了有益的尝试。

(4)公安政法部门应成为社区教育的重要力量

公安政法部门是预防和打击刑事犯罪的主要力量。简单地讲,公安政法部门参与社区教育的形式有四:担任校外法制辅导员、开展警校共建文明活动、加强违法青少年的帮教工作,严厉打击危害青少年身心健康的犯罪活动。越城区公、检、法、司几家政法部门在参与社区教育上都做了不少努力,探索了不少新路子。如区法院创办了婚姻家庭学校,开设了少年法庭,收到了良好的社会效果。

着重要提一笔的是,公安机关建立以学校为基础的"社区警务"是控制青少年犯罪的一条有效途径。"社区警务"的目的是帮助青少年学生更好地学习法律法规,了解公安工作,建立民警和青少年学生沟通的渠道。为较好地实施以学校为基础的"社区警务",民警应受下列培训:教育指导方法及相关的法律法规,如刑法、治安管理处罚条例、未成年人保护法等,抵制不健康的文化侵蚀。参加学校"社区警务"的民警负责下列工作:与学校老师、家长、居民干部等建立联络关系;在校内举办法律专题讲座;为学校提供治安措施;为学生提供法律咨询服务;担任学生操行等级评估员;参加学校的有关会议并与政府有关部门联络,解决青少年教育方面碰到的困难和问题。越城区公安分局蕺山派出所通过开展"警校携手、共建文明"这一"社区警务"工作,加强了在校学生管理,促进了校纪、校风、学风的好转,在控制青少年犯罪方面取得了可喜成绩。该所开展"社区警务"工作的试点单位——绍兴六中,从1987年以来没有一名学生受到公安机关处理,学校声誉、教育质量有了明显提高,受到了全社会的肯定。

4.1.3 绍兴市的青少年思想道德建设

提要：该文献记载了绍兴市积极开展未成年人思想道德建设的工作：2004年建立未成年人思想道德建设协调委员会，把未成年人思想道德建设提上重要议事日程；2005年开展以"励志育人"为主题的"励志工程"；2007年组织开展"百部优秀影片进校园"活动；2008年开展感恩父母、祖国等活动；建立爱心救助基金——"香溢"基金，开展"春泥计划"等。

绍兴市的青少年思想道德建设[1]

青少年思想道德教育

2004年2月26日，绍兴市建立未成年人思想道德建设协调委员会，把未成年人思想道德建设提上重要议事日程。2005年，开展以"励志育人"为主题的"励志工程"，包括以学习名人精神、培育共青文化、弘扬校园文化为内容的文化育德，以开展社会实践、深化志愿服务、丰富暑期社会生活为内容的实践育德，以拓展社区阵地平台、校外活动阵地充分利用、有效利用爱国主义教育基地资源为内容的阵地育德等具体措施，并通过丰富多彩的教育实践活动推进"励志工程"。这一做法得到中央有关部门的肯定。2007年，组织开展"百部优秀影片进校园"活动，将国家教育部、文化部等四部委联合推出的100部优秀影片进行播放，确保每个学生每月观看一部电影，并组织开展观后感、影评和主题班会等活动。2008年，开展"感恩父母，为家庭做一件好事；感恩师长，为学校做一件好事；感恩祖国，为社会做一件好事"活动，在中小学生中开

---

[1] 载绍兴市地方志编纂委员会办公室编：《绍兴市志（1979~2010）》（第四册），浙江古籍出版社2018年版，第2033—2035页。

展通读绍兴名人的名言、名著、名篇活动,并集中整治市区中小学校周边环境。2009年,开展"向国旗敬礼,做一个有道德的人"主题活动,倡导中小学生做一个有道德的人,各学校利用"周一国旗下讲话"时间举行启动仪式;组织学生利用校园区域网开展网上寄语,全市共收集网上寄语达10万余条。2010年,组织开展中华经典、红色经典和绍兴名人经典诵读活动,在未成年人中大力弘扬中华优秀文化和绍兴名人文化。全市形成以学校为主体、家庭为基础、社会为依托的未成年人思想道德建设"三结合"教育体系。2010年度全国未成年人思想道德建设工作测评中,绍兴以86.15的分数在全国79个被测地级城市中排名第32位,在省内同类城市中排名第一。

爱心救助基金

【"香溢"基金】2006年,绍兴面向社会筹资200万元,设立绍兴市精神文明建设"香溢"基金,重点用于奖励未成年人思想道德建设先进典型和"十佳好人好事"。同时,还设立未成年人思想道德建设"希望奖",组织首批未成年人思想道德建设工作先进集体、先进工作者,以及爱国主义教育先进基地评选活动,在全市未成年人思想道德建设工作会议上进行表彰。

绍兴市未成年人爱心救助基全由市文明委发起,2007年2月成立。基金由全市各省级文明单位向全社会倡议并带头捐款,共有80多家单位捐款200余万元。爱心救助基金用于绍兴市本籍18周岁以下、家庭贫困的未成年人重大疾病患者,并为其提供救助和补贴。6月,基金启用,首批为3个救助对象,分别救助5万元。2008年至2009年,分别向市区11名未成年人提供重大疾病爱心救助金31万元。

春泥计划

"春泥计划"是以农村行政村为单位,加强农村未成年人思想道德建设的一项重点工程。2009年,绍兴市确定绍兴县、诸暨市、上虞市和嵊州市作为全省"春泥计划"实施县(市)。选择88个乡镇街道,206个行政村开展"春泥计划"试点工作。当年,各相关县(市)因地制宜依托农村行政村现有各类活动场所,组织开展系列教育实践活动。上虞市结合暑期实践,组织开展五大活动,以"我的家乡巨大变化"为内容的社会调查和进农村实践活动,社区和农村的孩子一起开展"让城市的孩子体验乡土生活、让乡村的孩子走进城市"的互动交流活动。盖北镇"流动花朵"学生暑期培训,在社区和农村开展小型体育竞赛和兴趣运动会。嵊州市以农家书屋为阵地,组织开展道德实践、社会体验、志愿服务、文化娱乐和学生辅导等活动。绍兴县开展以双休日为重点的学习辅导、文体娱乐、假日社会实践、志愿服务为内容的教育实践活动。2010年,"春泥计划"在全市各县(区、市)展开,全市有549个村(居委会)实施"春泥计划"。当年暑假期间,全市近12万名农村未成年人、2 220名辅导员参加"春泥计划"行动,开展各类活动3 233次,多渠道投入资金340万元。为推动工作开展,10月,命名绍兴县柯岩街道河塔村、绍兴县马鞍镇镜海社区、诸暨市枫桥镇枫源村、诸暨市山下湖镇枫江村、上虞市丰惠镇西湖村、上虞市崧厦镇祝温村、嵊州市鹿山街道马家村、嵊州市王院乡王院村、新昌县羽林街道丁家园村、越城区东湖镇永宁村等10家单位为绍兴市"春泥计划"示范村。

4.1.4 深化"枫桥经验" 切实加强青少年学生法制教育

提要:该文献是诸暨市教育局的工作报告。青少年法制教育的"诸暨经验"是:充分利用学校这一基本阵地,发挥其主体作用;青少年(红领巾)法制学校是学校加强青少年法制教育的有效形式;"学校放学,社区开学",抓实社区教育;密切家校联系,办好家长学校;实现"三个转变""六个结合"。

深化"枫桥经验" 切实加强青少年学生法制教育[1]

"枫桥经验"的基本点是建立有效的预防和化解矛盾的工作机制。作为政府的职能部门,如何在教育、培养青少年中深化"枫桥经验",其主旨应在于确立预防和化解"管口"前移的人本理念,即切实加强青少年学生的法制教育。

青少年学生是二十一世纪国家社会、经济建设的主力军,其法律素质如何,对维护社会安定、促进经济发展关系重大。诸暨市从1998年以来,依靠各级领导的高度重视,社会各界的共同努力,法制教育形成了以学校教育为基本阵地,青少年(红领巾)法制学校为主要载体,社区教育为依托,家庭教育为基础的法制教育机制。这一机制的形成并有序运转,使各类教育形式得以充分运用,收到了较好的教育效果。并为学校教育改革的不断深化,构建立体化德育工作网络,提高学生整体素质,特别是法律素质,预防和防范中小学生违法犯罪,全面推进依法治教的深入开展创造了极为有利的条件。唯因如此,2000年6月在诸暨市召开的"浙江省青少年法制教育现场会"上,"领导重视、优化机制、创设载体、注重实效"被省委领导誉为浙江省青少年学生法制教育的"诸暨经验"。

一、抓好基本阵地,发挥主体作用

在法制教育实践中,提高中小学生的法制教育必须充分利用学校这一基本阵地,发挥其主体作用。调查表明,诸暨市大多数学校成立了法制教育领导小组,建立了较为完整的法制教育工作网络机制,突出学校教育的主体作用:第一,重视和加强对学校领导和教师的法律知识培训。学校领导和教师是实施依法治教、加强中小学生法制教育的关键。教师不懂法,就不可能教出懂法

---

[1] 作者是诸暨市教育局,载中共诸暨市委、诸暨市人民政府编:《与时俱进的枫桥经验》,浙内图准字(2003)第190号内部资料,第86—93页。

的学生。因此提高中小学生的法律素质,首先应从提高教师的法律素质入手。学校通过法律知识的学习,致力形成通法律、明法理、懂教育、善管理的学校干部、教师队伍,为在青少年学生法制教育中发挥好主导作用提供保障。

第二,充分利用学校教育优势,开展各种形式的青少年学生法制教育,突出发挥学生的主体作用,让学生成为学法的主人。学校利用校内电台、电视台、广播、黑板报、宣传窗等宣传阵地,举行法制演讲比赛、征文比赛,召开"法在我身边"主题班会,开设专题法制讲座,开展"把法带回家"等活动,使法制教育变得生动、形象、直观,从而提高法制教育的效果。第三,充分利用学科教育优势,在学科教育中有机地渗透法制教育。学校对德育课、思想品德课的形式和内容进行研究和探索,并结合学生实际,针对性地开展教育,一些职业中学则利用专业特点,加强对学生的专业法规的宣传教育。充分利用计算机网络、普法教育资料进行教育,力求使法制教育科学化、个性化、制度化。

二、抓准教育形式,发挥载体作用

青少年(红领巾)法制学校,是学校在新形势下切实加强青少年学生法制教育,优化中小学生德育工作新格局的有效形式。1998年,由诸暨市委宣传部、公安局、司法局、教委等部门共同参与,在城关中学成立了全市第一家青少年法制学校,到目前为止,共有青少年(红领巾)法制学校104所。各青少年法制学校有组织领导、有教学计划、有课程教材、有规章制度、有辅导教师、有活动场地、有课时保证、有检查考核。在教育形式上,青少年法制学校打破了教育这一单一的课堂教育模式,把劳教所、戒毒所、看守所、少教学校、110指挥中心、法庭等作为法制教育的大课堂,把"模拟法庭"、知识竞赛、"法在我身边"征文活动,听身边青少年现身说法,举行法制夏令营,参与上岗值勤等作为法制教育的新形式。坚持每学期两次的法制讲座制度,对新颁布的法律法规重点加以宣传。另外还组织法制实践活动,上街进行宣传,在实践中加深对法律知识的理解和掌握。青少年(红领巾)法制学校的建立,为学校开展法制教育提供了广阔的天地,这一教育载体,在学生法制教育中起到了十分重要的推动作用。

三、抓实社区教育,发挥延伸作用

"学校放学,社区开学",是社区教育的有效经验。许多学校在社区配合下,开展形式多样、卓有成效的学校社区教育活动。在社区教育探索实践过程中,全市已建立了乡镇(街道)、村(居)、学校三级社区教育组织,体现了社区教育的统筹性和协调性,使社区的各种教育资源得以优化配置。各校在社区教育活动中,充分发挥社区的资源优势,健全了教育网络,做到职责明确、制度上墙。

许多学校建立了校内外一体、街居企联手的教育帮教体系。一些学校建立校内外家长制,对后进学生进行一对一帮教;一些学校建立警校、厂校、居校共建制度。派出所、法院等单位指定专人负责,定期到学校了解情况,帮助处理偶发案件,建立帮教学生档案,定期找学生谈心,做好后进生的转化工作;居委会干部直接参与学生的教育,并组织学生在节假日开展法制社会实践活动,真正做到了青少年的教育管理无空白点、无死角。

法制教育实践证明,社区教育抓好了,可以促使学生的健康成长。依托社区,通过各种形式的社会实践活动,特别是组织各行各业先进人物对青少年进行帮助教育,有利于优化教育大环境,最大限度地减少和预防青少年的违法犯罪,进一步促使在校青少年的健康成长。

四、抓优家庭教育,发挥辐射作用

家庭教育在青少年学生成长过程中起着至关重要的作用。在当前形势下,加强家校联系、改进家教方法、提高家教效果,成了学校教育工作者和家长的共同愿望。

在法制教育中,重视家庭教育的基础作用和辐射作用,针对目前家长缺少法律知识和法制观念的现状,着重须做好以下两件事:一是密切家校联系。利用班主任家访、召开家长会、家长座谈会,建立家校联系卡、家长接待日制度,及时通报学生的学业、品行、遵纪守规等情况,对个别学生则进行重点帮教;二是办好家长学校。把家长学校作为沟通学校教育与家庭教育的重要纽带,并以此为重点构建系统化的家庭教育模式。在家校法制教育中,请专家向家长传授法律知识,明确家长的法律责任,树立法制观念。通过学生开展"把法带回家"活动,加强对家长的法制教育;利用转化差生的"阳光工程",及时与家长取得联系,加强对学生的法制教育。目前,诸暨市已建家长学校183所,且每学年都安排法制讲座,提高家长遵纪守法的自觉性,为孩子树立好的榜样。如向离婚夫妇和新婚夫妻宣传婚姻法、未成年人保护法、预防未成年人犯罪法等法律法规。实践证明,家长学校的法制教育,可优化学生的成长环境,形成学校、家庭、社会联动式法制教育格局,合力培养社会合格公民。

五、转变与结合并重,建设与创新同步

通过近几年扎扎实实的中小学生法制教育,我市中小学生的法制教育初步实现了"三个转变",即从法制教育是"软任务"的模糊认识向落实教育方针,培养21世纪合格人才培养目标,提高办学效率、发展品位的法定责任、教育分内事转变;从零敲碎打,注重条例学习灌输向系统安排,注重典型事例分析,实施情景教育的观念内化轨道转变;从以预防为主,重在防范向正面引导为主,重在提高学生的整体素质,培养21世纪高素质人才转变。

同时,初步做到了虚实相间、以虚促实的"六个结合",即青少年法制教育与贯彻中小学生的日常行为规范,优化学校德育工作相结合;与创设适应市场经济运行机制,依法领导、科学决策、民主管理学校相结合;与加强师资队伍、行风建设,开展师德教育相结合;与创设有效载体,构建法制教育网络合力机制相结合;与规范自主办学,实现优势扩张的效益定位,把握可持续发展,迎接知识经济挑战相结合;与整体推进素质教育制度化、法制化相结合。

就整体而言,我市通过中小学生法制教育的有序运作、规范发展,在指导思想上，重基础、抓建设、求创新、讲实效；在工作目标上，突出依法治教，推进素质教育制度化、法制化；在具体方法上，做到"三个转变、六个结合"，创设有效载体，推动"三项工程"（教育管理法制化工程、教育改革系统化工程、教育手段现代化工程），强化"五大建设"（青少年法制教育组织建设、制度建设、阵地建设、重点建设、理论建设），法律意识、法制观念越来越深入人心，法律越来越成为学校深化改革、健康发展的保障，学校越来越重视法制教育工作。致力于载体与制度创新，严肃法制促教育，强化法制抓管理，落实法制增效益已成为广大师生的自觉行动。正是这样，全市已初步形成了具有诸暨特色的中小学生青少年法制教育新态势，并取得相应的实际效果。

一是各类学校通过建立法制教育合力运行机制，对师生开展全方位的法制教育，学校法制环境不断优化，学校领导和教师的法律意识和法制观念有了明显的增强，学校教育管理已逐步纳入规范化、法制化的轨道，深入开展依法治校、依法治教工作有了良好的外部环境。

二是法制教育的形式呈现多样化。许多学校根据学校特点和学生实际，对法制教育的形式进行了探索和创新。青少年（红领巾）法制学校、家长学校和少年交警、武警、消防学校的建立，使法制教育有了新的载体，"模拟法庭""把法带回家"等活动形式拓展了法制教育的外延。

三是学生学法、用法、守法的"内驱力"得到进一步强化。青少年学生通过多种形式的法制教育，学法的自觉性有了进一步增强，由原来的"要我学"变成"我要学"。许多学生通过法制教育，法律意识大大增强，依法自护、守法自重的能力进一步提高，出现了人人学法守法、争做学法守法标兵的良好局面。

四是学生遵纪守法的自觉性得到进一步增强。通过法制教育，学生的法律素质得到了显著的提高，遵纪守法成了广大学生的自觉行动。近几年来，诸暨市中小学生的犯罪率始终保持在万分之零点三四以下。

4.1.5 诸暨关工委 2003 年的法制教育工作

提要：该文献介绍了诸暨关工委加强法制教育，抓好源头预防，配合司法局、教育局办好法制学校，举办预防青少年违法犯罪报告会等情况。

诸暨关工委 2003 年的法制教育工作[1]

加强法制教育，抓好源头预防。配合司法局、教育局办好法制学校。全市有农村法制学校、社区法制学校、青少年法制学校 130 所。牌头镇按 5 个片分别建立农村法制学校基地，对 8 000 多名学生进行了一次普法教育。浬浦镇关心下一代工作委员会副主任郦云景主动担任了几所学校的校外法制宣传辅导员，巡回向在校学生宣传法律知识。江新社区关心下一代工作委员会在"12·4"第二个全国法制宣传日暨"八二"宪法颁布 20 周年之际，开展以"送法给学生"为内容的普法宣传教育活动。积极争创优秀青少年维权岗，建立齐抓共管的工作机制，全市共有全国级、省级"优秀青少年维权岗"各 1 家，争创省级的 5 家，争创绍兴市级的 10 家。全市各级关心下一代工作委员会共建立帮教小组 35 个，有 350 名老同志结对帮教 180 名失足青少年，通过帮教有 130 名有明显进步。此外，全市共举办预防青少年违法犯罪报告会 60 场次，预防青少年违法犯罪图片展 50 场次，有力地推动了预防犯罪工作，减少了青少年违法犯罪。

---

[1] 作者罗贤灿，载诸暨市地方志编纂委员会编：《诸暨年鉴》(2003)，方志出版社 2004 年版，第 167 页。题目为编者所加。

4.1.6　关于加强和改进未成年人思想道德建设的实施意见

提要:该文献是中共诸暨市委、市政府文件。文件由指导思想、基本原则和主要任务,工作重点,工作要求三部分构成。

关于加强和改进未成年人思想道德建设的实施意见[1]

为深入贯彻落实《中共中央国务院关于进一步加强和改进未成年人思想道德建设的若干意见》(以下简称《若干意见》)和省、绍兴市有关文件精神,结合我市实际,现提出如下实施意见。

一、指导思想、基本原则和主要任务

(一)指导思想

坚持以马克思列宁主义、毛泽东思想、邓小平理论和"三个代表"重要思想为指导,以进行理想信念教育为核心,以树立正确的世界观、人生观、价值观为重点,以养成高尚的思想品质和良好的道德情操为基础,遵循未成年人身心成长的规律,坚持以人为本,促进未成年人的全面发展。

(二)基本原则

坚持与培育"四有"新人的目标相一致、与社会主义市场经济相适应、与社会主义法律规范相协调、与中华民族传统美德相承接的原则;坚持贴近实际、贴近生活、贴近未成年人的原则;坚持知与行相统一的原则;坚持教育与管理相结合的原则。

---

[1] 2004年9月9日印发,市委(2004)40号。载诸暨市地方志编纂委员会编:《诸暨年鉴》(2005),方志出版社2006年版,第298—301页。

（三）主要任务

着眼于增强爱国情感,弘扬和培育以爱国主义为核心的伟大民族精神;着眼于确立远大志向,树立和培育正确的理想信念;着眼于规范行为习惯,培育良好道德品质和文明行为;着眼于提高基本素质,促进未成年人的全面发展。

二、工作重点

当前,我市未成年人思想道德建设的重点是:实施五大行动,抓好廿项工作。

（一）品德培养行动

1. 强化养成教育。以基本道德修养养成教育和行为规范为重点,依据不同年龄段学生的特点做好思想道德教育工作。要按照德育的总体目标和未成年人成长规律,明确教育目标,确定不同学龄阶段德育的内容和要求,在培养学生的思想品德和行为规范方面,形成梯次递进结构。各级各类学校要认真贯彻《中小学生守则》和《中小学生日常行为规范》,进行基本道德观念、道德知识和礼仪、礼貌、礼节教育,注重养成,注重体验。通过大力加强基本道德教育和实践,培养学生在爱国守法、诚实守信、文明礼貌、遵守秩序、孝敬长辈等方面具备良好的道德修养。

责任单位:市教育局、团市委

2. 深化传统教育。以培养热爱家乡、热爱祖国的思想情感为着力点,开展内容丰富,形式多样的革命传统教育。要充分利用我市各类爱国主义教育基地等独特、珍贵的教育资源,对未成年人进行生动形象的爱国主义和革命传统教育,不断丰富未成年人节假日参观、旅游活动的思想道德内涵。每年向未成年人赠送一批爱祖国、爱人民、爱家乡的学习教育资料。要充分发挥老干部、老战士、老专家、老教师、老模范等"五老"队伍的作用,组织革命传统报告团,以"继承先烈遗志,学习名人精神,争做'四有'新人"为主题,开展百堂革命传统教育课巡回讲课活动。

责任单位：市教育局、市关工委、市旅游局、团市委

3. 坚持法制教育。以普及法律知识，增强法制意识为重点，大力加强未成年人法制教育。各级各类学校必须做到法制教育计划、教材、课时、师资"四落实"。通过聘请"法制副校长""法制辅导员"，做好法制教育师资培训，开展法制系列教育活动。各媒体要针对未成年人特点，开展生动形象、寓教于乐的法制宣传教育，办好法制宣传教育专题、专版。建立健全青少年犯罪的预警机制。加强对不良行为学生的教育、转化和矫治工作，建立、健全帮教小组，落实社区居委会对违法青少年的教育转化工作。

责任单位：市司法局、市综治委、市公安局、市教育局、市广播电视台、市民政局

4. 推进健康教育。以培养良好的心理素质为重点，加强对学生的心理健康教育，研究探索学生心理健康教育的有效模式，从与学生学习、生活密切相关的各种事件和问题出发，积极开展学生心理健康教育实践活动，开发推广学生心理健康教育课程模式和游戏模式，培育学生正确对待挫折、压力等良好的心理素质。要做好心理健康骨干教师的培训工作，有条件的学校要配备心理健康教师。广泛开展青少年生理科普知识教育和心理健康咨询指导。

责任单位：市教育局、市卫生局、市妇联、市广播电视台、团市委

5. 开展劳动教育。以培养勤俭节约、艰苦奋斗、热爱劳动的高尚情感为重点，组织和指导学生积极参加课余劳动实践、实习、实训、实作和勤工俭学活动。鼓励学生自觉参加社会公益劳动、助人为乐活动和志愿者行动。加强对学生劳动意识和劳动技能的培养教育，开展形式多样、学用结合的劳动实践活动。

责任单位：市教育局、团市委、市劳动和社会保障局

(二)社会实践行动

6. 开放教育基地。要把以爱国主义教育基地为重点的未成年人活动、教

育场所使用好、管理好,使之成为未成年人的思想家园,弘扬和培育民族精神的重要阵地,传播社会主义先进文化的重要场所,开展未成年人思想道德教育的重要课堂。爱国主义教育基地及学校、文化、体育等适宜于青少年活动的场所,要不断挖掘教育内涵,组织丰富多彩、形式多样的教育活动,吸引未成年人参观、考察。努力创造条件,积极探索向未成年人开放的途径。中小学生集体参观本市各类博物馆、纪念馆、展览馆、革命烈士陵园等爱国主义教育基地等一律实行免费,学生个人参观实行半票或凭学生证免费。要按照国家规定对教育基地给予税收减免。

7. 鼓励强身健体。重视未成年人的身体健康,把强身健体作为社会实践的一项重要内容,积极为学生锻炼身体提供活动场所。市内公共体育场馆定时、优惠向未成年人开放。每年参加体育健身活动的未成年人达到 10 万人次以上。切实加强疾病防治。确保食品安全卫生。

责任单位:市体育总会、市卫生局、市工商局、市教育局

8. 丰富团队活动。以体验教育为基本途径,继续深化"中国少年雏鹰行动""中小学生素质拓展计划"等实践活动。严格执行初中学生每学年 20 天、高中学生每学年 30 天参加社会活动的规定,让学生有时间和精力投身于社会实践和大自然,陶冶情操,增长才干。

责任单位:市教育局、团市委

9. 参与科技实践。知行结合,努力培养未成年人的科学精神和科技意识。每年定期举办"青少年科技发明创新大赛"和"学科学,用科学,与科学家手拉手"社会实践活动,每两年举办一届全市青少年科技节。继续组织"绿色夏令营"活动。经常为未成年人举办科普、科技展览。

责任单位:市科协、团市委、市教育局

(三)文化促进行动

10. 优化广电节目。广播电视台要开设和办好少儿与家庭教育专栏或专

题节目,抓好中央电视台少儿频道的落地、覆盖工作。严格控制不利青少年健康成长的电视剧播出。坚决清理、取缔不良广告、低俗节目。严格规范电台、电视台主持人语言、形象。

责任单位:市广播电视台、市教育局、市妇联

11. 活跃文艺演出。市属文艺团体每年为未成年人演出20场文艺节目。继续开展全市中小学生电影教育活动和"银星奖"影评征文活动,"五一""六一""国庆"等节庆期间举办"未成年人电影日",每学期举办"革命传统教育优秀电影节",暑假举办"未成年人思想道德建设教育电影月",为未成年人低价或免费放映。每年举办一次中小学生文艺会演,丰富学生文艺活动。

责任单位:市文化局、市教育局、团市委、市妇联

12. 繁荣少儿文化。筹划、实施"优秀青少年文艺作品创作工程",鼓励创作反映儿童情趣和生活的文学作品。注重培养少儿文艺骨干力量,积极推动少儿文化艺术繁荣健康发展。组织编写《经典道德故事》和健康向上的校园歌曲、本土童谣。

责任单位:市委宣传部、市文化局、市教育局、市文明办

13. 销售优秀图书、电子出版物。每年暑假在全市未成年人中开展"好书伴我行"读书活动,同时举办"小公民读书演讲比赛",每年举办一次书评征文比赛。市图书馆要设立、充实少儿阅览室,并向未成年人免费开放。市财政每年要拨出足够的经费用于购书和少儿阅览室建设,同时,市图书馆、社区图书室和学校图书室要实施资料共享、工作互动,为未成年人营造良好的读书环境。各镇乡、街道和有条件的村(社区)要建立图书阅览室,并购置有关未成年人的阅读资料。

责任单位:市文化局、市民政局、市教育局

(四)基础建设行动

14. 夯实教育基础。把未成年人思想道德建设纳入经济和社会发展总体

规划,给予必要的财力支持,并随着财政收入的增长逐年增加投入。全市公办中小学九年义务教育阶段,全面实施"一费制"。抓好师资统筹,组织优秀中小学教师到贫困山区送课支教。

责任单位:市发展计划局、市财政局、市教育局

15. 强化组织保障。按照"党委统一领导,党政群齐抓共管,文明委组织协调,有关部门各负其责,全社会积极参与"的领导体制和工作机制,采取切实措施,从领导力量、组织机构、人员编制、工作经费等方面充实和加强文明委办事机构,使其更好地履行职能,发挥作用。

责任单位:市委组织部、市委宣传部、市人事局、市财政局

16. 加强基地建设。争取通过三年努力,在市区建成一个综合性、多功能的青少年活动场所,有条件的镇乡、街道要争取经过五年时间建成一个青少年综合活动中心。要结合新农村建设,选择一批基础条件好的中心村,超前规划并逐步建设一批青少年活动场所。加强对爱国主义教育基地的管理和提升,争取有三处成为省级爱国主义教育基地。

责任单位:市发展计划局、市财政局、市文化局、团市委、市民政局

17. 优化队伍建设。加强对教师的师德教育,引导教师自尊、自爱、自重,做到为人师表。重视班主任工作,选拔思想素质好、业务水平高、奉献精神强的优秀教师担任班主任。建立对班主任的培训机制,力争在两年之内对所有班主任培训一遍。总结德育导师制的经验,拓展中小学生思想道德教育的新途径。每两年召开一次中小学思想道德建设工作会议,表彰奖励德育工作先进工作者。在教师职称评定、名教师培养、特级教师评选中,增加德育教师的比例。采取多种形式促进家庭教育知识的传播与实践,进一步规范巩固和发展家长学校,提高家长素质,更新家庭教育观念。加强家庭教育工作队伍建设。充分挖掘社会教育资源,努力发展社区家长学校,提高家庭教育覆盖率。强化青少年德育辅导员队伍。努力形成学校、家庭、社会三位一体的青少年工

作队伍。

责任单位：市教育局、市妇联、团市委

(五)环境优化行动

18. 净化育人环境。依法取缔中小学校园周边200米内的互联网上网服务营业场所和电子游戏经营场所。大力开展禁毒宣传教育，创建"无毒社区"。建立"诸暨市未成年人维权中心"，开通青少年维权服务热线，为实施《未成年人保护法》提供政策咨询和法律援助。严禁网吧等互联网上网服务营业场所接纳未成年人、超时经营和传播网上有害信息，对违法违规者给予依法处置。

责任单位：市综治委、市司法局、市公安局、团市委、市工商局、市文化局、市交通局

19. 关爱困难儿童。充分发挥慈善总会、贫困学生教育基金会的作用，做好扶贫济困、结对助学等工作。对单亲家庭和特殊困难家庭的未成年人给予更多的关爱和帮助。认真重视孤残儿童合法权益保护工作，建立完善流浪儿童救助保护网络体系。

责任单位：市民政局、市妇联、团市委、市教育局、市残联、市关工委

20. 营造良好氛围。加强新闻宣传，坚持正确导向，加大正面宣传力度，正确开展舆论监督，为未成年人思想道德建设营造良好舆论氛围。培育、树立先进典型，每年表彰奖励一批思想道德教育先进单位和先进个人。

责任单位：市委宣传部、市文明办

三、工作要求

(一)加强组织领导

各级党委和政府要把加强和改进未成年人思想道德建设作为事关全局的战略任务，按照科学发展观、"五个统筹"的要求，切实加强和改善领导。要组建诸暨市未成年人思想道德建设协调委员会，负责全市未成年人思想道德建

设的指导研究、督促检查和组织协调工作。协调委员会办公室设在市精神文明建设委员会办公室。各乡镇、街道和有关部门也要建立相应机构,认真履行职责,努力形成全社会一盘棋、上下联动、齐抓共管的良好工作局面。市文明委要切实负起统一规划、组织协调、督促检查、加强指导的重要职责。党委宣传部门要加强对学习宣传《若干意见》精神的指导和督促,推动良好的宣传舆论氛围的形成。教育系统要坚持主阵地,重点抓好中小学德育工作。公安、工商等部门要加强协调配合、加大综合执法力度。文化部门要致力于为未成年人提供更多更好的文化产品和服务。财政部门要加大对未成年人工作的财力支持,随着财政收入的增长逐年加大投入。共青团、妇联、工会、科协、关工委等群团组织要发挥自身优势,努力做好工作。民主党派、工商联和无党派人士要积极参与,发挥建设性作用。

(二)狠抓工作落实

各级党委、政府和各部门、单位要根据任务分工,制定具体的贯彻意见,提出具体的工作要求,健全目标责任制,切实抓好人员、措施、经费、机制等工作落实,着力办好几件作用大、影响好的实事。要建立信息收集、上报、反馈和交流制度,建立定期督查和考核制度,对工作缓慢的地方和部门,要查明原因,加强整改。通过扎实工作,让人民群众真正看到未成年人思想道德建设的成效。

4.1.7 "春泥计划"及其实施情况

提要: "春泥计划"取意清末著名思想家、诗人龚自珍的名句"落红不是无情物,化作春泥更护花",旨在动员全社会的力量为农村未成年人的健康成长营造良好的社会文化环境。浙江省文明委和浙江省委、省政府办公厅先后发文要求做好"春泥计划"实施工作。该文献包含中共诸暨市委办公室、诸暨市人民政府办公室联合下发的文件及附件,介绍了为贯彻省两办意见精神,中共诸暨市委宣传部编发全市实施"春泥计划"的情况。

关于在全市深入实施"春泥计划"的意见[1]

各镇乡党委、政府,各街道党工委、办事处,市级机关各部门,市属企事业单位:

为切实加强我市农村未成年人思想道德建设,优化农村未成年人成长环境,根据《中共浙江省委办公厅 浙江省人民政府办公厅关于深入实施"春泥计划"的通知》和《中共绍兴市委办公室 绍兴市人民政府办公室关于在全市深入实施"春泥计划"的意见》精神,结合我市实际,特提出如下意见:

一、指导思想

认真贯彻党的十七大和十七届三中、四中全会精神,全面落实科学发展观,以社会主义核心价值体系为根本,以农村未成年人思想道德建设为重点,进一步建立健全农村公共服务体系,探索完善学校、家庭、社会"三结合"教育网络,为农村未成年人营造健康、快乐、安全的成长环境。

二、目标任务

以行政村为单位,依托农村现有各类活动场所,集聚和整合社会各方力量和资源,利用寒暑假期、重大节庆日、传统节日和双休日等校外时间,组织农村未成年人开展道德实践、社会体验、能力提升和文化娱乐等活动,不断满足他们的精神需求,为未成年人健康成长营造良好的社会文化环境。

在2009年试点探索的基础上,2010年进一步扩大实施面,通过5年努力,到2014年全市所有行政村全面实施"春泥计划",努力形成"组织健全、制度完善、责任落实、社会参与、活动丰富"的农村未成年人思想道德建设工作框架。

---

[1] 市委办〔2010〕96号,2010年8月24日印发。

三、指导原则

1. 因地制宜、注重实效。要结合各地实际,发挥自身优势,注重资源整合,及时总结符合本地实际的工作方法和特色,扎实推进工作。实践活动要尊重未成年人的意愿和特点,做到简单、易做、实用。

2. 以点带面、稳步推进。要认真规划,统筹协调,每年确定一批实施村,通过各地各部门的共同努力,用5年时间,使全市所有行政村实施"春泥计划"。

3. 知行合一、寓教于乐。要注重实践教育、体验教育、养成教育,注重自觉实践、自主参与、深入浅出、寓教于乐,引导未成年人在学习道德知识的同时,自觉遵循道德规范。

四、重点内容

1. 以弘扬社会主义核心价值体系为根本,开展道德实践活动。以"做一个有道德的人"为主题,引导未成年人树立理想信念,养成高尚品德,践行道德规范,组织开展文明礼貌、敬老爱亲、扶弱助残、便民利民等社会公益活动,让未成年人在实践中陶冶情操、提升素养。

2. 以传承优秀传统文化为主线,开展社会体验活动。弘扬中华民族优良传统,注重发挥地域特色,深入挖掘村落文化精华,依托传统节日和民风民俗,将农耕生活、民间手艺、非物质文化遗产和传统文化活动与社会体验有机结合,培养农村未成年人爱家爱乡爱国的情感。

3. 以养成良好行为习惯为目标,开展能力提升活动。开展法律知识、安全知识、灾害自救、紧急救护、学业辅导等教育和实践活动,引导未成年人树立法律意识、安全意识、团队意识和环保意识,增强生活自理、自我保护、紧急避险等能力。

4. 以培养良好心理素质为出发点,开展文化娱乐活动。顺应未成年人个性发展方向,培育健康心理和健全人格,开展适合未成年人的集体游戏和亲子活动,让未成年人学会合作和谦让,养成活泼开朗、积极向上的性格。

五、保障措施

1. 强化人才队伍。要发挥优秀中小学教师、各类专业人才、能工巧匠、示范户、大学生"村官"、回乡大学生等各类人才的积极性,发挥"五老"优势,组织各类志愿者入乡进村,为"春泥计划"提供有力的人才支撑。

2. 整合活动资源。各部门(单位)要深入基层,开展吸引力、趣味性、针对性强的宣传、教育和实践活动;市文明办要精心设计通俗易懂、便于操作的活动案例,为实践活动的开展提供范本;要依托群众性精神文明创建和志愿服务等载体,丰富农村未成年人校外文化生活。

3. 加强资金保障。要建立经费投入机制,突出政府主导、村级主体作用。各镇乡(街道)要安排落实实施"春泥计划"的专门资金,相关部门用于新农村建设和农村文化、体育建设等的资金应向"春泥计划"倾斜。同时,要充分调动全社会力量,多渠道筹集"春泥计划"专项经费。

4. 注重安全防范。要重点维护未成年人集聚和外出活动时的安全秩序,建立突发事件应急机制。要引导未成年人自觉抵制不良文化的侵袭。要关注心理健康,增强未成年人的抗挫折能力,缓解留守儿童的孤独感,提高外来建设者子女的融入感。

5. 拓展阵地功能。要积极整合现有各类资源,利用村部大楼、老年活动室、企业文体活动室等场地,开辟室内活动场所。依托爱国主义教育基地、历史遗址、农业园区、知名企业等,开发社会实践体验基地。整合网上资源,营造网络空间。

六、工作要求

1. 提高认识,加强领导。市里成立由市委常委、宣传部长和分管副市长任组长,宣传部分管副部长任副组长,各相关部门分管领导为组员的实施"春泥计划"工作领导小组。各镇乡(街道)、实施村要成立相应的工作班子,加强对该项工作领导。各级各部门要把"春泥计划"列入重要议事日程,明确责任,加强协作,形成合力;要制定工作计划和实施方案,推动工作开展。

2. 健全机制,加强督查。要建立台账登记、档案保存、书刊器材使用、安全防范等管理制度。要定期组织督促检查,推动"春泥计划"工作的落实。

3. 加强宣传,营造氛围。新闻媒体要重视对"春泥计划"实施工作的宣传,及时报道"春泥计划"实施过程中的成功经验和先进典型,大力宣传农村未成年人精神面貌出现的新变化,为"春泥计划"的深入实施营造良好的舆论氛围。

附件一:诸暨市实施"春泥计划"有关部门单位责任分工一览表

附件二:2010年诸暨市实施"春泥计划"村名单

附件三:2010年诸暨市实施"春泥计划"村考评标准

附件一:诸暨市实施"春泥计划"有关部门单位责任分工一览表

部门单位	主 要 任 务
宣传部 文明办	综合协调、检查督促。
关工委	指导、帮助各实施村成立关工委,发挥"五老"作用,参与未成年人思想道德建设工作。
教育局	1. 出台政策,鼓励各学校参与实施村未成年人思想道德建设工作。
	2. 做好实施村与其所在学区中小学挂钩结对工作,为各实施村推荐、选派事业心强、能力强、善做德育工作、经验丰富的学校老师担任教育顾问;做好实施村教育顾问的管理、培训、考核,提高其工作水平。
	3. 鼓励退休教师担任实施村关工委成员,发挥余热,热心工作。
	4. 督促有关学校采取措施,鼓励实施村学生加入未成年人协会,积极参加村内未成年人校外教育活动,并将其在家、在村表现作为评定学生操行等级、评选各类先进、入队入团等的重要依据。
	5. 组织开展学校、家庭、社会教育三结合工作的研究,并指导实践。
	6. 设计、推行良好的活动载体,使实施村未成年人受益。
	7. 参与指导帮助实施村开展未成年人活动阵地建设。

续表

部门单位	主要任务
司法局	开展实施村未成年人法制教育。
文广新闻出版局	1. 做好送书、送戏、送电影进村等活动,丰富实施村未成年人文化生活; 2. 引导、组织实施村未成年人参与"种文化"活动; 3. 加强管理,净化文化市场。
体育局	1. 在实施村设置适合未成年人活动的体育设施; 2. 组织开展适合未成年人身心的体育活动。
团市委	1. 指导、帮助各实施村成立未成年人协会,确保共青团、少先队在协会中的领导地位,发挥共青团员、少先队员在协会中的先锋模范作用; 2. 负责培训未成年人协会的骨干,提高其工作能力; 3. 组织开展流动青少年宫进实施村、雏鹰争章进家庭活动; 4. 参与指导、帮助实施村开展未成年人活动阵地建设。
妇联	1. 指导、帮助各实施村建立家长学校; 2. 开展家长培训,提高家长的家庭教育水平; 3. 组织开展评选优秀家长或家庭教育示范户活动。

附件二:2010年诸暨市实施"春泥计划"村名单(87个)

镇乡(街道)	行政村	镇乡(街道)	行政村
暨阳街道(2个)	三江新村、赵家村	陶朱街道(2个)	开元村、张乐村
浣东街道(3个)	双桥村、盛兆坞二村、廿里牌村	店口镇(4个)	俞姚村、店口社区、侠父村、斗门村
大唐镇(3个)	马店新村、里蒋村、柱嵩村	枫桥镇(5个)	枫源村、杜黄新村、陈家村、新择湖村、大溪村
应店街镇(3个)	十二都村、伍堡坂村、幸福村	阮市镇(3个)	王殿畈村、金岭村、檀溪村
安华镇(4个)	安华村、宣何村、五指山村、蔡家畈村	江藻镇(4个)	草湖江口村、江藻村、东江村、银江村
直埠镇(2个)	紫草坞村、姚公埠村	浬浦镇(3个)	廊下村、浬浦村、马郦村

续表

镇乡(街道)	行政村	镇乡(街道)	行政村
王家井镇（3个）	新南村、凤仪村、沿山新村	街亭镇（3个）	长塘村、花厅村、许村
牌头镇（4个）	靖江村、新乐村、王劳军村、牌一村	次坞镇（3个）	大唐村、大院里村、珠桥村
草塔镇（1个）	青山村	山下湖镇（11个）	山下湖村、广山村、新长乐村、詹家岐村、枫江村、东江新村、新桔城村、西杨龙村、赐绯庙村、解放村、泌湖村
璜山镇（2个）	璜山村、大门村	东白湖镇（2个）	小东村、新上泉村
五泄镇（5个）	泄峰村、五泄村、十四都村、西皇村、红枫岭村	岭北镇（2个）	金湾村、三洲村
陈宅镇（3个）	绿化村、陈宅村、东升村	同山镇（3个）	唐仁村、中源村、丽坞底村
赵家镇（2个）	泉畈村、大柳仙村	东和乡（4个）	友谊村、新篁村、大林村、十里坪村
马剑镇（1个）	马剑村		

附件三：2010年诸暨市实施"春泥计划"村考评标准

序号	项目	具 体 要 求	分值	备注
1	队伍人才	1. 建立由村主要负责人任组长的"春泥计划"实施工作领导小组； 2. 聘请中小学教师担任教育顾问,指导实施村组织开展活动； 3. 有一支由专业人员、能工巧匠、民间艺人、"五老"队伍等组成的较为稳定的辅导员队伍,定期组织开展活动； 4. 寒暑假有大学生志愿者开展服务活动。	20	
2	规章制度	1. 建立未成年人名册、"春泥计划"活动情况记载簿和活动组织、活动室使用、安全防范等各项管理制度； 2. 相关规章制度上墙。	20	

续表

序号	项目	具 体 要 求	分值	备注
3	活动开展	1. 全年活动有计划、有检查、有记载、有总结； 2. 按计划开展丰富多彩的活动,全年集中组织开展活动不少于12次； 3. 学生参与面广,家长满意度高。	30	
4	阵地建设	1. 建有室内活动场所和室外活动场地,各活动场地正常开放； 2. 配备乒乓球、篮球等各类适合未成年人的活动器材。	20	
5	资金保障	1. 村安排一定的资金用于"春泥计划"； 2. 积极调动全社会力量,发挥结对单位的作用,多渠道筹集"春泥计划"专项资金。	10	

积极谋划 统筹推进 注重实效
——市文明办多措并举扎实开展"春泥计划"[1]

市文明办将实施"春泥计划"作为一项加强和改进未成年人思想道德建设的重要载体,作为推动农村精神文明建设的一个重要抓手,积极创新方法、创设载体,扎实推动这项工作的深入开展。

一、示范引领,以点带面。一是选好试点村。为不断积累实施"春泥计划"的一手经验、有效做法,按照示范引路、逐步推开的总体思路,去年来以市级乡风文明示范村创建规划村和各方面基础条件较好的村为主要对象,选取40个村进行首批试点,今年进一步扩大到87个村,并将山下湖镇列为镇级试点对象。通过选精选优试点村,为实现抓试点、出思路、树样板、促面上的工作目标奠定良好基础。二是做精示范点。按照"制度规范化、活动常态化、队伍标准化"的要求,各实施村结合各自实际,均成立了春泥计划工作领导小组和校外活动辅导队、未成年人协会等春泥队伍,加强对活动的领导和指导；建立了领导小组工作职责、关工委工作职责、教育顾问工作职责、辅导员工作职责、

---

[1] 载中共诸暨市委宣传部:《诸暨宣传》第36期(2010年11月8日)。

活动室综合管理制度等一系列活动制度,强化活动保障;制订全年春泥活动计划,做到月月有活动、件件有特色,并在节假日组织农村未成年人开展形式多样、内容多彩校外活动,为未成年人健康成长营造良好社会环境。三是开好推进会。为总结推广试点经验,推动全市面上工作,确保五年分阶段全面推开"春泥计划"规划顺利实施,10月29日在山下湖镇召开由全市各镇乡(街道)宣传委员、相关职能部门分管领导参加的"春泥计划"工作推进会,与会人员参观了枫桥镇枫源村和山下湖镇枫江村实施情况,山下湖镇党委和枫源村分别围绕"统一部署突出特色全面推进春泥计划"和"围绕'五有'抓落实"介绍了工作经验,会议要求各地各有关部门进一步统一思想,提高认识,把春泥计划作为未成年人思想道德的重要抓手,形成共抓合力;要抢抓落实,坚持因地制宜、因村制宜,注重特色,抓出实效;要把安全放在第一位,加强安全防范,使春泥计划真正成为孩子喜欢、群众满意的民心工程、放心工程。

二、创设载体,力求实效。"春泥计划"能否取得预期的效果,关键在于未成年人校外活动的组织和落实,市文明办从三方面入手,扎实推动该项工作。一是编印《"拥抱孩子"春泥计划活动方案100例》。针对农村未成年人校外活动开展缺少素材、活动难组织这一难题,市文明办组织20名在全市未成年人思想道德教育领域具有丰富经验的教师,搜集、编写具有浓郁乡土特色、鲜活时代特点的春泥计划活动方案,分道德实践篇、社会体验篇、能力提升篇、文化娱乐篇等四大篇,共100个案例,每个活动方案内容均包括:活动目标、活动准备、活动过程、活动延伸、活动建议、相关资料等,并配以生动图片和卡通画,具有很强的操作性和趣味性。《"拥抱孩子"春泥计划活动方案100例》成了未成年人校外活动的"百宝箱",使活动组织者对照方案就能将活动有声有色地开展起来。该项工作得到省、绍兴市文明办领导的高度肯定。二是下发《春泥计划活动记录本》。为全面了解、掌握各实施村活动组织开展情况,及时发现、展示工作特色和亮点,有效推动各实施村春泥活动,制作下发《春泥计划活动记录本》,要求各村记录保存活动情况及图片,使活动有据可查、有照可亮。三是奖配文体活动器材。按照每个村1 000元的标准,集中采购一批篮球、乒乓球、羽毛球、棋类、跳绳等未成年人文体活动器材,采取奖励的形式,发放到各实施村,为未成年人校外活动提供丰富的活动器材。

三、完善机制,强化保障。建立健全系列制度机制为抓手,保障"春泥计划"的实施。一是经费保障机制。从宣传部经费中切出一块专门资金,设立"春泥计划"专项奖励基金,对活动开展好、队伍组织好、场所建设好的实施村,分别给予3 000元的奖励,为活动实施提供经费保障。二是日常督查机制。加强与"春泥计划"实施村的日常联系,以定期不定期走访的形式,每月深入各实施村开展调研活动,了解活动组织开展情况,及时发现存在的问题和不足,帮助提出指导性意见,督促实施村真正把工作抓实抓深抓到位。三是考核评价机制。把实施"春泥计划"的成效纳入对镇乡、街道宣传委员年度考核内容,摆到重要位置,突出主抓责任,强化领导保证;将"五个有"落实情况作为重要考评内容,纳入各级文明镇、文明村考评体系,明确工作责任,实现制度推动;与"双百结对、共建文明"结合起来,依靠各级文明单位力量,整合各方资源,统筹推进。

山下湖镇突出三大重点　深入实施"春泥计划"[1]

作为我市"春泥计划"试点镇,山下湖镇领导重视、措施扎实、载体丰富,牢牢把握未成年人特点和农村实际,突出三大重点,扎实推动该项工作深入有序开展。一是寓教于乐,注重文化技能的学习与拓展。积极开办各类"春泥讲堂",使"春泥计划"成为未成年人拓展知识、增长见识的第二课堂。如暑假期间,镇党委邀请市关工委老同志到所属各村开展以"世博跃中华、爱国树雄

---

[1] 载中共诸暨市委宣传部:《诸暨宣传》第37期(2010年11月11日)。

心"为主题的世博知识系列专题讲座,帮助未成年人了解世博知识,得到了他们的热烈欢迎和踊跃参与;组织村"五老"人员和大学生村官开展未成年人安全防护、灾害自救、紧急救护等安全知识培训,不断提高未成年人假期自我防护能力。二是创新载体,注重活动的趣味性与教育性。结合青少年成长特点,镇、村二级积极创新"春泥计划"内容形式,精心设计他们乐于参与、便于参与的活动载体,使他们在活动过程中享乐趣、受教育、得提高。如在暑期举办"我爱珠乡"珍珠夏令营活动,从各个行政村选拔了一批大胆活泼、兴趣广泛的未成年人,通过组织到山下湖集团实地参观珍珠生产、加工操作流程,到珠宝城参与经营户和消费者双重身份体验等一系列实践活动,引导他们深入了解山下湖珍珠产业发展的历史和现状,增强学好本领、建设珠乡美好未来的责任感和使命感。三是整合资源,注重与各项工作的合力合拍。把"春泥计划"与镇、村两级各项工作有机结合起来,做到活动联搞、资源共享,实现互动融合、互促共进。如,为培养青少年学生竞争与合作意识,结合离退休干部门球比赛,联合关工委举行了"大手牵小手,激情夏日门球对抗赛",通过老少同台竞技,既培养了未成年人的合作意识,又增强了敬老爱老意识。

安华镇因地制宜 扎实推进"春泥计划"[1]

安华镇组织各"春泥计划"实施村,利用节假日时间深入开展以道德实践、社会体验、能力提升和文体娱乐等为主要内容的校外实践活动,丰富未成年人校外文化生活。安华村在村办公大楼专门辟出春泥书屋、书法绘画室、文体活动室等未成年人活动场地,添置书籍、电脑、篮球、羽毛球等活动设施,并落实专门管理人员,面向青少年全天候开放,同时还组织了书法、绘画、跆拳道培训班,使村委会大楼变成孩子们假期最爱去的地方。宣何村因地制宜,利用

---

[1] 载中共诸暨市委宣传部:《诸暨宣传》第37期(2010年11月11日)。

村内祠堂建设乒乓球室、台球室、图书室、门球场等"春泥计划"活动场所,建立了以村退休教师、大学生村官等为主体的志愿者队伍,组织开展系列实践活动,充实丰富了未成年人校外生活;同时围绕"孝德"主题,利用村部大楼周边和村主干道路两旁的空白围墙,绘制了一幅幅融汇孝道名言、历史典故等传统美德的文化墙绘,并组织未成年人观摩、学习,以形象生动、图文并茂的形式传播中华传统美德,陶冶年轻一代道德情操。

他山之石[1]

绍兴县国庆村:以社会学校为平台全面实施"春泥计划"。1.加强组织领导。村党委成立了社会学校"春泥计划"工作领导小组,由村党委书记任组长,村党委副书记、村关工委主任任副组长,村两委班子成员为成员,具体工作接受镇关工委、社事办的指导。同时村建立健全《家庭、学校、村委三方联系制度》《社会学校校长工作职责》《教育法律顾问、辅导员、志愿者、少年之家会长职责》《日常活动管理制度》《少年之家章程》和《社会学校重大突发性事件应急预案》等10项制度。2.强化队伍建设。一是成立了社会学校校务委员会,主任由村委主任担任,成员由村关工委、团、妇、民兵学校等负责人组成;二是成立了"少年之家",设立小国庆、沙地洋、安义三个小队,日常活动实行会长负责制;三是聘请了教育、法律顾问,由企业常年法律顾问和山海小学校长兼任;四是落实了由村老干部、老党员、老教师、老退伍军人、老先进人物等"五老"人员组成的教育辅导员,其中有2名人员专门负责日常管理,其工资待遇与村自聘人员相对照;五是落实了22名社会学校志愿者。3.增添活动设施。实施"春泥计划"以来,村里已先后投入3万余元,增添了活动设施和活动场地,配备了电脑和健身器材,又专门购置了一架4 000多元的照相机,为学生学

---

[1] 载中共诸暨市委宣传部:《诸暨宣传》第37期(2010年11月11日)。

习摄影提供条件。目前社会学校"春泥计划"共有"八室一场",总建筑面积1 000平方米。4.开展五项活动。村制订了全年教育计划,包括"传统精神传承""小手拉大手共建和谐家园""阳光童年、大爱无私""快乐暑假夏令营"等系列教育活动,重点组织了五项活动。一是开展了爱国、爱党教育活动,结合新中国60华诞庆典,组织学生听村老干部讲国庆村30年来的变化,组织红歌大合唱。二是开展学生趣味活动,组织学生包饺子、做馒头,激发了小学生们参与活动的热情。三是开展文明新风活动,以"少年之家"小队为单位,开展"你丢我捡"环境优化活动。四是开展社会实践活动,利用村10多亩果园基地,专门设立社会学校"春泥计划"学生实践基地。五是开展学生摄影创作活动,以"山海小学跳鱼儿摄影组"为活动基地,积极开展摄影创作活动,培养学生艺术修养。

统一部署　科学管理　保障有力
——山下湖镇扎实推进"春泥计划"[1]

作为全市实施"春泥计划"活动试点镇,山下湖镇统一部署,突出特色,以加强未成年校外阵地建设,丰富校外文体活动为重点,全面实施"春泥计划",取得了较好成效。

一、加强领导,统一部署,夯实活动基础

一是统一思想认识。镇党委政府高度重视"春泥计划"试点工作,主职领导多次听取汇报,分层召开会议,认真研究,积极部署,将实施"春泥计划"工作作为加强和改进未成年人思想道德建设的重要载体,建设新农村、培育新农民、倡导新风尚的一个重要平台,统一干部群众思想认识,上下齐心、镇村合力,将"春泥计划"放到全镇中心工作位置抓实抓好。

---

[1] 载中共诸暨市委宣传部:《诸暨宣传》第41期(2010年11月22日)。

二是统一组织领导。镇成立了由书记、镇长任组长,分管领导任副组长,社会事业办、关工委、团委、妇联、教办等职能办成员为组员的山下湖镇"春泥计划"工作领导小组,制订下发了"春泥计划"工作计划、实施方案和各类活动菜单,明确分工,落实责任;各村成立相应"春泥计划"工作小组,组建未成年人协会组织和辅导员队伍,为活动提供坚实的组织保证。

三是统一制度建设。为使"春泥计划"工作纳入制度化、规范化轨道,镇党委对全镇各村"春泥计划"上墙制度(包括组织机构、工作职责等)进行了格式化管理,确保整齐、有序、规范;对村级活动开展要求做到年初有计划、计划有实施、活动有记录、有照片集锦。同时,对各村墙体宣传标语实行统一制作,保证每个村有不少于一条关于实施"春泥计划"的宣传标语,营造良好社会氛围。

二、建设阵地,统筹规划,强化活动保障

一是落实专项资金。镇财政切出10万元设立"春泥计划"专项资金,同时通过发动村自筹、非公企业集资和社会各界人士捐资等渠道积极拓展经费来源,为"春泥计划"提供经费保障。

二是深入宣传发动。充分利用广播、墙报、简报、墙体标语、宣传栏等媒介,积极做好"春泥计划"的宣传工作。利用节庆假日,通过镇关工委、团委、妇联等群团组织和文化站、计生协会组织开展"关爱未成年人健康成长"文明文化系列活动,扩大"春泥计划"的影响面和知晓率,营造良好的舆论氛围。到目前为止,共刷制墙体宣传标语35条、分发宣传册3 000余份、举办讲座11场。

三是加强阵地建设。按照"就地取材,资源共享"的原则,结合各村实际,统筹利用各类资源,建设春泥活动阵地。主要做到"三个结合":

1. 结合村老年协会活动阵地,建立未成年人活动中心,设立乒乓球室、棋类室、电子宣传室和手工制作室等活动场所;

2. 结合村计划生育协会"会之家",建立图书阅览室、书画室、音乐舞蹈室等教育基地;

3. 结合村戏台、广场、篮球场设施,建立室外文体活动基地。

四是完善器材配备。为提高未成年人校外活动的积极性,镇里为各村配发具传统特色的活动器材,如高跷、铁圈、沙包等器材;各村还根据实际需要自行配购了球类、棋类以及健身拉力器等吸引未成年人眼球的活动器材,激活了他们的活动欲望;同时部分村还设置了书画室、珍珠类手工制作室等,大大丰富未成年人的活动内容,更好地激发起孩子们的创造力,起到了寓教于乐的效果。

三、创新载体,科学管理,确保活动实效

一是精心筹划设计"活动项目库"。借鉴其他地区未成年人思想道德建设的活动载体和经验做法,以市实施"春泥计划"活动载体菜单为参照,结合珠乡特色,设计了十多项内容的"活动项目库"。实行"按单点菜",重点以"三知、六重",即"知农村、知农民、知农俗"和"重品德、重安全、重法制、重学习、重文娱和重家教"为目标,针对性地开展未成年人道德实践活动,掀起农村未成年人思想道德建设的热潮。

二是精心组织开展各类文体活动。

1. 结合节假日,开展系列全镇性大型活动。组织开展了"珍珠贝贝"模特大赛、"老少同乐运动会"、"娃娃绘文明"、"世博知识讲座"等系列活动,有机融合传统教育与现代教育,吸引更多的家长学生参与到活动中来,增加活动覆盖面,提高活动影响力。

2. 结合本镇珍珠产业经济,开展系列乡土教育。组织"我爱珠乡"珍珠夏令营活动,带领未成年人参观养殖场、剖蚌场、企业的加工厂等,坚持寓教于乐,让孩子们在玩里学,学里玩。

3. 结合时事关注社会,组织未成年人开展"一方有难,八方支援"募捐活

动,为舟曲受灾同胞捐得爱心款1万多元;在中秋节组织开展节能降耗知识竞赛等活动,以实际行动教育孩子从小要当一个有责任、有爱心的人。

4. 结合主题教育活动,开展"诚信、礼仪珠乡"活动。积极响应市文明办"礼行暨阳"主题活动,组织开展诚信珠乡、礼仪珠乡征文比赛、"礼行珠乡"志愿者活动、"美丽珠乡"摄影比赛等系列学礼、明礼活动。利用各行政村巡回法制宣讲小团队,开展"小手牵大手,学法一起走"的法制教育,为青少年提供法律法规咨询。

三是精心记录活动内容。镇统一下发了"春泥计划"活动记录本,要求各村及时做好活动记录和总结,做到有据可寻,有照可亮,也为以后开展更好更丰富的活动积累素材、提供经验。

枫桥镇枫源村围绕"五有"目标着力抓好"春泥计划"[1]

枫桥镇枫源村紧紧围绕有活动、有经费、有制度、有场所、有人员"五有"目标,结合本村实际,积极开展"春泥计划"活动,努力为未成年人营造一个健康、快乐、安全的成长环境。

一、抓队伍建设,加强管理力度。成立了由村书记任组长,村主任和关工委主任任副组长,村两委会干部、群团组织负责人为成员的"春泥计划"工作领导小组,落实村支部宣传委员作为活动组织管理员,强化领导。建立了由大学生村官、"五老"人员和所在学校教师组成的辅导员队伍,并以自然村为单位下设三个活动小组;聘请了村里写一手好书法和写作特长的3名原镇小退休教师、参加过朝鲜战争的2名老党员老干部代表、就读于浙江大学和浙江师范大学等高校的6名大学生志愿者、有丰富水稻蔬菜种植经验的2名种粮大户,担任"春泥计划"兼职辅导员,确保校外活动有人管理、有人指导。成立了

---

[1] 载中共诸暨市委宣传部:《诸暨宣传》第42期(2010年12月7日)。

未成年人协会,发挥青少年自身作用,自主开展各种健康有益的春泥活动,引导他们学会自我管理、自我教育、自我服务。

二、抓制度健全,完善工作机制。把"春泥计划"纳入村中心工作,同其他村务工作同部署、同落实、同检查、同考核;明确了领导小组工作职责、关工委工作职责、教育顾问工作职责、未成年人协会会长职责、辅导员工作职责、志愿者工作职责、器材管理员工作职责、活动室综合管理制度等,建立活动安排、器材使用台账,做到有工作制度、有活动记录、有档案资料。通过建立完善一系列"春泥计划"工作机制,保障"春泥计划"有序推进。

三、抓经费落实,加大投入力度。设立"春泥计划"活动专项资金,每年投入不少于一万元,用于组织活动和购买器材、书籍等活动用品的支出。今年来,已投入8 000多元用于村校外活动中心、青少年活动室的装修改建;投入1 500元购买了300册科普和故事类书籍;投入5 000多元购买了一批活动器材,包括康乐球台1张,乒乓球台2张,羽毛球拍2副,象棋、围棋、飞行棋等棋类器材20多副,电扇4台,多功能桌椅4套等。同时还计划拿出部分资金作为年终对活动组织人员的奖励资金,用于购买奖品和发放补贴,进一步提升工作人员参与活动的积极性。

四、抓阵地建设,营造良好氛围。加强未成年人活动场所建设,构建"春泥计划"一流阵地。建好室内活动场所,对村办公综合楼一楼100多平方米的仓库进行全新装修,建成"枫源村青少年校外活动中心",设置乒乓球、台球、读书、练字、下棋等活动区;还将五楼原来的青少年活动室改建成多功能活动室,新添了舞蹈健身等器材;同时统筹村办公用房、党员活动室、多媒体播放室、老年活动室、图书室等现有场地,采取综合利用的形式,开辟未成年人活动场所。建好室外活动场地,对各自然村的灯光球场进行全面检查维修,保持夜晚通电,并在户外健身公园添置了几套适合青少年锻炼的单双杠、滚轮等新器材,为校外活动的开展提供阵地保障。

五、抓活动开展,丰富活动载体。按照孩子喜欢、家长放心的原则,精心设计一系列适合未成年人特点、具有村落特色的活动载体,制定并上墙公布每月活动方案。采取自由参与和集中组织相结合的形式开展活动,既具灵活性,又体现组织性。平时,村青少年校外活动中心、图书室等室内场所在节假日全天候开放,使未成年人能够根据自己喜好,自由参与下棋、跳舞、看书、打球等活动;同时每个月确定一个时段集中组织开展趣味比赛类、技能培训类、实践体会类等活动,如跳绳、拔河、踢毽子等比赛,书法、写作、乐器、消防安全、用电防火、文明礼仪等知识培训,"我为家乡添份绿""老少同乐——走进敬老院"等道德实践活动,让未成年人在参与活动的过程中,既愉悦了身心,又增长了知识、塑造了品格。

王家井镇凤仪村创新"网格化"方法　深入实施"春泥计划"[1]

王家井镇凤仪村积极探索"整合资源,扩面提质"的工作思路,采取"网格化"方法,推进"春泥计划"深入实施。

一、建立组织,加强领导。"春泥计划"的推进实施,组织机构是关键,由此,村建立了"春泥计划"实施工作领导小组,由村党支部书记任组长,村主任及村关工委主任任副组长,村两委其他成员及团妇负责人为组员。同时还设有宣传教育组、帮困帮教组、未成年人协会等,切实加强对未成年人校外文化生活的关心指导与组织领导。

二、构建网络,搭建平台。充分发挥"五老"(老干部、老党员、老专家、老教师、老模范)队伍的作用,采取"网格式"方法,对全村未成年人按居住区域进行划分,以划分的区域为基本网格,落实一位老同志负责对本网格区域内的未成年人进行日常的"传、帮、带",及时开展面对面教育和指导帮助,"大手牵

---

[1] 载中共诸暨市委宣传部:《诸暨宣传》第42期(2010年12月7日)。

小手",引导其良性发展,健康成长。每位"五老"网格员还与本网格内的对象签订关爱责任合同书,明确帮教责任。目前,全村共有50余名"五老"人员参与到该项工作中。

三、积极引导,强化帮教。村"五老"充分发挥监督教育作用,当起义务监督员,以拉网式结对形式,做到教育平台"五老"搭,难题困事"五老"解,并通过举办宣讲、讲座,刊发宣传栏、黑板报等途径教育引导青少年学生遵纪守法、文明做人、远离陋习,引导他们树立正确的人生观、价值观和世界观,为"春泥计划"的开展提供了良好的服务。一是办好第二课堂。于寒暑假期间,组织未成年人参与各类文体活动,并定时举办未成年人思想道德教育、法制教育课,邀请"五老"和有关专家作报告,真正将爱国主义教育、道德教育和法制教育等融入各项活动中,努力使未成年人在玩中乐,乐中学,收到了良好的效果,也使教育空间得到进一步的延伸,得到了群众一致好评。二是开展关爱青少年阳光活动。在"五老"的积极宣传、参与下,发动社会各界捐款、捐物,奉献爱心,设立村助学关爱专项基金,实行奖优助困,努力使未成年人形成良好的心理素质和健康向上的生活学习态度。组织"五老"网格员与网格内的对象实行结对帮扶,通过学业辅助、生活帮助、思想开导、安全教育等,促使他们养成良好的心理素质和健康向上的品德,努力做到"学习上有人教,生活上有人管,思想上有人帮,困难上有人扶"。三是积极关注"问题"青少年。针对部分青少年沉迷游戏、电脑导致学业荒废的情况,"五老"网格员主动与相关部门联系,要求加强对村周边网吧的监管,并通过宣传栏、黑板报、征文、演讲等形式倡导未成年人文明上网;各"五老"网格员切实担当起义务监督员,劝导未成年人远离网吧。对一些失足的青少年,积极开展"矫正阳光行动","五老"网格员主动与他们谈心交朋友,认真做好监管教育工作,引导他们树立正确的人生观、世界观、价值观,努力掌握谋生技术本领,做社会有用之人。

马剑镇以"六进"为抓手加强农村精神文明建设[1]

马剑镇以提高农民文明素质为根本,广泛开展"文明乡风进万家"活动,切实加强农村精神文明建设。

一、素质教育进万家。结合镇村文化阵地建设,广泛组织开展农民读书活动和文体活动,多层面举办劳动力技能培训、农民工转移培训、科技兴农知识培训,深入开展送科技、卫生、文化下乡活动,不断提高农民致富技能和文化素质。

二、传统美德进万家。通过多种途径,加强农村传统美德和家庭伦理道德教育,广泛开展"好儿子""好媳妇""好婆婆""好邻居"等文明细胞评比活动,倡导文明、传递真情、共建和谐。

三、文明新风进万家。通过编发《文明知识教育手册》,制作宣传牌、黑板报,组织文明礼仪宣讲等方式,引导广大农民群众知荣明耻,树立新风尚、改掉旧陋习,推动文明礼仪和文明习惯进万家。

四、结对帮扶进万家。针对一些农村家庭存在的夫妻间不和睦、对老人不孝敬等现象,组织党员干部开展"一帮一、一带一"结对疏导帮扶,帮助化解矛盾、解决问题,促进家庭和睦、邻里融洽。

五、普法教育进万家。结合"平安镇""平安村"等平安创建工作,扎实推进农村民主与法制建设,积极开展法律咨询、图片展览、专题讲座、"五五普法"教育等普法宣传教育活动,不断提高农民知法、守法意识,促进农村社会稳定。

六、生态文明进万家。以创建全国环境优美镇乡为契机,进一步加强农村保洁清运队伍建设;组织动员全镇群众清理村庄主干道沿线、河流沿岸垃圾

---

[1] 载中共诸暨市委宣传部:《诸暨宣传》第43期(2010年12月9日)。

和房前屋后杂物,引导群众摒弃乱丢乱扔、乱堆乱放不良习惯,自觉维护环境整洁,着力打造生态、美丽乡村。

全面实施"春泥计划" 促进未成年人健康成长[1]

店口镇店口社区以实施"春泥计划"为契机,整合现有资源,集聚各方力量,积极搭建未成年人"校外课堂",丰富未成年人"校外生活",以"做一个有道德的人"为主题,开展形式多样的道德实践和社会体验活动,为未成年人营造了健康、快乐、安全的成长环境,促进未成年人德、智、体、美全面发展。

一、领导重视是关键。社区成立了由社区党总支书记、主任担任组长,村关工委主任任副组长,两委会成员及团妇负责人为组员的"春泥计划"实施工作领导小组,实行总支书记、主任亲自抓,村关工委主任为主抓,建立了学校、家庭、社区三位一体的工作联系制度,分时期、分地点、分情况针对青少年成长开展好管理工作,及时了解未成年人的生活和学习情况。建立完善社区关工委工作制度,以社区退休老教师、老干部等"五老"为主体,建立"春泥计划"辅导员队伍,负责做好社区青少年的校外日常管理,结合各类节假日开展好实践活动和各类助学助困工作。一系列工作制度的落实,使"春泥计划"的有效开展得到了更好的保证。

二、阵地拓展显功能。社区在原有图书阅览室、学习实践基地、室内和露天活动室、灯光篮球场等文化阵地基础上,针对未成年人实际,又投入巨资拓展适合未成年人的活动场所。在容纳百人的大课堂,配备了远程教育设备,并多次举办未成年人远程学习教育;新购买了各种未成年人书籍1 000余册,每周定期开放,满足了社区未成年人对各类知识的学习需求;开辟图书室、棋类室、乒乓球室等各类室内和室外活动场所,配备乒乓球台、羽毛球拍、象棋等活

---

[1] 载中共诸暨市委宣传部:《诸暨宣传》第43期(2010年12月9日)。

动器材,丰富了未成年人校外体育文化生活。

三、活动多样重实效。一是利用社区大学生回乡机会,聘请他们担任教育辅导员,向未成年人讲述自己的求学经历,给即将考大学的学生讲解正确的学习方法和学习态度,引导青少年树立科学的学习观。二是利用"五老"队伍优势,邀请一些老干部或老党员,为青少年讲述早年的亲身经历,讲述过去时代的疾苦和困难,让孩子们认识到新时代的好生活来之不易,进一步增强爱党爱国爱乡情感。三是利用远程教育网络的资源优势,组织社区青少年们观看科普知识、道德教育、交通法律法规等方面的影片,让他们在轻松快乐的氛围中增长课外知识。

4.1.8 诸暨市基层群众自治组织依法履行职责和基层群众自治组织协助政府工作的事项

提要: 该文献是2015年4月22日中共诸暨市委办公室、诸暨市人民政府办公室下发的文件,要求对未列入公布的事项和未经审批许可的事项,原则上不得以行政命令方式要求基层群众自治组织予以协助。对不属于村(社区)职责范围、委托村(社区)办理的事务,可通过向社会购买服务等方式解决。此处节选文件附件2所列《诸暨市基层群众自治组织依法履行职责事项》和附件3所列《诸暨市基层群众自治组织协助政府工作事项》中关于青少年事务的内容。

关于在全市实行村(社区)事务准入制的实施意见

为进一步规范村(社区)运行机制,理顺工作关系,促进职能归位,优化基层自治,根据《中华人民共和国村民委员会组织法》《中华人民共和国城市居民委员会组织法》和有关政策规定,结合我市实际,对全市村(社区)实行事务准入制,提出如下实施意见。

一、总体思路

认真贯彻党的十八届三中、四中全会精神,推进落实省委"十大整改行动",进一步明确村(社区)职责,理顺村(社区)组织工作关系,规范各部门对村(社区)工作的指导,切实减轻村(社区)工作负担,依法完善村(社区)自我管理、自我教育、自我服务、自我监督职能,使村(社区)的民主自治更趋制度化和规范化。

二、准入范围

除列入《诸暨市基层群众自治组织依法履行职责事项》和《诸暨市基层群众自治组织协助政府工作事项》公布的事项外,市级机关各部门(单位),凡拟将组织机构、标识标牌、工作任务、网络信息平台、创建评比、考核检查、普查调查等工作延伸到村(社区)的,必须按照本制度规定的程序申报批准后方可准入。未列入公布的事项和未经审批许可的事项,原则上不得以行政命令方式要求基层群众自治组织予以协助。对不属于村(社区)职责范围、委托村(社区)办理的事务,可通过向社会购买服务等方式解决。

三、准入程序

市城乡社区建设工作领导小组具体负责市村(社区)事务准入制的实施,领导小组下设办公室(设在民政局)。领导小组办公室定期召集有关部门商议在村(社区)设立组织机构、悬挂标识标牌、下达工作任务、开展创建评比考核、进行考核检查等内容。准入具体程序为:

(一)申请

各部门拟进入村(社区)的事务,必须向市城乡社区建设工作领导小组办公室提出书面申请,填写《诸暨市村(社区)事务准入审批表》(以下简称《审批表》),并附相关资料。

相关资料包括:组织机构功能说明、运作方式、年度工作经费保障情况说明；工作要求、工作人员、需用工时、经费保障情况说明；评比考核依据、时间、内容；培训、调查方案等。

（二）审批

市城乡社区建设工作领导小组办公室根据申请，会同申请单位、相关单位进行评估分析，在征求部分镇乡（街道）及村（社区）意见后，提出初审意见报市城乡社区建设工作领导小组同意。申请准入实行集体办理，市城乡社区建设工作领导小组原则上一年审批两次（每年3月和9月）。

对确需进入村（社区）的临时性事务，如举办培训、开展调查等，由市城乡社区建设工作领导小组办公室采取即时审批的办法，但须提前7个工作日提出申请。对村（社区）单独要求有关单位提供服务的，不列入本办法范围（下同），但须由提供服务单位在15个工作日内报市城乡社区建设工作领导小组办公室备案。

（三）实施

经审批同意在村（社区）设立组织机构、悬挂标识标牌、下达工作任务、开展创建评比考核、进行考核检查等事务，由市城乡社区建设工作领导小组办公室进行发文公布。镇乡（街道）和村（社区）对照发文内容，承接相应工作。对不符合村（社区）准入规定的内容，要立即停止。凡没有经过审批进入村（社区）的内容，村（社区）有权拒绝，并及时向市城乡社区建设工作领导小组办公室反映。

（四）评议

市城乡社区建设工作领导小组办公室每年年底对组织机构、标识标牌、工作任务、网络信息平台、创建评比、考核检查、普查调查等进村（社区）情况进行一次检查评估，并对检查结果进行公布。组织镇乡（街道）、村（社区）对部门执行村（社区）事务准入制度情况进行评议，对当年准入项目满意度进行测评，测评结果作为次年是否准入的重要依据。

(五)监督

市纪委设立举报反馈渠道,对执行准入制度的情况、工作作风建设情况进行监督。市城乡社区建设工作领导小组办公室对群众普遍反对或评议不满意的进入事务,要督促有关单位限期整改;限期整改不到位的,全市通报并予以撤销;对未按审批要求操作的进入事务,责令有关单位立即停止,并报请市两办通报批评。

四、工作要求

1. 市级机关各部门(单位)、镇乡(街道)要把村(社区)事务准入制摆上重要议事日程,切实加强领导,周密安排部署,精心组织实施,协调解决工作中遇到的各种困难和问题。有关部门要密切配合,根据各自工作职能,各负其责,切实优化村级运行和村民自治环境。

2. 对审批同意进村(社区)的事务,各部门、镇乡(街道)要做好相关工作的落实、跟踪、检查,并及时上报市城乡社区建设工作领导小组办公室。

3. 对未经审批,擅自进入村(社区)开展的事务,镇乡(街道)要加强与有关职能部门的沟通和协调,切实为村(社区)把好关。镇乡(街道)对属于自身职责范围内的工作要主动承担,不得摊派或转嫁到村(社区)。

附件1　诸暨市村(社区)事务准入审批表（略）

附件2　诸暨市基层群众自治组织依法履行职责事项［节选］

序号	履行职责事项内容	法律、法规、规章依据
12	预防未成年人犯罪,对被遗弃、虐待的未成年人采取救助措施;做好父母死亡或者没有监护能力的未成年人的监护管理相关工作,做好妇女、老龄、养老服务及老年人权益保护工作	《中华人民共和国预防未成年人犯罪法》第三条、第十三条、第二十八条、第四十一条;《中华人民共和国民法通则》第十六条;《中华人民共和国妇女权益保障法》第三条;《中华人民共和国老年人权益保障法》第七条、第二十条、第二十四条、第三十八条。

附件3 诸暨市基层群众自治组织协助政府工作事项［节选］

序号	涉及部门	协助工作事项内容	法律、法规、规章依据
1	综治	配合做好社会治安综合治理工作	《浙江省社会治安综合治理条例》第二十二条。
2	教育	协助做好青少年教育工作	《中华人民共和国城市居民委员会组织法》第三条。
3	教育	协助做好适龄儿童、少年义务教育工作	《中华人民共和国义务教育法》第十三条。
4	教育	协助做好违法犯罪未成年人的教育和挽救工作，预防和制止侵害未成年人合法权益的违法犯罪行为	《中华人民共和国未成年人保护法》第四十八条。
5	公安	协助维护社会治安和秩序，协助做好维护中小学校周围治安工作	《中华人民共和国村民委员会组织法》第二条；《中华人民共和国城市居民委员会组织法》第三条；《中华人民共和国突发事件应对法》第五十五条；《中华人民共和国预防未成年人犯罪法》第二十七条。
6	公安	协助做好禁毒宣传教育、毒品预防和社区戒毒、社区康复工作	《中华人民共和国禁毒法》第十七条；《浙江省禁毒条例》第七条。
7	公安	协助开展查禁赌博工作	《浙江省禁止赌博条例》第九条。
8	公安	协助做好流动人口居住登记相关的服务管理工作	《浙江省流动人口居住登记条例》第四条、第九条、第十条、第十二条。
9	公安	协助做好租赁房屋的安全防范、法制宣传教育和治安管理工作	《租赁房屋治安管理规定》第四条。
10	公安	协助做好消防宣传教育工作	《中华人民共和国消防法》第六条。

续表

序号	涉及部门	协助工作事项内容	法律、法规、规章依据
14	司法	协助做好被判处管制、剥夺政治权利、宣告缓刑、裁定假释、暂予监外执行服刑人员的监督、考察和帮教工作	《中华人民共和国城市居民委员会组织法》第十八条；《社区矫正实施办法》第三条；《浙江省社会治安综合治理条例》第十三条。
15		协助做好对未成年人的教育、挽救工作	《中华人民共和国预防未成年人犯罪法》第四十七条

4.1.9 诸暨市深化群众性精神文明创建活动实施意见

提要：该文献节选自诸暨市精神文明建设委员会发布的文件，主要介绍重点项目里涉及青少年群体的内容。

诸暨市深化群众性精神文明创建活动实施意见[1]

为深入贯彻落实党的十九大和省第十四次党代会、市委十六届三次全会精神，根据中央文明委《关于深化群众性精神文明创建活动的指导意见》有关要求，进一步提升我市群众性精神文明创建工作水平，现结合我市实际，提出如下实施意见：

一、总体要求

（一）指导思想

高举习近平新时代中国特色社会主义思想伟大旗帜，全面贯彻党的十九大精神，牢固树立新发展理念，坚持以人民为中心的发展思想，以培育和践行社会主义核心价值观为根本，加强公民思想道德建设，深化群众性精神文明创

---

[1] 诸文明委〔2018〕2号,2018年2月13日印发。

建活动,大力推进风尚文明建设,着力提升市民文明素质和城市文明程度,全面提高群众生活质量和城市文化品位,为加快建设富强民主文明和谐美丽的社会主义现代化强市提供坚强的思想保证、强大的精神力量、丰润的道德滋养。

(二)基本原则

——坚持正确方向、凝聚共识。坚持以习近平新时代中国特色社会主义思想为指引,坚持正确的政治方向,始终把培育和践行社会主义核心价值观作为群众性精神文明创建活动的灵魂工程和根本任务。

——坚持围绕中心、服务大局。把深化群众性精神文明创建活动放在诸暨现代化强市建设大局中谋篇布局,推动全市物质文明与精神文明相互促进、协调发展。

——坚持以人为本、共建共享。坚持以人民为中心的发展思想,牢固树立依靠人民、为了人民的创建理念,把开展群众性精神文明创建活动作为满足群众美好生活需求的重要载体,动员人人参与,实现共建共享。

——坚持全域创建、常态长效。以深化群众性精神文明创建活动为抓手,加快推进全市域协同发展和城乡融合发展,注重制度保障,突出问题导向,持续提升群众文明素质、居民生活品质、城乡文明水平。

(三)工作目标

习近平新时代中国特色社会主义思想深入贯彻,"两个一百年"奋斗目标、实现中华民族伟大复兴的中国梦更加深入人心,新时代推进诸暨现代化建设的强大精神动能不断凝聚;社会主义核心价值观全面普及,融入社会发展方方面面,成为百姓日用而不觉的行为准则和全市人民的共同价值追求;文化自信切实增强,爱国主义、集体主义、社会主义思想全面弘扬,中国特色社会主义文化和诸暨特色文化的自信心、认同感、自豪感以及城市凝聚力、向心力进一步增强;风尚文明全面引领,群众性精神文明创建工作制度化、常态化稳步推进,城乡环境面貌、社会公共秩序、公共服务水平、居民生活质量持续改善,公民思想道德和社会文明程度显著提高。

二、重点项目

(一)社会主义核心价值观铸魂工程(略)

(二)文明创建品质提升工程

……

8. 扎实推进文明校园创建。按照文明校园"五个一"工作要求,在全市广泛开展文明校园创建活动,实现2020年全市中小学"文明校园"创建活动100%覆盖目标。落实《诸暨市中小学文明校园评价细则》,深化校风学风和师德师风建设,进一步提升学校思想道德、教师队伍、校园文化建设水平。广泛开展"我的中国梦"主题教育实践活动,组织推进清明祭英烈、六一"学习和争做美德少年"、七一"童心向党"、十一"向国旗敬礼"等主题教育活动,推进核心价值观进教材、进课堂、进头脑。推进文明氛围营造,统筹学校文明班级、文明寝室、文明食堂、美丽校园、文化校园、绿色校园和平安校园等建设工作,打造"一校一品"文明校园特色品牌。

牵头单位:市文明办、市教育局

责任单位:市委政法委、市环保局,各镇乡(街道)

9. 广泛推进文明家庭创建。突出文明家庭创建工作统筹,创建一批市级文明家庭,以文明家庭为统领,广泛开展"星级文明户""最美家庭"等创建活动,推动形成爱国爱家、相亲相爱、向上向善、共建共享的社会主义家庭文明新风尚。突出家教家风家训传承,大力开展"传家训、立家规、扬家风"主题活动,大力弘扬良好家风和家训。突出运用节庆活动弘扬家庭文化,深入开展传统节日主题活动,健全和规范必要的礼仪制度,形成有利于家庭建设的社会环境。

牵头单位:市文明办、市妇联

责任单位:各镇乡(街道)

(三)文明风尚弘扬工程

…………

13. 加强网上精神文明建设。深入开展网上文化家园建设,发掘、培育、服务、团结一批覆盖各类平台的正能量网络传播阵地。实施"清朗网络空间"行动,依法打击网络谣言和网上淫秽色情信息,严厉查处违法违规网站,让网络空间清朗起来。强化网络活动组织,举办"网络文化节""争做好网民"等文化传播活动,讲好网上诸暨好故事。优化网络队伍建设,整合网络文明志愿者队伍,引导党员干部、文明单位网络志愿者主动承担传播文明、引领风尚的社会责任。

牵头单位:市文明办、市互联网信息办公室

责任单位:市直机关党工委、市公安局、市经信局,各镇乡(街道)

(四)乡风文明提升工程(略)

(五)道德实践涵养工程(略)

(六)"立德树人"筑基工程

…………

21. 构建中小幼一体化德育体系。推进理想信念、爱国主义、公民意识、中华传统文化、创新创造和心理健康教育,把德育教育纳入学校党建和思想政治工作考评体系。加强中小学育人工作,推进"做有道德的人"主题活动,开展爱党爱国爱乡教育,实施文化凝练、文脉传承和人文景观三大工程,推进德育微创新"4+1"活动,形成"一地一品、一校一策"的工作特色,全面构建纵向衔接、横向联动、特色鲜明、机制完善的中小学德育体系。加强幼儿园德育启蒙,以省编幼儿德育地方课程教材《好孩子》为载体,积极培养幼儿期发展关键品格,让幼儿实现良好行为习惯养成、良好品格塑造。

牵头单位:市委宣传部、市教育局

责任单位:各镇乡(街道)

22. 营造青少年健康成长的社会环境。推进家长学校等育人阵地建设，建立健全学校家长委员会，拓展形成社区学校网络，构建学校、家庭、社区共建的育人体系。加强学校周边商业网点、文化市场、社会秩序整治，进一步优化校园周边环境。深入实施乡村学校少年宫建设和"春泥计划"工作，为未成年人搭建寓教于乐、学技学艺的课外实践平台。建立健全留守儿童、困境儿童、外来务工子女关爱帮扶制度。

牵头单位：市文明办

责任单位：市教育局、市文广新闻出版局、市民政局、市市场监管局、团市委、市妇联，各镇乡(街道)

(七)群众美好生活助力工程

…………

26. 促进全民身心健康。按照健康诸暨发展规划，组织开展全民健身运动，加强体育设施建设，鼓励全市非公共体育场馆对外开放，健全各级各类全民健身组织，增加建设晨晚练体育活动点的数量，不断增强市民身体素质。推进城乡基层医疗卫生服务体系建设，健全卫生和计生服务网络，普及公共卫生知识和健康科学水平，建立居民健康档案，为群众提供疾病预防、保健、康复、计生等服务。进一步加强"心理健康促进工程"项目建设，积极发挥市以及社区(学校)心理辅导中心作用，进行针对性的心理疏导和矫正，开展"少儿阳光公园"等主题活动，树立自尊自信、理性平和、积极向上的良好心态。加强未成年人心理健康教育，完善市以及社区(学校)未成年人心理健康工作网络，加强心理健康师资队伍建设，加大未成年人心理健康宣讲活动，落实学校心理健康的全员培训，全面提升心理健康教育水平。

牵头单位：市教育局、市卫生和计划生育局、市体育局

责任单位：各镇乡(街道)

三、工作要求

（一）强化党委领导。各级各部门党委（支部）要切实承担起精神文明建设主体责任，要坚持"两手抓、两手都要硬"的战略方针，把精神文明建设纳入经济社会发展总体规划，列为领导班子和领导干部考核的重要内容。进一步完善党委统一领导、党政齐抓共管、文明委组织协调、有关部门各负其责、全社会积极参与的工作机制。文明委及成员单位要切实担负起规划、指导、协调、推动精神文明建设的重要职责，统筹抓好精神文明建设工作。文明办要加强统筹协调、督促检查、参谋服务，推动各项任务落到实处。

（二）着力改革创新。要提高站位、深度谋划，创新工作思路，深化对工作特点和规律的认识，尊重群众的主体地位和首创精神，不断增强群众性精神文明创建活动的针对性和有效性。要紧跟技术发展和时代潮流，创新工作方法和手段，积极利用新媒体新科技丰富精神文明创建工作的载体，使创建活动始终充满生机活力。

（三）加大投入保障。完善和落实相关政策措施，建立健全精神文明建设多渠道投入保障机制，将群众性精神文明创建活动经费列入各级政府预算，为各项创建任务顺利完成提供有力保障。加强创建工作队伍建设，明确职责任务和人员经费，加强业务能力培训，确保创建工作一竿子到底。

（四）突出工作实效。坚持以人民为中心的发展思想，坚持群众满意标准，从解决群众反映强烈的突出问题入手，着力提升城乡环境面貌和人民群众生活质量，让人民共享精神文明建设的成果。坚持项目化运作，立足人们生产生活实际组织活动，针对人们思想特点开展宣传教育，完善考核评价机制，加强监督检查，力戒形式主义和表面文章，确保工作落到实处。

（五）营造创建氛围。要强化传播引领，加强典型宣传、文艺宣传和公益广告宣传，制作推出一批与诸暨城市景观相融合、与城市历史文脉相衔接、与市民欣赏习惯相契合的核心价值观公益广告和文艺精品。要突出全员参与，发挥各级党组织示范带头作用,发挥工会、共青团、妇联、科协、社科联、文联、红十字会等人民团体各自优势,发挥民主党派、工商联、无党派人士、社会公众人物的作用,发挥行业协会、社会团体、基金会等各种社会组织的作用,形成全员参与、人人创建的社会氛围。

4.1.10 青少年"枫桥经验"传承基地成立

提要:该文献是报纸文章。诸暨市关工委、政法委、教体局、文旅集团联合发起青少年"枫桥经验"传承基地研学项目,引导青少年前往"枫桥经验"陈列馆、枫桥检察室"刑事犯罪源头防治中心"、枫桥派出所"青少年安防体验馆"、枫源村"文化礼堂"、梁焕木纪念馆参加研学活动。

青少年"枫桥经验"传承基地成立[1]

"大家好,欢迎来到'枫桥经验'陈列馆参观。我是枫桥镇小五(3)中队的周振轩,首先由我来为大家介绍一下左侧的这面浮雕……"日前,在"枫桥经验"陈列馆,枫桥镇小的"小小讲解员"们热情地向同学们介绍"枫桥经验"的精髓。当天,我市青少年"枫桥经验"传承基地授牌及研学活动启动仪式便在此举行。

据了解,青少年"枫桥经验"传承基地研学项目是由市关工委、市委政法委、市教体局、市文旅集团联合发起的,将引导青少年前往"枫桥经验"陈列馆、枫桥检察室"刑事犯罪源头防治中心"、枫桥派出所"青少年安防体验馆"、枫源村"文化礼堂"、梁焕木纪念馆这5个实践点参加形式多样的研学活动,进一步传承与践行"枫桥经验"。

---

[1] 作者杜萌颖、丁利培、周巧琴、傅佳瑜,载《诸暨日报》2020年12月13日,第1版。

其中,"枫桥经验"陈列馆作为青少年"枫桥经验"教育基地的核心研学实践点,承担着在青少年群体中普及"枫桥经验"的任务,让青少年充分了解"枫桥经验"的发展历程,通过直观的感受,认识到"枫桥经验"在推进基层社会治理体系和治理能力现代化中作出的重要贡献;枫桥检察室"刑事犯罪源头防治中心"作为法治教育基地,增进青少年的法治思维,提高他们运用法律手段解决问题的能力;枫桥派出所"青少年安防体验馆"作为安全防范知识科普基地,可模拟灾害避险、消防逃生、交通安全等场景,提升青少年治安防范能力;枫源村"文化礼堂"与梁焕木纪念馆,则能为青少年拓宽视野,将乡贤文化、文明践习与传承"枫桥经验"结合,提升其综合素质。

"我们希望通过整合原有教育基地资源,探索创设形式多样、方式灵活、效果明显的青少年社会主义核心价值观教育实践载体,继续发挥基地育人、辐射引领作用,推动全市关心下一代教育基地高水平发展,努力争创'全国关心下一代党史国史教育基地'。"市关工委相关负责人说,接下来,"枫桥经验"传承基地研学活动将在各镇乡(街道)的中小学陆续推进。

4.1.11 省首个青少年普法平台开讲

提要: 该文献是报纸文章。诸暨市司法局举行"新时代枫桥经验法润青苗·智慧普法"项目启动仪式,并开展线下讲座第一课。该项目以新时代"枫桥经验"、传统红色文化及现代法治文化为主要内容,构建学校、社会、家庭多元参与,线上线下互联互通的青少年法治教育网络。

省首个青少年普法平台开讲[1]

近日,市司法局在市职教中心举行"新时代枫桥经验法润青苗·智慧普法"项目启动仪式,并开展线下讲座"第一课",共计150余名学生及学生家长参与。该项目以新时代"枫桥经验"、传统红色文化及现代法治文化为主要内容,以此构建学校、社会、家庭多元参与,线上线下互联互通的青少年法治教育网络。

近年来,未成年人犯罪低龄化、暴力化趋势日益明显,进一步加强青少年普法教育刻不容缓。从今年3月1日起,刑责年龄下调至12周岁,而不少未成年人法律意识欠缺。为防患未然,司法局早在年初就围绕建设数字浙江目标,着力开发"新时代枫桥经验法润青苗·智慧普法"平台,通过"枫桥经验"网上学、法治教育"云"上游、"1963法润诸暨"系列讲座等项目,打造青少年线上普法课堂。该平台在我省尚属首个。

据悉,"新时代枫桥经验法润青苗·智慧普法"讲师团,目前在聘人员18人,分别来自党校、关工委、公安局、检察院、法院、教体局、律师队伍,通过送法进校、实践体验等形式,向学生零距离开展普法宣传。今年预计举行线下讲座30余场,内容涵盖红色文化、"枫桥经验"、法律宣传、心理辅导四个方面。

4.1.12 省首个青少年网上普法平台上线

提要: 该文献是报纸文章。诸暨市青少年学法用法平台"法润青苗平台"上线,集特色化、专业化、趣味性于一体,推进青少年法治宣传教育。平台整合各类青少年普法资源,提供法律知识学习、法律法规查询等服

---

[1] 作者应柳漪、张琼,载《诸暨日报》2021年5月6日,第1版。

务。同时,推出特色展览馆"云参观",实现线下普法资源数字化。平台还开发了18个精品课程,实施"学校点单——平台派单——讲师接单"普法模式,并启动校园定期学法计划。

省首个青少年网上普法平台上线[1]

线上趣味学法、云参观展览馆、积分兑换奖品……近日,我市青少年学法用法平台"法润青苗平台"上线。该平台集特色化、专业化、趣味性于一体,深入推进青少年法治宣传教育。

"法润青苗平台"突出政法、教体等多部门共建共享,整合汇集各类青少年普法资源,开辟法律知识学习、法律法规查询、法律援助指引等服务模块,有效破解以往普法资源分散、普法资料零散、普法成果难以长期展示等困局,目前平台用户覆盖全市159所学校、15万中小学生。同时,"法润青苗平台"实现了普法场景多元化,该平台丰富普法场景,融入"枫桥经验"、革命文化等本土元素,推出特色展览馆"云参观",实现线下普法资源数字化,为青少年普法注入多元化基因,目前"云上展览馆"共包括"枫桥经验"陈列馆、俞秀松烈士纪念馆等3个红色教育基地和青少年法治展馆、安防体验馆等5个法治展览馆。

此外,该平台还实现了普法课程专业化,依托"法润青苗平台"普法讲师团,紧贴中小学生学法需求,针对性开发法律宣讲类、红色专题类、心理健康类等精品课程18个,并探索"学校点单——平台派单——讲师接单"精准普法模式;启动校园定期学法计划,在平台集中开展"法律大讲堂",并辅以习题检测、心得分享等方式,满足多个学校同时普法的教学需求。

---

[1] 作者寿思越、张琼,载《诸暨日报》2021年11月4日,第1版。

4.2 青少年关爱和维权

4.2.1 绍兴市的青少年维权工作

提要:该文献介绍了绍兴团市委积极开展青少年的维权工作:设立青少年维权保护基金、青少年维权岗、"心理阳光"青少年心理咨询热线、未成年人保护委员会,创办青少年法制学校、家长学校和村民法制学校,开展"社区矫正志愿者阳光行动"等,维护了绍兴市青少年的合法权益,促进了青少年的健康成长。

绍兴市的青少年维权工作[1]

1994年3月,团市委设立"绍兴市青少年维权保护基金",用于资助贫困青少年和表彰优秀青少年。1999年,启动"青少年维权岗"创建活动,并逐步在宣传、教育、公检司法、广电、建设等十四个行业系统中全面推开,维权岗通过维权热线、上门咨询服务等方式维护青少年合法权益。2002年5月,开通"心理阳光"青少年心理咨询热线。2003年6月,对8 000多名少先队员开展意外伤害调查,了解少年儿童意外伤害热点和信息,将发现的问题、提出的对策和可行性于方案实践直接应用,为学校、社会和有关方面预防少年儿童意外伤害提供参考。2005年4月,市未成年人保护委员会成立,为未成年人权益保护提供或寻求法律帮助。同时,创办青少年法制学校、家长学校和村民法制学

---

[1] 载绍兴市地方志编纂委员会办公室编:《绍兴市志(1979~2010)》(第三册),浙江古籍出版社2018年版,第1414页。题目为编者所拟。

校,对青少年开展法制教育。

2009年,在全市推广"社区矫正志愿者阳光行动",350名社区矫正志愿者接受培训,参与到青少年违法犯罪社区预防和维权教育工作当中。至2010年,全市创建规范化"青少年法制学校"83家,"红领巾法制学校"21家,基本覆盖全市中小学在校学生。全市社区建"家长法制学校"183家,学员6.23万人;同时,在村一级普遍建立"村民法制学校",通过开展"送法下乡"活动,重点对农村青年开展法制宣传教育。市公安局越城分局稽山派出所、诸暨市工商行政管理局"12315"举报投诉中心、越城区人民法院等获"全国优秀青少年维权岗"称号。

4.2.2 绍兴关工委的关心下一代工作

提要: 该文献记载了从20世纪90年代开始,绍兴市离退休干部积极开展关心下一代的工作:向广大青少年进行革命传统教育、爱国主义教育、改革开放教育,帮助青少年树立正确的世界观、人生观、价值观,提高了革命传统文化、爱国主义等在青少年中的影响力。

绍兴关工委的关心下一代工作[1]

全市离退休干部积极开展关心下一代工作。20世纪90年代,主要向青少年开展以革命传统为主要内容的思想道德教育。1991年至1993年,全市革命传统报告团近200名老同志给青少年进行1300余场次革命传统教育报告,受教育的中小学生达27万人次。1995年,为纪念抗日战争胜利50周年,市关工

---

[1] 载绍兴市地方志编纂委员会办公室编:《绍兴市志(1979~2010)》(第三册),浙江古籍出版社2018年版,第1147页。题目为编者所拟。

委与绍兴人民广播电台联合举办"中学生暑期特别节目",邀请7位参加过抗日战争的老同志,用直播形式讲述亲身经历,进行革命传统教育。2000年后,全市各级关心下一代工作委员会围绕抗日战争胜利60周年、中华人民共和国成立60周年、中国共产党成立80周年、改革开放30周年等重大纪念日以及党的十七大召开、北京奥运会、上海世博会、抗洪抢险抗震救灾、全国文明城市创建等重大事件,结合乡土历史人文资源,因地制宜地开展具有浓郁地方特色的爱国主义教育、乡贤教育、名人教育,向广大青少年进行革命传统教育、爱国主义教育、改革开放教育,帮助青少年树立正确的世界观、人生观、价值观。2001年12月,市关工委从嵊州市关工委工作中得到启发,在全市基层关工委工作现场会上推广嵊州"十、百、千"关爱活动经验,帮困助学活动在全市关工委系统全面开展。2005年开始,响应市委、市政府发出的向困难群众"送温暖"活动的号召,每年开展关爱孤儿学生、特困家庭学生、贫困山区、革命老区学生以及突发困难家庭学生,给予特殊群体学生特别关爱活动。2007年,对全市845名孤儿学生进行全面调查,逐个登记造册,建立成长档案。市、县两级关工委连续3年发动企业家伸出援助之手,开展为全市孤儿学生送温暖活动。同时,全市各级关工委开展"关爱明天、普法先行"青少年法制宣传教育系列活动,通过读普法书籍、看普法影片、办法制讲座等形式在青少年中开展普法教育。2010年,诸暨市关工委有252个预防和减少青少年犯罪的关爱工作团(组),1 322名"五老"参与关爱帮扶工作,共帮教635名青少年,其中明显进步328人。全市各级关工委广泛开展网吧义务监督工作,通过制定定点监督、日常巡查、信息反馈等工作制度,对监督的内容、方式、方法进行明确规定,落实巡查责任和时间,实行片组化管理。

4.2.3 诸暨2001年的青年数据及关工委帮教活动

提要：该文献介绍了2001年诸暨市14—28周岁青年占全市人口的17.5%。诸暨市在青少年中广泛开展理想信念、爱国主义、道德法制、科技文化教育活动；开设法制讲座、建立健全帮教小组，有350名老同志结对帮教失足青少年180名；对26名少年犯家庭进行社会调查，进大墙帮教。

诸暨2001年的青年数据及关工委帮教活动[1]

2001年，全市14—28周岁青年有187 545人，占全市人口的17.5%，团员58 921人（其中28周岁以下58 765人），团青比例为31.4%；基层团委286个，团总支159个，团支部2 422个。

围绕建党80周年纪念活动，根据各地实际，市关工委与有关部门、社会团体一起，采取多种形式，在青少年中广泛开展理想信念、爱国主义、道德法制、科技文化教育活动。为青少年办实事、做好事。据年底统计，市级报告团到31个单位、92所学校，共举行报告123场，有青少年59 176人次受到教育；镇乡级举行报告90场，受教育52 245人次。全市419所家长学校年办班485期，受教育4 780人次。114所青少年法制学校开设法制讲座36次。建立健全帮教小组35个，有350名老同志结对帮教失足青少年180名。市关工委对26名少年犯家庭进行社会调查，进大墙帮教。

---

1 作者冯国、陈伯明，载诸暨市地方志编纂委员会编：《诸暨年鉴》（2002），方志出版社2002年版，第180、166页。题目为编者所加。

4.2.4 关爱特殊群体 消减矛盾

提要: 该文献是诸暨市人民检察院工作报告《深化发展"枫桥经验" 大力推进检察工作》的部分内容。关爱特殊群体以维护社会稳定要充分发挥检察职能,帮扶归正人员,保护妇女、儿童、青少年的合法权益;共同预防青少年犯罪,切实保护妇女儿童权益。

关爱特殊群体 消减矛盾[1]

关爱特殊群体以维护社会稳定是"枫桥经验"的又一重要内涵。充分运用检察职能,帮扶归正人员,保护妇女、儿童、青少年的合法权益,我们对此作了努力与探索。

(一)帮教归正人员。针对归正人员的社会孤立、心理失衡、犯罪易发特征,我们针对性采取措施,帮助他们融入社会,勤劳致富。一是帮教。鉴于刑释初阶段的特殊重要性,认真检查监管单位是否落实,监管组织是否健全,监管考察措施是否到位,帮教措施是否有效。对脱管、漏管的,督促有关部门纠正,以安全度过"危险期"。二是帮心。坚持实地检察制度,一人一档,一年数检,通过谈心、交流等活动,帮助他们消除自卑感,尽快适应社会。三是帮扶。利用归正人员的一技之长或其他有利条件,和公安、司法部门协同配合,帮助解决就业等一些实际问题,使他们早日为社会作贡献。通过这些措施,有效地降低了重复犯罪率,促进了社会安定。

(二)共同预防青少年犯罪。我院根据青少年犯罪的特殊情况,积极寻求

---

[1] 载中共诸暨市委、诸暨市人民政府编:《与时俱进的枫桥经验》,浙内图准字(2003)第190号内部资料,第68—71页。

对策,以青少年维权岗活动为载体,努力追求最佳办案效果。一是掌握政策法律界限。坚持"教育、感化、挽救"的方针和"教育为主、惩罚为辅、寓教于审"的原则,细致审查、慎重处理。利用刑法规定"从轻、减轻、免除"处罚的条件,对犯罪情节轻微、后果不严重的,在捕诉问题上尽量靠下线。同时,把教育贯穿于办案始终。二是构建维权网络。主动与教委、共青团、妇联以及未成年人所在的镇、村(居)及时沟通,借助全社会的力量,共同关爱、教育青少年。三是完善操作制度。成立青少年维权岗领导小组,制定《关于办理未成年人犯罪若干规定》,使得办理未成年人犯罪案件有一套完整的工作制度,避免随意性。五年中,我们办理了218起未成年人犯罪案件,均取得了良好的社会效果。

(三)切实保护妇女儿童权益。在新的社会背景下,家庭暴力对妇女、儿童的侵权,已成为新的案发特点,家庭是社会的细胞,家庭安定对社会稳定有着重要意义。

为此,我们采取积极措施,依法保护妇女儿童合法权益。一方面是运用司法强力措施。对侵犯妇女儿童权益的各类犯罪快捕快诉,坚决打击。另一方面是遏制与预防家庭暴力。摒弃对家庭暴力不干预的习惯思维与做法,积极干预,对受害人进行司法救助。为此,我们和法、公、司、妇联一起在全市建立家庭暴力救助协作网络,共享信息,协调工作,控制家庭暴力的滋长。如街亭浮塘村被告人赵某勇动手打儿子致重伤,我们依法批捕起诉,后赵某勇被处刑三年。

4.2.5 诸暨2003年的儿童权益保护情况

提要: 该文献介绍了2003年诸暨市儿少事业的良性发展态势:获得"全国幼儿教育先进县(市)"称号;儿童、少年保健水平继续提高,儿童权益保护力度进一步加强;7岁以下儿童保健覆盖率达92.37%,城镇托幼园所卫生保健合格率为100%；儿童权益保护力度进一步加强，禁止针对儿童的一切暴力形式。

诸暨2003年的儿童权益保护情况[1]

单位和有关部门认真贯彻"儿童优先"的思想，通力协作，抓住重点，使全市儿少事业呈良性发展态势。按照浙江省、绍兴市妇女儿童工作委员会的工作要求，由市儿童协会牵头，对《诸暨市儿少发展规划（2001—2005）》的实施情况进行了中期监测评估。全年，诸暨儿童少年教育成果显著，获得"全国幼儿教育先进县（市）"称号；儿童、少年保健水平继续提高，全市27家医疗单位通过爱婴医院（卫生院）验收和复检，7岁以下儿童保健覆盖率达92.37%，城镇托幼园所卫生保健合格率为100%；儿童权益保护力度进一步加强，政法、公安、法院、司法、妇联等部门联合成立妇女、儿童家庭暴力救助协作网络，禁止针对儿童的一切暴力形式；加大开展法制宣传教育活动，全市共有青少年法制学校、红领巾法制学校130所。全年共立案处罚童工案件76起，清退童工98名。"六一"节，各镇乡及有关成员单位，相继组织了"庆六一、献爱心"、健康体检、文艺联欢及《中华人民共和国母婴保健法》《中华人民共和国未成年人保护法》等宣传活动，市委、市政府等四套班子领导赴实验小学、东湖幼儿园、浣江幼儿园看望儿童少年，"六一"期间，全市各界共为儿童、少年捐款赠物折价35万余元。

4.2.6 诸暨2005年的青少年工作

提要：该文献从诸暨市2005年青少年工作概况、进一步加强和改进

---

[1] 作者赵娅，载诸暨市地方志编纂委员会编：《诸暨年鉴》（2004），方志出版社2004年版，第185页。题目为编者所拟。

关心下一代工作、健全和规范基层关工委组织建设、创建关心下一代工作"四好"先进村(社区)、为贫困学生办实事、加强青少年思想道德建设、深化未成年人思想道德建设等方面介绍诸暨市2005年关工委和共青团的相关工作。

诸暨2005年的青少年工作[1]

【概况】2004年,全市各级关工委在市委、市政府的领导和上级关工委的指导下,以"三个代表"重要思想为指导,认真学习贯彻《中共中央国务院关于进一步加强和改进未成年人思想道德建设的若干意见》,加强青少年思想道德教育,加强基层组织网络建设,开展关心下一代工作"四好"先进村、社区创建活动,为青少年办实事做好事,取得可喜成绩。

【进一步加强和改进关心下一代工作】3月12日,市委召开全市关心下一代工作会议。市关工委主任车珊珠以"求真务实,开拓创新,努力做好关心下一代工作"为题作了工作报告。市委副书记蔡汉良在会上讲了话,暨阳街道党委、店口镇、大唐镇关工委作了工作交流发言,会上还公布了市委办转发的《市关工委关于创建关心下一代工作先进村(社区)的意见》。

【健全和规范基层关工委组织建设】28个镇乡、街道关工委班子建设,基本达到市委组织部要求,主任由党群副书记兼任,由一位退休老领导或在职分管领导任常务副主任,其他成员由宣传、团委、妇联、教育、文化、司法、科技等有关部门领导及离退休老同志组成,并经党委发文公布。全市1 301个行政村、19个社区、21个居委会关工委班子进行了调整充实,党支部书记兼主任,5—9人组成,由镇乡、街道党委统一行文,明确职责。同时,理顺了网络名称。

---

[1] 作者罗贤灿、孟一微,载诸暨市地方志编纂委员会编:《诸暨年鉴》(2005),方志出版社2006年版,第162—163页。题目为编者所拟。

行政村、社区、居委会统称"关心下一代工作委员会",并由镇乡、街道统一授牌。自然村和社区楼群统称"关心下一代工作小组"。

【创建关心下一代工作"四好"先进村(社区)】全市各镇乡(街道)关工委在党委政府统一领导下,有关部门各负其责,依靠"五老"(老干部、老战士、老专家、老教师、老模范),通过一年努力,经村、社区申报,镇乡(街道)验收,市关工委考核,有42个行政村、4个社区"达标",被授予市关心下一代工作"四好"(领导班子建设好、组织网络健全好、骨干队伍发动好、活动开展效果好)先进村(社区)。

【为贫困学生办实事】构建起以市关工委为主体,慈善总会、教育基金会、团市委、妇联、企业家协会等团体和机构共同参与的贫困大学生助学机制。2004年,由各级关工委牵线搭桥,共资助大学生128人、中学生465人、小学生1831人,资助金额193.8万元。其中,浙江天洁水泥有限公司董事长陈照米出资35万元,资助208名大中小学生;海亮集团全程资助8名贫困学生上大学,该公司已连续4年出资共52万余元,资助45名贫困生圆上大学梦。市关工委对全市中小学就读的孤儿学生进行普查,建档立册,年终,受绍兴市关工委委托,将由绍兴市企业家捐赠90 300元资助给301名孤儿学生,人均300元。

【加强青少年思想道德建设】全市从事关心下一代工作的"五老"队伍已达5 000人左右。各镇乡、街道根据老同志特点和专长,分别建立宣传教育、法制帮教、帮困助学、调查研究、科技致富以及报告团、艺术团等组织。2004年,市关工委报告团成员宣讲92场次,受众49 350人;成立帮教小组35个,参与帮教395人,帮教失足青少年176人(其中132人有明显进步);中小学校外辅导员队伍扩展到220人。同时,还配合妇联、司法局、教育局共同办好家长学校和青少年法制学校。

【深化未成年人思想道德建设】以贯彻落实2004年中央8号文件为契机,

扎实推进未成年人思想道德建设。以"五爱、四有""民族精神代代传"主题活动、少先队"手拉手"活动等为载体,广泛开展未成年人道德实践活动;成立未成年人思想道德建设理论研究小组,设立青少年舆情监测点;牵头成立诸暨市未成年人保护委员会,开通"96354"青少年维权服务热线,建立维权志愿律师队伍;以争创省级青少年维权区域联动示范单位为契机,着力构建立体式维权服务网络,全市有维权岗和创建岗56家。

4.2.7　关于建立未成年人监护侵害与缺失监督、家事审判监督工作协作机制的意见

> **提要:** 该文献是诸暨市人民检察院、诸暨市人民法院联合印发的文件。文件提出,合力加强对未成年人的司法保护,净化未成年人成长环境,防止、减少监护侵害与缺失,促进家事审判活动规范有效开展,建立以下工作协作机制,促进未成年人权益保护落到实处:明确涉家事案件互联互通的范围;建立日常工作联络员制度,负责案件相关方面的信息交流、材料移送、沟通协调等事宜;建立家事审判、执行活动跟踪协作机制;建立家事案件回访、反馈机制;建立联席会议制度,研究存在的问题、难点,不断探索新思路新方法;对于监护侵害行为符合起诉条件的,检察院积极作为;两院确保对未成年人的有效监护和保护。

关于建立未成年人监护侵害与缺失监督、家事审判监督工作协作机制的意见[1]

为充分履行人民检察院法律监督职能与人民法院审判职能,加强对未成年人全面综合司法保护,净化未成年人成长环境,防止、减少监护侵害与缺失,

---

[1] 诸检会〔2018〕7号,2018年11月12日印发。

促进家事审判活动规范有效开展,真正将未成年人权益保护落到实处,经诸暨市人民检察院(以下简称市人民检察院)与诸暨市人民法院(以下简称市人民法院)协商,结合我市实际,建立相关工作协作机制。具体内容如下:

一、明确建立协作机制的目的和意义。市人民检察院与市人民法院应遵循未成年人最大利益原则,促进未成年人权益保护落到实处,加强沟通协作,形成合力,实行未成年人监护侵害与缺失、家事案件信息共享,共同加强未成年人权益保护工作力度。

二、明确涉家事案件互联互通的范围。市人民检察院、市人民法院在日常工作中,发现有涉及监护侵害和监护缺失严重侵害未成年人权益,或者导致未成年人处于危险状态的,以及未成年人抚养权、监护权、校园侵权等案件的,双方应及时互通信息;市人民法院对于该类案件的裁判结果、执行情况,及时与市人民检察院联络沟通。

三、建立日常工作联络员制度。市人民检察院与市人民法院应确定具体的工作部门及负责人、联络人,负责涉及未成年人监护侵害与缺失、家事案件相关方面的信息交流、材料移送、沟通协调等事宜。

四、建立家事审判、执行活动跟踪协作机制。市人民检察院要积极参与市人民法院涉及未成年人监护侵害与缺失、家事案件的审判活动,对法院的审判及执行活动情况进行监督;市人民法院办理的社会影响较大或有争议的相关案件在审理、调解过程中,市人民检察院要共同参与,发挥合力;对案件办理及执行过程中的难点问题交流意见。

五、建立家事案件回访、反馈机制。市人民检察院、市人民法院定期对涉未成年人的监护侵害与缺失、家事案件进行回访,就案件处理后的社会效果、社会影响进行了解,市人民检察院实时跟踪了解上类案件的执行活动情况。分析执行不能、执行难的案件类型、原因,及时将相关内容反馈市人民法院。

六、建立联席会议制度。每半年召开联席会议,研究当前未成年人监护侵害与缺失、家事审判、执行过程中的问题、难点,不断探索新思路新方法,促进审判、执行活动规范、有效,使未成年人权益保护落到实处。

七、对于监护侵害行为符合规定情形而相关单位和人员没有提起诉讼的,市人民检察院应当书面建议民政局或者未成年人救助保护机构向市人民法院申请撤销监护人资格。

八、市人民检察院、市人民法院在工作中发现未成年人存在监护缺失,应当立即向相关单位通报情况,并就后续监护缺失保护措施进行会商,确保对未成年人的有效保护。

九、本意见自下发之日起施行。

4.2.8　诸暨市2005年的青少年维权工作

提要: 该文献从深化未成年人思想道德建设、妇女儿童权益保障工作、维权工作三个方面介绍诸暨市2005年的相关工作:贯彻落实2004年中央8号文件,推进未成年人思想道德建设;成立诸暨市未成年人保护委员会,开通"96354"青少年维权服务热线,建立维权志愿律师队伍;依托村(社区)阵地,建立妇女维权站,推进基层投诉受理、信访接待。

诸暨市2005年的青少年维权工作[1]

【深化未成年人思想道德建设】以贯彻落实2004年中央8号文件为契机,扎实推进未成年人思想道德建设。以"五爱、四有""民族精神代代传"主题活动、少先队"手拉手"活动等为载体,广泛开展未成年人道德实践活动;成立未

---

1 作者孟一微、赵娅、张林标,载诸暨市地方志编纂委员会编:《诸暨年鉴》(2005),方志出版社2006年版,第186—188、199页。题目为编者所拟。

成年人思想道德建设理论研究小组,设立青少年舆情监测点;牵头成立诸暨市未成年人保护委员会,开通"96354"青少年维权服务热线,建立维权志愿律师队伍;以争创省级青少年维权区域联动示范单位为契机,着力构建立体式维权服务网络,全市有维权岗和创建岗56家。

【妇女儿童权益保障工作】一是依托村(社区)阵地,对申报市级优秀妇代会的村(社区)要求建立妇女维权站,推进基层投诉受理、信访接待。二是切实加强对外来女性建设者的思想引导,开展了"相约诸暨,有你更精彩"主题系列活动。三是服务少年儿童。"六一"之际开展"社会妈妈"结对助学活动。据统计"六一"期间全社会共为儿童少年捐款赠物折价总计22.7万元,全市各级领导慰问学校121所,慰问贫困学生325人,举办"六一"专场咨询32场(次),咨询人次11 510余人,共发放宣传资料18 632余份。四是严惩侵犯妇女儿童权益的违法犯罪行为,全年共处理强奸案件25起,卖淫嫖娼案件155起,处罚299人次。司法部门共为1 200余名妇女儿童提供法律帮助,其中参与调处案件16起,提供法律援助15起。共立案处罚使用童工案件19起,清退童工23名。市妇女权益保障委员会办公室全年共处理来访367件,来信42件,来电47件,结案率在95%以上。市妇联法律顾问室免费为妇女提供法律咨询,全年接受代理法律文书36件,接受代理诉讼案件75件。

【维权工作】对"未成年人刑事犯罪""女性、弱智、老年人刑事犯罪"等特殊类型案件分别制定特殊的办案细则和流程,给予特别保护。开展"青少年维权岗"创优活动,以"大手牵小手"形式结对帮教未成年犯罪嫌疑人15人,被命名为全省第二批青少年优秀维权岗。建立健全督查机制,切实保障被羁押的犯罪嫌疑人、被告人和服刑人员的合法权益。加大教育、感化和挽救工作力度,罪犯王某在押期间,真心悔罪,改造态度积极,驻所检察室及时提出假释建议、彰显司法公正。做好归正人员帮扶工作,检察监管单位落实帮教措施,主动参与社区矫正活动,帮助归正人员恢复常态,融入社会。

4.2.9　选树典型助力成长　我市关心下一代工作基层组织建设将全域提升

提要：该文献是报纸文章。绍兴市关心下一代工作基层组织建设现场会提出，从乡镇（街道）、村（社区）、部门、学校和企业这五个方面，推动关工委基层组织建设的全域提升。

选树典型助力成长　我市关心下一代工作基层组织建设将全域提升[1]

记者从日前召开的全市关心下一代工作基层组织建设现场会上了解到，从2022年起，我市将连续三年开展"全市关工委'五十佳'基层组织"选树活动，在原有的"五好"关工委基础上，从乡镇（街道）、村（社区）、部门、学校和企业这五个类别，每年选树典型样板，宣传经验成效，扩面推广借鉴，推动基层组织建设的全域提升，助力下一代健康成长。

"关工委工作对象在基层，队伍在基层，重点在基层，活力在基层，效果也看基层。今年，全市各级关工委要扎实抓好基层关工委建设。"市关工委主任陈国阳说，至明年底，各区（市、县）"五好"基层关工委要达到60%以上，同时，明确2022年为"基层组织建设提升年"，全力推动基层关工委组织力的提升。

截至目前，全市参加关心下一代工作的老干部、老战士、老专家、老教师、老模范"五老"有21 000余人，组建了讲师团、科普团、青少年成长顾问团等"五老"关爱团队170多个。全市共建设关心下一代教育基地256个，其中省级基地3个、市级基地21个，初步形成了爱国主义、心理健康、劳模工匠、科普知识、法治帮教、优秀传统文化、劳动技能、美丽乡村建设等八方面的教育基地体系。诸暨

---

[1] 作者侯嫣，载《绍兴日报》2021年10月27日，第2版。

市的青少年"枫桥经验"传承基地率先争创国家级教育基地;打造了"假日爱心学校""用你的爱心温暖老区孩子"等一批有影响、有实效的工作品牌。

4.2.10　阳光护苗调解工作室保护未成年人平安健康

提要:该文献是报纸文章。2021年6月,诸暨市成立"阳光护苗"调解工作室,和校调委合署办公,开展校园学生伤害纠纷调解工作。工作室在2021年期间成功调解了13起校园伤害纠纷,并指导学校调解了38起学生伤害纠纷,协议涉及资金121.19万元。工作室以保护未成年人平安健康为宗旨,通过创新工作机制、加强队伍建设和强化安全预防工作等措施,取得了良好的成绩。

阳光护苗调解工作室保护未成年人平安健康[1]

"阳光护苗"调解工作室成立于2021年6月,依托校调委合署办公,日常开展校园纠纷调解工作。工作室调解团队由5名市级优秀调解员组成,其负责人徐善德同志从事校园伤害纠纷调解工作10年,经验丰富,曾主持、参与、指导成功调解校园伤害纠纷100余起,能独立主持重大疑难矛盾纠纷的调处。2021年期间,工作室共主持调解当事方申请的校园伤害纠纷13起,指导学校调解学生伤害纠纷38起,协议涉及资金121.19万元,调解成功率为100%,调解案例、调解故事征文分别获省、市一等奖。

自成立以来,工作室以保护未成年人平安健康为宗旨,创新工作机制,加强队伍建设,强化安全预防工作,调解员兼任安全督导员,常年常态开展校园安全矛盾纠纷排查,深入推进"枫桥经验"校园实践。

---

[1]　载《诸暨日报》2022年1月25日,第3版。

参考文献

一、著译作

中共中央文献研究室编:《三中全会以来重要文献选编》(下),人民出版社1982年版。

全国人民代表大会常务委员会办公厅编:《中华人民共和国第六届全国人民代表大会第一次会议文件汇编》,人民出版社1983年版。

马结、仲园:《帮教工作概论》,群众出版社1986年版。

中共中央文献研究室编:《十二大以来重要文献选编》(中),人民出版社1986年版。

全国人民代表大会常务委员会办公厅编:《中华人民共和国第六届全国人民代表大会第五次会议文件汇编》,人民出版社1987年版。

彭真:《彭真文选》,人民出版社1991年版。

叶志标、康惠农主编:《社会帮教学》,陕西人民教育出版社1991年版。

彭真:《论新中国的政法工作》,中央文献出版社1992年版。

浙江省诸暨市公安局编,陈善平主编:《枫桥经验三十年》,浙出书临(1993)第221号内部发行。

中共中央文献研究室编:《十三大以来重要文献选编》(下),人民出版社1993年版。

应勇、周长康主编:《当代中国小城镇社区犯罪控制》,中国发展出版社 1995 年版。

浙江省公安志编纂委员会编:《浙江人民公安志》,中华书局 2000 年版。

政协诸暨市文史资料委员会、诸暨市公安局编:《枫桥经验实录》,中共党史出版社 2000 年版。

周长康、金伯中主编:《走向 21 世纪的"枫桥经验":预防犯罪实证研究》,群众出版社 2000 年版。

皮艺军:《犯罪学研究论要》,中国政法大学出版社 2001 年版。

诸暨市地方志编纂委员会编:《诸暨年鉴》(2002),方志出版社 2002 年版。

绍兴市委政法委、绍兴市综治委、绍兴市公安局编:《发展中的枫桥经验》,2003 年编印,内部资料。

中共中央文献研究室编:《十五大以来重要文献选编》(下),人民出版社 2003 年版。

中共诸暨市委、诸暨市人民政府编:《与时俱进的枫桥经验》,浙内图准字(2003)第 190 号内部资料。

皮艺军主编:《越轨社会学概论》,中国政法大学出版社 2004 年版。

诸暨市地方志编纂委员会编:《诸暨年鉴》(2003),方志出版社 2004 年版。

诸暨市地方志编纂委员会编:《诸暨年鉴》(2004),方志出版社 2004 年版。

王鑫宝主编:《回归社会工作概论》,法律出版社 2005 年版。

中共中央文献研究室编:《十六大以来重要文献选编》(上),中央文献出版社 2005 年版。

习近平:《干在实处 走在前列——推进浙江新发展的思考与实践》,中共中央党校出版社 2006 年版。

中共中央文献研究室编:《十六大以来重要文献选编》(中),中央文献出版社 2006 年版。

诸暨市地方志编纂委员会编:《诸暨年鉴》(2005),方志出版社2006年版。

汪世荣:《枫桥经验:基层社会治理》,法律出版社2008年版。

赵义:《枫桥经验:中国农村治理样板》,浙江人民出版社2008年版。

埃德温·萨瑟兰、唐纳德·克雷西、戴维·卢肯比尔:《犯罪学原理》,吴宗宪等译,中国人民公安大学出版社2009年版。

中央社会治安综合治理委员会办公室编著:《长治久安之策》,中国长安出版社2009年版。

中央社会治安综合治理委员会办公室编著:《社会治安综合治理工作读本》,中国长安出版社2009年版。

中央社会治安综合治理委员会办公室编:《平安之路——中国社会治安综合治理三十年纪实(1978—2008)》,中国长安出版社2009年版。

全国人民代表大会常务委员会办公厅编:《中华人民共和国第十一届全国人民代表大会第三次会议文件汇编》,人民出版社2010年版。

全国人民代表大会常务委员会办公厅编:《中华人民共和国第十一届全国人民代表大会第四次会议文件汇编》,人民出版社2011年版。

朱志华、周长康等:《枫桥经验发展论——兼论中国特色整体预防犯罪模式的构建》,浙江人民出版社2011年版。

《彭真传》编写组:《彭真年谱》(第五册),中央文献出版社2012年版。

麦克·马圭尔、罗德·摩根、罗伯特·赖纳等:《牛津犯罪学指南》,刘仁文等译,中国人民公安大学出版社2012年版。

乔石:《乔石谈民主与法制》(上、下),人民出版社2012年版。

金星、许斐主编:《社会管理范本——"枫桥经验"的发展历程》,浙江人民出版社2013年版。

诸暨市社会管理综合治理委员会编:《共创和谐——诸暨市社会管理创新纪实》,2013年印,内部资料。

马明主编:《平安建设理论与实践导读》,内蒙古人民出版社2014年版。

马明主编:《平安建设政策法规选编》,内蒙古人民出版社2014年版。

姚建龙:《青少年犯罪与司法论要》,中国政法大学出版社2014年版。

布兰登·C.韦尔什,戴维·P.法林顿:《牛津犯罪预防指南》,秦英等译,中国人民公安大学出版社2015年版。

罗干:《罗干谈政法综治工作》,中国长安出版社2015年版。

浙江公安史志编纂委员会编:《浙江省公安志(1995~2014)》,浙江古籍出版社2015年版。

中央综治办编:《综合治理、平安建设重要法律法规汇编》,中国长安出版社2015年版。

冯树梁:《中国犯罪学话语体系初探》,法律出版社2016年版。

贾洛川、王志亮主编:《新中国监狱学研究20年综述》,中国法制出版社2016年版。

马以主编:《平安中国的浙江实践》,浙江人民出版社2017年版。

本书编写组编:《新时代"枫桥经验"的浙江实践》,浙江人民出版社2018年版。

贾宇主编:《新时代"枫桥经验"检察实践案例精选》,浙江人民出版社2018年版。

绍兴市地方志编纂委员会办公室编:《绍兴市志(1979~2010)》(第三册),浙江古籍出版社2018年版。

绍兴市地方志编纂委员会办公室编:《绍兴市志(1979~2010)》(第四册),浙江古籍出版社2018年版。

汪世荣、褚宸舸:《"枫桥经验":基层社会治理体系和能力现代化实证研究》,法律出版社2018年版。

衣向东:《桥——"枫桥经验"55周年风雨历程》,群众出版社2018年版。

朱晨主编：《新时代"枫桥经验"实践100例》，中共浙江省委政法委员会2018年版。

诸暨市人民检察院编：《枫收（案例精选）》，2018年，内部资料。

埃里希·古德主编：《越轨理论手册》，田林、陈婧婧译，法律出版社2019年版。

亚历克斯·皮盖惹主编：《犯罪学理论手册》，吴宗宪主译，法律出版社2019年版。

朱志华、周长康主编：《"枫桥经验"的时代之音》，浙江工商大学出版社2019年版。

尹华广：《"枫桥经验"与基层社会治理法治化》，中国人民公安大学出版社2020年版。

共青团中央维护青少年权益部、中国青少年研究中心编：《青少年权益维护法律法规及政策汇编》，法律出版社2021年版。

卢芳霞等编著：《创新"枫桥经验" 建设平安浙江》，浙江大学出版社2021年版。

吴宗宪：《西方少年犯罪理论》，商务印书馆2021年版。

陈京春、潘超英、张芸：《新时代"枫桥经验"的实践：预防青少年新型违法犯罪数字治理研究》，中国检察出版社2022年版。

储槐植：《储槐植文选》，北京大学出版社2022年版。

褚宸舸：《陕西青少年权益保障十年观察》，知识产权出版社2023年版。

浙江省公安厅等编著：《"枫桥经验"志》，中国人民公安大学出版社2023年版。

二、论文

马结：《论帮教》，《青年研究》1985年第2期。

华乃强:《社会治安综合治理概念源头考》,《浙江警察学院学报》2009 年第 3 期。

张应立:《论枫桥经验与社会治安综合治理》,《山东警察学院学报》2009 年第 2 期。

张应立:《"综合治理"起源于对青少年犯罪的治理吗》,《青少年犯罪问题》2010 年第 1 期。

编写说明

2017年初,我正处在学术研究的"岔路口"。这时汪世荣老师给我提供了一间工作室,并邀我参加他主持的西北政法大学与诸暨市委政法委、诸暨市司法局的两个课题。我从被动完成任务到主动参与,对"枫桥经验"的认识从自发到自觉,六年时光荏苒。青少年法属于领域法学。领域法是中国法学界长期忽视的方面。虽然政法机关、群团、教育、民政等实务单位、部门的同志比较关注且有大量的实践,但在中国法学界专门研究青少年法的学者比较少。青少年法在法学界不仅学科层次低,学科归属也不明确。我读本科时受王宝来老师引导,对此有所涉猎,虽然25年来相继出版、发表过两本相关专著和二十多篇论文,但是和我研究的其他领域相比较,在这方面的研究成果实在乏善可陈。我想汪老师命我负责这本书,可能是了解到我有一些青少年法学的研究基础,是对我进行督促和抱有厚望,"扶上马"还"送一程",可谓用心良苦。刚接到本书任务时我颇有压力,因为在我过去看到的文献中,涉及"枫桥经验"和青少年帮教之间关系的内容并不多。好在我对"上穷碧落下黄泉,动手动脚找材料"颇有兴趣。所以,"矿"越"挖"越多,两年来搜集整理阅读,等终于完成本书时,篇幅超出过去预想的两倍多,同时也形成了对"枫桥经验"新的认识,因此我花费较大精力撰写了本书导论,以飨读者。

我还要对以下单位、师友、学生的支持、帮助表示衷心感谢:杨光照同志接受了我的采访,并提供了他的笔记本、帮教档案等材料供我拍照、选择,令本书有不少鲜活的内容。浙江省新时代枫桥经验研究院、浙江大学新时代枫桥经验研究院、浙江新时代枫桥经验研究院的同行新建的新时代"枫桥经验"数据库(https://fqjysjk.zhuji.gov.cn:8080/)提供了查阅原始文献的便利。母校浙大光华法学院的胡铭院长费心联系出版事宜,并组织召开多次工作推进会、统稿会。西北政法大学的博士研究生焦文静、齐飞、丁磊,硕士研究生董泊江、翟书阅、胡绍宇、吴嘉敏、李硕、刘岳楚、张丽、杨依璇、刘畅、甄二丽,本科生程潇涵等同学,被我动员起来,参与史料的扫描、誊录、校对等事务性工作。

因为学养欠缺,本书疏漏一些重要文献在所难免,烦请读者不吝指教,联系电邮:chuchenge@163.com。

褚宸舸

2023 年 7 月 31 日

于西北政法大学图书馆

图书在版编目(CIP)数据

"枫桥经验"青少年帮教史料与研究 / 褚宸舸编著. -- 北京：商务印书馆, 2025
("枫桥经验"史料整理与研究)
ISBN 978-7-100-23115-2

Ⅰ.①枫… Ⅱ.①褚… Ⅲ.①犯罪青少年—青少年教育—史料—研究—诸暨 Ⅳ.① D669.5

中国国家版本馆 CIP 数据核字(2023)第 188417 号

权利保留，侵权必究。

"枫桥经验"史料整理与研究
第七卷
"枫桥经验"青少年帮教史料与研究
褚宸舸　编著

商　务　印　书　馆　出　版
(北京王府井大街 36 号　邮政编码 100710)
商　务　印　书　馆　发　行
南京爱德印刷有限公司印刷
ISBN 978-7-100-23115-2

2025 年 8 月第 1 版　　开本 720×1000　1/16
2025 年 8 月第 1 次印刷　　印张 26¾

定价：148.00 元